"十三五"国家重点图书出版规划项目

新版《列国志》与《国际组织志》联合编辑委员会

主　　任　谢伏瞻

副 主 任　李培林　蔡　昉

秘 书 长　马　援　谢寿光

委　　员（按姓氏音序排列）

陈东晓	陈　甦	陈志敏	陈众议	冯仲平	郝　平	黄　平
贾烈英	姜　锋	李安山	李晨阳	李东燕	李国强	李剑鸣
李绍先	李向阳	李永全	刘北成	刘德斌	刘新成	罗　林
彭　龙	钱乘旦	秦亚青	饶戈平	孙壮志	汪朝光	王　镭
王灵桂	王延中	王　正	吴白乙	邢广程	杨伯江	杨　光
于洪君	袁东振	张倩红	张宇燕	张蕴岭	赵忠秀	郑秉文
郑春荣	周　弘	庄国土	卓新平	邹治波		

列国志
新版

GUIDE TO
THE WORLD
NATIONS

黄玉沛　王永康
编著

REPUBLIC OF THE CONGO

刚果共和国

社会科学文献出版社
SOCIAL SCIENCES ACADEMIC PRESS (CHINA)

　　本书系国家社科基金青年项目"当代非洲国家债务可持续问题及对中非关系的影响与对策研究"（项目批准号：19CGJ025）的阶段性成果。

地图标注

海域
- 几内亚湾 Gulf of Guinea
- 大西洋 ATLANTIC OCEAN
- 赤道 Equator / EQUAT.

国家与地区
- 喀麦隆 CAMEROON
- 雅温得 YAOUNDÉ
- 班吉 BANGUI
- 马拉博 MALABO
- 赤道几内亚 EQUAT. GUINEA
- 圣多美和普林西比 SAO TOME AND PRINCIPE
- 圣多美 SAO TOME
- 圣多美岛 São Tomé
- 普林西比岛 Príncipe
- 利伯维尔 LIBREVILLE
- 加蓬 GABON
- 刚果 CONGO
- 布拉柴维尔 BRAZZAVILLE
- 金沙萨 KINSHASA
- 刚果民主共和国 D.R.CONGO
- 安哥拉 ANGOLA
- 罗安达

省份
- 沃勒-恩特姆省 WOLEU-N'TEM
- 奥果韦-伊温多省 OGOOUE-IVINDO
- 中奥果韦省 MOYEN-OGOOUE
- 奥果韦-滨海省 OGOOUE-MARITIME
- 恩古涅省 N'GOUNIE
- 奥果韦-洛洛省 OGOOUE-LOLO
- 上奥果韦省 HAUT-OGOOUE
- 尼扬加省 NYANGA
- 尼阿里省 NIARI
- 莱库穆省 LEKOUMOU
- 奎卢省 KOUILOU
- 布恩扎省 BOUENZA
- 高原省 PLATEAUX
- 普尔省 POOL
- 黑角省 POINTE-NOIRE
- 下刚果省 BAS-CONGO
- 桑加省 SANGHA
- 西盆地省 CUVETTE OUEST
- 刚果盆地省 CUVETTE
- 利夸拉省 LIKOUALA
- 班顿 BANDU / BANDUNDU

城市
- 哈科特港 Port Harcourt
- 杜阿拉 Douala
- 比奥科岛 Bioco
- 让蒂尔港 Port-Gentil
- 黑角 Pointe-Noire
- 马塔迪 Matadi
- 博马 Boma

刚果（布）国旗

刚果（布）国徽

黑角火车站（刘日东　摄）

殖民时期的刚果（布）壁画（陶陶　摄）

中国援建的刚果（布）金德勒体育场（刘日东　摄）

亚洲超市（杨鹏　摄）

马利安·恩古瓦比大学孔子学院外景（王永康 摄）

马利安·恩古瓦比大学孔子学院的学生在学习太极拳（王永康 摄）

中学赛跑比赛（黄玉沛　摄）

乡村快乐的儿童（王翔　摄）

刚果河上的独木舟（黄玉沛　摄）

旖旎刚果河（王楠楠　摄）

农贸市场一瞥（刘日东　摄）

快乐足球（王翔　摄）

中学生（黄玉沛　摄）

刚果河畔沐浴的本地居民（黄玉沛　摄）

出版说明

　　《列国志》编撰出版工作自 1999 年正式启动，截至目前，已出版 144 卷，涵盖世界五大洲 163 个国家和国际组织，成为中国出版史上第一套百科全书式的大型国际知识参考书。该套丛书自出版以来，受到社会各界的广泛好评，被誉为"21 世纪的《海国图志》"，中国人了解外部世界的全景式"窗口"。

　　这项凝聚着近千学人、出版人心血与期盼的工程，前后历时十多年，作为此项工作的组织实施者，我们为这煌煌 144 卷《列国志》的出版深感欣慰。与此同时，我们也深刻认识到当今国际形势风云变幻，国家发展日新月异，人们了解世界各国最新动态的需要也更为迫切。鉴于此，为使《列国志》丛书能够不断补充最新资料，更好地服务于社会各界，我们决定启动新版《列国志》编撰出版工作。

　　与已出版的 144 卷《列国志》相比，新版《列国志》无论是形式还是内容都有新的调整。国际组织卷次将单独作为一个系列编撰出版，原来合并出版的国家将独立成书，而之前尚未出版的国家都将增补齐全。新版《列国志》的封面设计、版面设计更加新颖，力求带给读者更好的阅读享受。内容上的调整主要体现在数据的更新、最新情况的增补以及章节设置的变化等方面，目的在于进一步加强该套丛书将基础研究和应用对策研究相结合，将基础研究成果应用于实践的特色。例如，增加

了各国有关资源开发、环境治理的内容；特设"社会"一章，介绍各国的国民生活情况、社会管理经验以及存在的社会问题，等等；增设"大事纪年"，方便读者在短时间内熟悉各国的发展线索；增设"索引"，便于读者根据人名、地名、关键词查找所需相关信息。

顺应时代发展的要求，新版《列国志》将以纸质书为基础，全面整合国别国际问题研究资源，构建列国志数据库。这是《列国志》在新时期发展的一个重大突破，由此形成的国别国际问题研究资讯平台，必将更好地服务于中央和地方政府部门，应对日益繁杂的国际事务的决策需要，促进国别国际问题研究领域的学术交流，拓宽中国民众的国际视野。

新版《列国志》的编撰出版工作得到了各方的支持：国家主管部门高度重视，将其列入国家十二五重点出版规划项目；中国社会科学院将其列为创新工程学术出版资助项目，王伟光院长亲自担任编辑委员会主任，指导相关工作的开展；国内各高校和研究机构鼎力相助，国别国际问题研究领域的知名学者相继加入编辑委员会，提供优质的学术咨询与指导。相信在各方的通力合作之下，新版《列国志》必将更上一层楼，以崭新的面貌呈现给读者，在中国改革开放的新征程中更好地发挥其作为"知识向导""资政参考"和"文化桥梁"的作用！

新版《列国志》编辑委员会

2013 年 9 月

前　言

　　自 1840 年前后中国被迫开关、步入世界以来，对外国舆地政情的了解即应时而起。还在第一次鸦片战争期间，受林则徐之托，1842 年魏源编辑刊刻了近代中国首部介绍当时世界主要国家舆地政情的大型志书《海国图志》。林、魏之目的是为长期生活在闭关锁国之中、对外部世界知之甚少的国人"睁眼看世界"，提供一部基本的参考资料，尤其是让当时中国的各级统治者知道"天朝上国"之外的天地，学习西方的科学技术，"师夷之长技以制夷"。这部著作，在当时乃至其后相当长一段时间内，产生过巨大影响，对国人了解外部世界起到了积极的作用。

　　自那时起，中国认识世界、融入世界的步伐就再也没有停止过。中华人民共和国成立以后，尤其是 1978 年改革开放以来，中国更以积极主动的自信自强的姿态，加速融入世界的步伐。与之相适应，不同时期先后出版过相当数量的不同层次的有关国际问题、列国政情、异域风俗等方面的著作，数量之多，可谓汗牛充栋。它们对时人了解外部世界起到了积极的作用。

　　当今世界，资本与现代科技正以前所未有的速度与广度在国际间流动和传播，"全球化"浪潮席卷世界各地，极大地影响着世界历史进程，对中国的发展也产生极其深刻的影响。面临不同于以往的"大变局"，中国已经并将继续以更开放的姿态、更快的步伐全面步入世界，迎接时代的挑战。不同的是，我们

所面临的已不是林则徐、魏源时代要不要"睁眼看世界"、要不要"开放"的问题，而是在新的历史条件下，在新的世界发展大势下，如何更好地步入世界，如何在融入世界的进程中更好地维护民族国家的主权与独立，积极参与国际事务，为维护世界和平，促进世界与人类共同发展做出贡献。这就要求我们对外部世界有比以往更深切、更全面的了解，我们只有更全面、更深入地了解世界，才能在更高的层次上融入世界，也才能在融入世界的进程中不迷失方向，保持自我。

与此时代要求相比，已有的种种有关介绍、论述各国史地政情的著述，无论从规模还是内容来看，已远远不能适应我们了解外部世界的要求。人们期盼有更新颖、更系统、更权威的著作问世。

中国社会科学院作为国家哲学社会科学的最高研究机构和国际问题综合研究中心，有 11 个专门研究国际问题和外国问题的研究所，学科门类齐全，研究力量雄厚，有能力也有责任担当这一重任。早在 20 世纪 90 年代初，中国社会科学院的领导和中国社会科学出版社就提出编撰"简明国际百科全书"的设想。1993 年 3 月 11 日，时任中国社会科学院院长的胡绳先生在科研局的一份报告上批示："我想，国际片各所可考虑出一套列国志，体例类似几年前出的《简明中国百科全书》，以一国（美、日、英、法等）或几个国家（北欧各国、印支各国）为一册，请考虑可行否。"

中国社会科学院科研局根据胡绳院长的批示，在调查研究的基础上，于 1994 年 2 月 28 日发出《关于编纂〈简明国际百科全书〉和〈列国志〉立项的通报》。《列国志》和《简明国际百科全书》一起被列为中国社会科学院重点项目。按照当时的计划，首先编写《简明国际百科全书》，待这一项目完成后，再着手编写《列国志》。

1998 年，率先完成《简明国际百科全书》有关卷编写任务的研究所开始了《列国志》的编写工作。随后，其他研究所也陆续启动这一项目。为了保证《列国志》这套大型丛书的高质量，科研局和社会科学文献出版社于 1999 年 1 月 27 日召开国际学科片各研究所及世界历史研究所负责人会议，讨论了这套大型丛书的编写大纲及基本要求。根据会议精神，科研局随后印发了《关于〈列国志〉编写工作有关事项的通知》，陆续为启动项目拨付研究经费。

为了加强《列国志》项目编撰出版工作的组织协调，根据时任中国社会科学院院长的李铁映同志的提议，2002 年 8 月，成立了由分管国际学科片的陈佳贵副院长为主任的《列国志》编辑委员会。编委会成员包括国际片各研究所、科研局、研究生院及社会科学文献出版社等部门的主要领导及有关同志。科研局和社会科学文献出版社组成《列国志》项目工作组，社会科学文献出版社成立了《列国志》工作室。同年，《列国志》项目被批准为中国社会科学院重大课题，新闻出版总署将《列国志》项目列入国家重点图书出版计划。

在《列国志》编辑委员会的领导下，《列国志》各承担单位尤其是各位学者加快了编撰进度。作为一项大型研究项目和大型丛书，编委会对《列国志》提出的基本要求是：资料翔实、准确、最新，文笔流畅，学术性和可读性兼备。《列国志》之所以强调学术性，是因为这套丛书不是一般的"手册""概览"，而是在尽可能吸收前人成果的基础上，体现专家学者们的研究所得和个人见解。正因为如此，《列国志》在强调基本要求的同时，本着文责自负的原则，没有对各卷的具体内容及学术观点强行统一。应当指出，参加这一浩繁工程的，除了中国社会科学院的专业科研人员以外，还有院外的一些在该领域颇有研究的专家学者。

现在凝聚着数百位专家学者心血，共计 141 卷，涵盖了当今世界 151 个国家和地区以及数十个主要国际组织的《列国志》丛书，将陆续出版与广大读者见面。我们希望这样一套大型丛书，能为各级干部了解、认识当代世界各国及主要国际组织的情况，了解世界发展趋势，把握时代发展脉络，提供有益的帮助；希望它能成为我国外交外事工作者、国际经贸企业及日渐增多的广大出国公民和旅游者走向世界的忠实"向导"，引领其步入更广阔的世界；希望它在帮助中国人民认识世界的同时，也能够架起世界各国人民认识中国的一座"桥梁"，一座中国走向世界、世界走向中国的"桥梁"。

《列国志》编辑委员会
2003 年 6 月

导　言

刚果共和国简称"刚果（布）"，位于非洲中西部，西邻加蓬，西北部与喀麦隆接壤，北部靠中非共和国，东部以刚果河及其支流乌班吉河为界河与刚果（金）为邻，东南部与安哥拉的飞地卡宾达省相连，西南濒临大西洋。刚果（布）国土面积仅为34.2万平方公里，海岸线长156公里，全国人口526万（2017年统计）。刚果（布）是非洲发展中国家的后起之秀，其国情特点主要表现在以下方面。

首先，政局较稳定。2009年，德尼·萨苏-思格索总统首次连任后提出旨在改善民生、促进经济社会发展的"未来之路"理念，随后提出经济多样化政策、《2016~2020年五年发展规划》及2025年前刚果（布）迈入新兴国家行列目标，均是对"未来之路"理念的贯彻和细化。2016年4月，萨苏再次连任总统，在新的5年任期内，他表示将工业化和现代化作为国家发展的重要内容。

其次，经济发展遇到瓶颈。国际油价低迷影响深度发酵，作为非洲主要产油国的刚果（布）经济增速明显放缓。国际货币基金组织对2017年刚果（布）经济表现进行了预测，2017年GDP增速为0.6%，其中石油领域增速有望达到4.6%，非石油领域则将遭遇负增长，增速为-0.5%，通胀率为4%。刚果（布）经济多元化战略成效不显著，国际收支压力不断增大，公共债务率快速攀升至GDP的77%。

最后，投资环境不断改善。近年来，刚果（布）政府不断增加公共投资，道路、机场、供水、供电等基础设施状况大为改观，外商投资吸引力进一步提高。同时，刚果（布）政府希望借鉴中国发展的成功经验，以特区建设带动经济发展。包含投资优惠政策的经济特区法已通过议会审

批，于 2017 年 6 月正式颁布。

中国与刚果（布）自 1964 年 2 月 22 日建交以来，政治战略互信不断增强，两国关系始终相向而行。特别是近几年来，双方元首交往密切，双边关系得到迅速发展。2013 年 3 月，中国国家主席习近平成功访问刚果（布），实现中刚建交 49 周年来中国国家领导人对刚果（布）的首访。刚果（布）总统萨苏继 2014 年访华后，在 2016 年 7 月将中国选定为其连任后首访的域外大国，凸显了中刚关系在刚果（布）政治外交中的核心地位。两国元首互访期间见证签署了一系列合作协议，为双边经贸合作开启了新篇章。2018 年 9 月，萨苏总统应邀出席中非合作论坛北京峰会，对中刚全面战略合作伙伴关系的发展发挥顶层设计的作用。

近年来，刚果（布）政府逐步认识到，工业化是实现现代化的重要基础，是促进国家经济结构转型和改善人民生活水平的关键，必须抓住工业发展的新机遇，改变只依靠石油业发展的经济结构局面，实现经济转型。中国经济发展正逐步进入新常态，进一步加快经济发展方式的转变，以结构性改革促进结构性调整，推进体制创新和科技创新。中国和刚果（布）之间具有产业发展梯度合作的巨大空间。

在刚果（布）的中资企业类型渐趋多元，除在当地承包工程市场占据主导地位外，在石油、矿产、林业和渔业等领域亦多有建树。据中国商务部统计，2016 年底，在刚果（布）的各类中方合作人员约 6300 人，中国在刚果（布）承包工程类企业新签合同额 35.7 亿美元，在非洲地区排名第 7 位；2016 年非金融类直接投资额约 0.49 亿美元，在非洲地区排名第 24 位。当地华人华侨商铺 200 余家，主要为零售、餐馆、诊所等。

笔者曾长期在刚果（布）马利安·恩古瓦比大学孔子学院从事汉语教学与研究工作，尽可能收集、整理与完善各方面资料（大多数数据截至 2016～2017 年，少数数据更新到 2018 年），为读者呈现刚果（布）全面、系统、翔实和准确的信息。其中，黄玉沛统筹负责第一章至第四章的内容及最终统稿，王永康统筹负责第五章至第八章的内容。在本书编撰过程中，陶陶、李媛、杨鹏、黄梦莹、吕淑萍、张文凯、管鑫依等提供了大力支持，在此一并致谢。需要指出的是，由于课题组成员研究视角不同、调查方法不一、学术积淀不够，在文章撰写、后续修改过程中所花费的时

间和精力有限，各部分章节质量难免参差不齐、内容挂一漏万。书中纰漏
之处，尚祈学界同仁和广大读者批评斧正，我们一定在今后的研究中不断
充实与完善。

黄玉沛

2018 年 8 月于浙江金华

CONTENTS

目 录

CONTENTS

目 录

CONTENTS

目　录

CONTENTS
目 录

CONTENTS

目 录

CONTENTS
目 录

CONTENTS

目 录

CONTENTS

目 录

CONTENTS

目 录

第一章

概　览

第一节　国土与人民

一　国名与国土面积

刚果共和国（英语：The Republic of Congo；法语：La République du Congo），简称"刚果（布）"（Congo-Brazzaville）或直接称为"刚果"（Congo）。国名来源于古代的刚果王国，刚果王国得名于刚果河，它是土著居民对刚果河下游地区的称呼，"刚果"在当地语中意为"大河"，刚果王国的统治者被称为"韦内瓦刚果"（Wene wa Kongo），意为"刚果之王"。建立独立国家之前，这里被称为"中央刚果"（Moyen-Congo），1960 年 8 月 15 日独立后定名为"刚果共和国"，1969 年 12 月 31 日改名为"刚果人民共和国"（The Peoples Republic of Congo，La République Populaire du Congo），1991 年 6 月 4 日重新恢复国名为"刚果共和国"。

刚果（布）国土总面积为 34.2 万平方公里。

二　地理位置

刚果（布）介于北纬 4°和南纬 5°之间，东经 11°和东经 19°之间，横跨赤道线。刚果（布）地理位置较为优越，与 5 个非洲国家接壤，其中东南部毗邻安哥拉的飞地卡宾达省，西邻加蓬，西北部与喀麦隆相接，北部靠中非共和国，东部以刚果河及其支流乌班吉河为界河与刚果（金）为邻，西南濒临大西洋，海岸线长 156 公里。

刚果（布）处于赤道地区，横跨南半球和北半球，是中部非洲与西部非洲的交通枢纽和中转站，是从海路通往中部非洲、南部非洲、东部非洲等其他地区的重要桥梁。此外，刚果（布）地理位置的重要性还在于它紧依刚果河和乌班吉河并与刚果（金）为邻，这两条河是赤道非洲地区重要的国际河流，由于流经赤道两侧，获得南北半球丰富降水的交替补给，刚果（布）历来是中非地区诸国对外交流的重要通道。

三　地形气候

1. 地形

刚果河及其支流贯穿的中非大凹地被称为"刚果盆地"，其周围是弧形山地。刚果（布）处于盆地西部边缘，地形复杂，低地、沼泽、高山、丘陵、平川兼而有之。地形总貌是中部高，南北两头低，西部高东部低。全境平均海拔高度不超过 1000 米。刚果（布）的地表形态特征大体可分为三个部分：西南部是平均海拔在 300 米以下的狭长的沿海低地，宽约 50 公里，长约 140 公里；中部和西部平均海拔高度在 500 ~ 1000 米之间，多为山地和高原；东北部为海拔 300 米左右的平原、盆地。

刚果（布）境内河流逾 30 条。其中，刚果河全长约 4640 公里，流经刚果（布）1000 余公里，如果按照流量及流域面积计算，刚果河仅次于南美洲的亚马孙河，是全球第二大河，是世界八大主要通航河流之一。此外，东北边境的乌班吉河、北方的桑加河（Sangha）、利夸拉河（Likouala）及阿利马河（Alima）等均为刚果河主要支流。另有奎卢河（Kouilou）流经刚果西南部，最终流入大西洋。

西南部地区主要分为两部分：一部分为沿海低地；另一部分为低山丘陵谷地，主要包括马永贝（Mayomba）褶皱山脉。

沿海低地呈狭长的梯形，从西北向东南延伸，平均海拔在 300 米以下，宽约 50 公里，长约 140 公里。沿海低地外缘受海风和潮汐的影响，形成一系列沙丘，南部多为长满红树林的沼泽。平地上也有高于 200 米的低丘，有些低丘直抵海滨，形成岩石毕露的岬角，著名的港口城市黑角（Point-Noire）、印第安角（Indien-Noire）就是其中的两个，前者为重要的海港。海岸线除海角附近弯曲外，基本呈直线形。

低山丘陵谷地主要指马永贝褶皱山脉。它位于西南部的内陆，从西北向东南延伸，长约 100 公里，宽约 60 公里，平均海拔 600～800 米，最高处约 1000 米，大体上与海岸平行。奎卢河流经山地的中段，形成著名的松达峡谷，把马永贝山脉分为东西两部分，东部风景最美。山地的内侧是奎卢河上游的尼阿里河（Niari）斜谷，谷地宽广，平均海拔不到 200 米，两侧多丘陵和孤峰。谷地的外围，平原层层叠起，组成一系列阶梯状平台，在高处的台地上俯视谷地中部，一片葱绿，植物茂盛。

中部高原区在地质构造上是非洲古地板块的一部分。主要由古老岩石组成，因久经侵蚀和风化大部分已被夷平。该地区是刚果河、奎卢河和奥果韦河（Ogooue，加蓬最重要的河流）三个水系的分水岭。大致从南往北有几个不同的块体高原：南部为瀑布高原，跨刚果（布）与刚果（金）边境地带，由于砂岩层大部分保存完好，刚果河及其支流富拉卡里河（Foulakari）穿越其间，形成一系列陡崖和瀑布，水力资源丰富，但是不利于刚果河通向大西洋的航行。中部为巴太凯（Batéké）高原，此地区面积广、地势高，平均海拔 700～1000 米，由几个面积不等的块状高原组成。嘎尤（Chaillou）山从加蓬入境，构成高原的西界。东南部的姆贝（Mbè）高原，平均海拔约 650 米，面积最大。此外为丘陵，其间为蜿蜒的河谷，透水性强，但大部分地区缺水，景色单调。北部的莱凯蒂（Lèkèti）山海拔 1040 米，为全国最高峰，它既是东西水系的分水岭，也是刚果（布）、加蓬两国的天然疆界。

北部地区主要是刚果盆地。刚果盆地具有明显的不对称构造，刚果河分盆地为东西两部分。刚果（布）拥有河西的大部分，面积约 15 万平方公里。地势西高东低，海拔低于 300 米，形成了大片的沼泽。该区河水流向不定，以洪水为转移。盆地的内部也不乏个别地势较高的地段，常为居民点的所在地。盆地地表大部分为黏土所覆盖，不仅自然肥力高、农业生产潜力大，而且黏性强、不易透水，是烧砖制陶的上等原料。盆地西北边缘为高地，它是加蓬凯莱山地的东延，凯莱山地海拔从 500 米上升到 1000 米，为花岗岩组成的块体，多峰峦和宽谷。西北部靠近加蓬边境的地区是著名的纳奔巴（Nabemba）山，平均海拔 1020 米，这一地区森林密布，人口较为稀少，距离桑加省（Sangha）城市桑盖（Souanké）约 50公里。

2. 气候

刚果（布）总体上属于赤道型热带气候，其中南部属热带草原气候，中部和北部为热带雨林气候，全年平均气温在 24℃～28℃ 之间。刚果（布）全境终年高温多雨，全年温差较小。但是日温差较大，白天骄阳似火，夜间气温下降较快，倍觉凉爽，因而有"夜为赤道之冬"的说法。

刚果（布）全年气候炎热、湿润，分大小旱雨季。1～5 月为大雨季，5～9 月为大旱季，10～12 月为小雨季，12 月至次年 1 月为小旱季。季节温差变化不大，但降水量因地而异，差别很大。比如，北部地区除 12 月、1 月可以称为旱季外，其余基本都是雨季。全年降水量为 1000～1600 毫米，北部地区可达 2000 毫米以上。

刚果（布）雨量的季节分布，北半部比较均匀，3～5 月和 9～10 月是两个特大雨季，形成两大降雨高峰，其他各月也经常有雨。南半部由于距赤道较远，11 月至次年 4 月是雨季，只有一个降雨高峰，出现在 12 月至次年 1 月；5～9 月是明显的旱季，而且持续的时间愈来愈长。降雨急骤，主要属于对流性雷阵雨。雨季时每天下午和黄昏都有雨，在雨季开始和终了时，还多有大风暴。旱季时虽然降雨较少，但是湿度大，天气往往阴沉而闷热。

表 1 - 1 刚果（布）不同时期月平均气温

单位：℃

时间段 ＼ 月份	1 月	2 月	3 月	4 月	5 月	6 月
1900～1930 年	23.9	24.5	24.7	24.7	24.4	23.1
1930～1960 年	25.1	25.5	25.9	25.7	25.5	24
1960～1990 年	24.7	25.4	25.7	25.7	25.3	23.8
1990～2012 年	24.9	25.5	25.9	25.8	25.5	24.2
1900～2012 年	24.6	25.2	25.5	25.4	25.1	23.7
时间段 ＼ 月份	7 月	8 月	9 月	10 月	11 月	12 月
1900～1930 年	23.9	24.5	24.7	24.7	24.4	23.1
1930～1960 年	23.1	23.4	24.3	24.8	24.6	24.6
1960～1990 年	23	23.3	24.1	24.6	24.6	24.5
1990～2012 年	23.5	23.7	24.2	24.8	25	24.8
1900～2012 年	22.9	23.2	24	24.4	24.4	24.4

资料来源：World Bank，Climate Change Knowledge Portal。

表 1 - 2 刚果（布）不同时期月平均降雨量

单位：毫米

时间段 ＼ 月份	1 月	2 月	3 月	4 月	5 月	6 月
1900～1930 年	103.5	116.9	150.4	169.8	157.8	66.6
1930～1960 年	106.7	122.7	177.6	184.9	167.7	70.3
1960～1990 年	111.9	125.8	169.7	177.6	159.1	70.1
1990～2012 年	114.6	119.8	160	175.2	157.1	67.5
1900～2012 年	109.2	121	164.3	177.6	160.7	68.5
时间段 ＼ 月份	7 月	8 月	9 月	10 月	11 月	12 月
1900～1930 年	45.5	72.6	120.9	188.5	191	135.5
1930～1960 年	43.1	72.1	133.9	203.6	205	142.6
1960～1990 年	48.4	77.7	136.8	203.3	208.9	130.6
1990～2012 年	45.9	75.2	129.3	205.2	208	139.3
1900～2012 年	46	74.1	130.4	199.5	203.6	136.4

资料来源：World Bank，Climate Change Knowledge Portal。

四 行政区划

刚果（布）全国划分为省、市和县。目前，刚果（布）共设有 12 个省、6 个直辖市、97 个县。此外，全国还设有 30 多个行政管理站（Poste Controlead Ministratif），大于村而小于县，直属各省领导。县以下为村，全国约有 5000 多个村。

表 1-3　刚果（布）12 个省和首府

序号	省名称	首府
1	布拉柴维尔（Brazzaville，政治首都）	布拉柴维尔（Brazzaville）
2	黑角（Pointe-Noire，经济首都）	黑角（Pointe-Noire）
3	布恩扎（Bouenza）	马丁古（Madingou）
4	盆地（Cuvette）	奥旺多（Owando）
5	西盆地（Cuvette-Ouest）	埃沃（Ewo）
6	奎卢（Kouilou）	卢安果（Loango）
7	莱库穆（Lekoumou）	锡比提（Sibiti）
8	利夸拉（Likouala）	因普丰多（Impfondo）
9	尼阿里（Niari）	多利齐（Dolisie）
10	高原（Plateau）	姜巴拉（Djambala）
11	普尔（Pool）	金卡拉（Kinkala）
12	桑加（Sangha）	韦索（Ouésso）

资料来源：刚果共和国计划、领土整治部网站。

表 1-4　刚果（布）6 个直辖市

序号	城市名称	备注
1	布拉柴维尔（Brazzaville）	政治首都、自治直辖市
2	黑角（Pointe-Noire）	经济首都、自治直辖市
3	多利齐（Dolisie）	全国第三大城市
4	恩卡伊（Nkayi）	西南部重要城市
5	韦索（OuÉsso）	北方重要城市
6	莫森焦（Mossendjo）	西部重要城市

资料来源：刚果共和国计划、领土整治部网站。

刚果（布）的行政区划经历了较为复杂的历史沿革。1960 年独立时，刚果（布）的行政区划基本上沿用旧制，全国分为 12 个省、33 个县。1964 年 1 月，首次重新划分行政区，全国分为 15 个省、45 个县、11 个行政管理局、5 个市。其中 15 个省是：奎卢省（Kouilou），首府为黑角

（Pointe-Noire）；尼阿里省（Niari），首府为多利齐（Dolisie）；尼昂加－卢埃塞省（Nyanga-Louesse），首府为莫森焦（Mossendjo）；布恩扎－卢埃塞省（Bouenza-Louesse），首府为锡比提（Sibiti）；莱蒂里省（Le'tili），首府为扎纳加（Zanaga）；尼阿里－布恩扎省（Niari-Bouenza），首府为马丁古（Madingou）；普尔省（Pool），首府为金卡拉（Kinkala）；朱埃省（Djoué），首府布拉柴维尔（Brazzaville）；恩凯尼省（Nkéni），首府甘博马（Gamboma）；莱菲尼省（Le-fini），首府为姜巴拉（Djambala）；阿利马省（Alima），首府为奔季（Boundji）；赤道省，首府为卢塞堡（Fort-Rousset）；莫萨卡省（Mossaka），首府为莫萨卡（Mossaka）；桑加省（Sangha），首府韦索（Ouésso）；利夸拉省（Likouala），首府为因普丰多（Impfondo）。

1969 年改国名为"刚果人民共和国"后，全国划分为 9 个行政区和 3 个直辖市。行政区下设县（全国共 45 个县，后增至 50 个），县以下为村（全国共约 5000 个村），另有 30 多个行政管理站直属区领导。9 个行政区是：奎卢、尼阿里（包括尼昂加－卢埃塞和尼阿里）、布恩扎（包括原赤道省和阿利马省的一部分）、莱库穆（包括原布恩扎－卢埃塞省和莱蒂里省）、普尔（朱埃省并入）、桑加、利夸拉、高原（包括原恩凯尼省和莱菲尼省）、盆地（包括原赤道省和阿利马省及莫萨卡省的一部分）。3 个直辖市是：布拉柴维尔、黑角和多利齐（后改名为卢博莫 Loubomo），后只有布拉柴维尔一个直辖市。

1998 年又划分为 10 个地区，其中布恩扎、莱库穆、利夸拉、高原、普尔、桑加、尼阿里、奎卢均无改变，只将原盆地地区分为盆地（Cuvette）和西盆地（Cuvette-Ouest）两地区。地区下仍设市、镇、区和县，该体制延续至今。

五　人口、民族、语言

1. 人口

刚果（布）人口为 526 万（2017 年统计），全国 2/3 的人口集中在城市，仅布拉柴维尔和黑角两市人口就占全国总人口的 50% 以上。刚果

7

（布）华人数量超过 1000 人，主要集中在首都布拉柴维尔和黑角市，正在进行大规模基础设施建设的奥约、韦索等城市也有相当数量的华人从事商贸活动。

（1）人口规模

20 世纪 60 年代刚果（布）独立初期，全国人口较少，只有约 100 万。此后，刚果（布）人口呈现逐年增加趋势。一方面，政府大力发展经济，尤其是石油工业，为吸纳国内劳动力提供了更多的空间；另一方面，刚果（布）国内医疗和生活水平不断改善与提高，人口出生率逐渐增长，人口死亡率尤其是婴儿的死亡率逐年下降，人口寿命呈现延长的趋势。

根据世界银行的统计资料，1970 年刚果（布）总人口为 134 万，1980 年人口增长率为 2.92%，总人口增至 180 万。1990 年，全国人口为 239 万，人口增长率略有降低，为 2.68%。[①] 2000 年全国人口增至 311 万，人口增长率维持在 2.52%。2010 年，全国人口继续增长，达到 406 万，人口增长率增至 2.88%。2017 年，刚果（布）总人口达到 526 万。这意味着，独立 50 多年来，刚果（布）全国人口增长了 4 倍多。从未来人口发展态势来看，刚果（布）人口将进入中低速增长阶段。

表 1-5　刚果（布）人口数量（2008～2017 年）

单位：万人

年份	2008	2009	2010	2011	2012	2013	2014	2015	2016	2017
人口数量	412	425	439	451	463	475	487	500	512	526

资料来源：World Bank, Congo, Population, total, see http：//data. worldbank. org/indicator/ SP. POP. TOTL? locations = CG&view = chart，最后访问日期：2018 年 7 月 1 日。

（2）人口分布

刚果（布）的人口分布很不均衡。北部地区人烟稀少，如利夸拉

---

① World Bank, Congo, Population, total, see http：//data. worldbank. org/indicator/SP. POP. TOTL? locations = CG&view = chart （2018 - 07 - 01）.

省与桑加省的人口密度仅为每平方公里 1 人。西南部地区人口密度较大，为每平方公里 6.43 人，该区占全国总面积的 1/3，却集中了全国总人口的 3/4，大部分居住在从布拉柴维尔到黑角市的铁路沿线一带。这一带的人口又特别集中在布拉柴维尔、黑角、卢博莫、雅各布、金卡拉、卢安果等几个中心城市。这些地方人口密度达到每平方公里 9.43 人。

表 1-6　刚果（布）地区人口分布

单位：人

省份	总人口	男性人口	女性人口
尼阿里（Niari）	231271	112942	118329
莱库穆（Lekoumou）	96393	45877	50516
布恩扎（Bouenza）	309073	148523	160550
普尔（Pool）	236595	115026	121569
高原（Plateau）	174591	84446	90145
盆地（Cuvette）	156044	76373	79671
西盆地（Cuvette-Ouest）	72999	35538	37461
桑加（Sangha）	85738	42992	42746
奎卢（Kouilou）	91955	46976	44979
利夸拉（Likouala）	154115	76850	77265
布拉柴维尔（Brazzaville，政治首部）	1373382	677599	695783
黑角（Pointe-Noire，经济首都）	715334	358215	357119

资料来源：Congo, Population des Départements, 2011。

（3）人口结构

刚果（布）的人口受生育率、死亡率、人口流动等诸多因素的影响而变化。人口年龄结构如下：0~14 岁人口占全国总人口的 42.631%，15~64 岁的人口占 53.708%，65 岁以上的人口占 3.661%，这体现了刚果（布）人口年轻化的特点。

表 1-7　刚果（布）人口年龄结构（2010～2015 年）

单位：%

年份 年龄	2010	2011	2012	2013	2014	2015
0～14 岁	42. 102	42. 288	42. 437	42. 545	42. 611	42. 631
15～64 岁	54. 300	54. 098	53. 937	53. 818	53. 741	53. 708
65 岁以上	3. 598	3. 613	3. 626	3. 637	3. 648	3. 661

资料来源：World Bank, Congo, Population, total, see http：//data. worldbank. org/indicator/ SP. POP. TOTL？locations = CG&view = chart，最后访问日期：2018 年 7 月 1 日。

从性别结构来看，根据 2017 年的人口调查资料，刚果（布）女性人口占 49.978%，男性人口占 50.022%。[1] 这反映出刚果（布）全国人口性别结构维持在一种较为合理的均衡状态。

表 1-8　刚果（布）男女人数（2011～2017 年）

单位：人

年份 性别	2011	2012	2013	2014	2015	2016	2017
女	2255539	2315738	2374673	2434474	2496701	2561745	2629176
男	2257191	2317625	2376720	2436637	2498947	2564076	2631574

资料来源：World Bank, Congo, Population, total, see http：//data. worldbank. org/indicator/ SP. POP. TOTL？locations = CG&view = chart，最后访问日期：2018 年 7 月 1 日。

刚果（布）是撒哈拉以南非洲城市化程度较高的国家之一。随着经济发展，大量农业人口拥入城市，城市化程度急剧上升。城市人口由 1980 年的 801521 人上升到 2010 年的 2777032 人，预计到 2020 年将达到 3614186 人。全国人口密度由 1980 年的每平方公里 4. 71 人上升到 2010 年的每平方公里 11. 59 人，预计到 2020 年将达到每平方公里 14. 60 人。城市人口的年均增长率由 1980 年的 49. 57% 上升为 2010 年的 69. 81%，预计到 2020 年将达到 72. 10%。拥入城市的多为年轻人，中老年人较少，

---

[1] World Bank, Congo, Population, total, see http：//data. worldbank. org/indicator/SP. POP. TOTL？ locations = CG&view = chart （2018 - 07 - 01）．

这是因为年轻人的消费潜力更大，有助于拉动刚果（布）国内需求，培育新的经济增长点。

表 1-9 刚果（布）不同时期城市化水平（1980~2020 年）

各项指数 年 份	1980	1990	2000	2005	2010	2020*
人口密度** （人/每平方公里）	4.71	6.43	8.58	10.08	11.59	14.60
城市人口数（人）	801521	1306710	1910848	2358991	2777032	3614186
城市化率（%）	49.57	59.20	64.91	68.16	69.81	72.10

* 2020 年数据为预测值。

** 人口密度是根据总人口和国土面积计算出的平均密度。

资料来源：Dominique Harre, François Moriconi-Ebrard, Hervé Gazel, *Africapolis II, L'urbanisation en Afrique centrale et orientale: fiche pays République du Congo*, Agence Française de Développement (AFD), novembre 2015, p. 5。

2. 民族

刚果（布）现代民族形成较晚，国内现有诸多族群，通常称为部族。刚果（布）全国共有大小部族 56 个，大部分属于班图语系的尼格罗人。班图语系的尼格罗人皮肤黝黑，卷发，厚嘴唇，宽鼻梁。其中最大的部族是刚果族，包括拉利（Laris）、维利［Vilis、卢安果（Louango）国王部族］、巴刚果（Bakongo）等，分布在南部地区，约占总人口的 45%。中部地区主要是太凯族［Téké，马科科（Makoko）国王部族］，占 20%。北部有姆博希族（Mbochi），占 16%；桑加族（Sanga），占 3%；马卡族（Maka），占 2%。北部原始森林中还有非洲矮人俾格米族（Pygmees），人数不多，仍过着原始群居生活。此外，国内还有部分加蓬人、巴布希人、乌班吉人等跨界民族。

刚果族（Congo）主要分布在南部地区。它包括巴刚果族（Bacongo）、维利族、拉利族等。巴刚果人的"巴"或"姆巴"是"人"的意思（许多部落名前都习惯加"巴"字），他们主要集中在布拉柴维尔附近。维利人主要分布在沿海平原，是黑角市人口的主体，主要从事农业，种植可可、咖啡、油棕和橡胶等经济作物，商业发达。拉利人则介于二者之间，其人口占刚果总人口的 1/5。刚果族主要聚集在西南沿海经济发达地区和从金卡拉到布拉柴维尔的地区，受教育程度最高，所以政界高官、商界巨贾多出自此族。

太凯族（Téké）主要分布在中部地区的巴太凯高原、刚果盆地西南部和阿利马-莱菲尼地区。原住普尔省，后被刚果人赶往北部现居地。其内部又分若干支，主要有蒂奥人、乌穆人等。太凯族人的经济生活和传统习俗与巴刚果人的相近。

姆博希族（Mbochi）又名安济科族，主要分布在北部的阿利马河两岸，集居在莫萨卡省、卢塞堡、奔季一带。他们又被称为布班吉人，这是探险家们最初称呼他们的名字。他们远离大城市和交通线，更牢固地保留了部族结构和传统宗教。刚果（布）总统德尼·萨苏-恩格索及刚果（布）许多政府高官都属于这个族群。

桑加族（Sangha）主要分布在刚果（布）的北部，桑加河和利夸拉河流域的部分地区，尤其是以桑加省首府韦索为主要聚居地。桑加族人的经济生活和传统习俗与太凯族、姆博希族均有类似之处。

马卡族（Maka）主要分布在中北部地区，大部分从事农业，主要种植的作物有木薯、芭蕉、玉米、香蕉、花生、可可和咖啡等，也有以饲养家畜为生的，如山羊、绵羊、猪、鸡等。

俾格米人（Pygmée）是世界上最矮人种之一，成年人平均身高 1.4米，素有"森林的儿子"之称。他们散居在刚果北部原始热带雨林深处，人数约 2 万~3 万，主要集中在与刚果（金）接壤的利夸拉省与桑加河流域，过着与世人隔绝的生活。他们的肤色与班图人相比较浅，呈深棕色，头发也不像班图人卷得那么厉害。头大腿粗，周身多毛。男子从事狩猎，妇女从事采集，过着游牧迁徙生活，用狩猎之物同其他人交换产品。

3. 语言

刚果（布）的官方语言为法语。民族语言南方为刚果语、莫努库图巴语等，北方为林加拉语等。由于每个部族乃至各个部落都有自己的方言，为了交流方便就产生了一些简便的地方通用语，主要有两种，即：莫努库图巴语和林加拉语。前者通用于南方，后者通用于北方。这两种语言很类似，语法结构简单，容易学，其中连接词起着主要作用。西南沿海及大洋铁路沿线一带的广大居民主要运用莫努库图巴语，当地广播电台也用这种语言进行广播，该语言与当地刚果语言并没有很大的差别，它以本地语言词汇为基础，同时也吸收了一部分林加拉语和法语词汇。北部通用的林加拉语语法结构更简单。（参见表 1 - 10）

表 1 - 10　刚果（布）语种及分布地区

语言名称	使用地区	方言
莫努库图巴语（Munukmuba）	布拉柴维尔及黑角等南方城市	—
林加拉语（Lingala）	布拉柴维尔及奥旺多等北方城市	—
基刚果语（Kikongo）	南方农村	约 12 种
姆博希语（Mbosi）	中部及北部农村	约 10 种
基太凯语（Kitéké）	中部及北部农村	约 10 种

资料来源：作者整理。

六　国旗、国徽、国歌

1. 国旗

刚果（布）国旗呈长方形，长与宽之比为 3：2。国旗由绿、黄、红三种颜色构成，左上方为绿色，右下方为红色，一条黄色宽带从左下角斜贯至右上角。绿色象征刚果（布）丰富的森林资源及对绿色和平的希望；黄色象征丰富的矿产资源和无尽的土地财富，也代表诚实、宽容和自尊；红色代表刚果人民的热情友好，以及刚果人民为国家的自由和独立洒在这片光荣土地上的热血。该国旗最早采用于 1958 年 8 月 18 日，1969 年刚果人民共和国时期被废止，1991 年 6 月 10 日刚果人民共和国时期结束后再次被确立为国旗。

2. 国徽

刚果（布）国徽为黄底色的盾徽，上面绘有一只呈愤怒状、右爪持有火炬、嘴巴吐着舌头的狮子，这个狮子除了爪尖、舌头呈绿色之外，其余地方均为红色，国徽中间有绿色波浪纹，盾徽上面有一顶书有刚果国名的王冠，盾徽由两只踩在红色枕木上的大象守护，其下方有黄色饰带，上

面用法语写着国家格言——"联合、劳动、进步"。该国徽于 1963 年启用，1970 年遭废除，2003 年再度启用。

3. 国歌

《刚果人》（La Congolaise）是刚果（布）的国歌。国歌的曲作者是让 - 罗耶（Jean-Royer）和约瑟夫·斯帕迪列尔（Joseph Spadilière），词作者是雅格斯·唐德拉（Jacques Tondra）和乔治·金班吉（Georges Kibanghi）。1959 年，该国歌被启用，后在 1969 年刚果人民共和国成立后被《光荣的三日》（Les Trois Glorieuses）取代。1992 年，《刚果人》再次成为刚果共和国的国歌。

《刚果人》歌词如下：

> 看今朝艳阳高高照，刚果人民站起来了。漫漫长夜终于过去，幸福已经真正来临。大家高唱自由之歌，欢欣鼓舞热情高昂。起来刚果人，团结为自豪，宣告民族团结国家大统一。让我们把隔阂抛掉，今后更团结在一道。我们的目标要实现，团结、工作、进步。我们的目标要实现，团结、工作、进步。

第二节　民俗与宗教

一　宗教

在刚果（布），50% 的居民信奉原始宗教（主要是金邦古教、万物有灵论），45% 的居民信奉基督教（包括罗马天主教、基督新教、觉醒教会/基督教复兴会、救亡会、耶和华见证人等），2% 的居民信奉伊斯兰教（主要是逊尼派），还有少数居民信仰其他宗教。

1. 传统宗教

刚果（布）的传统社会生产力水平低下，科学技术不发达，对危害人类的自然力量和社会力量人们只好求助于虚构的超自然力量来预测、化解或控制。万物有灵论成为刚果（布）人宗教思想的本质。在欧洲人抵达以前，他们多信仰原始拜物教，崇拜物有天空、林木、飞禽、走兽及人体的某一器官。迄今，刚果（布）仍有 50% 以上的居民信奉原始宗教，表现为各种派别的拜物教，他们的禁忌、仪式、规矩、等级、偶像及偶像安放和教徒集会的场所各有不同。此外，有些人信奉金邦古教（Kimbangu）。该教由刚果（金）人西蒙·金邦古于 1921 年 4 月在刚果（金）下刚果省创立，吸收了基督教的诸多元素，将非洲原始宗教精神（包括祭祖、拜神等）与现代基督教精神相结合，倡导精神觉醒，反对殖民统治与民族压迫。

2. 天主教

全国约有 130 万人信奉天主教，占全国人口的 26%，是原法属非洲国家中天主教徒占总人口比例较大的国家之一。随着葡萄牙探险者到达刚果（布），天主教也随之传入，不过收效不大。17 世纪初，一些天主教传教士步殖民者后尘又到刚果一带活动。19 世纪下半叶，法国逐渐占领刚果（布），圣灵会的传教士重新在沿海地区传教。1886 年建立法属下刚果代理主教教区，1907 年命名为卢安果代理主教教区。1890 年成立上刚果代理主教教区，1932 年改称"布拉柴维尔代理主教区"。1950 年，卢塞堡成立了第三个代理主教教区。这三个代理主教教区于 1955 年改为主教教区，而布拉柴维尔成了大主教教区。当时全国有 1 名大主教、2 名主教、80 名神父、100 多名修士、100 多名修女。

3. 基督新教

全国约有 50 万人信奉基督教，占总人口的 10% 左右。20 世纪初，以北欧瑞典传教会为主的基督教新教传教团相继来到刚果，他们深入内地传教。当刚果获得独立时，新教教徒已扩大到 5 万多名。目前刚果（布）、中非、乍得和加蓬的新教教会就设在布拉柴维尔，有神职人员约 2000 名。有一些非洲基督教派反对种族歧视和西方教派的一些教义，主要有恩古扎教（成立于 1921 年）、马佐阿教（成立于 1926 年）和拉西派（成立于 1948年）。此外，还有守望楼派（另译为耶和华见证人）、贞女教或佐卡-佐卡教、天赐教、圣灵降临教、救世军等。这些教派都是由当地人自己创建的，但与拜物教有本质区别，它们要破掉拜物教的偶像。

4. 伊斯兰教

刚果（布）的伊斯兰教徒约有 12 万人，占总人口的 2% 左右，他们多集中在大城镇。信仰伊斯兰教的群体多属于逊尼派，他们一般从事商业活动，且不少是外国侨民，大多来自西部非洲、北部非洲、黎巴嫩。在布拉柴维尔，有一个伊斯兰教艾哈迈迪（Ahmadiyya）中心，每周定期举办伊斯兰特色的宗教活动。

5. 佛教

刚果（布）信仰佛教的人数极少，占全国总人口的数量不到 1%。信仰佛教的群体多是来自中国大陆、台湾的侨民。在港口城市黑角吉－吉区（Jie-Jie），有台湾地区佛光山培养的非洲本土佛教法师——慧然法师修建的佛光缘寺院，针对当地的年轻人传播佛教知识，有不少中老年人来寺庙里念经闻法，并逐渐成为佛教信众。

二　节　日

每年最重要的节日是 8 月 15 日，为了纪念 1960 年国家的独立。这一天也是国庆日，全国举行大型的庆典活动。1990 年民主化运动之前，政府曾将每年的 8 月 13～15 日定为国庆节，放假三天，纪念 1963 年 8 月革命的"光荣三天"。从 1978 年起 3 月 18 日也成为节日，纪念恩古瓦比总统遇害，现已取消。国际上的通用节日，如 5 月 1 日国际劳动节、3 月 8 日国际妇女节、6 月 1 日国际儿童节在刚果（布）也有活动，是法定假日。现新增 6 月 5 日为战争纪念日，纪念 1997 年内战爆发。此外，6 月 10 日为全国民族和解日。

刚果（布）的民俗和宗教等节日也比较丰富。有 1 月 1 日的新年元旦，3 月 24 日的耶稣受难日，5 月 11～12 日的圣灵降临节，5 月 17 日的耶稣升天节，8 月 15 日的圣母升天节（与刚果国庆节时间重合），11 月 1 日的诸圣节，12 月 25 日的圣诞节。还有每年 11 月 1 日的扫墓日，也称"死人节"，全国放公假一天。在这一天，举国组织各种悼念活动，总统亲自到首都自由广场烈士墓地敬献花圈，其他领导人也分别到首都四大公墓敬献花圈。同一天，身穿黑色礼服的普通居民，扶老携幼地到墓地去，拔杂草，摆上供品和鲜花，点上蜡烛，边哭边唱，祈求上帝赐给死者幸福。这一天还有专门陪伴别人祭奠死者的人，他们受过特殊训练，有专门服装，到墓前去哭泣，诵《圣经》、跳风俗舞蹈等。

三 民俗

刚果（布）是深受法国文化影响的国家，不但官方语言和文字是法语和法文，而且当地人的名字也像法国人一样，叫"让""雅克"等。许多社交习俗按照法国方式，如问好、握手、贴面礼等，男士出门大多穿西服系领带。同时，刚果（布）人民也保留了一些传统的社会习俗和文化观念。

1. 家族观念

刚果（布）部族以大家族为基础，北方部族多是以父系为中心，同一大家族的男女不能通婚；男女婚后所生子女属于父亲及其所在的大家族，父亲对儿女有养育责任，孩子长大后的婚姻全凭父母做主；但是家庭遗产不是传给儿子，更不传给女儿，而是由叔叔继承。南方部族多以母系为中心，婚姻所生子女归母亲的大家族，父亲对子女没有太多义务；孩子长到几岁后送到舅舅家抚养，成为娘舅家最亲近的后代，在那里成家立业并继承遗产或族长、酋长之位。如果有人在城里当官或工作，农村亲友进城可食宿在此人家，主人不能拒之门外，娘舅死后遗产不得传给其子，必须由外甥继承，部族的酋长、族长也均由外甥承袭。

2. 饮食

刚果（布）居民传统主食是木薯、小米和玉米。木薯是一种既耐旱又抗虫害的根茎植物，它能在贫瘠的土地上生长，产量较高。由于木薯内含毒性的氢氰酸，食之过多容易引起人的甲状腺肿大，并且会压迫人的气管和血管，所以当地人食用前把它放在水中浸泡一段时间，使氢氰酸尽量溶解在水中。吃木薯方法：一是加工成粉，煮成糊糊，放些青菜，加点盐即可；另一种是把木薯煮熟，捣碎，用芭蕉叶包成团状或条状后再煮，做成味道清香的木薯糕。刚果（布）人一般将木薯糊与鱼块肉丁一起吃，就能防止缺钙引起的各种疾病。同时，木薯叶子还可以制作成当地美味

17

"萨嘎萨嘎"。刚果（布）盛产花生，很多居民喜欢把花生捣碎，做成"花生面包"。有的则把花生同香蕉、木薯粉、辣椒粉拌在一起，加上适量的棕榈油和食盐，做成一种名叫"尤乌马"的食品，香辣可口，既是主食，又是菜肴。大黄蚂蚁被视为至宝，用它制成的蚂蚁酱是一种营养丰富的美味。林区人常捕捉猴子，将猴肉熏熟，蘸着蚁酱吃。蔬菜在当地较为珍贵，主要有黄瓜、茄子、西红柿、辣椒等。刚果（布）有一道名菜叫"上尉鱼"，这种河鱼身上因有 3 条鲜明的黑纹而得名。该鱼的做法有烧烤、油煎、红烧、清蒸等。

刚果（布）常年气候炎热，大自然赋予的热带作物十分丰富，热带水果很丰富，木瓜、杧果、香蕉、菠萝等物美价廉，由此形成了独特的饮食习俗。人们也喜食各种瓜果，主妇会用香蕉制作清凉的果冻和香味扑鼻的香蕉酒款待嘉宾。在北方原始森林，俾格米人除集体猎取大象、羚羊、野猪、蟒蛇外，还视蜂蜜、乌龟和蚂蚁为"高级食品"。这些"森林的儿子"体格结实，肢体灵活，对饥渴有着超常的忍耐力，这与他们平时食用这些"高级食品"密不可分。

现在，受法国饮食文化的影响，刚果（布）城市居民偏好食用面包、糕点、冷食、熟食、肉制品、奶酪和葡萄酒等。布拉柴维尔、黑角等大城市的中产阶层人士开始效仿法式大餐，对食材的选择比较讲究，喜欢吃略带生口、鲜嫩的美味佳肴，偏爱酸、甜、咸味，在使用酱汁等佐料时，以不破坏食材原味为前提。人们喜欢在餐前喝开胃酒，这样能够刺激食欲。开胃酒主要是以葡萄酒或蒸馏酒为原料，加入植物的根、茎、叶和药材、香料等配制而成。受法国文化影响，当地人普遍认为，个人饮食应符合各自的教养与社会地位，并将同桌共餐视为一种联络感情、广交朋友的高雅乐趣和享受。

3. 服饰

刚果（布）城乡居民喜欢穿印有国家领导人肖像或国旗、党旗的衣服，在服装上体现出热爱领袖和祖国、维护国家统一和繁荣进步的精神面貌。也有许多人爱穿传统长袍，这是一种无领子、宽袖、下拖地的长袍。它多选用质地轻薄、吸汗透气的麻布、平纹布或绸料制成，在颜色和花样上以白色或浅色为主，这样既可以因其宽大而舒适凉爽，又可以因白色反光而减少日晒。妇女的长袍一般都有印花图案，穿着美观、大方，而年轻姑娘则多数喜欢各种颜色和花样的"筒裙"。女子要负责运输、耕种、料理家务。她们头顶物的本领惊人，不仅能头顶篮筐，而且筐上加筐。繁杂的劳作使她们的衣着要适应这种需求。她们腰间的围裙就有一衣多用的特点，在田间劳动用它可兜住孩子并背在身上，睡觉时可铺在地上当垫子，缠在腰间既可包裹东西又能成为很好的服饰。

在刚果（布），无论走到哪里都会看到人们穿着艳丽的民族服装，伴随着悦耳的歌声在林荫道旁、公园、田头翩翩起舞的情景。刚果（布）妇女爱美，喜欢打扮自己，也讲究发型的设计：人们把发式作为衡量妇女是否勤劳聪慧的标准之一。姑娘们喜欢请人帮忙把头发梳成几十或上百条小辫子，发辫上再用彩色鲜艳的头绳系上串串海贝，跑起来小海贝互相碰撞发出叮叮当当的声响。在大街小巷有许多收费不高的做辫小摊，专门为姑娘们精心梳妆。梳妆师边梳理边往头发上抹一种黑色液体，并加进一些假发。有的部族的妇女订婚后要改变发型，她们把额前到后脑勺的头发剪掉，再把左耳到右耳的头发扎成许多辫子，表示自己已有意中人，即将成婚。妇女还讲究饰瘢花纹，有的在身上割伤疤饰，有的在太阳穴上搞一个牡蛎形的疤痕。能在面部割、划出许多伤口，使其长出许多图案的人工肉瘤则需要做工精细、手艺超群，这常是头人或酋长的尊贵特权，普通人只能装饰身躯，文身也是部族文化的标志。

人们偶尔可以在密林中看见身穿豹兽皮的俾格米人，穿戴十分简陋，男女老幼常常赤身。男子一般只在腰间围一块兽皮，身前系一小围兜，身后系几片。女子的围腰比较考究，上面一般镶有别致的饰品，如鳞片、甲虫等。崇尚自然美是刚果（布）各部族的习惯，女孩子婚前上身常不着衣，但随着时代的发展已有变化。

4. 婚姻

刚果（布）仍有"一夫多妻制"的风俗，农村中普遍，城市中也有。姑娘可以同小伙子交往，并有挑选丈夫的权利。她们与某位男子结婚，大多出于自愿。一般传统习俗规定：男女不亲吻，亲族通奸算犯罪，女婿不能与岳母接触。在农村，"一夫多妻制"现象时有发生，一个富裕的男子甚至可以娶七八个妻子。而在城市由于人们受教育程度高，加上花销大，年轻人特别是年轻的知识分子趋向实行"一夫一妻制"。现在，金钱在婚嫁中的地位越来越重要，男方需要支付高昂的结婚费用。农村女方家庭要的彩礼很多，许多家境贫寒的小伙子往往因拿不出足够的聘礼而打"光棍"，而那些有钱有势的人，包括当地的一些大、小酋长，每人少则3~5个，多则10多个妻妾。在当地，妻妾多少是财富的标志，老婆越多男主人就越富裕。有些地区把老婆当作劳动力，男子根本不劳动，老婆实际上成了丈夫的奴隶。在北方一些地区还明确规定，妻子是丈夫财产的一部分，丈夫死后，妻子不能改嫁，连同丈夫的其他财产一并由丈夫的兄弟继承。妇女是主要劳动力，也是财富的象征。现在，传统的"一夫多妻制"婚姻正为现代的"一夫一妻制"婚姻所代替。

刚果（布）北方的部族多以父系为中心，同一大家族内的男女不能通婚，婚后所生的子女属于父亲及其所在的大家族。在南方的母系家族中，由于父母所生子女归母亲的大家族，孩子的培养、教育主要靠母亲娘家人，尤其是舅舅。所以孩子长大后男娶女嫁，除了征得父母同意外，还必须征得舅舅同意。男子娶妻不仅要给女方父母家送礼，而且特别要给女方舅舅送礼，否则就违背传统习俗并难以求娶成功。给女方舅舅送礼从男方第一次上门求婚时起，直到婚后生下第一个孩子为止；彩礼就是新娘的标价，没有彩礼就不能成亲。彩礼有牲口、物品和现金，有的男子拿不出足够的聘礼，就把自己雇给新娘家，为女家干活抵偿彩礼。支付彩礼是要表达本人的诚意。对部落来说，彩礼具有契约作用，可以保证将来的婚姻幸福。有些地方的青年男女以玉米棒定亲。男青年向年轻女子求婚时，必须向意中人送上一只烤熟了的鸟，并且说"这只鸟是我亲手打的"。如果姑娘看中了他，就回赠一个玉米棒，并对他说："这玉米是我亲手种出来的。"

生活在原始森林里的俾格米人实行"一夫一妻制"，妇女以嫁给一个勇敢的猎手为荣。在一般的情况下，小伙子如果看中某个姑娘，就可上女方家去求婚。通常的聘礼是一对象牙、几罐蜂蜜，或是一张新弓等。俾格米人的生育能力极强，女子 13 ~ 14 岁就可结婚，婚后可生育十几胎，但婴儿死亡率极高。班布蒂族人至今还实行古老的换人形式，某家小伙子要娶某家的姑娘为妻时，作为交换条件，必须把自己的妹妹给未婚妻的兄弟或堂兄弟。若无姑娘交换，就得拿一些适当的猎物和生产工具作为补偿。他们也实行严格的"一夫一妻制"，严禁与外族人通婚，否则就被视为严重的叛逆行为，相关男女双方可能被部族处死。

5. 丧葬

在刚果（布），人们对葬礼十分重视，无论成人或孩子，死后都要举行隆重的葬礼仪式，场面庄严而隆重。如果一个人死在城里医院，死者的亲属会聚集在医院的太平间门前，为死者举行驱魔仪式。死者的遗孀或母亲必须绕着医院跑 3 圈，边跑边喊，同时用土语念叨祝福死者的话语。其他人则用深沉的哀声和粗犷的舞姿来表达各自的哀思。仪式不分昼夜，时间长短根据当时的情况而定，因为家属要在此时赶制棺木，一旦准备就绪，就举行接尸仪式。待唱歌跳舞的人安静下来，死者亲属轻轻叩敲太平间的房门并问道："你醒了吗?"稍等片刻，得到死者的所谓"允许"之后，才能打开门进去。接尸仪式的场面十分隆重，棺木置于黑色帐幔围裹的灵车之中，灵车前由警车鸣笛开道，后有死者亲属乘坐的数十辆护灵车队，其场面绝不亚于国宾仪仗车队。无论是在农村的乡间小道，还是在车水马龙的闹市中心，遇到灵车队经过，所有的车辆和行人都自觉停车驻足让行。即使是同一个方向驶来的车，也必须跟在灵车后面，这种约定俗成的规矩警车甚至总统的专车也要遵守。倘有人贸然抢行，便会受到公众的严厉谴责。压阵的是妇女唱歌队，她们身着一色的缠腰布，有节奏地唱着哀歌，并不时地击掌和顿足。不过这种隆重程度常由经济状况和身份而定。

在刚果（布）农村地区，死者的亲属就在门口不分昼夜地边哭边跳，甚至在地上打滚。村里的人死了，几乎全村的女子都会出来在路旁边哭边跳，守灵仪式也是颇为庄重。不论城乡，灵柩一般放在离家不远处临时搭起的凉棚下，白天由死者直系亲属们轮流守灵，滴水不进，一律禁食;夜晚由亲友们通宵达旦地唱歌跳舞，同时请穿着盛装的巫师跳舞驱魔祈福。次日凌晨，即进行"起灵"和安葬仪式，随后，亲属好友们驱车回家团聚吃饭。一年后才能进行正式安葬，实际上是在土坟上加修坟廊和竖立坟碑，做坟的规模大小主要根据死者家属的经济条件及对死者感情深浅而定，有的为水泥预制板铺盖，有的用进口黑色大理石雕筑，还有的在坟上加盖小亭台，立一个考究的墓碑。在人死后的一年里，亲属们都要穿素色衣服，不论男女都要剃光头，满一年后再为死者举行"脱黑"仪式。仪式前，要发请帖请亲友们参加，仪式上大家要伴随音乐跳舞、喝饮料、啤酒，吃点心。从这一天起，死者的亲属，尤其是年轻妇女，有条件者每天换一身漂亮衣服，换一次发型、项链和耳环，直到第 7 天为止。

6. 礼仪

打招呼在刚果（布）是有讲究的。握手则是知识界、机关工作人员、企事业职员及市民的普遍礼仪。见到外国客人，总彬彬有礼，先是热情打招呼，然后握手致意，对亲朋好友甚至要拥抱贴脸亲吻。在谈话的时候，当地人边谈话边用拇指、食指和中指弹出"嗒嗒"的响声，表示交谈十分投机。头部上下轻轻摇动，表示对客人所讲的事情怀有异常惊讶的赞美之情，当你被别人介绍时，作为男子应伸出右手来。刚果（布）人较看重身份，如果知道对方的职务与头衔，称呼时要加上以示尊重。在个别族群中，如果两位朋友相遇，双方先伸出两手，然后躬下身子吹几口气以示问候致意。在城镇进行拜访或约会，要事先联系，以免唐突。

音乐和舞蹈是刚果（布）人民日常生活的重要组成部分，无论是在城市还是在农村，随时随地都可以看到人们集中在一起唱歌跳舞的情景。歌舞成为他们表达喜怒哀乐情感、进行社会交往的重要方式。所以，结婚喜庆要跳，丧葬仪式要跳，祈求神灵要跳，甚至在市场上，小贩们也在一起唱或跳，一次聚会歌舞活动能持续数日，有的多至 1~2 个月之久。

第三节　特色资源

一　名胜古迹

刚果（布）名胜古迹很多，既有风景优美的自然遗产，又有充满历史底蕴的文化遗产，有多处被联合国教科文组织列入世界文化和自然遗产名录。

刚果（布）比较知名的自然景观和自然遗产主要包括以下内容：

1. 刚果河（The Congo River）

刚果河又称"扎伊尔河"（Zaïre River），是非洲第二长河，仅次于尼罗河。若按流量来划分，刚果河的流量仅次于亚马孙河，是世界第二大河。刚果河河口是较深溺谷，河槽向大西洋底延伸150公里，在河口外形成广阔的淡水洋面。干支流多险滩、瀑布和急流，以中游博约马瀑布群和下游利文斯通瀑布群最为著名。刚果河流域包括了刚果（金）几乎全部领土，刚果（布）和中非共和国大部、赞比亚东部、安哥拉北部及喀麦隆和坦桑尼亚的一部分领土。刚果河主要支流有乌班吉河、利夸拉河和桑加河。刚果河自源头至河口分上、中、下很不相同的三段。上游的特点是多汇流、湖泊、瀑布和险滩；中游有7个大瀑布组成的瀑布群，称为"博约马（旧称'斯坦利'）瀑布"；下游分成两汊，形成一片广阔的湖区，称为"马莱博湖"。刚果河流域具有非洲最湿润的炎热气候，最广袤、最浓密的赤道热带雨林。刚果河有终年不断的雨水供给，流量均衡。在刚果（布）的朱埃地区，可欣赏到两段刚果河急流，水急浪高，气势恢宏，其中哈比德（Rapides）位于上游，嘎达哈（Cataractes）位于下游。

2. 巴太凯高原（Plateaux Batéké）

巴太凯高原地处赤道附近的刚果，气候炎热，物产丰富。巴太凯高原地带的地貌非常复杂，高度不一。既有河流冲刷的谷地，也有连绵的群山和平缓的高原。这个地带覆盖着大面积的原始森林，林木葱郁，树种繁多，为中非地区最著名的热带雨林地区之一。从整个地貌来看，高原部分起始于沿海平原边缘的马永贝山脉，隔着深邃的尼阿里河谷是与马永贝山脉高度不相上下的夏于山地。夏于山地由许多圆形山丘所组成，最高峰不过845米，水系发达，沟谷纵横。夏于山地之后是大面积的巴太凯高原，面积达11200平方公里。由于众多河流的切割，整个高原的地貌显得较为破碎，分别为姆贝高原、恩萨高原和恩格高原、兼巴拉高原、库库亚高原，平均海拔为600米以上，最高处为800米左右。

3. 桑加河

2012 年 7 月 1 日，第 36 届世界遗产委员会会议讨论并通过将桑加河列入《世界遗产名录》的决定。桑加河是非洲中部刚果河的支流，发源自中非共和国的西南部，流经 225 公里后成为喀麦隆与中非共和国、刚果（布）的接壤边境，接着向西南方流经 362 公里后注入刚果河。桑加河流经三座相互毗邻的国家公园，总面积达 750000 公顷，其大部分至今尚未受到人类活动的影响。桑加河遗产地以潮湿的热带雨林生态系统为特点，是大量动植物的栖息地，诸如尼罗河鳄鱼和大型食肉动物巨型虎鱼等，林中空地为草本植物提供了生存环境。此外，桑加河沿岸还是相当数量的森林大象、极度濒危的西部低地大猩猩生存的地方。桑加河遗产地保护了刚果（布）生态系统，为物种进化的继续提供了客观环境。

刚果（布）比较知名的文化遗产和人文景点主要包括以下内容：

1. 布拉柴纪念馆（Mémorial de Pierre Savorgnan de Brazza）

为纪念皮埃尔·萨沃尼昂·德·布拉柴（Pierre Savorgnan de Brazza）而建。该纪念馆建成于 2006 年 3 月，位于布拉柴维尔市中心，毗邻刚果河畔。馆内有布拉柴的棺木、历史浮雕、壁画及若干文物。纪念馆内分为一层和地下层。一层整个地面、墙壁柱子全部是由光洁通亮的大块上等花岗岩石头铺成，一尘不染，光亮照人。一层的墙壁上是一幅壮观的大幅油画，生动再现了刚果人民在法国殖民地的统治下的生活场面，是一幅活生生的刚果式"清明上河图"，是一部历史教科书，是对刚果人民的最好纪念。1880 年 9 月 10 日布拉柴与当地的马科科（Makoko）国王签署协议，将其王国置于法国的保护之下。所以这一天被视为布拉柴维尔的建城日，布拉柴也被当地人视为圣人。纪念馆地下层安放着布拉柴及其后人的大理石棺材。布拉柴维尔纪念馆由乍得、加蓬、喀麦隆和刚果（布）四国共同出资，耗时多年建造，从纪念馆的精致程度来看，对同为法国殖民地的刚果（布）人来说，他们对待历史的态度令人敬佩。

2. 布拉柴纪念碑（Monument de Brazza）

为纪念皮埃尔·萨沃尼昂·德·布拉柴（Pierre Savorgnan de Brazza）而建。该纪念碑位于市政府旁，是当年布拉柴登陆并和当地人签约的地方。碑高 25 米，于 1944 年 1 月 30 日落成揭幕。碑后的刚果河畔有同样以布拉柴命名的广场，可做小型露天剧场，站在广场中心的五彩石上说话可产生回音效果。驻足布拉柴纪念碑河畔，可远眺金沙萨，亦可饱览刚果河及沿岸风光。1880 年，意大利籍法官皮埃尔·萨沃尼昂·德·布拉柴深入刚果河腹地登陆，并于 9 月 10 日与马科科国王签订条约，将马科科王国置于法国的保护之下，同时获得刚果河右岸从安比拉（Impila）到朱埃（Djoué）面积达 10000 平方公里的土地。同年 10 月 3 日，法国正式占领这片土地，从此开始了对刚果（布）的殖民统治。

3. 圣·安娜大教堂（La Baslique Sainte-Anne）

圣·安娜大教堂位于布拉柴维尔市波托－波托（Poto-Poto）广场南端，是刚果（布）最大最著名的教堂。1936 年，面对波托－波托区入教人数的增加，主教比耶希（Biechy）提议法属赤道非洲［领地包括今刚果（布）、加蓬、中非和乍得，首府设在布拉柴维尔］总督菲利克斯·埃布埃（Félix Eboue）建造一个新教堂。菲利克斯·埃布埃于 1940 年至 1943 年间任法属赤道非洲总督。圣·安娜大教堂于 1943 年开工，1949 年 11 月 1 日举行落成典礼。教堂由法国建筑师罗歇·埃雷尔设计，融汇欧洲哥特式建筑风格与非洲茅屋屋顶特色，内部呈尖拱结构，宛如十指相对，顶部高达 22 米。教堂屋顶全部由产自法国的绿色孔雀石覆盖，在阳光下熠熠生辉。教堂中的圣母与圣·安娜、圣·约瑟夫像均由波托－波托画校创始人、法国画家皮埃尔·洛兹绘制，刚果（布）著名雕刻家伯努瓦·高农戈雕刻完成。该教堂在 1997 年内战中被破坏，后又被修复。

4. 圣心大教堂（La Cathédrale Sacré-Coeur）

圣心大教堂位于市中心高地，建成于 1894 年，是中部非洲地区现存的最古老的教堂之一，也是布拉柴维尔最重要的宗教地点之一。教堂里面有许多精心雕刻的浮雕、壁画和马赛克镶嵌画，教堂的圆顶具有罗马式与拜占庭式相结合的别致风格。

5. 戴高乐故居（Case de Gaulle）

位于巴刚果区东南端的刚果河畔，曾为戴高乐将军在海外领导"自由法国"运动时的寓所。1940 年 10 月 27 日，戴高乐在布拉柴维尔成立了帝国防御委员会，坚持反抗法西斯侵略。刚果（布）独立后，戴高乐故居成为法国大使官邸。

6. 雅乌修道院（Couvent Javouhey）

位于卢蒙巴中学附近的小巷中，是布拉柴维尔最早的圣女修道院，建成于 1895 年，以圣女雅乌的名字命名。修道院及中心广场的建筑保存比较完好，是殖民时代法国传教士在刚果（布）传播天主教的重要文化场所。

刚果（布）其他文化遗产和人文景点还有戴高乐广场、菲利克斯·埃布埃雕像、恩古瓦比纪念堂、世界卫生组织非洲总部、泛非科学与技术联合会、非洲石油供应商联合会等。

二　主要城市

刚果（布）比较知名的城市包括布拉柴维尔、黑角、多利齐、奥旺多等，这些城市都属于东 1 时区，比北京时间晚 7 小时。

1. 布拉柴维尔（Brazzaville）

布拉柴维尔是刚果（布）首都，是全国第一大城市，是刚果（布）政治、文化和交通中心，也是中部非洲的一座大城市。布拉柴维尔市位于刚果（布）东南角的刚果河西岸，同刚果河东岸的刚果（金）首都金沙萨隔河相望，有轮渡相通，航程约为 20 分钟。它是联系刚果河与大西洋的枢纽，既是内河港埠，又是大洋铁路的起点，是喀麦隆、中非甚至乍得许多进出口物资转运站，市郊有马亚－马亚国际机场。布拉柴维尔始建于 1880 年，1904 年成为法属赤道非洲的总督驻地。1960 年国家独立后成为首都。

布拉柴维尔经济发展成就显著，主要工业有纺织、食品、啤酒、制糖、榨油、木材加工、金属加工、化工、水泥、电力等。布拉柴维尔市区从朱埃河口起，沿刚果河岸发展，东部为商业区，西部为行政机关所在地，工厂多沿河分布，城市布局井然，房屋造型多呈欧洲风格。非洲人住区有开敞、轻巧、简洁、明快的热带建筑，如市政府、邮电局、圣·安娜车站、高等师范学校、医院等都是典型建筑。市中心占地 2100 平方米的恩古瓦比博物馆建筑群及"最高牺牲广场"造型壮观。布拉柴维尔市现有大小酒店 123 所，其中五星级酒店 3 所（奥林匹克饭店、子午饭店和玛丽娜饭店），二星级 5 所，一星级 6 所；有中餐馆多家，主要包括和平饭庄、千叶酒家、玫瑰餐厅。和平饭庄的菜系以川菜为主，千叶酒家和玫瑰餐厅以江浙菜为主。

布拉柴维尔是座美丽的热带城市，有"花园城"之称，它虽然处于赤道附近，但由于地势较高，又有刚果河水的调节，所以早晚都比较凉爽，城市有很广的绿化带，四季常青，杧果、椰子、旅人蕉排列成行，绿荫如盖。布拉柴维尔气候较为适宜，全年温度最高的是 4 月，平均可达 30℃，最低温度集中在 8 月，平均约 21℃，每年 6~9 月是旱季，10 月至次年 5 月是雨季。

2. 黑角（Pointe-Noire）

黑角是刚果（布）的经济首都，全国第二大城市和最大的港口，也是重要的自治直辖市。黑角位于首都布拉柴维尔西南方向，相距 510 公里。它濒临大西洋，系天然深水良港，也是整个中非地区对外交流的中心之一。

黑角是刚果（布）石油的主要产地，其石油产业在刚果国民经济中占有重要地位，它拥有一座炼油厂，炼油能力为每年数百万吨。有许多工业部门，如棕油、酿造、木材、制鞋、日用铝制品、制氧、玻璃等。它是非洲中西部法语区的大港口之一，有十多个泊位，每年来往各国船只千艘以上，吞吐量达千万吨，中非、乍得、加蓬等国一些物资也从此转运，大洋铁路和从乍得到刚果的国际公路都以此为发运站，并有空中航线与国内外大城市相联系。

黑角的自然景观和人文景观都比较丰富。其中，迪奥索峡谷（Gorge de Diosso），位于黑角附近的迪奥索村，它属于红色砂质土壤构造，峡谷内有多条河流及大片桉树林，风景怡人。黑角还是奎卢河的入海口，奎卢河全长 810 公里，在黑角西北部注入大西洋，入海口处景色壮美。除了美丽的自然景观之外，黑角还有殖民时期修建的建筑群，市区中有大量殖民时期风格鲜明的建筑物，如圣母教堂、中心邮局、大洋铁路终点车站等。位于黑角市中心的艺术市场有多种具有非洲特色的艺术品出售，如雕塑、木雕、沙画、面具等。黑角的建城历史较为特别，相传 19 世纪中叶，一位葡萄牙探险者乘船来到此海角，瞥见岸边一块突兀的黑色礁石特别显眼，遂称此地为"黑角"。1930 年之前，黑角还是普通的渔村，随着殖民者修建刚果大洋铁路而发展起来。其中，黑角著名的卢安果海滩（La Plage de Loango）是第一批基督教传教士的登陆地点，如今是四季皆宜的海滨度假休闲圣地。与布拉柴维尔相比，黑角治安较差，犯罪事件较多，外国人需要注意生命及财产安全。

3. 多利齐（Dolisie）

刚果（布）尼阿里省的首府所在地，是全国第三大城市和重要的铁路、商业中心。多利齐位于刚果（布）沿海森林的东部边缘，尼阿里河谷地的南部，从 1934 年起，因刚果大洋铁路机车车库所在地而发展，强化了刚果大洋铁路与加蓬城市姆宾达（Mbinda）之间的联系。多利齐后成为西南部地区的工商业中心，城区有大量木材加工厂。多利齐在 1975 ~ 1991 年之间被称为"卢博莫"（Loubomo），1990 年刚果（布）内战结束之后，大量农村市民涌入多利齐，带动了当地经济发展。

4. 奥旺多（Owando）

刚果（布）北部盆地省的首府，也是通往喀麦隆、中非共和国的国际公路中转站。奥旺多有新兴的工业和教育卫生机构，也是赤道地区旅游的中心地。在奥旺多也可以接触到非洲特色的纳加古鲁（Ngagoulou）和古伊乌（Kouyou）文化，同时也受西方文化影响，城市在 1955 年 9 月 14 日修建了罗马天主教教堂。奥旺多的旧称是 1904 年法国人命名的名字——"卢塞堡"（Fort Rousset），以此纪念法国探险家亚历克西斯·卢塞（Alexis Rousset），直到 1977 年才正式更改为现在具有非洲特色的名称。

5. 奥约（Oyo）

位于盆地省，距离布拉柴维尔 400 公里，北部有公路与奥旺多市连接，城市毗邻阿利马河（Alima）港口，是姆博希族的重要聚居地。市内建有一个名为奥罗博的飞机场（l'aéroport d'Ollombo），有一家戈巴古·阿丽玛皇宫酒店（le Pefaco Hôtel Alima Palace），该酒店是五星级豪华酒店。值得一提的是，奥约是刚果（布）总统德尼·萨苏－恩格索（Denis

Sassou-Nguesso）的家乡。

6. 韦索（Ouésso）

刚果（布）北部桑加省的首府，在桑加河与其支流恩戈科（Ngoko）河汇流处右岸，近喀麦隆边界。韦索是刚果（布）北部地区的贸易与交通中心，是著名的内河河运港口，是由刚果（布）通往中非各国的重要通道。韦索河运便利，顺桑加河向下，可以通往莫萨卡，向上可以到达中非共和国的诺拉，有公路通往布拉柴维尔、苏安凯等城市。韦索有可可、桃花木等林业资源，木材加工业比较发达。韦索建有飞机场，与布拉柴维尔有定期的航班服务。

三　建筑艺术

刚果（布）农村居民多在村落里群居。村址的选择主要考虑防卫和饮水，通常建在便于妇女运水的高处。而如今交通便利则成了首选条件，所以现在刚果（布）的村庄多坐落在或迁移到公路附近与河流沿岸。村庄主要有长方形和街道式两种。前一种村庄，茅屋排列在长方形的3个边上，另一边朝向马路，每座茅屋都面向居中的"会堂"（空场），不开会时空场往往作为木工、制陶、纺织等手工匠人的场所；后一种村庄较简单，在建造房屋时把房子匀称地、面对面地排成两行，中间空出道路。

刚果（布）各地的房屋一般都是由两堵墙架、一个屋顶组成，房屋形状为长方形。各部族的房屋相差无几，只是建筑材料因地而异，主要有木棍、树枝、泥巴、莎草纸、稻草、棕榈叶等，林区则选用木板。一般先将树枝绕着木棍编排好，平地竖起，加些稻草涂上泥巴，制成墙板，屋顶一般铺茅草，既可防日晒，又能防雨淋。农村的门窗很小，室内也以枝条泥巴做墙分成若干小间，里面十分凉爽，但光线暗淡。在刚果（布）有不少人只把房子作为夜间栖身之地，白天的活动都是在别处，所以不大重视住宅建筑和室内装修。人们对牛很崇尚，有种传统的住房叫"克拉戈"，牛圈位于全部住房的中央，这是举家最神圣的地方。在家庭中，妇女的地位低于男子；在睡觉方式上，丈夫睡的位置要高于妻子的位置，以此显示男子的一种尊严和神圣。

第二章
历　　史

第一节　古代简史

一　史前时期（公元前 300 年之前）

尽管史学界对非洲大陆史前史的研究有相当多的了解，但是关于中部非洲尤其是刚果（布）的史前历史资料却寥寥无几，有些零星的资料也仅局限于一些研究条件较好的区域。考古学家和人类学家在刚果盆地发现有人类生活的遗迹，初步证实，在史前时期，中部非洲的刚果（布）与喀麦隆的森林边缘地带、刚果盆地的大片地区，远至裂谷西边的山区，都曾居住着原始居民。

1920 年考古学家在图姆比湖附近发掘出很多磨光石器，被命名为图姆比文化（Toumbien），此后在布拉柴维尔和尼阿里河流域又陆续发现属于这种文化的遗物。根据放射性碳素测定，这些磨光石器是公元前 7000 年左右的遗物。从这些遗物来看，那时居民已开始狩猎和种植农作物。这可能是世界上所有新石器文化中发现原始耕作最早的地区。[1] 而"这些新石器文化的创造者可能是非洲大陆尼格罗人和班图人的共同祖先"。[2]

刚果（布）史前时期的森林覆盖面积可能要比现在的森林覆盖面积

---

[1]　联合国教科文组织：《非洲通史》，中国对外翻译出版公司联合国教科文组织出版社，1984，第 2 卷，第 472 页。

[2]　何芳川、宁骚主编《非洲通史·古代卷》，华东师范大学出版社，1995，第 49 页。

大得多。在北部一些地区，打磨石器的制造开始于公元前 3000 年。在森林和森林边缘地带的原始居民，可能已经开始培育及种植薯蓣，早期的薯蓣种植区可能已扩散到今天刚果（布）的北部，而打磨石斧或石锄可能用于耕作土地或开发林地。

二　石器与陶器时期（公元前 3000 年至公元 1 世纪）

公元前 3000 年前后，农业生产方式在刚果盆地的部分地区出现，主要表现为非谷物种植型农业和畜牧业，陶器和铁器的使用是这一时期的主要标志。总体上看，在位于现在的中部非洲的湖滨河岸地带、热带草原地带、森林地带以及大西洋沿岸地区可能存在着一种史前文明。

刚果（布）海岸地区的居民在公元前 3000 年前后采取了定居方式，并将森林中的薯蓣作为主要食物。刚果（布）北部陶器的使用意味着当地存在比较稳定的定居环境，在公元前 1000 年中期，刚果（布）中部的一处村庄已达到约 20000 平方米。除了一些平底锅碎片和石斧、石锄外，在一系列深坑中还发现了磨制石器、油棕和阿提利果（Atili）的壳。一些地区发现的石片制品明显早于陶器的发展，但仍无法确定它们的年代。沿着主要的河流谷地进行的发掘研究表明，许多地区已有使用陶器的人群进入。这一地区最早的陶器与中部非洲其他地区之间存在密切关系。

尽管可获得的原始资料非常少，但是可以推断在公元前 3000 年至公元前 2000 年，刚果（布）沿海地区的居民已经开始使用陶器。到公元前 1000 年前后，陶器在非洲的赤道以北地区已非常普遍，但仍未被更往南地区的居民所使用。在大部分地区，陶容器为圆底或尖底，通过直立放在石头间、环形圆座上保持平衡。公元前 1000 年之后，刚果河河口地区的居民开始通用平底陶容器，对陶容器的装饰通常在火烧之前完成，使用刻和压印等多种方式。

公元前 6 世纪，刚果（布）北部出现了陶器和石片制品在一起的磨石和油棕果，可能大致在同一时期，这一地区的人们已经开始制造磨制石斧、石锄，当地居民已开始使用这类特征的陶器。然而，直到目前，刚果（布）内陆森林地区仍未发现陶器和其他反映定居生活的物品。在紧挨森林南部地区的巴斯扎伊尔（Bas Zaire）的几处遗址，考古学家发现的磨制石器和陶器现已确定属于公元前最后两个世纪。尽管没有足够的证据表明当地已开始饲养家畜，但油棕果和橄榄果（Canarium）的发现已经表明非谷物种植型农业的存在，这比当地开始炼铁要早几个世纪。

刚果（布）古代居民在语言上属于班图语族，古代说刚果语的民族可能在班图人大迁徙时代从北方来到刚果河地区。刚果人早在公元前 1000 年开始了农业活动，在公元前 400 年前后开始发展冶铁工业。他们可能继承了尼日利亚诺克文化（Nok Culture）的生产生活方式，在大西洋沿岸的考古发掘表明，此地区在公元前后已经产生了较为复杂的社会结构。

第二节　中古简史

一　古代班图人的大迁徙（1~13世纪）

刚果（布）境内最早的居民是生活在原始森林里的俾格米人。从公元 1 世纪起，班图 - 尼格罗人陆续迁入刚果地区。班图人是非洲最大的人种群体，分布在赤道以南的广大地区。班图人向南扩张、迁徙大致分为三大支。西边的一支主要分布在刚果河下游，以刚果人为主。其他分支有隆达人和今安哥拉境内的恩哥拉人。东支向东非，中支向南迁徙到南非。班图人来自何处，学者们众说不一，多数人认为发源于尼日利亚和喀麦隆交界处。1973 年后，这一说法受到挑战，关于班图人大迁徙的原因，有一种观点认为，班图人掌握了冶铁技术后，热带锄耕农业大发展带来了生活的改善，人口的增长需要更多的耕地和牧场，故移居。而另一种观点则认为，北部苏丹尼格罗人口激增，不断南下蚕食班图人住地，迫使他们不得不向外迁徙。

在非洲，口头传说是保存非洲人社会文化的宝库，据此可对刚果河下游的班图人的社会有一些了解。他们的早期经济模式多半是农业和畜牧业的结合，辅之以采集和狩猎。他们能制作陶器。女人的主要工作是耕种、采集、编织，男人主要从事放牧、狩猎、冶铁和开垦土地。这一时期，班图人还不曾形成国家，分别属于不同的部落，部落的规模由数千人到数万人不等，各有其特定的名称和地理范围，较弱的部落要向较强的部落纳贡。大多数已过渡到父系家族制，少数部落仍为母系社会。酋长既是军事首领又是宗教领袖。部落的土地是公有的，由酋长定期分配，部落之间已有交换行为，并出现贫富差距。家族是部落组织的基层单位。牢固的家族关系和原始的宗教信仰使他们不易接受外来的影响，在长期的迁徙中更成为团结家族成员的纽带。

二 古代刚果王国（13～16 世纪）

随着农业技术的发展和人口的增加，大约在公元 10 世纪到 11 世纪，刚果河河口地区出现了早期的农业部落，它们是刚果王国的雏形。刚果人由于没有文字，因此与葡萄牙人接触之前的刚果王国历史没有被记载下来，只有当地人的传说对其历史有零星描述。1483 年，葡萄牙人到达刚果，此时的刚果王是恩津加·恩库武（Nzinga Nkuwu）。直到 16 世纪晚期，刚果王国早期历史的传说被第一次以书面形式记载，这些资料成为后世研究刚果王国历史的重要参考。从 13 世纪起，在今刚果（布）的土地上出现了一些早期王国，主要有刚果王国、卢安果王国和安济科王国等。

（一）刚果王国

1. 历史演变

刚果王国（刚果语：Wene wa Kongo）是向西迁徙的班图人结成部落联盟后形成的早期国家组织，也是班图人迁徙后建立起来的最强大的一个国家。古代的刚果王国包括今刚果（布）西南部地区，刚果（金）西部的部分地区和安哥拉的西北部地区。其首都在今安哥拉境内的姆班扎（后来改名"圣萨尔瓦多"）。其主要居民是一群擅长定居农业而又掌握了冶铁技术的班图人，被称为"巴刚果族"（Bacongo）。13 世纪末，他们在刚果河下游两岸的热带草原上建立了刚果王朝，奠基人尼米·卢克尼（Nimi Lukeni）是巴刚果部落酋长的儿子。他率领部落在刚果下游北岸的马云贝定居，后来渡过刚果河，迁徙到距刚果河约 100 公里的高原上，征服了刚果河南岸热带草原上的一些使用石器的部落联盟，直抵姆班扎。他对部落联盟的大酋长和宗教领袖采取友好联盟的政策，赢得了他们的承认和支持。

15 世纪下半期，刚果王国国势强盛起来，版图大大扩张。另外，北方的卢安果王国和南方的恩东戈等王国也在不同程度上承认刚果王国的宗主权，经常向它纳贡。国王恩津加·恩库武在位期间，省长均由国王任命。省下辖县和村，其行政官员就是酋长和头人。他们负责征集兵员，征收赋税和维持社会治安。第三任国王阿方索在位近 40 年（1506～1543 年），在刚果历代国王中他是最受刚果人民尊敬的一位。至 19 世纪，每个巴刚果人都知道阿方索的名字。在刚果王国的鼎盛时期，其疆域覆盖了西起大西洋沿岸、东至宽果河、北起刚果河、南至宽扎河的广大地区，首都也改名为"圣萨尔瓦多"（1491 年），今刚果（布）西南部地区包括在此版图之内。

16 世纪以后，刚果王国逐渐衰落，藩属国纷纷摆脱了它的控制。1556 年刚果军队同臣属的恩哥拉人进行了一场大规模战争，结果刚果军队遭到惨败。这成为刚果王国内讧不断、国家由盛转衰的一个标志。后又有贾加人的入侵。1568 年，贾加人为了抢劫奴隶、粮食攻入刚果境内，1569 年，占领和洗劫了圣萨尔瓦多。国王阿尔瓦多（1568～1587 年在位）被迫率领大臣逃到刚果河下游的一个岛上避难，并向葡萄牙王室请求紧急援助。1574 年恢复了王位的刚果国王威信进一步下降，受到葡萄牙人的牵制。自阿尔瓦多复位后先有近半个世纪的稳定时期，接着是近 30 年的王位争夺战争，前后产生了 8 位国王。从 17 世纪中叶到 19 世纪初，在原刚果王国的疆域里众多小酋长国纷纷独立，圣萨尔瓦多成了一个非常小的居民点。

2. 政治制度

刚果王国有一套比较完整的行政制度，实行中央集权制。国家权力掌握在以国王为首的贵族集团手中。国王有司法权，根据习惯法可以裁决死刑。各省的都督和中央高级官吏由国王任命。但国王没有土地所有权，也不能随意转让王国的土地。国王无权指定继承人，而须由贵族会议从嫔妃之子中选出。中央高级官吏有司法官、军队指挥官、司库和两名税收官，这些官职大都变成由某些家族世袭。国王卫队是国家的常设武装力量，驻扎在首都，设有全国统一的常备军。当国王决定打仗时，传令各地省督在所辖地区征集军队，一次最多能召集约 8 万人的军队。贵族会议是刚果王国最重要的权力机构，由 12 名成员组成，8 名是王国中心地区一些大氏族首领，4 名是已故国王的妻子、婶母或姐妹。他们负责协助和监督国王处理重要事务。

全国划分为 8 个省，其中北部的恩松迪省、姆庞古省就在今刚果（布）和刚果（金）境内，① 省下设立姆维拉和坎达两级行政单位，相当于大、小部落联盟，最基层为自然村，姆维拉和坎达的行政长官一般由当地的部落酋长或头人担任。他们除了按国王的命令行事外，平时负责收税、征兵和维持社会治安。各层长官扣留一部分税收，其余上缴，最后大部分送往宫廷。贡品包括粮食、食品、象牙、奴隶和手工织品等。国王每年举行一次大规模接受各省贡赋的隆重仪式。

3. 社会经济生活

刚果王国林业资源丰富、土地肥沃、水源充足，具有优越的自然条件。葡萄牙殖民者入侵前，已形成安定繁荣的农业社会，并出现专业化分工，农业、渔业、制陶、纺织、制盐、炼铁、炼铜等行业均相当发达。葡萄牙殖民者来到这里后，以花布、丝绸、刀子、镜子、玻璃珠和瓷器贿赂刚果国王和各级官员，以扩大奴隶贸易的规模。随着奴隶贸易的发展，王国统治者从邻近地区掠取奴隶参与奴隶贸易，从而使国内产生了一批依靠奴隶贸易过奢侈生活的新贵。

在 13 世纪末至 17 世纪中期，刚果王国居民主要从事农业，大多数是部落的自由民，种植高粱、谷子、薯类和豆类等农作物。在农业生产中，男女有严格的分工，男子负责清理地里的灌木和垦荒，而女人则从事翻地、播种、管理、收割等农活。他们每年种植两季作物，并实行土地轮耕制。农业生产工具包括锄、刀、斧等。由于产量不高，打猎、捕鱼和采集

---

① 杨人楩：《非洲通史简编：从远古到 1918 年》，人民出版社，1984，第 169 页。

仍占重要位置。一些主要的手工业已同农业分离，形成织布、冶铁锻铁、制陶、木雕和采盐等行业。刚果王国首都和各省省府都有较大的市场，地方上则有众多的集市，沿海地区和中西部地区用贝壳作为货币，在东北部则用棕榈布作为货币。一些巴刚果贵族组织商队，到附近小国或者在沿海和内地之间，从事长途贸易活动。刚果王国的土地私有权一直没有被普遍确立，土地一直归姆维拉和坎达管理，贵族私有制作为一种新的土地占有形式，在 16 世纪初具规模，后来发展成奴隶制。贵族、平民和奴隶三大阶层初步形成，其社会性质属于早期奴隶制社会。

刚果王国人经常崇拜并供奉超自然的力量，一些天赋异禀的人被推举为仪式专家。他们试图通过祈祷、起誓、殉葬等形式对诸神供奉，希望通过这种方式与超自然的力量进行沟通以改变现状。他们也通过在木制人像上涂以珍贵物质（如颜料、树脂、可乐树坚果）来操纵人像，用刚果文化中具有重要意义的液体（如血、酒精、油）进行供奉。奠礼和祭神仪式通过施加木质人像魔力包（内有神圣意义的原料）的方式获得超自然力量，那些木质人像从一般的物体变成神化的魔力或权力人像。仪式专家还给木质人像穿衣，或者将铁片插入人像中进行装饰。木质人像也可用来密封双方协议，对其起誓可获得庇护。圆形或方形的盒子用于保存具有神圣意义的原料，并用树脂粘于人像，而从外部进口的玻璃用于密封这些盒子。

刚果王国日益发展的商品交换使巴刚果族形成了共同的语言——基刚果语，它是以恩提努·韦纳所在部落的语言为基础，在吸收其他方言有用词汇，并排除了其他方言的过程中形成的。据早期到来的传教士反映，基刚果语词汇丰富，易于理解，被人们普遍接受。巴刚果人擅长雕刻和舞蹈，这种艺术不仅体现在他们日常所制作的面具或小雕像上，而且也体现在日常生活用的鼓、酒杯、梳子等装饰及跳舞时身上所刺的花纹。

4. 对外交往

刚果王国在鼎盛时期也是西方人到来之时，都有一些自主的外交活动，特别是与早期葡萄牙人、荷兰人、法国人的交往较多。1483 年，航海家迪亚戈·加奥率领一支葡萄牙船队到达刚果河口，这是刚果王国与葡萄牙人的第一次接触。1484 年，加奥的船只来到刚果王国，并派遣传教士前往刚果王国首都，加奥本人继续向南航行。回程时，加奥在刚果河口掠走一些当地非洲人。这些人在里斯本改信基督教，接受西方教育，后来成为葡萄牙与刚果交往的首批译员。1491 年他们随葡萄牙船队返回刚果，并受到刚果国王恩津加·恩库武的接待。国王本人也接受了葡萄牙传教士的洗礼，改信基督教。1506 年恩库武去世，他的儿子恩律加·姆邦巴接受洗礼并取名"阿方索"。阿方索希望利用葡萄牙人的先进技术和文化对国家进行一番改革，使刚果强盛起来。为此他加强与葡萄牙之间的关系，在书信中同葡王曼努埃尔以兄弟相称，把刚果贵族子弟（包括自己的儿子）带到葡萄牙学习，他本人也专心致志地研究葡萄牙的律法，了解欧洲宫廷中的礼仪和等级制度。他还向葡王要求增派传教士和各种技术人才，帮助刚果修建教堂和在刚果传教。1526 年刚果疾病流行，阿方索向葡萄牙请求医疗援助。在他一再请求之下，葡王向刚果陆续派了一些传教士和工匠，在首都和一些省府修建了教堂，但对于选派技术人员、医生和教师等请求则以沉默来拒绝。

16 世纪初期，刚果王国与葡萄牙之间建立了良好的贸易和外交关系，两国互派使节，双方关系基本上是平等互利和友好交往，并通过谈判和签订条约的方式解决争端。在这个时期，葡萄牙在刚果的主要经济利益是贸易。葡萄牙人购买棕榈布、象牙、染料、木和铜，然后运往西非或本土牟取暴利。刚果与葡萄牙这段平等互利的关系很快被葡萄牙传教士的堕落和所从事的奴隶贩卖活动所破坏。以奴隶贩卖为主的"贸易"日益引起刚果王国朝野的不满。1512～1540 年，阿方索多次给葡王写信，信中写道，葡萄牙"商人每日掳我臣民……他们掳人以之出售。陛下，此辈胡作非为，放纵无度，已令敝国人口锐减"。他的抗议并没有产生效果。他的儿子亨利留欧 13 年，教皇给了他一个"乌迪主教"的空衔。亨利 1521 年归国，任刚果主教，1535 年去世。阿方索希望与葡萄牙平等合作的梦想完全破灭。

阿方索去世之后，葡国传教士开始参与刚果王室事务。1555 年他们支持刚果王国的反对派，企图推翻刚果国王迪奥戈的统治，结果失败，部分传教士被驱逐出境。1571 年葡王派军队 600 人帮助刚果军队打败贾加人，帮助刚果王国国王阿尔瓦多恢复王位。1575 年葡萄牙在安哥拉建立了新的殖民地，随着葡萄牙的势力在此地区的稳固确立，葡萄牙与刚果之间的关系开始恶化。此后几十年间葡萄牙人多方牵制刚果国王，更加猖獗地从事奴隶贩卖活动。葡萄牙人利用刚果王国内讧之机，策划刚果王国南方一些省份脱离刚果而臣服葡属安哥拉总督。1641 年荷兰军队占领安哥拉，刚果与荷兰结盟对抗葡萄牙，1648 年荷兰战败，翌年刚果也被迫与葡萄牙签署屈辱性的条约。但是，双方的矛盾并没有得到解决。

1665 年 10 月 29 日，刚果王国的军队与葡萄牙军队交战，史称"姆布维拉之战"。葡萄牙军队打败刚果军队，并将国王安东尼奥一世斩首。葡萄牙人虽占领了刚果王国，但却无实际统治权力。刚果王国分裂为多个互相竞争的小国，它们为获得对刚果的绝对统治权而进行内战。战争持续半个世纪之久，对刚果的经济和文化发展造成严重破坏，刚果王国繁盛时期的政治威望也不复存在。

（二）卢安果王国

1. 历史演变

卢安果王国原来是刚果王国的藩属，16 世纪成为独立的王国。它位于刚果王国的北面，国土从加蓬的奥果韦河延伸至刚果河的沿海地区，黑角是卢安果王国的中心。卢安果王国是由罗安达沿海地区的佳利人（或称"菲奥特人"）和内陆地区的恩齐图人建立的。其统治者的称号为"马洛安戈"（亦称"马卢安果"），定都于卢安果城。国王名叫马卢安果，他的臣民由菲奥特人和恩齐图人组成。全国有 4 个省，由国王的亲属担任省的最高统治者。全国最高权力机构是由国王、各省的长官、军事大臣、商业大臣和外交大臣组成的宫廷会议。刚果南方系母系社会，故王后也参加宫廷会议，并拥有很大的实权。在国王的周围，还有一批贵族，皆为统治者。国王的称号叫"我的卢安果"，王权的继承是在王族的范围内按母系制进行。在国内有国王派遣的使者建立联络系统，在所有的渡口都为信使

设置了小舟。通往都城的道路井然有序，十分安全。当地的道路受各省的执政者控制。

关于卢安果王国的领土面积，有人认为是从现在的卡宾达的边境到恩戈瓦浅滩，也有人认为是从刚果河河口到洛佩兹角。18世纪卢安果王国达到鼎盛时期，史载卢安果国王从事奴隶买卖并成为最大的奴隶贸易中间商，其所辖的100多个酋长几乎都因充当掮客而发财致富。为了储备奴隶，卢安果王国修建了巨大的奴隶监舍，奴隶贸易成为该王国经济得以繁荣的支柱。随后，国土进一步扩大，东边越过马云贝，北边到河口区（现加蓬共和国境内的利伯维尔附近），南抵刚果河。附近的小国，如恩果约、卡刚果等，都处于从属地位。19世纪初期以后，卢安果王国逐渐衰落。奴隶贸易严重地破坏了地区之间的正常交往，使尚不发达的生产力遭到致命的摧残，王国很快衰落并分崩离析。1883年国王被迫同法国谈判，承认法国在该王国的权利。

2. 政治制度

卢安果王国的社会政治结构比较松散，靠国王的权威来统治。国王的权力虽然受到宫廷会议的限制，但国王仍被称为不可触犯的神圣人物。国王死去时，老百姓要停止狩猎、捕鱼、生火，并严禁一切声响，违者将被处死。新国王继任后的第一件事，便是为先王举行隆重的葬礼。葬礼最后一项程序是，由一对童男童女将火把点燃，使者举着火把，奔赴各省，各省统治者接下火把，便表示承认了新王的政权。处于社会顶层的是大贵族，他们与国王同属一个氏族，血缘亲属关系把国家统治者联系在一起，下面一级是各氏族贵族，再下面一级是自由农民，他们是纳税的基本群众。在卢安果王国还有一批半自由民，这是一些来自其他部族依附掌权者庇护的农民，最后一级是广大的奴隶阶层。卢安果王国后期也出现了土地私有现象，也初步形成贵族、平民和奴隶三大阶级，但从其国家机器尚不够成熟的情况来看，尚属早期奴隶制社会。

3. 社会经济生活

卢安果王国在殖民主义入侵前有比较发达的锄耕农业，有制陶、木雕、纺织、冶金等手工业。王国设有专门管理商业和集市买卖的机构，有定期集市，主要用贝壳当货币，且货币经济已渗入偏远村庄。王国已有长途贸易和海外贸易，各级统治者经常向欧洲商人提供奴隶和象牙，并修建有大型的奴隶监舍等。

16～18世纪卢安果王国出于贸易和宗教的原因与欧洲人有过交往。葡萄牙人到过这里。1766年法国人在卢安果王国设立了天主教会，最初的关系是和平友好的，但后来发生变化，其结局与刚果王国一样。口头传说是卢安果王国历史材料的来源，主要反映王室的情况。口头文学包括叙事文学、谚语和谜语三种形式，这也是早期文化的记录。

（三）安济科王国

安济科王国是巴太凯族（又称"安济科族"）建立的王国。巴太凯族与建立卢安果王国的巴刚果人不属于同一族，在刚果人到来之前曾在刚果河下游两岸建立过幅员广阔的帝国。国王的称号叫"马科科"，因而又被称作"马科科王国"。巴太凯人主要居住在阿利马、奥果韦等河流上游地区和开赛河口以北的刚果河左岸，定都于现今布拉柴维尔以北的姆拜。布拉柴维尔一带地区便是当时王国的中心。关于该王国的具体建国时间还没有准确的资料。17世纪末，安济科王国被北上的巴松通人打败，疆土因此而缩小。在殖民主义到来之前，安济科国王每年3次派人到沿海地区用土特产交换盐和日用品。在奴隶贸易期间，国王控制内河航运，把奴隶源源不断地押送到沿海地区出卖，国力一度强盛。据记载，王国的王宫有许多侍从排成的仪仗队，国王坐在一张很大的狮子皮上，两脚踏着一个葡萄牙的大铜盘。先是由拜物教长庄严地向他参拜，其余的大小官员也都拜倒在地。安济科王国曾与法国签订所谓的"保护"条约，最终沦为法国的殖民地。

关于刚果（布）北方各族的历史，外界所知甚少。约在19世纪初，沿河居住的布班吉人分布在刚果河河套地区到乌班河下游一带。布班吉人形成了自己的一种货币制度：1块米塔科（黄铜条）＝10个木卡塔（黄铜螺旋）＝一定数量的海扇壳。在与巴太凯人发生冲突失败后，定居刚果盆地和现在的利夸拉省。松迪族包括巴松迪、巴拉利和巴刚果等族，居住在金卡拉和布拉柴维尔之间的区域，由于其人口增长快于巴太凯人，所以不断吞食巴太凯人的村落，迫使巴太凯人北移，并逐渐占领原巴太凯人的势力范围。16世纪松迪族脱离卢安果王国管辖而成为独立的酋长国，位于卢安果王国与安济科王国之间。对于安济科王国的社会情况外界知之甚少，但从国王所从事的奴隶贸易规模来分析，它迈入了早期奴隶制社会。

第三节　近代简史

一　奴隶贸易与刚果人民的反抗时期（17～18世纪）

中央刚果是非洲奴隶贩卖活动最猖狂、持续时间最久的地区之一，葡萄牙人是贩卖黑人奴隶的鼻祖，之后荷兰、英国、法国等欧洲殖民者纷至沓来，使刚果河流域变成掠夺奴隶的重要场所。

1500年，葡萄牙国王把同刚果进行奴隶贸易的权力授予圣多美总督费尔南多·德梅洛。圣多美的葡萄牙商人在沿海罗安达等地设立了一些奴隶贸易中心。从1514年起，他们开始到刚果腹地掠买奴隶，不少传教士充当奴隶贩子。奴隶贩子们并不亲自动手捕捉奴隶，而是用劣等的布匹、盐、酒，特别是枪支和弹药，有时也用货币等为诱饵，引诱当地的国王和酋长为他们提供奴隶。这样国王、酋长和头人等上层分子，成了奴隶贸易的中间人。欧洲奴隶贩子使他们从奴隶贸易中获得高利润，并借此进行挑动，使刚果的国王和酋长们为抢夺奴隶而不惜自相残杀，这也是殖民者获取奴隶最重要的手段。

安济科国王在沿刚果河走廊与斯坦利湖周围地区建立了一系列的贸易站，并控制内河航运，把奴隶源源不断地押送到沿海地区。地处沿海地区的卢安果国王则是最大的奴隶贸易中间商。国王敕令规定，在其领土内，奴隶的收购和出售必须由国王批准，不能自由买卖。贩卖奴隶所得的现金或实物要在国王、当地酋长和内地奴隶所有者之间均分。该国王所统管的100多个酋长几乎都因充当掮客而发财致富。为了储备奴隶，卢安果国王还修建了巨大的奴隶监舍。卢安果王国始终是一个输出奴隶的重要港口，这里的奴隶主要被运往巴西，成为巴西矿场和种植园的劳力。

长达 400 多年的奴隶贸易是人类历史上最丑恶、最残暴、最可耻的一页。奴隶贸易虽然在一定程度上促进了沿海与内地之间的交往，也在一定时期内使卢安果王国、安济科王国经济得以繁荣，但是，从长期来看，奴隶贸易给刚果人民带来了巨大的痛苦和灾难。18 世纪刚果和安哥拉是供应奴隶的主要市场。据估计，仅从大刚果地区运走的黑人就有 1325 万人。[①] 19 世纪上半期，奴隶贸易虽然名义上被禁止，但实际上是禁而不止。巴西、葡萄牙当局的贩奴大船每年去非洲 5～8 次，且都是能装 2000人以上的轮船，卢安果、卡宾达、罗安达是它们必去的地方，这就造成了这些地区人口惊人的下降，生产力遭到破坏。由于运走的都是最健壮的劳动力，从而影响了这些国家的正常发展。为获得奴隶，欧洲人挑拨部落矛盾，使部落战争转化为猎奴战争，这是导致 18 世纪下半期刚果河流域人口惊人下降、诸王国（包括卢安果王国和安济科国王）急剧衰退的重要原因。英国作家戴维逊指出："凡是奴隶贸易能插进它魔手的地方，苦难年代、与世隔绝年代、瘫痪年代就开始了。"[②]

二 布拉柴探险与法国殖民者的入侵（18 世纪至 1884 年）

1815 年的维也纳会议以禁止奴隶贸易为名，列强同意法国在西非沿岸派驻军舰。1839 年法国在利伯维尔建立了基地。当法国人对加蓬沿海和河口地区的情况探明之后便想探险刚果河。由于刚果河下游多瀑布激流，他们便设想溯加蓬河而上到达刚果河的中上游。1872～1873 年他们派出了一支探险队，由于与当地人发生冲突，未能走出奥果韦河。1874年又派出 22 岁的皮埃尔·萨沃尼昂·德·布拉柴（Pierre Savorgnan de Brazza）率探险队前往。布拉柴生于意大利的罗马，15 岁时进入巴黎耶稣会办的海军学校，毕业时被授予海军中尉衔。1870 年任法国海军士官，

---

① 〔法〕让·徐雷－卡纳尔：《黑非洲》，世界知识出版社，1960，第47页。
② 〔英〕巴兹尔·戴维逊：《黑母亲》，三联出版社，1965，第228页。

1874 年取得探险活动的指挥权。当时，比利时国王利奥波德二世已经抢先雇用英国人斯坦利在刚果盆地进行探险活动，并日益接近刚果河。法国急忙派遣布拉柴建立探险队前往刚果盆地，以防止刚果落入比利时之手。布拉柴去奥果韦河的探险队由 3 名白人（自然科学家、医生和水手长各 1 人）和 20 多名黑人组成。同时带去了 150 箱各种各样的货物，其中有针织品、珍珠、玻璃用品、武器、酒等。他们到了巴太凯高原，行至阿利马河沿岸时，遭到当地部落的敌视和抗击，1877 年他们只得沿奥果韦河返回利伯维尔。

1879 年 12 月，布拉柴第二次探险。他接受了"国际非洲协会"（1876 年成立）的任务，在 4 名白人和 10 多名当地黑人的陪同下，再次来到奥果韦河上游，并在与帕萨河汇合处建立了一个"兵站"。1880 年下半年，他又到了刚果河右岸的巴太凯高原，在非洲向导的带领下同安济科国王马科科（Makoko）会见。马科科为他举行了简单而又友好的欢迎仪式。1880 年 9 月 10 日，布拉柴同马科科签订"友好条约"。马科科同意把他的领土和从刚果河到乌班吉河之间的水域置于法国的"保护"之下，并答应他在刚果河右岸的恩左玛地方建设一个"兵站"。布拉柴的活动在法国引起了强烈反响。1881 年 4 月，官方报刊刊登了布拉柴的"探险"消息并写道："刚果河流域蕴藏着无数的宝藏，有丰富的自然资源。"

1882 年 11 月 30 日，布拉柴与马科科签署的条约经法国议会批准后在报纸上公开发表。议会将其决议通知马科科，称要占领刚果领土，成立法属刚果殖民地，并拨款 10 万法郎作为继续考察的经费。后来还续签了该条约。1883 年 2 月，布拉柴进行了第三次探险。他被任命为法国政府的西非特派员，代表政府拥有广泛的职权。他的探险队共有 100 多名白人，其中包括他的哥哥茹克、医生巴莱、行政官海米、军官多利西和一支从非洲招募的军队。布拉柴此行的目标是在刚果建立永久性的据点。1884 年 4 月 17 日，布拉柴又会见了马科科，将法国总统签署的条约交给他。之后，布拉柴采购了 50 箱左右的建筑材料，在恩左玛建造了一些房屋，这个重要据点后来被"法国地理学家协会"称为"布拉柴维尔"。与此同时，法国科尔迪埃上尉沿奎卢河、尼阿里河而上，于 1883年与卢安果国王签订条约，国王承认法国对卢安果王国全部土地的占有权。

三　柏林会议与法属殖民地的建立 (1884～1904 年)

1. 大国瓜分与边境的界定

19 世纪 70 年代，随着世界资本主义从自由竞争向垄断过渡，欧美各国对原料产地和世界市场的争夺愈演愈烈，并把贪婪的目光投向非洲这块尚未被瓜分的大陆。1876 年 9 月，在比利时国王利奥波德二世的倡议下，有比、英、法、德、意、俄、葡、奥匈、美等国地理学家和探险家参加的"国际地理学会议"召开。会议表面上是讨论"开化非洲所应当采取的最好方法"，实际上却是殖民列强瓜分非洲的序幕。会议之后，列强在非洲展开了角逐。

1874～1877 年，斯坦利完成了从东向西横穿赤道非洲的探险，探明了刚果河的主河道及流入大西洋的河口，在欧洲引起了一波"刚果热"。1879 年，利奥波德二世与斯坦利签订合同，斯坦利打着非洲协会的金星蓝旗，再次深入刚果河流域。1881 年 7 月，当到达距刚果河口 400 公里的马莱博湖左岸时，他惊奇地发现，该湖的右岸飘扬着法国三色旗，布拉柴早已先他到达那里。斯坦利只好占领左岸的据点——后来的利奥波德维尔（今金沙萨）。斯坦利用武力和利诱相结合的办法，沿刚果河流域建立了 40 多处殖民据点。对于斯坦利在刚果的活动，葡萄牙提出了"抗议"。1884 年 2 月，英葡条约签订，英国承认葡萄牙占有刚果河口两岸，葡萄牙则同意英国享有同等贸易权利。这个条约引起法国、比利时、德国、美国等国的强烈反对。英国被迫让步，建议把刚果问题提交国际会议讨论。

1884 年 11 月至 1885 年 2 月，德国宰相俾斯麦充当调解人，主持召开了讨论非洲问题的柏林会议，西方列强对刚果河流域进行了瓜分。与会国有英国、法国、德国、比利时、荷兰、葡萄牙、意大利、奥匈帝国、西班牙、俄国、丹麦、瑞典、挪威、卢森堡、美国等 15 国，却没有一个非洲国家参加。会议通过的总议定书只笼统地声明，各国对刚果河流域地区的领土保持中立，拥有贸易自由和航行自由，而对它的瓜分实际上是在会外进行的。利奥波德二世得到了包括法国在内的与会诸国的同意，成立刚果自由邦，由他自己任国家元首。法国与刚果自由邦缔结协议，法国获得尼阿里河下游和中央刚果的天然出海口——奎卢区，1885 年法国与葡萄牙也缔结协议，划定了各自的瓜分区域。

法国经过长期讨价还价，于 1894 年与德国签订《法德协议》，确定了与德属喀麦隆的边界，限定德国向东发展不得越过恩戈科河和桑加河的汇合处。1887 年 4 月 29 日，法国与刚果自由邦签订议定书，确定以乌班吉河为界，直至北纬 4 度，边界就沿此河延伸。1894 年法比再次签订条约，中央刚果的边界线最终敲定。

柏林会议后，列强根据条约进行有效占领，发动数以百计的大小战争，用武力侵占非洲人土地，史称为"绥靖时期"。柏林会议虽承认了法国在刚果河流域的势力范围，但它并未实际占领。会后法国殖民者也展开"绥靖"活动，接连派出由塞内加尔人为士兵的武装纵队，胁迫当地酋长接受法国统治，对于不肯就范的部落便进行武装征服。他们之前同安济科王国、卢安果王国签订的条约，不过是在法律名义上的占有，而 1885 年后则要对这些地方进行实际占领。

法国的"绥靖"活动主要沿着两条交通线进行：一条是由卢安果到布拉柴维尔；另一条沿着由南到北的河流由布拉柴维尔到韦索。1886 年初，马尔尚上尉率队从海岸出发，经过与巴松迪人近两年的血战，1887 年底到达布拉柴维尔，打通了从卢安果到布拉柴维尔的通道。1887 年法军在卢迪马、金伯迪和孔巴设立了三个军事哨所。同时，雅各布于1886 年根据布拉柴的指示，探查了奎卢河以南的地区，以便探测一条路线供以后可能修建从海岸到布拉柴维尔的铁路之用。为了控制由布拉柴维尔到卢安果这条道路的以北地区，法军不得不花费很长时间发动多次战争攻打巴本贝人，直到 1911 年。而打通由南向北的河道交通线则更加艰难。姆博希人、巴雅人英勇善战，使法军屡遭失败。1890 年法军在诺拉被巴雅人击败，仓皇后退。之后法国人增派援军，1902～1904年，又经过两次战斗，终于控制了桑加河上游地区。然而，当地人始终没有放弃反抗。1910年巴科塔人发动起义，1913年利夸拉—莫萨卡上游地区发生反抗活动。直到第一次世界大战爆发，法国"绥靖"活动还未结束。法国殖民者只能一边通过怀柔欺骗，一边依靠武力来占领这片土地。

2. 法国的殖民统治制度

法国的殖民统治制度是在征服过程中逐步建立起来的。1882年12月17日，法国政府颁布法令，设立法属刚果殖民地，行政中心设在利伯维尔，下辖加蓬和刚果（刚果河以西直到大西洋地区），1883年2月2日，由刚果的创建者布拉柴任特派员。1886年2月27日，刚果与加蓬分为两个领地。1902年，法国政府又将刚果河盆地以北到乍得湖之间的广大地区划归法属刚果。1903年12月29日刚果改名为"中央刚果"。1905年殖民政府宣布，法属刚果下辖四个地区：加蓬、中央刚果、乌班吉—沙立和乍得；1906年又通过法令将后两个地区合二为一。1910年1月15日，殖民政府将法属刚果正式改名为"法属赤道非洲"，包括加蓬、中央刚果和乌班吉—沙立及乍得。布拉柴维尔成为整个赤道非洲的首府，这里设1名大总督，统辖4个地区。

法国在殖民地实行直接统治制度，1886年布拉柴被任命为高级专员时分管刚果与加蓬两地，并在刚果设副总督。在"绥靖"活动过程中各地设行政长官，起初多由军人担任，由文职官员和地方保安辅助。法属赤道非洲建立后，每个殖民地设1名总督，下属若干省、大区，由总督派官员直接统治，官员全部由法国人担任。省（或大区）下设县或小区，再下为村庄。各级官员除法国人外也任命土著官员，其任务是征税、维持治安、组织抗火和储备粮食等。行政区的划分起初很不稳定，如1926年赤道非洲划分为36个区、138个分区，后从经济角度改为20个省，但是因管理上的困难又改为30个区。法国直接统治的特点是对原有的酋长、国王一律废除，特别是对曾经有过反抗行为的大小酋长要流放他乡。被重新任命的酋长不是当地人，他们领取政府薪金，效忠殖民政府。当局十分重视培养酋长子弟作为代理人，这些年轻人容易理解法国人的意图，也可作为人质使老一代酋长屈服。

　　法国殖民者打着"开化落后民族地区"的幌子推行租让制，计划通过法国私人资本进行剥削和掠夺，在法国国内导致"刚果热"，产生了一批想发横财的法国人。1893～1899年政府先后同奥果韦公司、奎卢—尼阿里公司等40多家公司签订租让合同，出租刚果土地，租期30年。这些公司享有被租让土地的全部使用权，上缴13%的利润给政府。当时刚果面积约34万平方公里，而出租土地竟达30万平方公里。法国商人们疯狂掠夺当地物产，贸易额直线上升。1900年中央刚果贸易输出总额为753.9万法郎，1910年上升为2463万法郎，橡胶、象牙占输出品的绝大多数。殖民者还推行强迫劳动制度，强迫土著人无偿地为政府承担各种徭役，并有花样繁杂的惩罚制度，造成大批民众外逃或进行消极抵抗。据统计，1911年法属赤道非洲有2000万人，1921年减至750万人。法国殖民者的侵略暴行引起了国际舆论的谴责。1908年，巴黎成立了保护土著的国际协会，迫使法国政府实行改革。1909年，法国政府废除实物税，改行货币赋税。1911年，与租让公司谈判，收回了租让土地，但保留了剩余3800平方公里最好的土地给租让公司，非洲人民的状况并未得到改善，各种暴行继续发生。

　　法国当局还通过强行推行法语、法国生活方式等"同化"政策，培养殖民统治的支持者，以保持殖民地与法国在政治、经济上的一致。如果某个土著人接受了法语和法国的生活方式，便可以成为法国公民，被赋予法国人所享有的一切政治权利。但是"同化只是一种幻想"，依据1912年颁布的《入籍法》，只有任公职10年，拥有财产，受过法国教育或服军役获奖者，才可以取得法国公民权。真正被同化并加入法国国籍者寥寥无几。即使是被同化的人，也并非都是殖民统治的支持者，恰恰是在这一群体中诞生了反殖民主义的先行者。

　　3. 刚果早期反殖民主义斗争

　　法国殖民者的侵略暴行激起人民的奋起反抗。早在1877年，当布拉柴率领考察队沿尼阿里河向刚果河岸前进时，与阿富鲁部落发生冲突，并被武器落后的阿富鲁部落打败，考察队狼狈逃回加蓬。这是中央刚果人民对法国侵略者的第一次打击。为了反抗法国殖民主义的入侵，中央刚果人民曾多次拿起武器，进行英勇斗争。

1879年，布拉柴重整兵力，再度出征中央刚果。1881年，他率兵第二次来到尼阿里河准备向刚果河岸逼近，遭到当地人民抵抗。领导这次斗争的是一位名叫篷戈的酋长。他率领一支抵抗军，在炎热的丛林和山区，用原始的武器同侵略者展开游击战，多次打败侵略军。但是，由于纪律与组织性不强，缺乏与拥有现代武器的法国殖民军作战的经验，抵抗军最后退守到刚果河畔，绝大部分战士壮烈牺牲，篷戈被俘，不久被法国殖民者绞死。他们的英雄事迹在人民中广为流传。篷戈的抵抗虽然失败了，但是打乱了布拉柴从刚果河中游进军黑角的计划，迫使布拉柴又一次退回加蓬。柏林会议后，法国人加紧对非洲内地的"绥靖"活动，他们沿刚果河北上，占领了上游的大部分地区。

法国殖民者的侵略活动遭到刚果当地人民的顽强抵抗。1910年森贝地区的巴科塔人拿起武器，发动起义，袭击欧洲商人及行政官员，使他们仓皇撤走。法国殖民当局派遣一支持有85支枪的部队前去镇压。殖民军沿恩戈科河而上，直抵苏夫莱堡，然后向森贝南下，一路烧杀抢掠，并在奥扎拉设立了一个哨所，最终使巴科塔起义失败。1913年，利夸拉河上游地区的非洲人拿起武器，发动起义。马库瓦的殖民行政官向布拉柴维尔当局部队求援，一个45人的小支队从莫萨卡沿利夸拉河而上，直抵埃通比和奥洛利，残酷镇压了这次起义。当时法国的一份军事报告承认："这些部族有不少通过交换得来的枪支。开始时，几乎各地都攻击前来占领土地的法国队伍。"[1] 法国殖民者只能沿途建立哨所，缓慢向前推进。有些地区殖民者说："刚果人实行以攻为守的策略。他们意识到利用当地的自然条件可以制造障碍，常常成功地伏击敌人。他们懂得怎样在一个村落修筑堡垒，并以其在长期狩猎生活中锻炼出来的经验和技巧进行作战。"[2]

---

[1] 〔法〕让-米歇尔·瓦格雷：《刚果共和国（布）历史·政治·社会》，史陵山译，商务印书馆，1973，第39页。

[2] 〔法〕让-米歇尔·瓦格雷：《刚果共和国（布）历史·政治·社会》，史陵山译，商务印书馆，1973，第40页。

第四节 现代简史

一 第一次世界大战与刚果（1904～1908年）

20世纪初，法国和德国为争夺摩洛哥而爆发战争危机，法国为换取德国承认摩洛哥为法国的保护国，不得不让出法属刚果的部分土地作为补偿。1911年11月4日，德法在柏林签署《关于两国在赤道非洲领地的专约》，法国从中央刚果割让给德属喀麦隆两块地方，一块在桑加河流域，另一块在桑加河的南部，直到刚果河岸莫萨卡地区。两块地方共27.5万平方公里，德属喀麦隆获得通往国际水道的刚果河的出口，法属赤道非洲被分为两部分。1914年第一次世界大战（简称一战）爆发，法国宣战后立即在刚果采取主动策略，要求收回割让给德国的土地。1914年8月8～25日，法军从刚果和乍得进攻喀麦隆的德军，1915年这些地方全部落入法军之手。1916年3月，英国和法国在喀麦隆划定了各自的势力范围。法国不仅收回了割让给德国的土地，还占领了德属土地的80%。1918年签订的《凡尔赛条约》使中央刚果恢复了1911年前的边界。

一战期间，法国在中央刚果征兵派往欧洲参战，过去只招收塞内加尔的黑人士兵，随后扩大了兵源范围。1918年在赤道非洲实行普遍兵役制，黑人士兵可享有豁免捐税的权利。战争期间，法国还征集大批非洲人充当民夫。据不完全统计，有5万刚果人在喀麦隆的森林和山区搬运辎重时死去。但是，战争也开阔了刚果人民的眼界，正如列宁所说："英国和法国武装了殖民地人民，帮助他们熟悉了军事技术装备和革新的机械，他们将利用学到的本事去反对帝国主义老爷们。"①

一战期间，由于法国人大批撤离，战争经费增加，行政费用不足，法

---

① 《列宁全集》第三十七卷，《在全俄东部各民族共产党组织第二次代表大会上的报告》（1919年11月22日），http://cpc. people. com. cn/GB/64184/180146/180267/10902777. html。

国殖民者被迫调整统治方式，从直接统治转入间接统治。政府和贸易公司开始雇用非洲人，1916 年政府计划将农业监察员、邮政官员、海关官员、机械师和公共工程勘探员等高职位改为由培训后的非洲人担任。1917 年，法属刚果大总督建议培训大量非洲人作为行政人员。酋长的产生必须由总督从享有传统权势的土著人中选出，受任命的酋长不管准备采取何种行动，都要向法驻殖民地的代表报告。当局在分化瓦解非洲社会旧制度的基础上，最大限度地利用当地土著政权的行政、司法、财政等机构中的非洲人。法国统治者从 20 世纪 20 年代末至 30 年代中期，在法属赤道非洲颁布了大量明确酋长地位的地方法令，在中央刚果引进中央集权体系，区、村酋长常被撤换，酋长的行政权力虽有所扩大，但始终未获得财政权力。

一战使法国开始接受一种更为实际的殖民理论，即：承认殖民地的差别，不要求在政治、文化、行政方面与宗主国达到完全一致，仅要求所有殖民地努力维持帝国的整体性，强调发展殖民地经济。中央刚果经济被纳入了战时生产轨道，成为法国殖民者木材、花生、棕榈油的产地。法国资本家加紧对该区的经济渗透和投资，开发土地和矿产资源。法国拟订了一套计划加以实施，政府利用基金或者发行专门公债筹集资金进行公路、铁路、码头等基础设施建设。殖民部长萨罗提出"发展法属殖民地"的建议，该建议把殖民地分为几类，规定每一类要提供特定产品。1927 年法属赤道非洲的四个殖民地就变成棉花、咖啡、可可和棕榈油等四种产品的供应地。这种政策使刚果经济日益单一化。法国殖民当局还直接对不同类型的人征收牲畜税、武器税、特许税、卖酒税、商队税等。另外，还强迫当地劳动力为殖民当局工作，1921 年起强迫劳工修建刚果大洋铁路。

法国殖民当局为了进一步掠夺资源，采纳了布拉柴早期提出的建议，决定修建从黑角到布拉柴维尔的大洋铁路线。该铁路是法属赤道非洲唯一的一条铁路线，修建这样一条铁路需要很多的劳动力，为此法国殖民当局就招募华工。工程历时 13 年，由于穿越原始森林，瘴气弥漫，地势险峻，成千上万劳工死亡，外来的华工有半数丧命于此。1934 年，刚果大洋铁路建成。它连通了包括刚果、中非、乍得南部、喀麦隆东南部和加蓬南部在内的中部非洲广大地区。这条铁路在刚果经济中发挥了重要作用，刚果人民称它为"脊梁"。1939 年,法国殖民当局又修建了黑角港,以有利于进一步掠夺资源,扩大资本输出。为此,当局强迫刚果农民放弃原先种植的传统农作物,改为大量种植专供出口的经济作物。几家殖民公司在刚果北部省份强行推广种植棕榈树,以便获取棕榈油和棕榈果;在南部省份总督强迫当地农民种植花生,并为此决定把耕地和居民点加以集中建立土著合作社,由当地的殖民官吏直接管理并严格控制。其结果是刚果经济更加依赖一两种经济作物出口,原有的经济结构被瓦解,传统社会的自给自足型经济向殖民地性质的外向型经济过渡,刚果经济日益成为法国经济的附属。

二 反殖民主义新型运动的兴起(1908~1939 年)

第一次世界大战后,刚果的民族知识分子觉醒了,他们在刚果现代史上起着启蒙者和先锋队的作用。他们的产生是法国为巩固其统治地位而积极培养和训练刚果人作为社会支柱的结果,这是殖民者所没有想到的。1935 年法国在赤道非洲四个殖民地共培养各种类型的学生近 1.6 万人,3 年后,增至 2.2 万人。他们在两次大战之间的反殖民主义斗争中发挥了宣传和带头作用。法国殖民当局为修筑刚果大洋铁路、扩大种植园,不仅要刚果人民交纳沉重的赋税,而且还强制他们劳动,从而遭到刚果人民的反抗。正是在劳工的反抗中,诞生了刚果的无产阶级和半无产阶级。

从 20 世纪 20 年代起,刚果反殖民主义运动进入新高潮。在刚果最早兴起的是借用外来宗教进行反殖民主义的农民自发运动——救世主运动。它由两部分组成,即:恩古扎教运动和卡其教运动。1921 年恩古扎教运动(又称基班古运动)兴起,西蒙·基班古(Simon Kibangou)是恩古扎教的创始人。[1] 1889 年他生于比属刚果姆斯维尔附近的恩卡姆巴村。1921

---

[1] 由于基班古的绰号叫恩古扎(当地土语意为"团结""一起干"),他创立的这一教派就被称为恩古扎教。参见〔法〕让-米歇尔·瓦格雷:《刚果共和国(布)历史·政治·社会》,史陵山译,商务印书馆,1973,第 58 页。

年，他宣布自己为先知（当地叫恩古扎），受上帝委托来教育人民，使黑人得到善良和公正的待遇，主张建立一个"黑人基督"指导下的千年王国，靠天主的帮助，黑人将奋起驱逐侵略者。他声称："我们的苦难来自白种人侵略者，让他们滚蛋。不要买他们的货，抵制他们的商业。不要再去替他们在种植园劳动……"他试图用这种不合作的方法迫使殖民者离开。这个运动在法属刚果引起强烈的反响并迅速传播。1921 年 6 月，比利时当局逮捕了基班古，判处他死刑（后改为终身监禁，随后被流放到加丹加）。1921 年 5 月，法属刚果殖民者当局下令停止黑人宗教活动和禁止游行，人民发起暴动，包围了法国行政官官邸，后在布拉柴维尔驻军的武力镇压下暴动失败。

1939 年卡其教兴起。西蒙·皮埃尔·姆帕迪（Simon Pierre Mpadi）自称受天主的启示，成为基班古的接班人和门徒，要完成基班古未竟的事业。因为信徒们都穿卡其布的制服，所以称卡其教。他们宣称："要把黑人从欧洲人的统治下解放出来，不只是在物质上，而且是在道德上、精神上解放出来。黑人信徒要到黑人的天主教堂做祈祷。"比利时当局将姆帕迪逮捕入狱，但他设法逃到法属刚果继续传教，并得到当地人民拥护，从而引起法殖民者不安。法殖民者于 1949 年 8 月 3 日在明杜利以诈骗罪将其逮捕，后引渡给比利时当局。卡其教运动在法属刚果逐渐平息。

1926 年友谊会运动兴起。在巴黎求学的安德烈·马佐阿（André Matsoua）联合中部非洲的黑人，成立了法属赤道非洲人友谊会，在人民群众中展开反对法国殖民统治的宣传。1928 年，他曾两次上书法国总理，谴责殖民制度，要求非洲人与法国人享有同等地位。1929 年，友谊会派出两个代表回刚果活动，宣传友谊会的工作和纲领，并在群众中进行募捐。该组织在中央刚果人民中间迅速地发展，仅 1929 年就拥有会员 1.3万人。当时以首席总督安托内蒂和刚果总督阿尔法萨为代表的法国殖民当局，看到友谊会取得的成果后，采取了一系列镇压措施。1929 年，逮捕了友谊会的两名代表恩冈加和巴卢，并没收了他们得到的捐款，马佐阿也在巴黎被捕，同年 12 月被押解回国，并以诈骗罪在布拉柴维尔土著人刑事法庭受审。1930 年 4 月，法庭判处马佐阿 3 年监禁。

法国殖民当局的上述行径引起刚果人民的不满，刚果到处出现了反殖民当局的示威游行。马佐阿和他的伙伴后来被流放到乍得，友谊会遂成为秘密组织。友谊会号召刚果人民反对土著合作社，并提出"自治""划出一个地区""使巴拉利人能完全独立地生活"的要求。刚果人民的反抗运动日益发展，总督同意巴拉利指派一个代表出席殖民地当局会议。友谊会领导人皮埃尔·金佐尼被选为代表。但是，法国殖民部长乔治·芒代尔下令解散友谊会。1939 年和 1940 年，友谊会运动又遭到进一步打击，领导人纷纷被处死。1944 年，被流放到乍得的友谊会领导人回国，他们试图恢复友谊会运动，但未能成功。后来该运动逐渐演变为只反映巴拉利人要求，其领导人再次被流放到乍得，因而该运动便不了了之。

1928 年，中央刚果南部地区爆发了一场以工人阶级为主体的反抗法国殖民者强迫劳动的起义。起义最初是因监工侮辱修建大洋铁路的工人引起的，这里每年有一万多人被驱往建筑工地强迫劳动，每年有 25% 的工人死于饥饿和疾病。起义后来发展成为反对一切建筑工程和种植园的强迫劳动的群众运动。起义的人们要求取消强制劳动，取消军事训练和沉重的赋税。起义者使用原始武器，坚持斗争达数月之久，使起义迅速扩大到好几个省。起义者不止一次地迫使法国军队后退，甚至还俘虏了一些法国士兵。他们炸毁了一些矿井和桥梁，破坏了殖民当局的许多建筑物。但是，由于法国殖民者的残酷镇压，这次起义最终失败。铁路工人在这次起义中起了组织和领导作用。它是刚果现代史上最重大的一次反殖民主义起义。

三 第二次世界大战与中央刚果（1939～1945 年）

第二次世界大战（简称二战）爆发后不久，法国投降。1940 年 6 月 18 日，戴高乐宣布成立"自由法国"。8 月 27 日，法属刚果当局宣布脱离维希傀儡政府支持"自由法国"。10 月 27 日，戴高乐在布拉柴维尔成立帝国防务委员会的临时指挥部，整个刚果无论是掌权的首领还是普通的农民都支持"自由法国"的事业。中央刚果成立了一个非洲人步兵营，这个营先后参加过北非战役和解放巴黎的战役。刚果民众从事繁重的体力劳动，修筑公路和军事工程，为"自由法国"提供巨额税收。1938年法属赤道非洲的直接税收为4170万殖民地法郎，到1944年则增加到1.984亿殖民地法郎。戴高乐本人曾说法国的解放"是始于布拉柴维尔，成长于阿尔及尔，而完战于巴黎"。[①]

战争对刚果的经济和政治产生深刻的影响，其经济结构发生变化，出现了一些初级加工工业，棕榈仁和棕榈油的出口量达最高峰。殖民当局在中南部建立了棕榈试验站、机械化棕榈种植园和棕榈油加工企业等。由于布拉柴维尔是戴高乐"自由法国"的行政中心，又是盟军转运站之一，需求日增使刚果民族资本也得到一定程度的发展，从经营零售、充当捆客开始转向服务行业（如酒吧、饭店、旅社）、运输业（每户大概1~2辆卡车，搞短途运输）、林业和房地产，并开始涉足种植园经济（每户有20~100公顷不等的土地）。但是民族资本的实力小而分散，几乎不拥有可称为资本的生产资料。战时工人阶级队伍得以扩大，但多数工人是文盲，为杂工、粗工和农业工人，没有同传统部落的土地、风俗习惯割断联系。知识分子的队伍开始壮大，战争使他们有机会参与国际政治生活，目睹了宗主国的脆弱性，进一步增强了民族意识。战争期间戴高乐为了最大限度地动员殖民地的人力和物力，许下了改善其政治地位和经济生活的诺言。

从1941年到二战结束，"自由法国"在中央刚果进行了两个阶段的改革。先是法属赤道非洲总督菲利克斯·埃布埃于1941年11月8日颁布了《法属赤道非洲新土著政策》，即《埃布埃通告》。通告要求在新的基础上建立同殖民地的关系。埃布埃认为，法国推行的同化政策忽略了非洲传统的政治、经济和社会制度，阻碍了非洲社会的发展。通告内容有：（1）在政治上，宣布恢复土著的一些传统权力，主张殖民总督同土著首领共同治理殖民地，即所谓"两种权力"的结合；（2）在经济上，提出若干措施，大力发展粮食生产，促进易销商品的生产，尤其是战时急需的

---

① 〔法〕戴高乐：《战争回忆录》第二卷，下册，上海人民出版社，1973，第337页。

橡胶、棉花和油料作物的生产；（3）在社会、文教等方面也颁布若干法令，以安定人心，缓和当地人民对殖民统治的不满情绪。戴高乐对《埃布埃通告》十分赞赏和支持。但是上述改革措施并没有得到认真贯彻执行，只不过是一种宣传。就在通告颁布后不到一个月，殖民当局残酷镇压并处死了友谊会运动的领袖马佐阿等人。当局既不可能抛弃他们精心培植的亲信转而恢复传统酋长的权益，更不可能让这些酋长同殖民地总督平起平坐。尽管如此，这些改革措施毕竟动摇了旧的殖民体制，客观上对唤醒殖民地人民的政治觉悟和民族意识起到了一定的促进作用。

第二次改革以布拉柴维尔会议的召开为先导。布拉柴维尔会议是在戴高乐的亲自授意下，由民族解放委员会殖民委员普利文在 1944 年 1 月 30 日至 2 月 8 日组织召开的。出席这次会议的有 20 名总督和殖民地长官，会议的中心议题是讨论殖民地在未来法国新政体中的地位及其内部的行政改革。会议通过了《布拉柴维尔宣言》和《关于殖民地政治结构》的决议。宣言再一次明确提出，要恢复传统酋长制。县、乡一级的酋长不再由当局直接任命，改为在酋长家族和本地贵族当中进行选举；尊重和保护土著上层的权利，发挥土著政治机构的作用，使其有效地为当局服务；允许土著居民逐步参与本地区的政治生活，扩大他们在社会和经济等方面的权益。

《关于殖民地政治结构》建议，建立海外殖民地的新组织以代替法兰西帝国行政机构，巩固新形势下的法非关系。1944 年 3 月制定的《全国抵抗委员会宪章》，加入了关于扩大土著居民的政治、社会和经济权利的内容。戴高乐又颁布了一些涉及政治、经济和社会方面的法令，增加了殖民地在法国制宪议会中的席位，取消强制劳动，资助殖民地经济的发展，采取措施改进和加强农牧业生产。以上改革表明，法国殖民者要以怀柔为主的政策更有效地控制和剥削殖民地。

四　民族独立之前的刚果（1945～1960 年）

第二次世界大战后，亚洲民族解放运动汹涌澎湃，帝国主义殖民体系开始瓦解。非洲对于英、法等国的重要性更加突出，非洲成为它们最后的防线。1946 年，法兰西第四共和国宪法宣布成立"法兰西联邦"，取代法兰西帝国。联邦包括法国本部和法国各个海外省。在作为海外领地的法属赤道非洲，当地人不再被称为"土著"，他们被看作新的法国公民，并享有参加法国议会和地方立法机构的权利。宪法规定：在海外殖民地设立新的领地议会，议会由领地的选民选举产生；允许海外殖民地居民组织工会，工会有合法活动的权利；允许联邦内的公民自由集会、结社；宣布废除强迫劳动制度，尤其是强迫种植经济作物之规定。

1946 年，法国设立了"法国海外领地经济及社会发展投资基金"。这个组织在 1946～1959 年底，在刚果共投资 440 亿中非法郎（约合 1.7813亿美元）。1953 年，"赤道非洲电力公司"在朱埃河的最大瀑布处建成了法属赤道非洲的第一座水电站，每年能发电 5000 万千瓦。"法属刚果矿业公司"垄断刚果铅矿、金矿开采。1950 年，美国同法国签订协议，美国公司得以参与刚果矿藏的勘探活动。美国的"美孚—飞马石油公司"同法国的"赤道非洲石油公司"和联邦德国的"德国石油公司"一起在黑角勘探和开采石油。

刚果工业主要是为出口服务的锯木业和榨油业。锯木厂由 1946 年的 2家发展到 1957 年的 24 家。1950 年建立了一家纺织厂。棕榈油榨油厂多达31 家。1956 年建成法属赤道非洲第一座制糖厂。随着工矿业的发展，刚果工人阶级有了较大发展。据 1959 年 6 月统计，刚果有 5.7 万名劳动者，占成年人的 12.5%，占全部人口的 8.5%。但是工人备受歧视，1956 年的劳动调查报告披露，布拉柴维尔莫尔诺普里百货公司女售货员的工资等级以肤色深浅为基础划分，欧洲人售货员每月工资 2.4 万～2.9 万中非法郎，混血儿售货员 1.2 万～1.5 万中非法郎，而非洲售货员则只有 6000～7500 中非法郎。[①]

1946 年，法国移民带来农业机器，在殖民总督的支持下占领尼阿里地区的马丁古，在 5500 公顷土地上种植经济作物，之后许多垄断公司也

---

① 〔法〕让－米歇尔·瓦格雷：《刚果共和国（布）历史·政治·社会》，史陵山译，商务印书馆，1973，第 218 页。

到这里种植各种经济作物（花生、甘蔗、棕榈等），使刚果的粮食耕地大为缩小。商品经济深入农村，导致农民内部分化，比较富有的人开始拥有自己的小型棕榈油和花生油榨油厂。随着工业的发展，城市人口急剧上升，根据1960年的人口统计，城市人口占全部人口的20%。[①]

由于战后经济和教育的发展，刚果的知识分子逐渐增多，包括留洋海外的知识分子和退伍的反法西斯战士。他们向往自由、平等和民主，在传播民族主义思想和推动民族独立运动方面起着非常重要的作用，他们中涌现了许多领袖人物，积极建立民族主义政党与组织。

1946年，让–菲利克斯·契卡亚（Jean-Fèlix Tchikaya）成立了刚果进步党。他是维利族人，1903年11月9日生于利伯维尔，小学毕业后考入达喀尔高等学校，毕业后取得小学教师资格，成为法国公民，在二战中应征入伍，曾任班长。刚果进步党是在巴马科成立的非洲民主联盟中央刚果的支部。起初，该党对殖民当局进行猛烈抨击。1951年后，它开始同殖民当局合作。从1955年起积极参加政府，内部开始分裂并逐渐走向衰落。1957年非洲民主联盟将该党开除，大部分成员转而参加了保卫非洲利益民主联盟。

1956年5月27日，刚果保卫非洲利益民主联盟成立。神父富尔贝·尤卢（Fulbert Youlou）是其创始人。该党拥护法国殖民政策的调整，经济上信奉自由主义，政治上反共、反社会主义，强调民族主义和兄弟民族的团结，其力量集中在朱埃、普尔、尼阿里—布恩扎地区，深得巴拉利族的支持。该党通过市议会选举、领地议会选举成为人数众多的大党。

1946年法国社会党中央刚果支部成立。领导人雅克·奥庞戈（Jacques Opangault）生于1904年，姆博希族人，受传教团培养，参加"自由法国"运动，后成为法院录事。他与一批欧籍党员建立该党，得到北部姆博希族的支持。1957年1月，该党在科纳克里举行代表大会，决定改名为"非洲社会主义运动"。随后，尼阿里省劳工领袖皮埃尔·基孔

---

① 〔法〕让–米歇尔·瓦格雷：《刚果共和国（布）历史·政治·社会》，史陵山译，商务印书馆，1973，第193页。

加·恩戈特（Pierre Kihonga N'cot）加入，使该党的势力发展到南方。1957 年 8 月，该党召开第一次代表大会，奥庞戈当选为党的主席，巴尼·欧仁任总书记。该党虽宣扬社会主义，但实际政纲与其竞争对手刚果进步党并无太大的差别，赞成"戴高乐宪法"，支持"法兰西共同体"。奥庞戈在回答什么是社会主义时说："社会主义——首先是修公路。"①

　　在民族主义政党建立的同时，工会组织也出现了。1951 年 9 月成立的赤道非洲工会总联合会（简称赤总），是刚果（布）、乍得、中非和加蓬等四国共同组成的工会。1957 年，赤总参加黑非洲工人总工会，是世界工会联合会成员，会址设在布拉柴维尔。它为反对殖民统治和争取改善工人生活而斗争，总书记为儒利昂·布坎布（Julien Boukambon）。根据 1944 年布拉柴维尔会议的精神，1945 年 11 月 21 日，该组织在刚果（布）首次组织选举，选出一名出席法国制宪议会的议员。选举实际上在维利族领袖让－菲利克斯·契卡亚和姆博希族代表雅克·奥庞戈之间角逐。结果，让－菲利克斯·契卡亚再次被选为制宪会议议员。

　　1947 年首次在刚果进行地方议会选举（后更名为领地议会）。有 13 名议员是由具有一般法国身份的公民构成的第一选民团选举产生的；另外 24 名议员是由具有个人身份的当地公民选举的，他们要受过教育，担任过官职。结果，刚果进步党得 15 席，社会党仅得 9 席。在 1951 年的立法议会选举中，契卡亚得到总票数的 44%，重新当选为代表，而奥庞戈只得到 25% 的选票。1952 年刚果领地议会重新选举，两大政党的差距缩小，进步党得到总票数的 34%，而社会党为 30%。在 1955 年之前，刚果主要的政治角色是契卡亚和奥庞戈及其政党。

　　法国决定在刚果重新选举国民议会。1956 年 1 月 2 日，一些年轻的巴拉利人在布拉柴维尔各投票站前制造事端，伤害未投青年神父尤卢票的人，此事使尤卢出名。选举的结果是契卡亚得到总票数的 31%，差一点失去议席，奥庞戈得票率为 29.1%，而尤卢则得到 27.6% 的选票。

①　〔法〕让－米歇尔·瓦格雷：《刚果共和国（布）历史·政治·社会》，史陵山译，商务印书馆，1973，第 259 页。

尤卢遂成为刚果政治巨头之一。为了迎接 1956 年 11 月的市政选举，尤卢创建保卫非洲利益民主联盟。在布拉柴维尔市政选举中，保卫非洲利益民主联盟得到了 23 席、社会党占 11 席、进步党占 3 席；在黑角市政选举中，保卫非洲利益民主联盟得 22 席，进步党占 8 席。几天之后，尤卢出任布拉柴维尔市市长。尤卢被一些西方政治观察家称为一颗政治新星。

第五节　当代简史

一　"半自治共和国"和"自治共和国"时期（1960～1969 年）

面对风起云涌的民族解放运动，法国摩勒政府于 1956 年 6 月颁布了《海外领地根本法》。它允许各殖民地设立领地议会、领地政府，建立"半自治共和国"。领地政府的总督由法国政府任命，部长由总督提名的非洲人担任。1957 年 3 月举行中央刚果第一次领地议会选举，"社会主义运动"的联合阵线以 23：22 的票数比战胜保卫非洲利益民主联盟的阵线，奥庞戈出任政府副总理，恩戈特出任经济部长，富尔贝·尤卢出任农业部长，另外还有 3 名欧洲人任部长。这个半自治政府并未从根本上改变刚果殖民地的从属地位。1958 年 6 月东山再起的戴高乐，面对法国在印度支那和阿尔及利亚殖民战争中的失败，不得不对法国的殖民政策再做调整。他的《第五共和国宪法》提出了建立"法兰西共同体"的方案，答应给予参加"法兰西共同体"的成员国以"内部自治"的地位，各"自治共和国"可以制定自己的宪法，设立一院制的议会和以总理为首的代议制政府，总理兼任国家元首，但是外交、国防和财经大权仍由法国控制。他要求各领地举行"公民投票"，决定是否愿意参加"法兰西共同体"。1958 年 8 月 24 日，戴高乐在布拉柴维尔发表演说时称："如果必需时再通过当地人民的公民投票，来决定是否实现独立。"演说发表后，法属赤道非洲各政党纷纷发表宣言表示赞同，9 月 10 日"社会主义运动"和刚果进步党在黑角共同签署了议定书,号召公民投赞成票。接着奥庞戈和尤卢等人在黑角成立了"拥护公民投票的公民行动委员会"。

1958 年 9 月 28 日,刚果举行关于是否参加"法兰西共同体"的公民投票,在几大政党的影响之下,多数人投了赞成票,只有少数学生、非洲劳工总联合会的部分领导人及部分马佐阿主义信徒投了反对票。1958 年 11 月,中央刚果成为"法兰西共同体"内的"自治共和国"。12 月 8 日,尤卢在布拉柴维尔组成内阁,出任总理。刚果"自治共和国"的国防、外交、财政、战略物资、海运、航空、邮电、司法和高等教育等都属于共同体事务,由法国政府各部"兼管"。刚果人民并不满足这些表面让步和举措,继续为争取独立而斗争。对于尤卢内阁,"社会主义运动"采取不合作态度,加之与该党合作的某些进步党议员的煽动,两派群众之间发生械斗。1959 年 2 月 16 ~ 20 日,支持保卫非洲利益民主联盟的拉利人与支持"社会主义运动"的姆博希人互相厮杀,双方手持利刃、长矛、砍刀,遇到语言不同的人一律作为"敌人"处死。据不完全统计,这次事件造成 99 人死亡、177 人重伤、350 多间房屋被毁。[①] 布拉柴维尔当局不得不将两个非洲人居住区隔离开,并将"社会主义运动"的领导人奥庞戈逮捕(不久获释)。1959 年 6 月,法国殖民当局在中央刚果举行议会选举时,当地居民拒绝参加。在中央刚果南部的明杜利、库卡等地,先后爆发了群众性的反法起义。当局宣布这些地区处于紧急状态,并增派军队前去镇压。卢塞堡、黑角、多利齐等城市的居民先后举行游行示威,结果有上千人被打死或打伤、被捕、被驱逐出境。

1960 年 5 月,刚果工人发动了席卷全国的罢工运动,要求政治自由,要求增加工资和给予工会运动以合法权利。与此同时,法属非洲殖民地几内亚获得了独立,阿尔及利亚民族解放战争不断取得胜利。面对蓬勃高涨的民族解放运动,戴高乐政府深感殖民地独立乃大势所趋,不

---

① 〔法〕让-米歇尔·瓦格雷:《刚果共和国(布)历史·政治·社会》,史陵山译,商务印书馆,1973,第 137 页。

得不同意"法兰西共同体"的成员国获得独立地位。1960年7月，法国同意"给予"刚果独立，8月14日，法国国务部长安德烈·马尔夏代表法国政府与尤卢交换了关于法国移交权力的文件，它规定刚果仍然留在调整后的"法兰西共同体"内。1960年8月15日凌晨，布拉柴维尔举行独立仪式，尤卢在101响的礼炮声中宣布刚果正式独立，国名为"刚果共和国"。

二 尤卢政府时期（1960年8月15日至1963年8月15日）

1960年8月15日，尤卢发表独立演说时称，刚果（布）是在"和平友好中，在取得法国的完全同意下获得独立的，我们向法国表示感谢和友好"，"我们的思想朝着戴高乐将军。戴高乐是布拉柴维尔的人，是我们的自由和独立的光荣创造者"。当日，刚果（布）同法国签订一系列合作协议，诸如参加共同体的协议、文化合作协议、对外政策协议、关于地产的协议、关于法国财政援助的协议、在对方领土上开办企业的协议等，刚果（布）与法国保持着"特殊关系"。

尤卢的组阁期间，由于7名"社会主义运动"议员的拥护，内阁成员的分配比较顺利。11名部长中有"社会主义运动"成员2名，分别担任北方地区的国务部长和劳动部长，3名欧洲人分别担任财政和计划部长、农林牧部长和新闻国务秘书，另6名部长和5名国务秘书中有3位是尤卢所在党的党员。在议会常设机构的人选分配中，保卫联盟独揽大权。1名议长、2名副议长都是该党党员。"社会主义运动"只分到两个总务的职位，在分配议会各专门委员会的席位中，"社会主义运动"分到1个委员会主席的职位。

1961年初刚果颁布《共和国宪法》，依照法国模式确立了总统是国家元首的政治体制。3月26日，根据宪法进行首次总统选举。尤卢作为唯一的总统候选人得到97.53%的有效选票，当选为总统，并出任政府首脑兼国防部长。在政治上，尤卢虽然高唱"全民团结"，实际上任用拉利族人而排斥其他族，激化部族矛盾。他推行一元化政治，为此压制民主、打击爱国民主力量、严格限制各反对党派和人民团体活动。1960

年 5 月，他捏造了所谓的"共产党阴谋案"，逮捕了刚果青年联盟、和平运动和工会组织的 15 名领导人，其中包括赤道非洲工会总联合会总书记布坎布、前部长基孔加·恩戈特等。与此同时，议会通过了"镇压不服从或反抗国家机关"的相关法律，内政部长有权宣布"戒备状态"，总理有权宣布"警戒状态"。1963 年 7 月，尤卢政权进一步宣布取消反对党和禁止一切集会，刚果处于"白色恐怖"之中。1962 年 8 月，尤卢到北方各省视察时宣布，希望把原有的各政党合并，成立一个单一的刚果政党。

在经济上，独立以来由于经济命脉仍掌握在以法国为主的外国垄断资本手中，刚果（布）财政非常困难。1963 年财政赤字高达 10 亿中非法郎（约合 404 万美元），占同年预算总额的 1/8，比 1962 年的赤字增加了两倍多。为了弥补巨额赤字，尤卢政府连年举债。1962 年，政府聘请法国比埃教授担任经济计划顾问。比埃率领一批技术专家和经济学家组成刚果经济发展研究小组，提出了鼓励建立私营工业、增加刚果（布）的投资等计划，但是无济于事。1963 年 1 月，尤卢政府制定了新的捐税法，对民众普遍增加赋税，而政府官员则贪污腐化、奢侈无度。

在对外关系方面，尤卢奉行投靠西方大国的外交政策。1960 年 6 月20 日，尤卢宣布："我们早就选择了共同体，现在仍然忠实于这个选择……我们的国家始终需要同法国联系在一起。"他公开表示支持比利时对刚果（金）的武装侵略，反对卢蒙巴的合法政府。1961 年 2 月，他还到刚果（金）的加丹加省进行活动，与"叛国"集团勾结，企图拉拢卡萨武布把下刚果分裂出来与刚果（布）合并，以扩大自己的领土。在联合国大会上，尤卢公开表示支持法国对阿尔及利亚民族解放运动的镇压。在同其他非洲国家的关系方面，尤卢政府参加了由法国策划的各类国家集团。例如，1959 年加入了中部非洲关税同盟，决定统一关税和捐税条例，统一糖和一些土特产的关税和价格。1960 年 12 月，刚果（布）与 11 个新独立法语国家组成布拉柴维尔集团。1961 年 5 月，参加蒙罗维亚集团，同年 9 月参加了"非洲—马尔加什联盟"，1963 年 5 月，尤卢参加了非洲国家首脑会议。

三 八月革命与马桑巴－代巴的改革（1963 年 8 月 16 日至 1968 年 9 月 4 日）

尤卢政府的政策激化了社会矛盾，尤其是增加赋税、克扣官兵和公务员的薪水，使不满情绪日增。统治集团内部四分五裂、危机重重。1963 年 2 月，留欧青年努马扎莱（Novmazalaye）、恩达拉等 20 余名知识分子，秘密建立了马列主义小组，内部称"刚果（布）劳动党"，在工人、青年和军队中开展反对尤卢政府的活动。同年 4 月，尤卢政府的警察逮捕了两名在晚上不开灯驾车的士兵。这两名士兵遭毒打后，许多士兵拥上街头，包围了警察局和派出所，提出要实现军队"刚果化"。这次军队骚动被尤卢政府宪兵和法国驻军镇压了下去，尤卢为了加强他的统治，强迫国民议会通过法案，将一切政党合并到尤卢控制的单一的御用政党里。1963 年 7 月，尤卢宣布取消各反对党，颁布禁止一切集会的法令。这一反民主措施遭到左翼的赤道非洲总工会、右翼的自由工会联合会和天主教徒工会联合会的一致反对。它们派出代表团请愿，要求"改组政府""改善人民生活"。8 月 7 日，各工会组织举行抗议大会，尤卢政府逮捕了赤道非洲总工会和刚果（布）青年联盟的领导人艾梅·马戚卡（Aimè Matsika）。

8 月 13 日，布拉柴维尔市爆发了规模空前的大示威。这天上午，有近万人参加在火车站前广场举行的示威大会，提出了释放被捕工会领袖、取消反民主法令、反对贪污、"要面包""要工作"等口号。大会结束之后，群众列队向关押着工会领袖的中央监狱进发，宪兵和警察阻拦示威群众，向他们投掷催泪弹和手榴弹，强迫工人回到名叫"波托－波托"和"巴刚果"的两个非洲人居住区，冲突中有 3 名工人被打死，28 名工人受伤。示威群众冲进了中央监狱，把艾梅·马戚卡等 400 多名政治犯全部营救出狱，并且放火焚烧了这个监狱。示威群众还占领了政府电台和议会，搜查了司法部大楼。

8 月 14 日，尤卢宣布戒严令，派出大批宪兵、警察和军队包围了波托－波托和巴刚果居民区，同时紧急请求法国军队进行干涉。法国政府立即表示同意。法国在刚果（布）有驻军 2000 人，又从乍得空运了 1000 名伞兵突击队员增援。法国政府宣布，法军根据 1960 年的特别防御协议维持秩序和保护建筑物。当晚，尤卢宣布撤销所有政府部长，由他和各右翼反对党领导人奥庞戈等组成临时政府，并表示要推迟实行单一政党制度。示威运动的领导者决定开展进一步的斗争，把"改组政府"口号改为"尤卢辞职"的口号。8 月 15 日，两万名愤怒的群众走出被军警包围的非洲人居住区，突破市中心军警防线，包围了总统府。他们发出了"要求尤卢立即下台"的呼声。许多军人转而支持示威者，从而使尤卢陷入孤立的境地。他企图借助法国的干涉做最后的挣扎，而法国政府面对群众运动有所顾忌。尤卢被迫签署辞职公报，他在阳台上向群众宣读辞职公报，电台也同时广播。辞职公报全文是："共和国总统和政府首脑富尔贝·尤卢，8 月 15 日星期四 13 时零 5 分提出辞职。在制定新宪法和成立新政府之前，由刚果国民军掌握权力。"

国民议会随后被解散。议员共约 100 人被拘捕监禁，工人、青年组织和起义军成立了"全国革命运动委员会"。8 月 15 日晚，"全国革命运动委员会"宣布成立以阿方斯·马桑巴-代巴（Alphonse Massembat-Debat）为总理的临时政府。临时政府是一个包括了左翼和右翼人士的统一战线性质的政权。马桑巴-代巴 16 日发表广播演说时称，这次起义推翻了一个"可恶的机构"，是"一次和平的革命"。后史称"八月革命"或"光荣的三天"。

英国《泰晤士报》在 8 月 16 日发表评论："尤卢神父的垮台是一个预兆，它预示着'非洲革命'将进入一个新的和更可怕的阶段。"8 月 17 日的法国《世界报》认为："这是群众为了明确的政治原因而驱逐了作为殖民化的直接继承者的非洲政权的第一个范例。因此，尤卢的倒台具有大大超过一国范围的意义。"美国的合众国际社在 8 月 17 日的述评中惊呼"刚果的政治已经向左转了"。

1963 年 12 月，经公民投票通过了新宪法，选举了新的国民议会，马桑巴-代巴为独立后的第二任总统，之后组成以帕斯卡尔·利苏巴为总理的新政府。新政府成立后，政局不稳，不断遭到国内外敌对势力的反对和破坏。革命派加强了在军队中的工作，同时成立了名为"警惕队"的民兵组织，粉碎了多起敌对势力的阴谋。1964 年 2 月 7 日，尤卢派党徒发动巴拉利族人示威，要求释放尤卢，被新政府镇压下去。

为了加强左派在统一战线中的领导作用，1964 年 5 月，革命派策划成立了执政党——"全国革命运动委员会"。它有两部分力量：一是以总统马桑巴 - 代巴、总理利苏巴为首的新当权派；二是努马扎莱的秘密劳动党的青年知识分子和军人。他们只是反对尤卢企图建立反动的、独裁的单一政党，而不是反对建立单一政党，赞成建立一个单一的、民主的政党，这个党要成为巩固革命、建设国家的强有力的杠杆。7 月 2 日，马桑巴 - 代巴在群众大会上宣布了"全国革命运动委员会"的正式成立。他任总书记，努马扎莱任第一书记。它实际上是各派势力联合的统一战线组织：政治上反对部族主义、地方主义和无政府主义；外交上奉行不结盟政策，支持非洲国家的独立运动，积极发展同社会主义国家的友好合作关系；经济上，新政府提出了"1964 ~ 1968 年五年经济发展计划草案"，主张发展国营经济，同时鼓励私人民族资本投资，尽快建立独立的民族经济。

马桑巴 - 代巴在 1964 年 3 月间对媒体谈了他关于刚果（布）逐步走向非资本主义的发展道路的想法。他说："如果臆断地认为资本主义制度在刚果是行得通的，那是一个错误。这种想法使尤卢丢掉了政权。资本主义在这里行不通，因为所有的商品公司、银行和工厂都在外国人手中，刚果人对这些财产是陌生的。完全的社会主义对于没有做好接受它的准备的人民来说，也是有一些障碍的，因为人民还不懂得民族和国家的真正含义，他们现在还是一些家庭、宗派和地区性的小组织，必须使人民有民族的概念，从而有国家的概念。这不是一朝一夕就能办到的事情。"①

在左派的推动下，政府将邮局、航空公司、广播电视台、电力和自来水公司及大部分企业收归国有，并创办了国营贸易局、全国运输和公共工程局、运河公司、油棕公司、国家林业局等国营企业，并将按固定价格收购和销售农业产品。1967 年底，政府颁布法令要求所有公司、企业和其他机构的职工要逐步"非洲化"。但是，经过一段改革实践之后，马桑

---

① 袁辉：《刚果（布）加蓬》，世界知识出版社，1964，第 75 页。

巴－代巴却反对进一步实施国有化，强调革命的和平性，不主张对尤卢势力过分打击，仍要与西方国家保持友好合作关系。

马桑巴－代巴的政策使左翼不满，他们认为政府倒行逆施、缺乏民主，马桑巴－代巴与左翼之间的矛盾逐渐尖锐。1966～1968 年，马桑巴－代巴先后将左翼领导人利苏巴和努马扎莱罢免。随后又宣布解散议会，停止"全国革命运动委员会"政治局的活动，并下令逮捕持不同政见的青年军官，从而激化了矛盾。1968 年 7 月 31 日，伞兵营长马利安·恩古瓦比（Marien Ngouabi）上尉联合努马扎莱等人发动军事政变，迫使马桑巴－代巴政府辞职，成立了最高权力机构——全国革命运动委员会，掌握了国家大权。这就是刚果（布）历史上著名的"七·三一运动"，也称"八月革命"。

四 恩古瓦比的激进改革（1969 年 12 月 31 日至 1977 年 3 月 18 日）

1969 年 12 月 31 日，刚果（布）劳动党宣布成立，马利安·恩古瓦比出任党的主席，恩达拉（Ndalla）任第一书记。该党宣称是"无产阶级的政党"，党的目标是"建设一个没有任何形式的人剥削人的社会，一个民主的和社会主义的社会"。在党代表大会上，恩古瓦比宣布改国名为"刚果人民共和国"，恩古瓦比就任共和国总统兼部长会议主席，确定以带有黄色五角星和镰刀、斧头交叉图案的红旗为国旗，以《国际歌》为临时国歌，并宣称建立一个马克思主义的科学社会主义的社会。

恩古瓦比认为马克思主义适用于刚果（布），他指出，"要否定一切形式的殖民主义和资本主义"。为此，刚果（布）推行大规模国有化与农业集体化政策。国有化政策从马桑巴－代巴执政时期开始，恩古瓦比时期得到进一步加强，并通过三种方法实行国有化。（1）将外资企业或与外资合营的企业国有化。1969 年对大洋铁路、黑角港、布拉柴维尔机场、机车车辆修理厂等实行国有化。1970 年 9 月，没收控制刚果（布）糖业领域的法资企业——尼阿里工农业公司和尼阿里糖业公司。1972 年宣布全部取消外国资本控制的部门和企业，由外资控制的保险公司、交通运输公司、糖厂、榨油厂、面粉厂等先后归国家所有。1974 年 1 月 12 日，刚果（布）议会通过一项法令，宣布取消 8 家外国石油公司在刚果（布）的一切业务，它们在刚果（布）的财产、股票和权益移交给国家石油勘探和开发公司。(2) 依靠外国援助建立一批国营工厂，如 1969 年中国帮助建成的金松迪纺织、印染、针织联合企业等。(3) 收买私人工厂，改为国营工厂。1969 年 9 月，政府以 300 万中非法郎买下法资私人砖厂，改造为国营工厂。国有化改革使国营企业迅速占全国工厂企业总数的 77% 以上。

农业集体化运动主要是建立一批合作社。政府对合作社提供各种方便，免交农业税，提供良种、农机和化肥，并优先提供贷款。合作社分三类：第一类是销售合作社；第二类是由农业部直接组织的生产合作社，主要分布在农业公司附近；第三类是农民组织的合作社。据官方统计，在 20 世纪 70 年代末，全国共有合作社及合作小组 1128 个，其中农业生产合作社或小组 1037 个，同时国家兴建了 17 个国营农场。①

在流通领域，刚果（布）政府宣布限制一切非国营和合作社以外的商品交换和流通，成立全国贸易局、全国运输局等，由国家统一收购农副林业产品，通过国营商业系统把日用必需品分发到全国各地。随后，刚果（布）经济结构发生了比较大的变化：农、工、服务行业在国民经济中的比重已从 20 世纪 60 年代独立时分别占 23%、17%、60%，到 20 世纪 70 年代末逐步调整为 12%、45%、43%，工业在国民经济中的比重增长了 28%。②

然而，过激的社会经济改革措施导致刚果（布）经济发展出现严重困难。大规模推行国有化使外国特别是法国的经济援助日益减少，同时法国拒不偿还拖欠应缴给刚果（布）政府的石油税款，放慢对刚果（布）石油开采的步伐。法国还借口技术问题，拒绝修复被水淹没的钾盐矿山

① 刘静：《刚果商品生产的发展及其困难》，《西亚非洲》1985 年第 2 期。
② 刘静：《刚果商品生产的发展及其困难》，《西亚非洲》1985 年第 2 期。

等。刚果（布）本国少得可怜的资本家也纷纷流亡国外或把资金汇出。国营企业的管理不善更是导致生产下降，如 1979 年在 70 多个国营工厂、企业中，除 14 家机构比较健全、生产能够运转外，其他企业或开工不足，或被迫停产，甚至关闭。刚果（布）国家棕榈园管理局所属的 5 个榨油厂，20 世纪 60 年代的生产能力为 6300 吨，而 1976 年只有 2900 吨。刚果（布）工农业公司所属的糖厂，1970 年产食糖近 10 万吨，1972 年下降为 3.2 万吨，1977 年下降为不足 2 万吨，刚果（布）由食糖出口国变成了进口国。石油和木材是刚果（布）的经济支柱。1974 年石油产量为 240万吨，1977 年下跌为 180 万吨。1971 年的木材产量为 83 万立方米，出口近 72 万立方米；1977 年产量降为 41 万立方米，出口仅约 14 万立方米。农业也逐渐恶化。1965 年刚果（布）农产品的收购量为 2.16 万吨，1975年仅为 1 万吨。粮食越来越依赖进口，国内肉类需求的 80% 靠从国外进口。工农业状况的恶化导致国民生产总值下降，财政状况恶化。据统计，1960～1979 年，刚果（布）人均国民生产总值年均增长率只有 0.9%，1971～1973 年每年的财政赤字均在 30 亿中非法郎以上。1975 年一年的财政赤字达 101 亿中非法郎，至 1978 年每年为 40 亿～50 亿中非法郎。[①] 连年的财政赤字使债务包袱越来越重，通货膨胀难以控制。人民的生活水平比独立之前更低了。

　　经济困难导致国内政局不稳。恩古瓦比执政的 9 年中共发生了 7 次政变，最大的一次发生在 1972 年 2 月 22 日。当时，劳动党前政治局委员、人民军第一政委昂热·迪亚瓦拉中尉指挥一个步兵营发动政变，他乘恩古瓦比视察黑角之机企图夺权，失败后躲进了灌木林，在布拉柴维尔周围普尔地区展开游击活动。随后，恩古瓦比出兵镇压，1973 年 4 月迪亚瓦拉和追随者被处死。1975 年 12 月 12 日，刚果（布）劳动党中央委员会举行特别会议并发表声明，恩古瓦比决定进行一次深入的革命运动——"彻底化运动"，主要内容是整顿劳动党及其群众组织，推动经济斗争，并从帝国主义手中夺回重要的经济部门。随后，成立了以恩古瓦比为首的

---

　　① 　杨荣甲：《刚果独立后的经济发展》，《西亚非洲》1985 年第 4 期。

五人特别参谋部，负责领导这场运动，并筹备召开党的全国代表大会和组织革命政府。这一运动引起了工会联合会的不满，工会为此在 1976 年 3 月 24 日号召全体工人举行总罢工。事后工会联合会被改组，总书记阿纳托尔被开除出党，有 20 多人受到制裁。恩古瓦比的种种改革措施加剧了政府和军队的矛盾。

五　雍比的短期执政时期（1977 年 4 月 3 日至 1979 年 2 月 5 日）

1977 年 3 月 18 日，恩古瓦比遇刺身亡，由国家人民军总参谋长若阿基姆·雍比 – 奥庞戈（Joachim Youmby-Opango）等 11 人组成的劳动党军事委员会成为最高权力机构。4 月 4 日，雍比被军事委员会任命为主席兼国家元首和部长会议主席。雍比为扭转困难的经济局面做出了种种努力，但因权力之争，其本人又奢侈享乐，极少为国事操劳，引起群众不满，使困难有增无减。最糟糕的是经济问题，国营企业生产继续下滑，财政经济状况继续恶化，1978 年国家的财政赤字仍为 400 亿中非法郎，外债累计上升到 1500 亿中非法郎。

1978 年 5～6 月，刚果（布）党和政府的中下层干部，绝大多数国营企业的工人、士兵连续两个月领不到工资，雍比只得借款来支付。而通货膨胀率却大幅度上升，生活必需品的价格暴涨 40%～60%。民众怨声载道，雍比被称为"不受爱戴的人"。

六　萨苏第一次执政时期（1979 年 2 月 8 日至 1992 年 8 月 31 日）

1979 年 1 月底，雍比在各级党和群众组织的要求下，举行了刚果（布）劳动党军事委员会会议，宣布筹备下届党代表大会。1979 年 2 月 5～8 日，刚果（布）劳动党中央委员会召开会议，决定原军事委员会将全部权力交给党的中央委员会，任命德尼·萨苏 – 恩格索（Denis Sassou-Nguesso）为劳动党第三次特别代表大会筹备委员会主席兼刚果（布）总统。雍比被迫辞职，被军管后释放。3 月 31 日，萨苏在劳动党第三次特别代表大会上正式当选为刚果（布）劳动党主席，出任国家元首和部长会议主席。

萨苏上台伊始即着手改革，加强对经济的宏观调整。同时，萨苏总统加强与社会主义阵营国家的联系，与苏联签订了为期20年的友好条约，并得到来自苏联等社会主义国家的经济与军事援助，综合国力大幅提升。1990年12月，在民主化浪潮冲击下，刚果（布）劳动党召开第四次特别代表大会，制定了新的政治纲领，修改了党纲、党章，萨苏总统宣布放弃一党制，实行多党民主。1991年2月25日至6月10日，刚果（布）召开全国最高会议（Conférence Nationale Souveraine），会议通过了为期一年的过渡时期基本法，确立了总统、共和国最高委员会和过渡政府三个过渡领导机构。1991年6月，刚果（布）议会决定重新启用"刚果共和国"名称。1992年3月15日，萨苏总统正式宣布，国名由"刚果人民共和国"重新更改为"刚果共和国"。

七　利苏巴执政时期（1992年8月31日至1997年10月25日）

1992年8月31日，刚果（布）完成新宪法公投，选举产生地方议会、国民议会及参议院。泛非社会民主联盟（UPADS）领导人帕斯卡尔·利苏巴（Pascal Lissouba）联合刚果（布）劳动党在大选中获胜，当选总统。[①] 萨苏落选，被迫流亡国外。利苏巴领导的泛非社会民主联盟及其后援组织在125人的众院中占有近50个席位，在60人的参院中占有近30个席位。同刚果（布）劳动党结盟后，利苏巴派在参众两院中都占有多数，可以维持政局的相对稳定。但是，地区和部族矛盾依然存在，政党纷争亦没有终止，经济危机尚未度过，这些因素都增加了利苏巴总统执政的难度。

利苏巴被视为温和的变革人物。在政治上，他主张民族团结，反对部族主义，希望成立民族团结政府，不搞朝野两派，共同肩负民族复兴的责

---

① 葛佶主编《简明非洲百科全书（撒哈拉以南）》，中国社会科学出版社，2000，第445～446页。

任。在经济上，利苏巴主张权力分散，发挥中央和地方两方面积极性，发展中小企业，鼓励创立私营小企业，减轻百姓就业困难。他主张科技兴国，采用先进的管理经验，改变管理混乱、工作懒散的状况。

利苏巴政府迫在眉睫的问题是解决国库空虚问题。当时，刚果（布）全国工资总额超过财政收入近一倍，政府各部门严重超员，失业人数庞大。利苏巴政府希望通过争取外部援助发展经济。为此，刚果（布）与国际货币基金组织合作，以经济自由化等举措换取国际金融机构的资金援助。1996 年 6 月，国际货币基金组织批准了面向刚果（布）为期 3 年约 1 亿美元的 "加强结构调整措施"（Enhanced Structural Adjustment Facility），并在1997 年年中刚果（布）爆发内战时宣布重新签订年度协议。

八　萨苏第二次执政初期（1997 年 10 月 25 日至 2000 年）

1997 年初，随着刚果（布）大选临近，时任总统利苏巴和前任总统萨苏之间的斗争逐渐明朗化。同年 6 月 5 日，忠于总统利苏巴的政府军突然包围了前总统萨苏在首都布拉柴维尔的住宅，试图解除萨苏的私人民兵武装 "眼镜蛇"。萨苏的私人民兵武装展开抵抗，由此引发了持续 4 个月的刚果（布）内战。

刚果（布）内战爆发后，双方一直在布拉柴维尔处于僵持状态，战火很少蔓延到其他地区。同年 10 月，一直持观望态度的时任总理科莱拉斯的私人民兵武装突然宣布支持政府军，参与对萨苏武装的打击。舆论一度认为形势转为对萨苏不利。然而出人意料的是，接手政府军防区的科莱拉斯武装不堪一击，萨苏民兵很快控制了首都布拉柴维尔和马亚－马亚国际机场。与此同时，安哥拉政府军从卡宾达出兵介入刚果（布）内战，帮助萨苏武装攻占第二大城市黑角。利苏巴和科莱拉斯见大势已去，流亡国外。10 月 25 日，萨苏宣誓就任刚果（布）总统。

萨苏再度执政后，推行和平、统一、民族和解的基本政策。1998 年 1月，"全国和解、团结、民主和重建论坛" 召开，各政党及各界人士共1400 余名代表参加。论坛全面否定利苏巴政权，决定继续推行民主制，反对部族主义；确定总统制政体，总统任期由 5 年改为 7 年；3 年的过渡期结束后，举行全国总统大选。"过渡时期全国委员会"成为临时议会。1998 年 4 月，前总统利苏巴的支持者在其家乡穆永兹市同警察发生冲突，该市市长被打死，布恩扎水电站一度被利苏巴派民兵控制。8 月，前总理科莱拉斯家乡普尔省也爆发骚乱。11 月，"宪法委员会"成立。1998 年底和 1999 年初，刚果（布）政府军与前总统领导的反政府武装不断发生军事冲突。随后，政府军控制了国内的局势。1999 年 1 月，萨苏总统对政府进行了改组。[①] 2000 年 11 月，国际货币基金组织首次向刚果（布）提供 1400 万美元的援助，用于战后的重建。

第六节　著名历史人物

一　皮埃尔·萨沃尼昂·德·布拉柴（Pierre Savorgnan de Brazza，1852 ~ 1905 年）

皮埃尔·萨沃尼昂·德·布拉柴是法国殖民者、探险家，在刚果（布）历史发展进程中扮演了重要角色。他原籍意大利，1852 年 1 月 25 日生于罗马，卒于 1905 年 9 月 14 日。1868 年入法国海军学校学习，后参加法国海军并取得法国国籍。1874 年，布拉柴随同法国舰队抵达加蓬海岸。1875 年 10 月，率探险队进入加蓬，溯奥果韦河而上，发现了阿利马河，因遭到阿富鲁部落阿富鲁人的抵抗被迫返回。1880 年，布拉柴再次前往加蓬和刚果。他在奥果韦河和帕萨河的汇合处建立兵站。同年 9 月，布拉柴抵达安济科王国首都姆贝，迫使该国国王马科科签订保护条约，法国取得了对该王国包括斯坦利湖两岸土地的保护权。布拉柴在湖右岸的恩左玛又建一处兵站，该地后来以其名字命名为"布拉柴维尔"。1882 年 12 月，法国把加蓬和刚果合并为法属刚果殖民地，后任命布拉柴为政府特派员（后升为高级专员），负责管理这两块殖民地，直到 1897 年被召

---

① 葛佶主编《简明非洲百科全书（撒哈拉以南）》，中国社会科学出版社，2000，第 446 页。

回。1905 年法国政府派遣布拉柴前往中央刚果，调查特许公司的弊端，返国途中他病死于塞内加尔的达喀尔。

二 安德烈·马佐阿（André Matsoua，1899～1942 年）

安德烈·马佐阿 1899 年出生于布拉柴维尔附近的农村，早年曾在恩古卡村传教，后到布拉柴维尔一海关当雇员。1925 年去法国，加入土著兵团，赴摩洛哥参加镇压里夫人的战争，复员后到法国塞纳省当会计，同时在夜校任教。1926 年发起组织了法属赤道非洲人友谊会，展开反对法国殖民统治的宣传。1928 年 6 月 4 日和 10 月 12 日曾两次上书法国总理，谴责殖民制度，揭露殖民公司和行政当局的弊端，要求非洲人与法国人享有同等地位。针对同化政策，他提出使刚果人成为"百分之百的法国人"，寻求与法国对话，期待能给刚果人以公正的待遇等主张。1929 年圣诞节，友谊会派代表从巴黎到布拉柴维尔，介绍友谊会的纲领和需要。友谊会迅速发展壮大，法殖民当局逮捕了两名代表并没收了捐款，马佐阿在巴黎被搜查逮捕，被押解回国后以诈骗罪在布拉柴维尔土著刑事法庭受审。1930 年 4 月 3 日，法庭判处马佐阿 3 年监禁，5 年禁止居留，流放到乍得。不久他从乍得逃往法国，并自愿参军，再次表示对法国的忠诚。但在 1940 年 5 月因"里通外国"罪被捕，并立即被押解到布拉柴维尔。1941年 2 月被判处死刑，但未执行。1942 年 4 月死于马亚马狱中。他在刚果人民心目中是传奇式的英雄人物，人们不相信他已死，1947 年的选举中还有人投他的票。

三 让－马龙加（Jean-Malonga，1907～1985 年）

让－马龙加是使用法语书写刚果（布）现代文学的第一位刚果籍作家，曾任刚果（布）文联主席、《联络》（Lianson）杂志主编。1955 年荣获法属赤道非洲国际文学奖，1976 年荣获共和国主席文学奖，1982 年荣获刚果（布）荣誉勋位，1984 年荣获法兰西荣誉勋位。主要作品有：《两面挨打》（Entre l'enclume et le Marteau）、《非洲综合征》（Le Syndrome Africain）、《启幕》（Lever de Rideau）等。

四　契卡亚·尤·坦西（Tchicaya U Tam'si，1931～1988 年）

契卡亚·尤·坦西是刚果（布）著名诗人、剧作家、小说家。尤·坦西出身政治名门，他的父亲让 – 菲利克斯·契卡亚（Jean-Félix Tchicaya）是中部刚果殖民地区的首位黑人议员。1955 年，他发表了第一部诗集《恶血》（*Le Mauvais Sang*），被认为是同时代最具天赋的非洲诗人。其他诗集还包括《野火》（*Feu de Brousse*，1957 年）、《违心》（*A Triche-Coeur*，1960 年）等。他的编剧风格辛辣尖锐，主要剧作有《祖鲁》（*Le Zoulou*，1977 年）、《恩尼空·恩尼库元帅的荣耀命运》（*Le Destin Glorieux du Maréchal Nnikon Nniku Prince qu'on Sort*，1979 年）等。主要小说作品有《蟑螂》（*Les Cancrelats*，1980 年）、《面包树的果子真甜》（*Ces Fruits si Doux de L'arbre à Pain*，1987 年）、《尺蛾》（*Les Phalènes*，1984 年）等，真实地描绘了殖民时代的刚果风貌。

五　索尼·拉布·坦西（Sony Labou Tansi，1947～1995 年）

索尼·拉布·坦西是刚果（布）编剧、诗人，撒哈拉以南非洲新一代法语作家领袖之一。他在布拉柴维尔创立了洛卡多·祖鲁剧院（Le Rocado Zulu Théatre），戏剧作品在国内外广受欢迎。曾荣获撒哈拉以南非洲文学大奖、法语国家剧作家协会大奖和伊布森大奖。主要作品有：《人民之前》（*L'anté-Peuple*，1983 年）、《罗尔莎·洛佩兹的七种孤单》（*Les Sept Solitudes de Lorsa Lopez*，1985 年）、《痛苦的开端》（*Le Commencement des Douleurs*，1995 年）等。

六　泰奥菲尔·奥邦加（Théophile Obenga，1936 年至今）

泰奥菲尔·奥邦加 1936 年出生于布拉柴维尔，是非洲本土著名的历史学家、埃及学家、哲学家、语言学家，是泛非主义、非洲中心论的坚定支持者。他精通希腊语、拉丁语、法语、英语、意大利语、阿拉伯语、叙利亚语和埃及象形文字。他在法国蒙彼利埃大学获得艺术与人文学博士学位，是美国旧金山州立大学非洲研究中心名誉教授，国际班图沙漠文明中心（Centre International des Civilisations Bantu，CICIBA，总部在加蓬首都利伯维尔）前主任（1991 年退休），《安赫》（*ANKH*，研究埃及学和非洲文明的学术杂志）杂志的前社长兼总编辑。他为联合国教科文组织做出了突出贡献，是八卷本《非洲通史》的编者之一，主编第 1 卷第 4 章《非洲史研究中所使用的资料和专门技术概论》和第 5 卷第 19 章《刚果王国及邻邦》。

第三章

政　治

第一节　政治概况

一　21 世纪以来刚果（布）政治的发展

2001 年 3 月 17 日至 4 月 14 日，在加蓬前总统邦戈斡旋下，刚果（布）举行了不排除任何一方的全国对话，国内和一大批流亡国外的反对派人士参加对话，与会各方通过了新宪法草案和全国和平与重建公约。

2002 年 1 月 20 日，刚果（布）举行全民宪法公投，新宪法以 88.19% 的支持率获得通过。3 月 10 日，刚果（布）举行总统选举，7 名政党和无党派候选人竞争角逐。萨苏作为刚果（布）劳动党候选人得到了 40 个政党和 250 个社会团体的支持，在首轮选举中获得 89.41% 的选票，以绝对优势获胜。8 月 18 日，萨苏组成 34 人的新政府内阁。此后，刚果（布）在除普尔省以外的其他地区顺利举行了立法、地方和参议院选举。2003 年 3 月，刚果（布）政府同普尔省的最后一支反政府武装签署和平协议。至此，历时 5 年的战后过渡期结束。

2002~2008 年，刚果（布）民族和解进程稳步推进。多名反对党领导人陆续结束流亡回国。2005 年 1 月 7 日，刚果（布）改组政府，新增设 1 名总理和 4 个国务部长职位。10 月，萨苏总统批准流亡国外多年的前总理科莱拉斯回国。2006 年 8 月，《政党法》正式颁布。2007 年，反政府武装恩杜米将其民兵组织改为政党，取名为"全国共和国人运动"，焚毁部分武器并参加立法选举，刚果（布）民族和解进程取得突破性进展。2007 年和 2008 年，立法选举和地方选举顺利进行。

2009 年 7 月 12 日，刚果（布）举行内战后的第二次总统选举，萨苏以 78.61% 的高票当选总统，实现连任。8 月 14 日，萨苏宣誓就职。9 月 15 日，新政府成立，取消总理职位，设 5 名国务级部长。同年 9 月，萨苏总统赴美出席第 64 届联大、联合国气候变化大会，并在联合国气候变化大会上代表非盟发言。2010 年 1 月，萨苏总统出席第 10 届"中部非洲经济与货币共同体"（CEMAC）首脑峰会，并担任该机构 2010 年轮值主席。2011 年 8 月和 2012 年 9 月，刚果（布）政府进行过两次改组。2012 年 10 月，萨苏总统出席第 14 届法语国家峰会。2015 年 10 月 25 日，刚果（布）举行全民公决，通过了宪法修正案，放宽总统任期和权限，萨苏因此具备了 2016 年参选资格。2016 年 3 月 20 日，刚果（布）举行总统大选，萨苏以 60.37% 的得票率胜出，获得连任。

二　萨苏政府的组成及其特点

2016 年 4 月 17 日，刚果（布）总统萨苏宣誓就职，开启新一轮 5 年任期。4 月 23 日，萨苏总统任命克莱芒·穆昂巴为总理，并由其组建新内阁。4 月 30 日，政府内阁名单发布，部长及部长级代表由 35 名增加至 38 名，其中国务级部长名额由 5 个缩减至 3 个。

刚果（布）政府成员名单如下：农业、畜牧业和渔业部长（国务级部长）亨利·琼博（Henri Djombo），经济、工业发展和私营企业促进部长（国务级部长）吉尔贝·翁东戈（Gilbert Ondongo），建设、城市规划、城市和生活环境部长（国务级部长）克洛德·阿方斯·恩西卢（Claude Alphonse Nsilou），内政、地方分权和地方发展部长雷蒙·泽菲兰·姆布卢（Raymond Zéphirin Mboulou），矿业和地质部长皮埃尔·奥巴（Pierre Oba），领土整治和大型工程部长让 - 雅克·布亚（Jean-Jacques Bouya），石油天然气部长让 - 马克·蒂斯特雷·契卡亚（Jean-Marc Thystère Tchikaya），外交、合作和海外刚果人部长让 - 克洛德·加科索（Jean-Claude Gakosso），国防部长夏尔·里夏尔·蒙乔（Charles Richard

Mondjo），对外贸易与消费部长厄洛热·朗德里·科莱拉斯（Euloge Landry Kolélas），劳动和社会保障部长埃米尔·乌奥索（Émile Ouosso），财政、预算和国库部长卡利斯特·加农戈（Calixte Ganongo），新闻和媒体部长、政府发言人蒂埃里·蒙加拉（Thierry Moungalla），运输、民用航空和商船部长吉尔贝·莫科基（Gilbert Mokoki），高等教育部长布鲁诺·让－里夏尔·伊杜阿（Bruno Jean-Richard Itoua），科研和技术创新部长埃洛·曼聪·曼普亚（Hellot Matson Mampouya），司法、人权和土著民族促进部长皮埃尔·马比亚拉（Pierre Mabiala），中小企业、手工业和非正规部门部长伊沃妮·阿德拉伊德·穆佳尼（Yvonne Adélaïde Mougany），能源和水利部长塞尔日·布莱斯·佐尼亚巴（Serge Blaise Zoniaba），体育和体育教育部长莱昂·阿尔弗雷德·奥潘巴（Léon Alfred Opimbat），初中级教育和扫盲部长阿纳托尔·科利内·马科索（Anatole Collinet Makosso），土地事务和公产管理部长马丁·帕尔费·艾梅·库苏·马翁古（M. Marin Parfait Aimé Coussoud Mavoungou），装备和道路养护部长若苏埃·罗德里格·恩古奥宁巴（Josué Rodrigue Ngouonimba），经济特区部长阿兰·阿库瓦拉·阿蒂波（Alain Akouala Atipault），技术职业教育、专业技能培训和就业部长尼塞福尔·安托尼·托马斯·菲拉·圣厄德（Nicéphore Antoine Thomas Fila Saint Eudes），林业经济、可持续发展和环境部长罗莎莉·马东多（Mme Rosalie Matondo），公职与国家改革部长安热·艾梅·比南加（Ange Aimé Bininga），卫生和人口部长雅克利娜·莉迪娅·米科洛（Jacqueline Lydia Mikolo），邮政和电信部长莱昂·朱斯特·伊邦博（Léon Juste Ibombo），计划、统计和区域一体化部长安格里德·奥尔加·埃布卡·巴巴卡斯（Ingrid Olga Ebouka Babakas），旅游与娱乐产业部长阿莱特·苏当·诺诺（Arlette Soudan Nonault），文化与艺术部长莱昂尼达斯·卡雷尔·莫东·马莫尼（Leonidas Carel Mottom Mamoni），社会事务、人道主义行动与互助部长安托瓦妮特·丹加·迥多（Antoinette Dinga Djondo），妇女促进和参与发展部长伊内斯·贝尔蒂耶·内费尔·安加尼（Inès Bertille Nefer Ingani），青年与公民教育部长德斯蒂内·埃尔默拉·杜卡加（Destinée Ermela Doukaga），总理府负责与议会关系的部长级代表迪涅·埃

尔维斯·察利桑·奥孔比（Digne Elvis Tsalissan Okombi），总理府负责数字经济与社会展望的部长级代表伯努瓦·巴蒂（Benoit Baty），内部、地方分权和地方发展部负责地方分权和地方发展事务的部长级代表夏尔·恩冈富穆（Charles Nganfouomo）。

刚果（布）2016届政府内阁调整较大，整体成员呈年轻化趋势，女性比例亦有所上升。主要特点如下：

第一，新政府内阁成员由此前的35名调整为38名。最意外的是，5位前国务级部长中有4位未能获得连任，他们是前工业发展部长伊西多尔·姆武巴、交通部长鲁道夫·阿达达、司法部长艾梅·埃马努埃尔·约卡及社会保障部长弗洛朗·其巴少将。只有前财长吉尔贝·翁东戈继续保持国务级部长职衔，他的新职位是经济、工业发展和私营企业促进部长。而财政、预算和国库部长一职由原刚果国家石油公司高管卡利斯特·加农戈接任。

第二，政府内阁成员更换率较高。包括加农戈在内，至少16位提名成员均是首次进入政府内阁任部长级职务。布拉柴维尔大学政治学教授分析，"不夸张地说，这届政府可谓与上届政府完全割裂"。

第三，女部长比例明显上升。内阁中女性成员达到史无前例的8位，妇女促进和参与发展部长安加尼及旅游与娱乐产业部长诺诺均是首次进入政府内阁。

第四，内阁成员整体呈年轻化趋势。布拉柴维尔大学政治学教授认为，"一些支持萨苏赢得总统大选的年轻人获得了回报"，其中包括总理府负责与议会关系的部长级代表奥孔比、邮政和电信部长伊邦博及计划、统计和区域一体化部长巴巴卡斯。

此外，受到关注的还有重新担任经济特区部长的阿蒂波（上次政府改组时被撤职），晋升为国务级部长的农业、畜牧业和渔业部长的原林业部长琼博，保持原职的内政、地方分权和地方发展部长姆布卢和国防部长蒙乔，在总统大选期间大力支持萨苏的新闻和媒体部长兼政府发言人蒙加拉也继续连任。

萨苏总统在就职演说中曾呼吁建立一个新政府，"与之前那个意识形态偏离、倒行逆施的政府彻底割裂"，并指出原政府的一些内阁成员存在姑息养奸、不负责任、腐败、欺诈、贪污、任人唯亲、挥霍浪费等行为。根据萨苏总统和穆昂巴总理的指示，新一届政府将把经济发展作为工作重心，尤其是促进社会发展和降低年轻人失业率。

然而，这一届政府并没有维持太久。2017 年 8 月 14 日，萨苏总统在对全国发表讲话时宣布计划组建新政府，以期在宏观经济恶化的形势下重振国民经济。8 月 16 日，克莱芒·穆昂巴总理向萨苏总统递交内阁辞呈报告，萨苏总统于 8 月 17 日发布第 2017 - 365 号总统令，解除总理和所有内阁成员职权。穆昂巴率政府内阁集体辞职是为支持萨苏总统组建新政府的计划。

2017 年 8 月 22 日，刚果（布）总统府公布新一届政府名单。与上届政府相比，重要职位没有变动，仅有小范围职务调整。上届政府总理穆昂巴留任，新一届政府新设副总理 1 名。受国际油价下跌影响，刚果（布）近年来经济受挫，新一届政府的主要任务是进行各方面改革，以应对财政短缺，度过危机。

刚果（布）新一届政府共有成员 36 人。总理为克莱芒·穆昂巴（Clément Mouamba）。新设副总理负责公职、国家改革、劳动和社会保障，由菲尔曼·阿耶萨（Firmin Ayessa）担任。其余 34 人为：农业、畜牧业和渔业国务部长亨利·琼博（Henri Djombo），经济、工业和国库国务部长吉尔贝·翁东戈（Gilbert Ondongo），贸易、供应和消费国务部长阿方斯·克洛德·恩西卢（Alphonse Claude Nsilou），内政和地方分权部长雷蒙·泽菲兰·姆布卢（Raymond Zéphirin Mboulou），矿业和地质部长皮埃尔·奥巴（Pierre Oba），领土整治、装备和大型工程部长让 - 雅克·布亚（Jean-Jacques Bouya），石油天然气部长让 - 马克·蒂斯特雷·契卡亚（Jean-Marc Thystere Tchicaya），外交、合作和海外侨民部长让 - 克洛德·加科索（Jean-Claude Gakosso），国防部长夏尔·里夏尔·蒙乔（Charles Richard Mondjo），财政和预算部长卡利斯特·加农戈（Calixte Ganongo），新闻和媒体部长、政府发言人蒂埃里·蒙加拉（Thierry Moungalla），高等教育部长布鲁诺·让 - 里夏尔·伊杜阿（Bruno Jean-Richard Itoua），装备和道路养护部长埃米尔·乌奥索（Émile Ososso），初中等教育和扫盲部长阿纳托尔·科

利内·马科索（Anatole Collinet Makosso），司法、人权和土著民族促进部长安热·艾梅·比南加（Ange Aimé Bininga），中小企业、手工业和非正规部门部长伊沃妮·阿德拉伊德·穆佳妮（Yvonne Adelaïde Mougany），能源和水利部长塞尔日·布莱斯·佐尼亚巴（Serge Blaise Zoniaba），土地事务和公产管理负责与议会关系部长皮埃尔·马比亚拉（Pierre Mabiala），经济特区部长吉尔贝·莫科基（Gilbert Mokoki），技术职业教育、专业技能培训和就业部长尼塞福尔·安托万·托马·菲拉·圣·厄德（Antoine Thomas Fylla Saint-Eudes），建设、城市规划和住房部长若苏埃·罗德里格·恩古奥宁巴（Josué Rodrigue Ngouonimba），林业经济部长罗莎莉·马东多（Rosalie Matondo），运输、民用航空和商船部长菲代勒·迪穆（Fidèle Dimou），卫生和人口部长雅克利娜·莉迪娅·米科洛（Jacqueline Lydia Mikolo），科研和技术创新部长马丁·帕尔费·艾梅·库苏·马翁古（Martin Parfait Aimé Coussoud-Mavoungou），计划、统计和区域一体化部长安格里德·奥尔加·吉莱纳·埃布卡·巴巴卡斯（Ingrid Olga Ghislaine Ebouka-Babackas），邮政、电信和数字经济部长莱昂·朱斯特·伊邦博（Léon Juste Ibombo），旅游和环境部长阿莱特·苏当·诺诺（Arlette Soudan Nonault），体育和体育教育部长于格·恩古埃隆德莱（Hugues Ngouelondele），社会事务和人道主义行动部长安托瓦妮特·丹加·迥多（Antoinette Dinga Dzondo），妇女促进和参与发展部长伊内斯·内费尔·贝尔蒂耶·安加妮（Inès Nefer Bertille Ingani），青年与公民教育部长德斯蒂内·埃尔默拉·杜卡加（Destinée Hermella Doukaga），文化与艺术部长迪厄多内·莫永戈（Dieudonné Moyongo），内政和地方分权部负责地方分权的部长级代表夏尔·恩冈富穆（Charles Nganfouomo）。

第二节　宪法与政治体制的演变

一　殖民化前的政治制度

殖民者入侵之前，生活在今日刚果（布）土地上的居民，大都处于原始社会阶段，只有少数地区出现了家庭奴隶制。酋长制是普遍存在的政治制度，酋长管理着氏族、部落、部落联盟和部族。酋长分为若干级别，有小酋长、大酋长、最高酋长、国王。酋长的职务除了收敛贡赋和差遣徭役外，还负责土地分配、司法调解、宗教祭祀、组织修路等。他们身边常有一些专职的大臣、巫师辅助其办理各种事务。这是一种集立法、行政、司法为一体的权力机制，酋长不仅是统治者，是精神与宗教领袖，还是生活民俗的主持人。

殖民化前的西南部地区经济相对发达，有些大酋长建立起常备武装，经常扩张领土，征服邻近的部落和部落联盟，使之臣服自己，从而建立一元化集权制的王国，如刚果王国、卢安果王国、安济科王国等。就国体而论，这是一些由氏族贵族和家庭奴隶主统治的王国，行政机构尚不健全，国王、酋长、大臣都终身世袭，有的由贵族会议或长老会议推选而出，刚果王国的国王就这样产生，而国王的权力也受到一定限制，最高司法权归贵族议会。这些国王靠军事力量维持，一旦实力衰落，其一元集权制王国就不能维持，重又回到各自为政的部落分散状态。

酋长制兴起的年代正值殖民主义者侵入非洲，它们被殖民主义者利用，充当贩卖奴隶的中间商，并从西方奴隶贩子手中得到武器，壮大军队，扩大版图，掠夺邻近部族，使国家盛极一时。但是由于内讧，王国随之衰落，最终也被殖民主义者瓜分和奴役。然而，这些国王、酋长和长老们仍然在宗教、民俗、精神领域及习惯法规的仲裁方面发挥着作用，对当地居民有重要影响。因此，第一次世界大战后，殖民当局明确表示要恢复酋长制，但这已不是传统意义上的酋长制了，国王和大小酋长们不再拥有国家主权，仅是一种象征和名义而已。

二 直接统治的殖民地政治体制

1880年布拉柴与安济科王国的马科科国王签订了保护条约。1882年11月30日，法国政府正式宣布占领刚果河西岸到加蓬一带的土地，建立了法属刚果殖民地。1883年2月2日，布拉柴担任特派员（即早期的总督），从此这里不再有主权国家，这里的土地和人民分别成为法兰西帝国

的海外领地和臣民，这是刚果（布）国体的根本转变。就政体而言，之前传统的资本主义性质的各种政治体制全被取缔，建立起的是在法国政府殖民部领导下的以总督为核心的殖民地行政体制。总督由法国政府殖民部任命派遣，他掌握着殖民地的立法、行政、司法和军事大权。总督执行法国政府的指令，代表法国统治阶级的利益，以总督为首的殖民地政府依次管辖大地区（省）、地区（县）和自然村各级地方政府，其官员被一层层直接任命，都由法国人或被"同化"的非洲人担任，这是直接统治与间接统治的不同之处。

法属刚果的行政体制有一个演化过程。1882年设立的法属刚果包括加蓬和刚果两地。1886年虽被分为两个领地，但行政中心仍是位于加蓬的利伯维尔，布拉柴的特派员头衔改称"高级专员"后仍管辖两地，他在刚果设立副总督。1910年，法国完成对乌班吉—沙立和乍得的殖民化占领后，便宣布组建由四块殖民地组成的法属赤道非洲，中央刚果的布拉柴维尔成为赤道非洲的行政中心，亦即首府，而刚果的总督也凌驾于其他三个总督之上。

第一次世界大战之后，刚果（布）政治体制又有了两点变化：一是不再任命军人充当各级地方官员，都由文官代替；二是在基层组织（主要是农村）恢复酋长制和土著法庭，少数酋长是恢复原职，多数是重新任命经过酋长学校培训、效忠法国的非洲人，他们按级别和表现领取薪金。

三　以总督为核心的殖民地政治体制的改革

1944年1月30日至2月8日，戴高乐的"自由法国"政府在布拉柴维尔举行的殖民地政策会议，标志着法属非洲政治体制改革的开始。改革的动机是为了缓和殖民地的矛盾，争取殖民地人民对在第二次世界大战中法国的支持，试图通过让一些非洲民族主义人士参政的办法，继续巩固以总督为核心的殖民地政治体制。1946年法兰西《第四共和国宪法》向殖民地做出两点政治让步：一是答应包括中央刚果在内的所有海外领地可以设置领地议会，使非洲人可以对地方经济、社会和文化事务问题提出咨询性意见，但是决定权仍由总督掌握；二是允许殖民地人民组织政党和工会，并取得"法国公民"资格。前一项只是一种许诺，后一项落实较快。宪法公布前后，在中央刚果先后出现了一些政党，如契卡亚领导的刚果进步党，奥庞戈领导的非洲"社会主义运动"，尤卢领导的保卫非洲利益民主联盟等。为竞争代表刚果参加法国制宪会议的资格，契卡亚与奥庞戈展开了多次激烈的角逐。然而，这种选举范围小，参加的人很少。1946～1956 年，刚果殖民统治政局比较平稳。

万隆会议之后，亚非民族解放运动蓬勃发展，使法国不得不加快殖民地的宪政改革。1956 年 6 月 23 日，法国公布了《海外领地根本法》，允许各领地设领地议会和领地政府，建立所谓"半自治共和国"，领地政府的总督仍由法国政府任命，部长可由总督提名的非洲人担任。按照《海外领地根本法》的规定，1957 年 3 月，中央刚果举行了有史以来第一次大规模选举，参加的选民有 40 多万人，选出了第一个领地议会，其中以奥庞戈为首的党团比尤卢为首的党团多一个席位，奥庞戈出任政府副总理，组成联合政府，在总督领导下执政。非洲"社会主义运动"的二号人物基孔加·恩戈特出任经济部长，尤卢出任农业部长，其副手契贝勒任劳动和社会事务部长，外交、国防、司法、财贸等重要部门的职务仍由法国人担任。

1958 年 6 月，戴高乐政府再次对法国的殖民政策做出调整，《第五共和国宪法》规定，法兰西联邦被"法兰西共同体"取代；海外领地从"半自治共和国"改为"自治共和国"，成为"法兰西共同体"的成员国；各"自治共和国"可以制定自己的宪法，设立一院制的议会和以总理为首的代议制政府。戴高乐政府决定 1958 年 9 月在各个领地举行公民投票，以决定是否参加"法兰西共同体"。在即将进行公民投票时，围绕宪法中关于海外领地独立的问题展开讨论。1958 年 8 月 21～23 日，法属赤道非洲的领导人在布拉柴维尔举行会议。会议要求法兰西共和国政府在宪法条文中列入法国承认海外领地独立的条款；这些领地什么时候愿意独立，就可以独立，只要地方议会和地方政府会议单方面做出决议，即可使独立生效。中央刚果三个政党的领导人——刚果进步党的契卡亚、非洲

"社会主义运动"的奥庞戈和保卫非洲利益民主联盟的尤卢在会议宣言上签字。8月24日，戴高乐在布拉柴维尔发表演说，同意了法属赤道非洲的这项呼吁。奥庞戈和尤卢等人在黑角成立了"拥护公民投票的公民行动委员会"，号召在公民投票时投赞成票。9月28日，中央刚果举行了关于是否参加共同体的公民投票，结果绝大多数民众投赞成票，中央刚果从此成为"法兰西共同体"内的"自治共和国"。

1958年11月25日，决定国家新体制的刚果议会会议召开。11月28日，保卫非洲利益民主联盟议员与非洲"社会主义运动"议员发生分歧，非洲"社会主义运动"的议员离开会场。议长热尔趁机将《关于刚果共和国政权机关的组织和规定对共和国宪法的准备和通过的条件》的第一号宪法法规提交表决。这是刚果成为共和国后通过的第一部宪法，但它不是一部单一的宪法，而是包括有"法兰西共同体"内公共权力的许多法律条文的汇总，并明显受法国宪法的影响。

第一号宪法法规共12条，第1~4条是关于议会的规定，议会命名为"立法议会"，议会任期和根据根本法所设立的地方议会相同，立法议会取代地方议会。法规第5~7条规定政府的组成和权限，取消"政府议会"，设"临时政府"。"临时政府"设立总理1人，总理经议会授权后任免部长。政府依然是集体负责制，制定领导国家的方针政策，统率行政和国内警察机构，有权制定法令。法规最后一条规定：以前通过的法案依然有效，现有的政权机关和事业单位仍旧保留。

第一号宪法法规得到刚果议会会议上保卫非洲利益民主联盟23名议员的一致通过，紧接着又全体表决认定尤卢为总理。12月8日，尤卢在布拉柴维尔组成内阁。他争取了两名非洲"社会主义运动"的议员入阁站在己方，他领导的党因此在议会中获得25∶20的优势。非洲"社会主义运动"党团虽宣布议会通过的法规无效，但无济于事。两党斗争导致社会冲突爆发。

随后，布拉柴维尔发生流血事件，社会动荡不安。1959年2月20日，议会通过了关于立法议会、共和国政府及政权机关之间关系的第四、第五、第六和第七号宪法法规。第四号宪法法规有7条，规定设立单一制的议会，议员由秘密投票直接普选产生，任期 5 年，议员享有豁免权，议会可应总理或多数议员的要求召开非常会议。第五号宪法法规规定关于总理的制度，总理的人选由每届议会在开始行使职权时经讨论通过任命，第一轮须经绝对多数通过，第二轮以简单多数通过。总理的职权为：任免部长和官员；执行法律；制定法令；经议会授权可行使立法权；任期同议会一致。第六号宪法法规规定法律起草和通过的程序，为避免政府同议会可能发生冲突，规定议会可以用否决政府提出的法案或通过与政府施政纲领相反的措施间接推翻政府。第七号宪法法规规定现任政府成为在新体制下的正规政府，并给予总理以特别的权力，总理可在本届议会期满前征得议会常设机构同意后解散议会，并可在他认为适当的时间举行新的大选。

尤卢总理根据第七号宪法法规规定解散了当时的议会，决定于 1959年 6 月 14 日举行立法选举。法国为保证尤卢获胜，派技术顾问团前往刚果。尤卢重新划分了有利于自己的选区，同时以 1959 年 2 月的部族流血冲突为借口，逮捕了反对党领袖奥庞戈等人。选举的结果是尤卢的保卫非洲利益民主联盟在议会中获得多数议席。同年 7 月，尤卢第二次组阁，他释放了奥庞戈等人，并邀请反对党人士入阁以示团结。同年 11 月，尤卢将"自治共和国"的总理改为总统，但共同体的联邦性质决定了"自治共和国"的外交、国防、财政大权仍操纵在法国手中。

这一结果是刚果人民绝对不能接受的，刚果人民继续为独立而斗争。1959 年 11 月，戴高乐不得不宣布"法兰西共同体对所有成员国来说是实际上的独立和有保障的合作"。1960 年 5 月，法国国民议会再度修改宪法，规定共同体成员可以通过协商途径成为独立国家，独立后仍留在共同体内，此后的共同体将改称"革新共同体"。针对刚果的动荡形势，法国政府于 1960 年 7 月宣布"给予"刚果独立，但规定刚果仍留在"调整"后的"法兰西共同体"内。8 月 14 日，在刚果与法国缔结了一系列合作协议后，双方同意刚果次日宣布独立。

四　独立后先多元分权后一党集权的政治体制

1960 年 8 月 15 日，刚果共和国宣告成立，亦称刚果（布）。这是该国国体与政体的重大转折。尽管独立有许多缺陷，但是如果与独立前的殖民地政治状态相比仍是历史性的飞跃。首先，刚果（布）有了国家主权，有了国际地位，成为联合国的成员。而过去的刚果（布）作为殖民地不是国际法主体，不能享有一个主权国家的权利，外交由宗主国代表和支配。独立初期，虽然尤卢政府与原殖民主义者有千丝万缕的联系，是当时保守势力的代表，政治体制在许多方面是殖民统治后期政治体制的延续，但是他的党团毕竟是民族主义政党，不能不代表民族的利益，反映本国民族资产阶级和民族知识分子的要求。尽管他更倾向于右翼阶层和本部族的利益，但是与原来的以总督为核心的殖民地政府有根本差别。值得注意的是，刚果（布）政治体制不再是宗主国政治体制的组成部分，而是要逐步非洲化，成为完全为刚果（布）人民服务的独立和完整的政治体制，特别是一些重要部门不再由法国人掌管，这是质的变化。

1. 独立初期的多元分权政治

殖民时期的宪法规定，立法、司法、行政三权分立，总统可兼任总理，这种体制在独立后继续沿用。接过政权的尤卢一方面想大权独揽，另一方面也不得不按规定实行分权，实行多党制。1961 年 1 月 11 日，他依此原则改组了内阁。1961 年 3 月 2 日，国民议会通过独立后的第一部共和国宪法。宪法宣布，刚果（布）将忠于 1789 年的《人权宣言》和 1948年的《世界人权宣言》，反对任何形式的种族歧视，呼吁世界各国合作以实现和平、正义、自由、平等、博爱和团结的理想。该部宪法确立了总统制。

宪法第一篇规定：刚果共和国享有独立和主权，是不可分割的、民主的和造福社会的国家。共和国以法律制裁任何有种族偏见或地方主义的宣传，制裁任何形式的种族歧视。法语是共和国正式语言。主权属于人民，人民通过直接的、秘密的普选推选代表和通过公民投票行使主权。宪法第二篇规定了国家的体制：共和国总统是国家元首兼政府首脑，由直接普选产生，任期 5 年，可以连选连任。总统由一名由其选择的副总统协助。在总统职位空缺、总统任期还剩下不到一年时，副总统可代理总统职务。总统领导国家的政治，总揽行政大权，兼任政府首脑，任命政府官员并有权罢免之，政府成员只对总统负责。总统颁布议会通过的法律，也可将法案退回议会重议。总统可通过公民投票的办法直接征询民意。总统执行法律并有权制定法令，并任武装部队总司令。在非常时期，总统有权根据形势的需要采取任何措施。第三篇是关于国民议会的规定。第四篇是关于最高法院的职能。最高法院有权审查选举的合法性，审查各项法律是否符合宪法。第七篇是保证司法机关独立的规定，如法官是终身职务等。第八篇规定设立议员组成的高级法院，如果总统犯有叛国罪，议会有权处置。第九篇规定设立经济社会委员会。第十篇对地方组织制度做了说明。第十一篇是关于外交活动的规定，独立的共和国有权与其他国家签订合作的协议。该宪法是一部典型的总统制宪法，规定：立法与行政分立；总统直接由人民选举，不向议会负责，在法律上和事实上都拥有很大的权力。它的颁布确立了刚果（布）的政治结构。

1961 年 3 月 26 日，刚果（布）按此宪法进行总统选举，90% 以上的选民参加了投票，唯一的候选人尤卢以 97.53% 的有效得票率当选共和国总统。但尤卢不满足于此，他希望有更多的专权，想改变多党制为一党制。1963 年 4 月 16 日，他强迫国民议会通过单一政党法，要将一切政党都归并到自己的党内。7 月，他宣布取消各政党，招致反对党强烈不满，从而导致"八月革命"的发生。尤卢政府被推翻，曾任议长、计划和装备部长的马桑巴－代巴上台执政。

2. 一党集权政治体制的建立

"八月革命"的发动者反对尤卢的单一政党法，反对他借此独揽大权，排除异己，实行不得人心的内外政策。但是，他们对于一党制本身并不反感，相反认为建立以革命政党为核心的新政权，更有助于国家的发展和民族的统一。所以，"八月革命"后，9 月 11 日颁布《临时宪法》，建立临时政府，接着制定新宪法和策划新的国民议会选举。马桑巴－代巴宣布成立一个委员会草拟新宪法和协商拟定的候选人名单，尽量按照单一政党的政治体制进行规划。1963 年 11 月公布了新的宪法草案，并展开了关于新宪法的宣传运动。新宪法草案规定，国民议会议员由人民选举。议会在每年 5 月和 11 月举行两次例行会议，行使最高立法权力。总统由国民议会议员、"全国革命运动委员会"成员及各省、各县的委员会成员共同

选出，总统提名总理组成政府。新宪法草案规定：保障男女权利平等；人民享有出版、从事政治活动和组织工会的自由；种族歧视、部落纠纷不受法律保护。新宪法草案特别指出，在"八月革命"中成立的"全国革命运动委员会"处于领导地位，它的职责是制定国家的总政策和领导符合全国人民利益的各项活动。"全国革命运动委员会"是新建政党的雏形，是一个以革命派为核心的统一战线机构。

1963 年 12 月 8 日，刚果（布）举行新宪法公民投票，在参加公民投票的 494279 人中，有 419893 人投赞成票，67825 人投反对票，另外有6561 张弃权票，投赞成票的占参加投票总人数的 85%。经全国公民投票正式通过了共和国第二部宪法——《1963 年宪法》。该宪法规定国家元首为总统，由国民议会议员，省、县、市委员会委员共同选举产生，任期 5年。总统有任免总理、各部部长之权。如果在 18 个月内发生两次内阁危机，总统在同总理和议长协商后，可以解散议会。12 月 19 日，最高法院主持了共和国总统选举，"全国革命运动委员会"提出的总统候选人马桑巴－代巴当选。12 月 24 日，由马桑巴－代巴提名，组成了以帕斯卡尔·利苏巴为总理的政府。

1964 年 5 月，利苏巴总理公开提出要建立单一政党作为领导力量的核心和动员群众力量的杠杆。同年 7 月 20 日，议会通过《单一政党法》。"全国革命运动委员会"正式召开成立大会，"全国革命运动委员会"正式成为全国性政党，总统马桑巴－代巴兼任总书记。1965 年 12 月 31 日，"全国革命运动委员会"公布新章程，它改变了 1961 年的宪法的原则规定，强调该党章程具有超宪法的性质，并对此前 1961 年的宪法进行了补充。其中第 8 条规定："政党领导全国的事务，政党发挥构想和领导的权力；政府行使行政权；国民议会行使立法权"。总之，在"全国革命运动委员会"领导下的一党集权政治体制得以确立。

3. 一党政体的强化

刚果（布）左翼势力要求实行激进的内外政策，他们对马桑巴－代巴向政府中的右翼势力妥协十分不满，于是发生了 1968 年的"七·三一运动"。马桑巴－代巴政府成员被迫辞职或引退，以马利安·恩古瓦比为首的"全国

革命运动委员会"接管政权，政府的名义元首是阿尔弗雷德·拉乌尔。"8月
5日法令"和"8月14日基本法"确立了"全国革命运动委员会"的最高领
导地位。1969年1月1日，刚果（布）公布的《基本法》取代了"8月5日
法令"，又确立"全国革命运动委员会"的主席为国家元首。

　　1969年12月31日，刚果（布）劳动党正式成立，取代了"全国革
命运动委员会"，成为国家和社会活动的领导力量，恩古瓦比担任党主
席。党的大会制定了共和国第三部宪法——《1969年宪法》，刚果（布）
劳动党的崇高地位得到确认。新宪法规定，国家主权来自人民和属于人
民，国家最高权力通过唯一的人民政党——刚果（布）劳动党得到实现。
公民可以在党外表达意见，各地区、各市镇的代表机构直接普选产生，这
些机构中的人民代表对党负责。宪法还规定，刚果（布）的国名为"刚
果人民共和国"，这是非洲产生的第一个人民共和国。劳动党的主席同时
也是总统，由党的代表大会选举产生，任期5年。国家委员会是共和国的
行政机关，它由共和国总统、副总统（由中央委员会提名任命）、若干名
部长和国务秘书［由副总统提名，在征询刚果（布）劳动党政治局意见
后，由总统任命］组成。国家委员会对重大问题提出意见并对总统负责，
在征询党的意见后，总统可以解除一些成员的职务。

　　在《1969年宪法》中，没有设立国民议会，立法权由共和国总统行
使，通过在劳动党政治局和国家委员会扩大会议上颁布法律文件来实现。
同时，宪法的修改由刚果（布）劳动党提出。这一规定标志着它与传统
意义上的宪法相比发生了根本变化。一党制既符合非洲传统，又有助于弥
合分歧，使全体人民同心协力共建国家。"七·三一运动"后，军政权宣
布解散和取消原有一切政党，自上而下地建立单一政党，实行一党制。宪
法中规定，劳动党为国家唯一执政党，党是至高无上的，是政权的核心，
高于国家。党领导和决定一切，政府只是党的办事机构。党的领袖也是武
装部队总司令，高度集权体制形成。随着集权体制的建立，新领导阶层的
派系斗争和权力争夺日益激化，1972年2月发生了前政治局委员、人民
军第一政委迪亚瓦拉发动的政变，恩古瓦比再次修订宪法。

　　1973年7月12日，刚果（布）通过了第四部宪法——《1973年宪

法》，该宪法继续强调《1969年宪法》的基本原则，进一步规定拥有主权和独立的刚果（布）是人民的、统一的、不可分割的、世俗的共和国，一切权力来自人民和属于人民，它通过唯一的政党——刚果（布）劳动党在各级公共权力中得到体现，刚果（布）劳动党是国家政治和社会行动的最高领导。人民群众通过人民议会建立起来的各级代表机构行使权力。从县和市镇人民委员会、地区人民委员会到全国人民委员会均通过自由选举产生。国家权力的各个代表机构由国民直接、公平和匿名投票选出。在所有的国家权力机关中，人民代表都对党的各级机关负责。

刚果（布）劳动党主席即共和国的国家元首，象征着国家的统一，对宪法是否得到遵守和公共权力是否正常运行进行监督。共和国的总统通过选举产生，任期5年。总统根据党的中央委员会的决定任命和解除总理职权。刚果（布）劳动党中央委员会主席、共和国总统、国家委员会主席为最高统帅，有权任命文职和军职官员。议会为全国人民议会，其成员是在全国候选人名单基础上选举产生的，拥有代表的称号，任期5年。党的中央委员会确定全国人民议会候选人名单。国家委员会是刚果人民共和国最高行政机关，它包括共和国总统、劳动党政治局成员、全国人大领导机构成员和总理。其职权如下：对共和国的大政方针做出决定，与外国签订协议，制定经济、社会发展计划和国家预算，向全国人民议会提交法律提案；宣布戒严和紧急状态。部长委员会是刚果人民共和国最高行政管理机关，负责法律和国家委员会赋予的各种政治、经济、社会和文化任务的执行，它拥有规章制定权。部长委员会包括总理、政府首脑、部长委员会主席和各部部长。总理领导、协调和监督各个部长的工作，对共和国总统、国家委员会主席负责，各部部长对总理负责。人民委员会是各市镇、县、地区的国家权力机关。

1977年3月恩古瓦比遇刺身亡后，他的表兄弟、人民军参谋长雍比－奥庞戈组成最高军事委员会，接管最高权力。4月5日，军事委员会颁布《基本法》，废除了《1973年宪法》，宣布最高政治机构为刚果（布）劳动党军事委员会。该《基本法》规定：主权属于人民；通过唯一的政党——刚果（布）劳动党任命国家领导人；实施一切公共权力。刚果（布）劳动党通过其军事委员会，制定国家的政策。军事委员会的任务是保证革命的继续及国家权力的延续。该委员会指导并监督单一政党领导国家，直至新的机构建立。军事委员会主席既是唯一政党的领导人，也是国家的领导人，由军事委员会任命，行使国家元首及单一政党领导人的职能。作为国家元首，军事委员会主席在国务活动的各个领域中既行使立法权，也行使行政管理权。军事委员会主席参与政府的组成，根据军事委员会建议，任命总理和各部部长。《基本法》规定，凡不与《基本法》相抵触的现行法律、条令和规章，在没有修改或废除之前，均继续有效。雍比为清除异己，处决了前总统马桑巴-代巴，此举引起普遍不满。加之其政绩不佳，1979 年 2 月，他被刚果（布）劳动党中央委员会罢免，副主席兼国防部长萨苏接替其职务。

1979 年 7 月 8 日，全国公民投票通过了第五部宪法——《1979 年宪法》。该宪法规定，国家最高权力属于人民，人民通过唯一政党——刚果（布）劳动党行使权力，同时还可以通过各级人民委员会行使权力。国家实行党政合一体制，刚果（布）劳动党代表大会产生党的主席，他是共和国总统、国家元首、部长会议主席。部长会议是行政最高权力机关。宪法规定总理是政府首脑，负责领导、协调和监督各部门行使职能。

1984 年，刚果（布）又重新对宪法进行修订。宪法规定：总理在总统领导下协调和监督各部门工作，对总统负责，并向总统汇报工作；国家实行计划经济，依靠国营企业和合作社对私人企业实行全面监督；全体公民在法律面前一律平等，公民享有言论、出版、结社、集会、游行和宗教信仰的自由；妇女在政治、经济、社会各方面享有与男子同等的权利；年满 18 周岁的公民必须参加选举并享有被选举权；公民有遵纪守法、保卫祖国、服兵役及纳税等多项社会义务；国家监察和司法机构由最高法院、审计院、上诉法院、各级地方人民法庭及军事法庭、监督院组成。

五 向多元化民主共和国过渡的政治体制

1. 恢复多党制的民主化浪潮

1990 年 6 月 29 日至 7 月 4 日，刚果（布）劳动党召开了四届二中全会。此次会议是在苏联和东欧形势剧变及非洲掀起多党制民主化浪潮的形势下召开的。会议做出了实行根本变革的重大决定：劳动党将向社会所有阶层开放，成为一个全民党；实行党政分离，宪法中不再规定党的领导作用，限期实现多党制。但是，150名官员和知识分子向总统递交了请愿书，要求立即实行多党制，举行全国协商会议，修改宪法。9月，刚果（布）工会联合会召开第八次全国代表大会，会议一致通过工会独立宣言，并拒绝接受刚果（布）劳动党提出的工会联合会领导人候选人名单，刚果（布）劳动党主席萨苏大怒，下令中止大会。大会主席团立刻做出反应，决定在全国举行无限期罢工，要求总统下台。随后，经与劳动党中央政治局会谈，大会主席团决定停止罢工，刚果（布）劳动党则同意工会联合会第八次全国代表大会复会并接受其通过的各项决议和声明，实行自我变革。

12月6日，全国人民议会经过激烈的辩论通过了宪法修正案。宪法修正案允许实行多党制，全国人民议会有弹劾权，总统有解散议会权。8日，萨苏总统签署法令予以颁布执行，从此刚果（布）劳动党从法律上失去了在国家政治生活中的领导地位，刚果（布）正式开始了多党民主制的进程。宪法修正案第128条规定，共和国总统的选举将在现任总统任期结束时进行，明确了萨苏任期直至1994年7月期满为止。有关总统任期的条文公布后立即遭到反对派的抨击。10个反对党发表联合声明，称议会强行通过此条文是把刚果（布）劳动党的意志强加于全体公民，有的反对党负责人称议会此举违宪。

刚果（布）电台、电视台特邀政府司法部长、议会中的两派和刚果（布）律师委员会主席姆贝里进行公开辩论。当事双方各持己见、互不相让，最后由姆贝里裁定全国议会审议并通过的宪法修正案不是延长总统任期，它符合法律规定，这一争论暂告一段落。但是反对派内部仍然存有分歧：有的主张萨苏再任两年以利于完成国家政体的转变；有的坚决要求萨苏下台，主张萨苏的地位应在此后的全国协商会议上再讨论决定。12月27日晚，议会经过两天公开的辩论一致通过了《政党法》，它允许所有年满25岁的公民组建政党，政党创建人必须来自5个不同地区，从而为多党制和多元政治的建立奠定了法律基础。

1991 年新年前夕，萨苏总统在新年贺词中明确宣布将于 2 月 25 日召开全国协商会议。1 月 2 日，26 个反对党发表联合声明，坚持 1 月 31 日之前召开全国协商会议，并否定议会通过的《政党法》。在成立临时政府的问题上，萨苏根据修改后的宪法有关条例，决定于 1 月上旬成立一个由总理领导的、开放的民族团结过渡政府。但是，26 个反对党在共同声明中宣布不参加过渡政府，坚持过渡政府必须产生于全国会议。1 月 8 日，萨苏邀请原立宪委员会主席、前总理路易·西尔万·戈马（Louis Sylvain Goma）将军组建临时政府。

2 月 25 日，刚果（布）全国协商会议如期在布拉柴维尔召开，反对派在会上占绝大多数，其中主要有让 – 米歇尔·博坎巴·扬古马（Jean-Michel Bokamba Yangouma）为首的工会，原尤卢党人组成的刚果民主与全国发展运动，利苏巴领导的泛非社会民主联盟，雍比领导的民主与发展同盟等，它们向萨苏政府发难。6 月 10 日，会议最后通过过渡时期宪法——《根本法》。在全民投票通过新宪法之前，《根本法》为国家临时宪法。《根本法》规定：刚果（布）是统一、多元化的民主共和国；国家主权属于人民；最高委员会是过渡期最高权力机关；总统是国家元首，代表并象征国家；总理是过渡政府和军队首脑；恢复"刚果共和国"的名称，更改国旗、国歌；解散现存的一切国家机器，由大会主席团主席孔博主教出任最高委员会主席。会议还选举了安德烈·米隆戈为过渡政府总理。《根本法》赋予总理行政管理权，总理既是政府首脑也是武装部队总司令。萨苏仅保留了国家元首的名义和部分对外荣誉职能，成为一个挂名总统。为期 3 个多月的全国协商会议，耗资高达 35 亿中非法郎，政客们和不同利益集团激烈角逐，使原本拮据的国家财政雪上加霜，结果是社会动荡、工厂停工、出口萎缩。

1992 年 3 月 15 日，刚果（布）进行新宪法全民公投，赞成票占有效票的 96.32%。《1992 年宪法》顺利通过，这也是刚果（布）历史上第六部宪法。宪法规定：国家主权属于人民；实行立法、司法、行政三权分立和半总统、半议会制政体；共和国总统由直接普选产生，是国家元首和军队最高统帅，监督宪法的执行和行政机构的正常运转；总统有权任命或解

除由议会多数派产生的总理及其内阁成员的职务，主持内阁会议；总统有权在征询总理和国民议会议长意见后解散国民议会；总理为政府首脑，领导政府的工作并保证法律的执行。

1992 年 5 月 3 日，刚果（布）举行地区和市镇立法选举，这是多党制后第一次多党之间的竞争较量。利苏巴的泛非社会民主联盟和科莱拉斯的刚果民主与全国发展运动出人意料地击败刚果（布）劳动党分列第一、第二位，而刚果（布）劳动党则退居第三位。6 月 24 日，刚果（布）举行第一轮多党制全国立法议会选举，参加竞选的 115 个政党和团体中有 19 个赢得了席位，泛非社会民主联盟名列榜首，刚果民主与全国发展运动位居第二，而刚果（布）劳动党失利并要求取消选举结果。7 月 19 日，举行第二轮多党制全国立法议会选举，结果与上轮相同，劳动党仍排第三位，而且比上轮还少一席。7 月 26 日，间接选举参议院，排前两名者仍为泛非社会民主联盟、刚果民主与全国发展运动，劳动党仅获两席，降至第六位。

8 月 2 日和 16 日，刚果（布）举行两轮总统自由选举，共有 18 名候选人参加角逐。第一轮选举结果的排名是：第一名利苏巴，得票率为35.89%；第二名科莱拉斯，得票率为 20.32%；第三名萨苏，得票率为16.87%；第四名米隆戈，得票率为 10.18%；第五名契卡亚，得票率为5.78%；第六名雍比，得票率为 3.49%；其他人得票率均少于 3%。8 月31 日，参加第二轮选举的选民比第一轮多，利苏巴以 61.32% 的多数票当选刚果（布）总统。9 月 1 日，邦戈·努瓦拉被任命为总理。9 月 8 日，泛非社会民主联盟与刚果（布）劳动党组成议会多数派，共同执政。

2. 多党制体制确立后的政局动荡

新政府成立不到两个月便发生政治危机。刚果（布）劳动党以泛非社会民主联盟未按两党协议分配部长席位和支持其候选人竞选议长而退出多数派，他们同议会第二大党——科莱拉斯领导的刚果民主与全国发展运动结成新的议会多数派，以反对派的名义与总统派对抗。议会党团的重新组合使总统派处于劣势，反对派利用人数的优势于 1992 年 10 月 31 日通过了对政府的弹劾案，使成立仅 52 天的新政府失去法律基础。此后，利苏巴总统同议会新多数派进行谈判，提议改组内阁，让多数派入阁，重组以努瓦拉总理为首的政府。这一建议遭到拒绝后，双方再次谈判，但未能达成协议。为此，利苏巴于 11 月 17 日解散议会，宣布提前举行立法选举，并要求努瓦拉政府留任。此举激怒了反对派，他们立刻发动了一场"死城"运动，在首都多处设置路障。11 月 30 日，反对派在示威中遭到不明身份的人的枪击，当场死 3 人，伤几十人。流血事件使局势顿时紧张起来，连军队都发出通告，要求两派达成解决危机的办法。军队的干预和加蓬总统的调解使两派重新谈判。经过协商与妥协，12 月 5 日利苏巴任命独立人士克洛德·安托万·达科斯塔为政府总理。12 月 25 日，新政府成立，其主要任务是组织提前举行的全国立法选举，选举定在 1992 年 12 月 30 日举行。然而选举并没有按期举行。1993 年 3 月，利苏巴主持内阁会议，决定再次推迟全国立法选举，定于 1993 年 5 月 22 日进行。

1993 年 5 月，在重新举行的第一轮选举中，利苏巴派仍占多数议席，反对派又以选举有舞弊行为为由拒绝参加拟于 6 月举行的第二轮选举，并发动了声势浩大的"不服从运动"，从而导致严重的选举危机和流血冲突。6 月 23 日，利苏巴派则单方面召开新议会会议，决定由米隆戈出任议长、雍比担任总理，并在首都实行宵禁。会议还改组了军队，重新任命地方官员以加强统治。反对派联盟针锋相对，也成立了自己的议会和政府。刚果（布）形成两个政权并存、互相争夺的局面。

1993 年 7 月 16 日，反对派在布拉柴维尔举行示威，要求总理雍比辞职，并指责利苏巴无视最高法院对在议会选举中已查明的违法行为做出的判决。支持反对派的示威群众与治安部队发生冲突，导致 10 名平民死亡，全国进入紧急状态。8 月 4 日，经非洲统一组织、欧共体、加蓬总统邦戈及非洲国家的调解，两派最后达成和解协议。1993 年 10 月举行第二轮议会选举，总统派获多数席位。反对派对选举的有效性提出质疑，首都布拉柴维尔局势又重新紧张。11 月和 12 月，双方再次在布拉柴维尔发生流血冲突，造成 200 多人死亡。1994 年 1 月初，政府采取强硬措施，封锁了反对派在布拉柴维尔的据点——巴刚果区，禁止食品、药品和其他重要供应品进入，并禁止该区居民离开，双方冲突再起。1 月 31 日，国际仲裁团利伯维尔会议做出调整刚果（布）议席的裁决，但是反对派不承认，两派民兵冲突再起，战乱不时发生，造成两千多人死亡、数万居民背井离乡的惨剧。

随后，总统派设法分化反对派。1994 年 7 月 6 日，利苏巴总统支持反对派刚果民主与全面发展运动领导人科莱拉斯当选布拉柴维尔市长，科莱拉斯公开宣布与政府和解。1995 年 1 月，雍比宣布组成开放政府，刚果民主与全面发展运动有 4 人出任部长。与此同时，总统派中的一些议员因对新政府的部族构成不满，要离开总统派。12 月 24 日，总统派与反对派在利苏巴的主持下签署了旨在结束国内动乱的和平协议。根据协议，双方将于 30 日内共同解除所有民兵组织和私人武装，并将这些民兵并入宪兵和警备部队，双方代表在签字仪式上表示将继续通过对话解决分歧。1996 年 5 月，利苏巴宣布将于 1997 年 7 ~ 8 月举行总统选举。

利苏巴稳定局势之后，开始实行私有化政策，导致失业人口激增，国民不满情绪高涨，反对派借此向利苏巴发难，围绕 1997 年 7 月即将举行的总统选举冲突再起。1997 年上半年不断发生军队和民兵叛乱事件。利苏巴总统任期于 1997 年 8 月 31 日结束。他虽公开表示下届总统选出后就交出权力，但是暗中一直在谋求连任。萨苏不仅坚决反对利苏巴连任，而且要求利苏巴按期离任，并试图通过参选重新执掌总统权柄。随着总统任期结束日期的临近，利苏巴企图凭借军事力量一举消灭萨苏武装，达到延长其总统任期的目的。而被迫交权的萨苏看到当年的老朋友克雷库 1996 年通过选举在贝宁重新执政备受鼓舞，于是，他在流亡法国一年多后，于 1997 年 1 月 26 日又回到刚果（布），组建扩充自己的私人民兵武装，等待利苏巴于当年 8 月 31 日总统任期结束后在下届总统大选中东山再起。利苏巴惧怕刚果（布）劳动党再次壮大，1997 年 6 月 5 日，他以追究萨苏两个保镖在 5 月 10 日流血事件中的法律责任为由，派兵包围萨苏的私宅并开枪射击，刚果（布）内战的序幕由此拉开。

1997 年 6 月 5 日凌晨，利苏巴先发制人，派政府军向萨苏的居所兼总部所在地发动袭击，企图一举解除萨苏的私人武装。孰料拥有 5000 余人的萨苏私人部队武器精良、士气旺盛，先后占领了包括电台、电视台、装甲兵和海军司令部在内的首都部分地区，政府军节节败退，随后战斗又蔓延到首都之外地区，萨苏私人武装与政府军形成对峙态势。双方冲突造成 4000 余人丧生，数万人逃往邻国。

刚果（布）的内战冲突影响了非洲中西部乃至整个非洲地区的和平与稳定。为平息内战，1997 年 6 月 16 日，以加蓬总统邦戈为首的刚果危机国际调解委员会竭力斡旋，促使双方直接接触。7 月 3 日，联合国支持的由 1000 多人组成的多国部队到达布拉柴维尔，利苏巴总统和前总统萨苏于 8 月 4 日重新谈判，相互做出了让步，接受了调解委员会提出的方案。双方宣布停火，推迟总统选举，多国维和部队进驻首都以监督停火。

刚果（布）冲突双方一度停火，这是非洲统一组织和多国劝和促谈的结果。加蓬、马里、乍得、中非、赤道几内亚和喀麦隆等国组成的刚果（布）危机国际调解委员会进行了卓有成效的工作，特别是加蓬的邦戈总统亲赴刚果（布）斡旋，有力地推动了和解进程。

然而，双方的冲突并没有停止。8 月 8 日，政府军同前总统萨苏的私人武装激战 4 小时，双方不久前达成的协议成为一纸空文，一度显露出来的和平曙光又被战争阴云遮住。北部地区的战斗更加激烈，萨苏私人武装占领韦索。8 月 26 日，政府军出动武装直升机轰炸萨苏私人武装控制区内的重要目标，萨苏私人武装也用火箭炮、迫击炮和重型自动武器还击，内战呈现升级和蔓延之势。9 月 10 日，萨苏的支持者控制了北部和中部。9 月 14 日，非洲 9 个国家的代表举行首脑会议，为平息刚果（布）的内战做最后一次努力，但是仍然没有成效。双方武装冲突更加激烈，邻国安哥拉宣布出兵刚果（布），支持萨苏私人武装。

刚果（布）内战的爆发和扩大，既有国内部族矛盾和权力之争的原因，也有周边邻国及法、美大国争夺利益的因素。安哥拉政府出兵刚果（布）也是出于自身国家利益考虑。安哥拉的卡宾达省石油产量占安哥拉的 2/3，该地区位于刚果（布）和刚果（金）之间，安哥拉支持刚果（金）的卡比拉推翻蒙博托政权后，卡宾达省的解放组织失去了蒙博托政权提供的基地，只能在刚果（布）进行活动。另外，黑角是安哥拉政府军的对立面安盟的燃料提供基地之一，因此安哥拉政府并不忌讳出兵刚果（布）。此前，刚果（金）总统卡比拉联合卢旺达总统、乌干达总统，与非洲统一组织主席穆加贝协商，由刚果（金）牵头组建非洲隔离部队，力促刚果（布）恢复和平。这一倡议既有平息刚果（布）冲突以缓解对刚果（金）安全威胁的考虑，也有借和谈陷入僵局之机，插手刚果（布）危机，将刚果（布）纳入本地区的安全框架内，扩大自身影响的考虑，此举不仅起到了削弱法国主导地位的作用，同时也有利于美国插手并进一步发挥影响。在萨苏统治时期，他把深水采油特许权给了法国公司，而利苏巴则倾向于让美国公司加入竞争。在向刚果（布）派遣联合国维和部队问题上，法美为争夺主导地位也一直存在摩擦与针锋相对的斗争。法国暗中支持萨苏派，美国则支持利苏巴派。

1997 年 10 月，萨苏的武装力量在布拉柴维尔向利苏巴军队控制的阵地发动总进攻。10 月 15 日，萨苏的武装攻占黑角港，美国看到萨苏必将战胜利苏巴，便要求新政权一定要举行自由选举和组成文人政府，联合国安理会也呼吁外国军队立即撤出刚果（布），要求萨苏组织选举，建立民族团结政府。

3. 多党民主政体的调整

1997 年 10 月，萨苏的武装力量基本控制了刚果（布）的局势。1997 年 10 月 25 日，萨苏再次出任总统，利苏巴流亡国外。萨苏总统签署《过渡期基本法》，即刚果（布）历史上的第七部宪法。该法规定：共和国总统是国家元首、内阁会议主席、政府首脑和军队最高统帅；总统负责制定国家总政策，任命内阁成员和军队负责人，有权召集议会例行会议和特别会议；过渡期内，过渡议会不能解散，政府不受弹劾。11 月 2 日，萨苏组成了民族团结和公共拯救政府。1998 年 1 月，泛非社会民主联盟、刚果民主与全面发展运动、民主与社会进步联盟等参加"全国和解、团结、民主和重建论坛"，各党派及各界人士 1400 余名代表参加。"论坛"全面否定了利苏巴政权，决定在刚果（布）继续实行多元化民主；反对部族主义，重建部族间的信任和团结；确立总统制政体，将总统任期由 5 年改为 7 年；确定 3 年过渡期后举行总统大选。

"论坛"选举产生"过渡时期全国委员会"作为临时议会。政府在全国范围内展开"和平鸽"行动，解散私人武装，整顿社会治安。1998 年

4月，前总统利苏巴的民兵在其家乡布恩扎省穆永兹市与警察发生冲突，布恩扎水电站一度被利苏巴的民兵控制。8月，前总理科莱拉斯的家乡普尔省爆发骚乱。1998年底和1999年初，科莱拉斯派反政府武装在首都布拉柴维尔及附近地区频频向政府军发动进攻，先后两度攻入首都南部。利苏巴派民兵也在南方的布恩扎、莱库穆、尼阿里三省制造骚乱，并一度攻占部分市镇，但是政府军很快控制了局势，这期间成千上万的难民逃离故土。

　　1999年1月12日，萨苏组成了新政府以稳定局势，并及时调整政策，将重点由军事打击转为推动对话与和解。11月16日，刚果（布）政府与反对萨苏政权的反叛武装在黑角签署了结束敌对状态的协议。12月29日，几个民兵组织首领也接受了停火协议。但是，各种政治势力与民兵组织的相互依赖仍使刚果（布）存在动荡隐患，因为只有萨苏的私人武装编入了正规军队，而其他民兵组织有待实行非军事化改革。2000年，刚果（布）民族和解进程不断取得进展，2月，刚果（布）宣布成立共和国停火停战协议后续委员会，大批武装民兵放下武器，走出森林，并得到妥善安置。11月5日，萨苏政府通过一部宪法草案，该宪法草案1999年由政府指定的专家委员会起草，并于2002年1月20日举行全民公决投票。根据政府公布的数字，84.26%的选民投了赞成票，刚果（布）历史上的第八部宪法获得通过。新宪法规定，国家主权属于人民，刚果（布）实行总统制，修改了《1992年宪法》规定的半总统制，总统任期7年，可连任一次。议会由两院组成，即国民议会和参议院。为了保证政治稳定，宪法没有授予共和国总统解散议会的权力，议会也不能弹劾总统。总统和议员共同拥有立法创议权。新宪法规定共和国总统兼任政府首脑和军队最高统帅，主持部长会议，任免部长，部长只对总统负责。取消了"社会职业团体国家理事会"，代之以"经济和社会理事会"，原"信息和通信高级理事会"由"通信自由理事会"代替。刚果（布）的局势趋于稳定。3月10日，刚果（布）举行总统选举，萨苏再次当选。8月，刚果（布）结束过渡期，萨苏正式就任总统。

　　刚果（布）2002年宪法规定总统候选人不得超过70岁，且任期不超过两届。2015年，刚果（布）政府决定重新修改宪法。修宪方认为，现行宪法出台有其历史背景，已不适应国家形势发展的需要；而反对方则认为，修宪实质上是为总统萨苏寻求连任扫清障碍。为此，刚果（布）政府在全国进行民意调查，建立政治对话机制，要求各政治团体、公民组织等相互尊重并自由表达观点，以争取达成政治共识。

2015 年 10 月 25 日，刚果（布）举行全民公投并通过新宪法，这是刚果（布）历史上第九部宪法。宪法规定：国家主权属于人民；共和国总统为国家元首和军队最高统帅，主持部长会议；总理为政府首脑，由总统任命；总统由直接普选产生，30 岁以上的刚果人均可参选，任期 5 年，可连选连任两次；议会由国民议会和参议院组成，总统与议员共同拥有立法创议权；总统可以解散议会，议会可以弹劾政府；总统职位空缺期间，由参议院议长代行总统之职。

第三节　政府机构的演变

一　刚果民族独立初期的政府机构

1. 尤卢政府机构

刚果共和国的第一届政府是以富尔贝·尤卢为首的政府。由于独立的刚果（布）是从"法兰西共同体"内的"自治共和国"转化而来，因此尤卢政府机构的形成不是在独立后而是在独立之前。尤卢曾于 1958 年 11 月和 1959 年 7 月两次组阁，其原则是根据"法兰西共同体"的若干规定和刚果"自治共和国"通过的宪法实行总理制。总理人选由议会决定，出自议会中席位最多的集团或政党，任期与议会相同。当议会改选时，总理也可以换人。由总理任免部长和政府官员，总理任满时，部长也离职。内阁制定和执行国家各项政策法令，统领各部和各级行政与警察机构。内阁由 10~11 人组成，设有内政部、国务部、财政部、农牧林业部、工业生产劳动部、公共卫生部、民政事务部、新闻部及国务秘书处。有 3 位法国人在内阁中任职：财政部长约塞夫·维亚尔（Joseph Vial），是中央刚果同盟的创始人，尤卢党派欧洲籍党员；农牧部长亨利·布律（Henri

Bru），中央刚果同盟成员；新闻部长克里斯蒂昂·热尔（Christian Jayle），中央刚果同盟成员。在其他 7 位部长职位中，尤卢的保卫非洲利益民主联盟占有 4 个，该党的 2 号人物斯特凡·契切勒（Stephane Tchitchelle）在内阁中任副总理兼内政部长。作为反对党的非洲"社会主义运动"成员阿尔贝·富尔韦尔（Albert Fourvelle）被邀请任国务部长，伊诺桑·奥迪西（Innocent Odiey）被邀请任民政事务部长，后来他们因政治立场转变被开除出党。萨米埃尔·松博（Samuel Sonbo）是非洲劳工总联合会领导人，也是刚果青年联盟领导人，尤卢第一次组阁时邀其任民政事务部长，以示多党民主原则；第二次组阁时，当两位非洲"社会主义运动"人士同意入阁后，他便将民政事务部长职位换成自己党派的党员担任。尤卢还在 1959 年 11 月将总理制改为总统制。

刚果（布）宣布独立后，尤卢总统于 1961 年 1 月 11 日改组政府，他除了担任总统外还兼任总理、国防部长和内政部长。他的副手斯特凡·契切勒除担任副总统外还兼任第一副总理、外交部长。尤卢还吸收反对派人士参加政府，邀请非洲"社会主义运动"的领导人雅克·奥庞戈（Jacques Opangault）任国务部长及第二副总理兼司法部长，随后又任副总统兼公共工程部长。他邀请刚果进步党创始人让－菲利克斯·契卡亚（Jean-Félix Tchicaya）入阁，但后者因健康原因未履职。他指定该党总书记比库马（Bicoumat）替代。著名的工会领袖、世界工会联合会理事皮埃尔·基孔加·恩戈特于 1960 年 5 月因共产党身份嫌疑被捕，但第二年被邀请入阁任经济部长。尤卢还撤销了 3 名法国人的部长职务，换上非洲人担任。新闻部长阿波利内尔·巴赞加（Apollinaire Bazinga）为非洲"社会主义运动"党员，财政、计划和装备部长皮埃尔·古腊（Pierre Goura）及农业和畜牧业部长热尔梅·桑巴（Germain Samba）是保卫联盟党员。值得注意的是，1962 年尤卢不再坚持多党制内阁，同年 11 月，奥庞戈被迫辞职就是例证。刚果（布）的多党制政府实际存在时间较短。

2. 马桑巴－代巴政府机构

1963 年"八月革命"后，阿方斯·马桑巴－代巴（Alphonse Massanba-Debat）组成临时政府。按照当年 12 月通过的新宪法，国民议会决定于当年12月24日正式成立新政府，由总统马桑巴－代巴提名，组成了以帕斯卡尔·利苏巴总理为首的政府，成员有：总理兼农业和农村经济部长帕斯卡尔·利苏巴，内政部长热尔曼·比库马（Germain Bicoumat），武装部队部长马桑巴－代巴（兼），外交和新闻部长戴维·夏尔·加纳奥（David Charles Ganao），计划、公共工程和运输部长保罗·卡亚，财政、预算和邮电部长爱德华·埃布卡·巴巴卡斯（Edouard Ebouka Babackas），工商、矿业和民航部长艾梅·马戚卡（Aimè Matska），劳工和民政部长加布里埃尔·贝杜，卫生、教育、社会事务和人口部长伯纳·加利巴（Bernard Galiba），司法部长帕斯卡尔·奥基昂巴。

马桑巴－代巴政府的特点是向一党制政府过渡，虽然政府形式和组成途径与尤卢政府无太大的差异，但本质上却有很大的不同。"八月革命"中建立的"全国革命运动委员会"掌握着国家的最高权力，该委员会改称"全国革命运动"后是事实上的执政党，政府人选和政策的制定都由它首先提出，它凌驾于议会和政府之上。但是，它又不同于一般政党，其中包括左、中、右各派人物，这些派别人物因为反对尤卢而结合在一起，实际上是一个反尤卢的统一战线组织，青年军人和受马列主义影响的青年知识分子在其中处于优势。在该组织领导下的利苏巴政府有统一战线的性质，例如：司法部长帕斯卡尔·奥基昂巴是右派的教徒工会主席；工商、矿业和民航部长艾梅·马戚卡是左派的赤道非洲总工会联合会的副总书记兼刚果青年联盟总书记。

政府中激进派主张反对帝国主义、殖民主义，希望走社会主义道路，另一派以计划、公共工程和运输部长保罗·卡亚和外交和新闻部长戴维·夏尔·加纳奥为首，主张亲西方。两派斗争从政府成立起就存在。1964年10～11月，右派发动攻势，挑动工人罢工闹事，结果与事件有牵连的两名部长帕斯卡尔·奥基昂巴和保罗·卡亚被撤换。1964年10月28日，部分改组后的政府主要成员有：总理兼武装部队部长帕斯卡尔·利苏巴，内政和国务部长热尔曼·比库马，公共卫生、人口、市政、住宅和社会事务国务部长伯纳·加利巴，外交部长戴维·夏尔·加纳奥，财政、预算和计划部长爱德华·埃布卡·巴巴卡斯，公共工程、运输与矿业部长艾梅·马戚卡。

马桑巴－代巴政府通常站在中间立场处理问题，顶替右派部长职位的仍是右派人士。马福瓦接任司法部长一职，布库卢接任教育部长一职。1965 年 3 月，围绕尤卢出国外逃问题，政府内外再起政治风波，闹事者受到一些部长的支持。同年 4 月初，刚果（布）内阁再次改组，3 名右派部长被逮捕，其中有公共卫生部长伯纳·加利巴和新增补的马福瓦与布库卢。左派人士在内阁中的地位得到加强，他们对马桑巴－代巴从中间到右倾的立场日益不满，引发又一次政府变动。

二　刚果人民共和国时期政府机构

1. 恩古瓦比政府机构

1968 年的"七·三一运动"迫使马桑巴－代巴宣布引退，以马利安·恩古瓦比（Marien Ngouabi）为首的"全国革命运动委员会"成为国家最高权力机关。该委员会任命的部长会议成为最高权力机关，负责监督、协调和领导各部和各级政府的工作。恩古瓦比掌权后，没有立即担任国家元首，而是由阿尔弗雷德·拉乌尔（Alfred Raoul）在 9～12 月担任名义上的国家元首。12 月，恩古瓦比正式就任国家元首，拉乌尔改任总理，掌管部长会议。

恩古瓦比政府是一个有着部族背景的军政权。刚果（布）部族繁多，矛盾重重，历来影响着政治派别的斗争。这些部族分为南北两大集团，尤卢政府和马桑巴－代巴政府主要代表的是南方部族集团的利益，而恩古瓦比政府的建立则得益于北方部族的支持。恩古瓦比出生于北方的库尤族，行伍经历使他在军队中颇有势力，正是由于他领导的第一步兵营和第一伞兵营的参与，"七·三一运动"获得成功。"全国革命运动委员会"的不少成员是他的军中同伴，如后来的继承者雍比和萨苏等。

恩古瓦比政府有浓厚的左倾色彩，"七·三一运动"的成功得益于以努马扎莱为首的左派的支持。他们宣称要以马克思、恩格斯的科学社会主义为指导，故在国名中加进"人民"二字，即"刚果人民共和国"，用镶有锄头、斧子、金星的红旗为国旗，用《国际歌》为国歌，以示其政府

的革命性。

　　恩古瓦比政府最主要的变化是完成了向一党制集权的过渡，确立了党政合一的政府体制。1969 年 12 月 31 日，刚果（布）劳动党的正式成立，成为一党制集权确立的标志。由党代表大会选出的党主席就是国家总统和军队的最高统帅，也是国家最高行政机关——国务委员会的主席。政治局委员、全国人民议会主席团委员和总理都是国务委员会成员。宪法和重要的法令、政策由党中央委员会制定，共和国总统根据党中央委员会的意见任命国务委员会副主席和各部委领导人。国务院委员会副主席为阿卢瓦斯·穆迪莱诺 – 马桑戈，公共工程、运输和民航部长为路易·西尔万·戈马，工业、矿业和旅游部长为儒斯坦·勒昆朱（Justin Lekoundzou），文化和艺术、群众教育和体育部长为亨利·洛佩兹（Henri Lopès，1971 年起兼外交部长），财政和预算部长为昂热·爱德华·庞吉（Ange Edouard Poungui）。

　　恩古瓦比对各级地方政府也进行了党政合一的体制改革，声称是建立人民政权的"巴黎公社式的试验"。1973 年 10 月，刚果（布）劳动党中央委员会委员分别担任全国 9 个区和布拉柴维尔市的政治委员，负责领导筹建被称为"人民政权"的新型政府机构，首先建立和扩大各地和各级党的委员会和党支部，然后由各级党组织提名或与各方协商建立各级地方人民委员会及其执行委员会。人民委员会设正副主席和若干秘书，行使地方专员、市长、县长的职能，他们的工作受党组织的监督。省级委员会委员必须由党中央直接任免，村一级的村长由村民选举，取消了传统酋长的职位和权力。1974 年 1 月 31 日，布拉柴维尔市人民委员会的执行委员会正式成立，这被称为"第一个地方人民政权"。随后各地执行委员会相继建立。各地方的专员、县长职位都被人民委员会执行委员会的正副主席取代，唯有市执行委员会主席和副主席仍保留市长和副市长的称呼。

　　2. 雍比与萨苏政府

　　1977 年 3 月 18 日，恩古瓦比遇刺身亡，若阿基姆·雍 – 奥庞戈（Joachim Yuomby-Opango）组建政府。1979 年 2 月，他被劳动党中央委员会罢免，随后由德尼·萨苏 – 恩格索组建政府。他们先后对刚果（布）

行政机构进行了调整，但是军人执政的党政合一的政治体制没有改变，而是得到了强化。

恩古瓦比曾将政府的最高权力集中到刚果（布）劳动党中央委员会和政治局，雍比上台后进行再次集中，将党政大权集中到党内的更小范围，由 11 名军人组成的刚果（布）劳动党军事委员会成为党的最高权力机构，也是国家最高权力机关。下设中央委员会，分监察、组织、宣传和对外关系四个部。雍比任军事委员会主席，萨苏任第一副主席（负责协调党的行动，管理党的监察、组织和宣传三个委员会），西尔万·戈马任第二副主席，另有委员 8 人。

军事委员会主席即国家元首、部长会议主席、武装力量最高统帅和党的最高领导。主席的职权是：任免总理及军队高级领导人；根据总理建议任免部长会议成员；签订和批准国际条约和协议；在紧急情况下，根据军事委员会决定宣布实行紧急状态和戒严。军事委员会第一副主席负责协调党的活动，监督党的监察委员会、组织部、对外关系部和教育、宣传部，并兼任国防部长。第二副主席行使总理、政府首脑的职权，兼任计划部长，负责制定规章制度，执行法律和军事委员会的决定，代表国家元首任命文职人员和军官。取消之前通过选举产生的各个地方行政机关，代之以由党的军事委员会主席任命的机构，即由各地区及县级的 3 名委员和各行政管理处的领导组成的特别委员会代表团，所有代表团成员均从刚果（布）劳动党各地方委员会委员中遴选。刚果（布）政府权力的集中、领导人员的减少导致争权夺利、派系斗争的加剧。1979 年 2 月 8 日，萨苏上台后又对政府机构进行了调整，刚果（布）劳动党军事委员会将全部权力交给党中央委员会，军事委员会从此不复存在。萨苏强调继承恩古瓦比的遗志，对整个政治体制没做大的调整。他注重从实际出发，在"左派团结起来"的口号下进行人事调整，对以往政变如 1972 年"二·二二运动"和 1976 年"三·二四运动"的参加者不仅平反，而且对有的人重新任用。他虽然是姆博希族人，但注意团结南方部族，照顾各部族的利益，正是在这种强调党内和人民内部团结的气氛中，1980 年 12 月 27 日组成新一届政府，主要成员有：总理和政府首脑路易·西尔万·戈马

（Louis Sylvain Goma），财政部长儒斯坦·勒昆朱，外交部长皮埃尔·恩泽
（Pierre Nze），总统府负责国防的部长级代表雷蒙·达乌斯·恩戈洛
（Raymoud Daouase Ngolle），内政部长弗朗索瓦·格扎维埃·卡塔利
（Francois Xavier Katali），文化和艺术部长（兼管科研）让－巴蒂斯特·
塔蒂·卢塔德（Jean-Baptiste Tati Loutard），国民教育部长安托万·恩丁
加－奥巴（Antoine Ndinga-Oba），贸易部长约瑟夫·埃伦加·恩加波罗
（Joseph Elenqa Ngaporo）。

1984 年 7 月，萨苏总统任职到期，刚果（布）劳动党中央委员会同意他
连任，同年 8 月政府人员进行调整。总统的个人合作伙伴昂热·爱德华·庞
吉（Ange Edouard Poungai）任总理，总理的权力缩小，不再是政府活动的协
调人，总统的权力加大。1985 年 12 月 7 日，萨苏任命新一届政府。主要成员
有：国家元首德尼·萨苏－恩格索，总理昂热·爱德华·庞吉，外交和合作
部长安托万·恩丁加－奥巴，计划和经济部长皮埃尔·穆萨，财政预算部长
伊蒂依·奥塞东巴·勒昆朱（Itihi Ossetoumba Lekoundzou）。

1986~1988 年，刚果（布）的经济社会形势恶化，为了延期偿还债
务，不得不接受国际货币基金组织的监督。它要求刚果（布）扩大"民
主"，称没有"民主"就没有发展。1988 年 7 月 30 日，政府改组，其成
员增加：总理昂热·爱德华·庞吉，农村发展部长伊蒂依·奥塞东巴·勒
昆朱，运输、民航部长雷蒙·达乌斯·恩戈洛，工业、渔业和手工业部长
伊莱尔·蒙托尔（Hilaire Mounthauh），计划和财政部长皮埃尔·穆萨
（Pierre Moussa），新闻部长保尔·恩加特斯（Paul Ngatse），外交合作部长
安托万·恩丁加－奥巴，卫生和社会事务部长伯纳德·孔博·马肖纳
（Bernard Combo Matsiona），领土管理和人民政权部长伯努瓦·穆恩德
莱·恩戈洛（Benot Moundele Ngollo），旅游、文化和艺术部长让－巴蒂斯
特·塔蒂·卢塔德（Jean-Baptiste Tati Loutard），森林经济部长安布罗瓦
斯·努马扎莱（Ambroise Noumazalay），中等和高等教育部长鲁道夫·阿
达达（Rodolphe Adada），初等教育和扫盲部长皮埃尔·达米安·布苏
库·布姆巴（Pierre Damien Boussoukou Boumba），劳动、社会保险、司法
部长迪厄多内·金本贝（Dieudonné Kimbembe），商业与中小企业部长阿

方斯·苏克拉蒂·波阿蒂（Alphonse Souchlati Poaty），矿业、能源和邮电部长艾梅·爱马努埃尔·尤卡（Aime Emmanuel Yoka），公共工程、建筑、城市规划和住房部长弗洛朗·齐巴（Florent Ntsiba），体育运动部长让-克洛德·冈加（Jean-Claude Ganga）。1989 年 7 月，刚果（布）劳动党中央推选萨苏第二次连任总统，8 月 13 日他宣布组成新政府，原商业与中小企业部长阿方斯·苏克拉蒂·波阿蒂被任命为总理。

三 刚果共和国时期政府机构

1. 过渡政府

1990 年 7 月 4 日，刚果（布）劳动党中央委员会宣布愿意限期实现多党制，实行党政分离，不再规定党的领导作用。然而，萨苏总统又表示要推迟向多党制过渡，以便优先通过新宪法。随后，全国反对派举行抗议活动，军队表示中立，萨苏政府出现分裂。12 月 3 日，阿方斯·苏克拉蒂·波阿蒂总理被迫辞职。12 月 4 日，军队正式宣布非政治化。1991 年 1 月 8 日，戈马将军被任命为总理，政府进行改组，主要成员有：国务部长、国防部长雷蒙·达乌斯·恩戈洛，国务部长、外交合作部长安托万·恩丁加-奥巴，森林经济部长保尔·恩加特斯（Paul N'Gatse），内政、新闻与体育部长塞勒斯坦·戈马·富图（Celestin Goma Foutou），商业与中小企业部长阿方斯·布多内萨（Alphonse Boudonesa），总统府负责矿产、能源与国家监察的部长艾梅·爱马努埃尔·尤卡（Aime Emmanuel Yoka），旅游与邮电部长让-克洛德·冈加（Jean-Claude Gange），财政与预算部长爱德华·加科索（Edouard Gakosso）。

1991 年 6 月，共和国最高委员会成立，作为 12 个月过渡期的最高决策和权力机构。欧内斯特·孔博（Ernest Kombo）主教为最高委员会主席，第一副主席是工会总书记让-米歇尔·博坎巴·扬古马（Jean-Michel Bokamba Yangouma）。该委员会行使过渡期的一切权力，总统不再有实权。不过，萨苏总统的名义和职位保留一年，至 1992 年 5 月的大选。1991 年 6 月 15 日，曾在非洲发展银行和世界银行任职的财政和经济事务专家安德烈·米隆戈（André Milongo）就任过渡政府总理兼任部长会议主席和武装部队最高统帅。米隆戈是普尔地区的巴拉利族人，因而得到南方部族集团的大力支持。米隆戈在 1991 年 12 月 30 日和 1992 年 1 月 26 日两次部分改组内阁，罢免了所有中央和地方各级政府中的刚果（布）劳动党官员，起用亲信和本部族的人员。新内阁成员是：总理兼矿产和能源部长安德烈·米隆戈，掌玺和司法部长让 - 马丁·姆本巴（Jean-Martin Mbemba），国防部长雷蒙·达乌斯·恩戈洛，内政和权力下放部长亚历克西·加布（Alexis Gabou），外交和合作部长迪厄多内·冈加（Dieudonné Ganga），财政、计划和经济部长让 - 吕克·马莱卡特（Jean-Lue Malekat），总理府负责矿业和能源的部长级代表卡米耶·德洛（Camille Dhello），新闻、邮电和电信及负责政府同共和国最高理事会关系的部长让 - 布莱兹·科洛洛（Jean-Blaise Kololo），科学和技术部长马夏尔·德·保罗·伊孔加（Martial De Paul Ikounga），卫生和社会事务部长菲洛梅蒂·富蒂·松古（Philomene Fouty Soungou），国民教育部长米斯坦·孔巴（Justin Koumba），交通和民航部长莫里斯·尼亚蒂·穆昂巴（Maurice Niaty Mouamba），公共工程、城市规划和住房部长让 - 菲利克斯·登巴·恩泰洛（Jean-Félix Demba N'Telo），公职和行政组织部长雅克·奥科科（Jacques Okoko），农业、水利、森林、环境和生态部长奥古斯特·克莱斯廷·贡加拉德·恩库瓦（Auguste Celestin Gongarad Nkoua），工业、手工业、商业和中小企业部长让 - 皮埃尔·贝里（Jean-Pierre Berri），就业、劳动、社会行动和国民团结部长安德利·比韦（Andely Beeve），文化、艺术和旅游部长马塞尔·布拉（Marcel Boula）。

2. 利苏巴政府

1992 年 8 月 31 日，帕斯卡尔·利苏巴（Pascal Lissouba）总统组成莫里斯·斯蒂芬·邦戈·努瓦拉（Maurice StephaneBongho Nouarra）为总理的政府。利苏巴领导的泛非社会民主联盟占政府中的多数。但该政府很短命，仅 3 个多月就遭到反对派的弹劾，利苏巴不得不任命独立派人士克洛德·安托万·达科斯塔（Claude Antoine Dacosta）为总理，组织民族团结政府。按照协议，这届政府 60% 的成员从刚果（布）劳动党和刚果民主与发展运动结成的反对派联盟中产生，总统派成员占其余的 40%，国防和内政部长由军人担任。1992 年 12 月 25 日新政府内阁组成，主要负责组织立法选举和处理政府日常事务。内阁成员有：总理克洛德·安托万·达科斯塔，国防部长雷蒙·达乌斯·恩戈洛，内政和安全部长（兼管区域和权力下放）弗朗索瓦·阿亚耶内（Francois Ayayene），外交和合作部长（兼管法语国家事务）邦雅曼·本库卢（Benjamin Bounkoulou），财政和预算部长克莱芒·穆昂巴（Clément Mouamba），矿产、能源和石油部长让－皮埃尔·蒂斯特雷·契卡亚（Jean-Pierre Thystere Tchicaya），经济发展和计划部长（兼管预测）蒙贡加·孔博·恩吉拉（Moungounga Nkombo Nguila），邮电和交通部长马马杜·卡马拉·代卡莫（Mamadou Kamara Dekamo），水利和森林部长奥古斯特·塞莱斯坦·贡加拉德·恩库瓦（Auguste Celestin Gongarad Nkoua），工业发展、渔业和手工业部长克莱芒·米耶拉萨（Clément Mierassa），农业、畜牧业、环境、旅游和娱乐部长格勒瓜尔·勒夫巴（Gregoire Lefouoba），设备和公共工程部长克洛德·阿方斯·恩西卢（Claude Alphonse Nsilou），住房、城市规划和重建部长朗贝尔·恩加利巴利（Lambert Ngalibali），掌玺和司法部长让－弗朗索瓦·奇宾达·宽古（Jean-Francois Tchibinda Kouangou），国民教育和教育制度改革部长博纳旺蒂尔·布卡卡·瓦迪亚班图（Bonaventure Boukaka Ouadiabantou），商业和消费部长加布里埃尔·博基洛（Gabriel Bokilo），科技发展部长（兼管职业培训）多米尼克·埃贾卡（Dominique Edjaka），劳动和就业部长贝夫·安德利（Beeve Andely），公职和行政改革部长普罗斯珀·科约（Prosrer Koyo），运输和民航部长里戈贝尔·帕布·姆巴基（Rigobert Pabou Mbaki），卫生、人口和社会事务部长阿尔弗雷·奥平巴（Alfred Opimba），青年和体育部长伊西多尔·姆武巴（Isidore Mvouba），文化和艺术部长伊冯·诺贝尔·甘贝格（YvonNorbert Gambeg），负责合作和法语国家事务国务秘书威廉·奥塔（Willialll Otta）。

　　1993 年 5 月 2 日和 6 月 6 日举行两轮立法选举后，利苏巴仍任总统，6月 23 日他宣布组成多党政府，任命前总统雍比为总理。但是，以刚果（布）劳动党为首的反对派不承认这届政府。雍比政府成员有：总理、政府首脑、优先问题委员会主席若阿基姆·雍比－奥庞戈（Joachim Yuomby-

Opango），国务部长、发展委员会主席克洛德·安托万·达科斯塔（Claude Antoine Dacosta），国务部长、社会和文化发展委员会主席莫里斯·斯蒂芬·邦戈·努瓦拉（Maurice Stephane Bongho Nouarra），国务部长及负责安全、地区发展和与议会关系的内政部长马丁·姆贝里（Martin Mberi），国务部长、国防委员会主席雷蒙·达乌斯·恩戈洛，国务部长及立法、法律事务和行政改革委员会主席艾梅·马戚卡（Aimè Matska），外交、合作和法语国家事务部长邦雅曼·本库卢（Benjamin Bounkoulou），经济和财政部长恩吉拉·蒙贡加·孔博（Nguila Moungounga Nkombo），计划和社会展望部长克莱芒·穆昂巴（Clement Mouamba），通信、邮电部长和政府发言人阿尔贝蒂·利布－马萨拉（Albertine Lipou-Massala），工业、矿产和能源发展部长让－伊塔蒂（Jean-Itadi），装备和公共工程部长朗贝尔·加利巴里（Lambert Ngalibali），农牧业部长格勒瓜尔·勒夫巴（Gregoire Lefouoba），公职和行政改革部长让－普罗斯贝·科约（Jean-Prosper Koyo），运输和民航部长莫里斯·尼亚蒂·穆昂巴（Maurice Niaty Mouamba），商业、消费和中小企业部长马尤斯·姆昂邦加（Marius Mouambenga），卫生和社会事务部长让－罗歇·埃贡佐拉（Jean-Roger Eckoundzola），劳动、社会安全和团结部长阿纳克莱·梭芒贝（Anaclet Tsomambet），燃料部长波努阿·库贝内（Bonoit Koukebene），旅游和环境部长弗朗索瓦·契柴尔（Francois Tchitchelle），文化和国家遗产部长阿贝尔·丹都·比班布（Abel dandou bibimbou），水、森林和渔业部长里戈贝尔·恩古拉利（Rigobert Ngouolali），国民教育部长纳松·卢代特·丹吉（Nasson Loutete Dangui），民主文化和人权部长加布里埃尔·马契纳（Gabriel Matsina）。

1993年12月19～23日，总统利苏巴为了求得与反对派的和解，主持召开了"和平论坛"会议。1995年1月25日成立新政府，成员减少很多，并进行职位调整。主要成员有：总理兼政府首脑若阿基姆·雍比－奥庞戈，国务部长、负责协调发展与地区计划的行政权力下放和经济部长马丁·姆贝里，国务部长、负责安全和城市发展的内政部长菲利普·比金基塔（Philippe Bikinkita），国务部长莫里斯·斯蒂芬·邦戈·努瓦拉，经济和财政部长恩吉拉·蒙贡加·孔博（Nguila Moungounga Nkombo），负责法语国家事务的外交和合作部长阿尔塞纳·察蒂·姆本古（Aresene Tsaty Mboungou），工业发展、能源、矿业和邮电部长让－伊塔蒂，负责行政改革的掌玺兼司法部长约瑟夫·瓦巴里（Joseph Ouabali），通信、文化部长兼政府发言人阿尔贝蒂·利普·马萨拉（Albertine Lipou Massala），设备和公共工程部长朗贝尔·加利巴利，商业、手工业、消费和中小企业部长马尤斯·姆昂邦加（Marius Mouambenga），劳工、公职和社会安全部长阿纳克莱·措曼贝（Anaclet Tsomambet），石油部长贝努瓦·库凯本（Benoit Koukebene），农业、畜牧业、水资源和渔业部长让－普罗斯贝·科约（Jean-Prosper Koyo），运输和民航部长塞拉芬·贡佩特（Serephin Gompet），教育、科研和技术部长马夏尔·德·保罗·伊孔加（Martial De Paul Ikounga），妇女参与发展部长玛丽·泰蕾兹·阿韦梅卡（Marie Therese Avemeka），卫生和社会事务部长让－穆亚比（Jean-Mouyabi），负责旅游和环境文化、艺术和国家遗产部长加布里埃尔·马契纳（Gabriel Matsina），青年和体育部长克洛德·爱马努埃尔·埃塔·翁卡（Claude Ammanueleta Onka）。

1996年，利苏巴政权继续推进和平民主，加强民族团结，为1997年大选做准备。9月，利苏巴任命在国内外享有盛誉的、刚果（布）第二大部族太凯族的加纳奥为总理，并组成以总统派为主导、囊括大部分较大政党在内的新政府。该政府于1996年9月2日组成，主要成员有：总理、政府首脑达维德·夏尔·加纳奥（David Charles Ganao），国务部长、负责交通和民航的部长维克拖·坦巴·坦巴（Victor Tamba Tamba），国防部长弗朗索瓦·阿亚耶内（Francois Ayayene），劳动、职业培训、企业管理和工业部长泰奥菲勒·奥本加（Théophile Obenga），商业、消费和中小企业部长约瑟夫·翁朱伊拉·米奥科诺（Joseph Hondjuila Miokono），青年、体育和公民服务部长亨利·奥肯巴（Henri Okemba），中等和初等教育部长西尔万·马科索·马科索（Sylvain Mackosso Mackosso），工业发展部长雷蒙·樊尚·翁巴卡·埃科里（Raymond Vincent Ombaka Ekori），邮电部长阿方斯·恩库瓦（Alphonse Nkoua），卫生部长加斯东·比坎杜（Gaston Bikandou）。

3. 萨苏二次政府

萨苏在 1997 年 6～10 月的内战中击败利苏巴，出任总统。11 月 2 日新政府组成。1998 年 1 月召开的"全国和解、团结、民主和重建论坛"对新过渡期做了规定。1999 年 1 月 12 日，政府进行改组。除个别人员外，绝大部分是新成员，主要成员有：总统办公厅主任兼国家监督部长、总统府部长热拉尔·比钦杜（Gerard Bitsindou），国防部长、总统府部长伊蒂依·奥塞东巴·勒昆朱，农业和畜牧业部长塞莱斯坦·贡加拉德·恩库瓦（Celestin Gongarad Nkoua），掌玺和司法部长让－马丁·姆本巴（Jean-Martin Mbemba），经济、财政和预算部长马蒂亚斯·德宗（Mathias Dzon），外交、合作和法语国家事务部长鲁道夫·阿达达（Rodolphe Adada），交通、航空和海运部长伊西多尔·姆武巴（Isidore Mvouba），领土整治和地区发展部长皮埃尔·穆萨（Pierre Moussa），建设、城建和住宅及土地改革部长马丁·姆贝里（Martin Mberi），装备和公共工程部长弗洛朗·齐巴（Florent Ntsiba），内政安全和领土管理部长皮埃尔·奥巴（Pierre Oba），石油部长让－巴蒂斯特·塔蒂·卢塔德（Jean-Baptiste Tati Loutard），能源和水利部长让－马里·塔苏瓦（Jean-Marie Tassoua），文化、艺术和旅游部长曼布·艾梅·尼亚利（Mambou Aimee Gnali），卫生、互助和人道事务部长莱昂·阿尔弗雷德·奥潘巴（Léon Alfred Opimbat），矿业和环境部长米歇尔·曼普亚（Michel Mampouya），林业、渔业和水产资源部长亨利·琼博（Henri Djombo），商业、供应、中小企业和手工业部长皮埃尔·达米安·布苏库·布姆巴（Pierre Damien Boussoukou Boumba），公职、行政改革和妇女发展部长让娜·当本杰（Jeanne Dambendzet），新闻、与议会联系部长、政府发言人弗朗索瓦·伊博维（Francois Ibovi），中小学、高等教育和科研部长皮埃尔·恩齐拉（Pierre Ntsila），技术职业教育、青年体育和公民教育部长安德烈·奥孔比·萨利桑（André Okoumbi Salissan），邮电部长让－德洛（Jean-Delot），劳动和社会保障部长当贝尔·恩杜阿纳（Dambert Ndouane），工业和全国私有企业发展部长阿方斯·姆巴马（Alphonse Mbama）。

2002 年 3 月 10 日，刚果（布）举行大选。这次选举在欧盟、非洲统一组织等的监督下进行，除萨苏外，参加竞选的还有 6 名候选人，结果萨苏再次当选，任职 7 年。2002 年 8 月 28 日，萨苏组成新一届政府，共有 34 名成员：交通和私有化国务部长兼政府工作协调人伊西多尔·姆武巴（Isidore Mvouba），计划、领土整治和经济一体化部长皮埃尔·穆萨（Pierre Moussa），外交、合作和法语国家事务部长鲁道夫·阿达达（Rodolphe Adada），掌玺、司法和人权部长让 - 马丁·姆本巴（Jean-Martin Mbemba），石油部长让 - 巴蒂斯特·塔蒂·卢塔德（Jean-Baptiste Tati Loutard），经济、财政和预算部长罗歇·里戈贝尔·安德利（Roger Rigobert Andely），安全和警务部长皮埃尔·奥巴（Pierre Oba），装备和公共工程部长弗洛朗·齐巴（Florent Ntsiba），负责国家事务监察的总统府部长西蒙·姆富图（Simon Mfoutou），农业、畜牧业、渔业和妇女促进部长让娜·丹本泽特（Jeanne Dambendzet），林业和环境部长亨利·琼博（Henri Djombo），建设、城建和住宅及土地改革部长克洛德·阿方斯·恩西卢（Claude Alphonse Nsilou），领土管理和权力下放部长弗朗索瓦·伊博姆（Franois Ibovi），劳动、就业和社会保障部长安德烈·奥孔比·萨利桑（André Okoumbi Salissan），邮电部长兼新技术事务负责人让 - 德洛（Jean-Delot），技术职业教育部长皮埃尔·米歇尔·恩金比（Pierre Michel Nguimbi），高教和科研部长亨利·奥塞比（Henri Ossebi），工业、中小企业和手工业部长埃米尔·马邦左（Émile Mabondzon），商业、消费和供应部长阿德拉伊德·蒙德莱 - 恩戈洛（Adélaïde Moundélé-Ngollo），社会福利、互助、人道行动、残疾军人和家庭事务部长埃米莉安娜·拉乌尔（Emilienne Raoul），公职和行政改革部长加布里埃尔·恩查·埃比亚（Gabriel Entcha Ebia），矿产、能源和水利部长菲利普·姆武（Philippe Mvouo），卫生和人口部长阿兰·莫卡博士（Docteur Alain Moka），初等和中等教育部长兼扫盲事务负责人罗莉莎·卡马（Rosalie Kama），文化、艺术和旅游部长让 - 克洛德·加科索（Jean-Claude Gakosso），新闻部长兼议会联络人和政府发言人阿兰·阿库瓦拉（Alain Akoualat），体育和青年发展部长马塞尔·姆巴尼（Marcel Mbani），总统府负责国防事务部长级代表雅克·伊恩·恩多卢（General de Brigade Jacques Yvon Ndolou）准将，建设、城建、住宅和土地改革部负责土地改革事务部长级代表拉米尔·恩盖莱（Lamyr Nguele），外交、合作和法语国家事务部负责发展合作和法语国家事务部长级代表朱斯坦·巴莱·梅戈（Justin Ballay Mego），经济、财政和预算部负责预算改革和财政管理事务国务秘书格利贝尔·翁东戈（Gilbert Ondongo），高教和科研部负责科研事务国务秘书皮埃尔·欧内斯特·阿班祖努（Pierre Emest Abandzounou），交通部负责海运和商船事务国务秘书路易·马里·农博·马翁古（Louis Marie Nombo Mavoungou），农业、畜牧业、渔业和妇女促进部负责妇女促进和发展事务国务秘书让－弗朗索瓦斯·莱孔巴（Jean-Franoise Lekomba）。

第四节　立法与司法机构的演变

一　现代立法机构的建立

1. 立法议会的缘起

立法与行政、司法活动的分离是西方资本主义国家在建立过程中形成的。它们规定议会为唯一的立法机关。大约在 20 世纪 50 年代，刚果（布）才出现具有现代意义的立法机构，比西方国家晚 200 年左右。1957 年 3 月，根据法国政府颁布的根本法，刚果（布）进行了首次殖民地领地议会选举，选出的议会有 45 个席位，来自 7 个政党，其中有 9 名欧洲人。由中央刚果同盟成员、欧洲人克里斯蒂昂·热尔（Christian Jayle）任议长，保卫联盟的米歇尔·基耶古（Michel Kibungou）和非洲"社会主义运动"的党员路易·恩格诺尼（N'guenoni Louis）任副议长，议会地址设在黑角。严格说这还算不上立法机构，只有咨询的性质，这不过是殖民当局为了笼络人心，维护其殖民统治而设此机构。中央刚果成为"法兰西共同体"内的"自治共和国"后，又建立单一制议会，1959 年 6 月 14 日举行立法议会普选，用直接投票方式产生，每 1.3 万居民选举 1 名议员，共选出 61 名议员，候选人有 122 人。尤卢领导的保卫联盟获得总票数的

57%，获得 51 个席位。反对党非洲"社会主义运动"获得 41.9% 的选票，获得 10 个席位。议长是阿方斯·马桑巴 – 代巴（Alphonse Massamba-Debat），副议长为马塞尔·穆昂达（Marcel Mouanda）和让 – 康扎（Jean-Kandza），他们皆为保卫联盟党员。

议员构成的特点主要包括以下方面：除了保卫联盟党员占绝对优势外，议员平均年龄为 38 岁；新人较多，大多数住在城市，多为公职人员。议员们享有豁免权，任期 5 年。议会每年的会期为 75 天，虽有立法权和制宪权，但实际上受到种种限制。1959 年 12 月立法议会改名为"国民议会"，反对党非洲"社会主义运动"领导人雅克·奥庞戈（Jacques Opangult）增补为副议长。

1960 年 8 月 15 日刚果（布）宣布独立后，国民议会和其他机构一样继续运作且没有变化。刚果（布）于 1961 年 3 月 2 日通过共和国第一部宪法，其中第三篇对国民议会有所规定：国民议会为一院制，通过法律和决定税收；议员由直接普选产生，任期 5 年；每年开会两次，每届例会会期不得超过两个半月，特别会议除外；议员有豁免权；规定立法的范围；议会的议事日程实际上由政府制定。议会对政府可行使监督权，监督的方式为口头或书面提问、调查委员会质询。但在政治上未规定任何制裁，因为行政机关并不对立法机关负责。议会不能要求总统辞职，总统也不能解散议会。然而这些规定还未来得及实施，1963 年爆发了"八月革命"，尤卢政府被解散，国民议会活动也随之终结。

2. 从国民议会到全国人民议会

"八月革命"中建立的"全国革命运动委员会"一度是刚果（布）最高行政机构，也是最高立法机构。革命后的第二个月，"全国革命运动委员会"决定成立新宪法委员会，同时着手协商候选人名单，准备新的国民议会选举。1963 年 12 月 8 日，参加新的国民议会选举投票的人中，大多数投票赞成"全国革命运动委员会"提出的单一候选人名单。这次共选出议员 55 名，议长是自由工会联合会主席列昂·安戈尔，第一副议长是赤道非洲工会联合会总书记儒利昂·布坎布（Julien Boukambou），第二副议长是原国务秘书奥斯卡尔·桑巴（Oskare Samba），国民议会每年 5

月和 11 月召开例会，在政府或 2/3 议员的要求下可召开特别会议，国民议会行使最高立法权，参与总统的选举，实际上议会的最高立法权由"全国革命运动委员会"掌握。

1968 年"七·三一运动"前夕，共和国总统马桑巴－代巴宣布解散国民议会激化了矛盾，以马利安·恩古瓦比为首的"全国革命运动委员会"成立，它既是全国最高政权机构也是最高立法机构，这个机构成员除努马扎莱、利苏巴等原政府中的左派人士外，起初也有马桑巴－代巴，但是不久他选择辞职。

1973 年国民议会改称全国人民议会，同年 6 月 24 日经全国普选，共选出刚果（布）劳动党中央委员会 115 名议员，又由议员选出由 5 人组成的常设局。全国人民议会每 5 年改选一次，它的职能是通过由刚果（布）劳动党政治局委员、全国人民议会主席团成员和政府总理组成的国务委员会提出的宪法、法律草案和建议。全国人民议会主席和总统都拥有提出议案的权力。1977 年 3 月恩古瓦比总统遇刺身亡，接任总统的雍比－奥庞戈未等全国人民议会届满就宣布解散议会。

1979 年 2 月，萨苏上台后，恢复全国人民议会，同年 7 月 8 日举行公民投票选举。投票的方式是"四联一次"制，即一次投票同时通过宪法、选举全国人民议会和区、县（市）人民委员会。全国人民议会执行局于 1979 年 8 月 8 日产生，议长是让－冈加·赞祖（Jean-Ganga Zandzou）。

1984 年全国人民议会举行第三届选举，9 月 23 日全国公民投票普选，以 93.64% 的投票率选出议员 153 人。议员候选人仍由刚果（布）劳动党中央委员会依据法律规定的条件确定，投票方式仍然是"四联一次"制。在新的选举后 30 天，由最年长的议员在两名年轻议员的协助下，主持召开首次正式会议，选举议会执行局。执行局包括 1 名议长、2 名副议长和 2 名秘书。议长让－冈加·赞祖连选连任。议会每年从 5 月的第二个星期二和 11 月的第一个星期二起举行两次例会，每次会期不超过两个月，举行会议的法定人数为全体议员的 2/3。应共和国总统或 2/3 以上议员的要求可举行特别会议，会期不超过 15 天。议会的主要职权是制定、修改法律，批准国家预算并监督其执行，通过内外政策总路线；与刚果（布）劳动党中央委员会协商后，依法组织公民投票等。议员无报酬，但议会开会期间可领取交通费和津贴。在职期间议员均不得因发表政见而受到起诉、侦查、逮捕和监禁。

1989 年全国人民议会举行第四次换届选举，9 月 24 日由公民投票选举产生议员 133 名，其中刚果（布）劳动党占 59 席，社会主义青年联盟、工会联合会和妇女革命联盟共占 35 席，其他各界人士 39 席。刚果（布）劳动党试图采取新的民主开放政策，因此大批实业家和宗教界人士被刚果（布）劳动党提名为议员。议长伯纳德·孔博·马肖纳（Bernard Cornbo Matsiona）于 10 月 25 日就任。这届议会的权力显著增强，特别是在监督国家、政府机关行使权力方面。

二　多党制以来的议会演变

1. 全国协商会议与共和国最高委员会

1990 年 7 月刚果（布）劳动党宣布将实行多党制。12 月 6 日全国人民议会修改宪法，也宣布实行多党制。短短的一年内有 70 余个政党注册登记，但是总统萨苏主张要有一个过渡期，同意翌年 2 月举行全国协商会议以决定未来多党制议会的召开日期。

1991 年 2 月 25 日至 6 月 10 日，在刚果（布）工会的努力下，全国协商会议在布拉柴维尔举行，有 69 个政党、142 个团体的 1200 名代表参加。会议为反对派所左右，刚果（布）劳动党及其支持者仅占代表的20%。会议选出了 11 名主席团成员，宗教界的代表埃内斯特·孔博（Ernest Kombo）当选为主席，刚果（布）劳动党被排除在领导机构之外。工会总书记米歇尔·扬古马指责萨苏政权搞暗杀、侵吞公款、搞裙带关系、主张部族主义，要求软禁萨苏和一些高级官员。4 月 11 日会议提出"新的彻底行动"，要求废除现行宪法，解散刚果（布）劳动党控制的全国人民议会，并立即举行总统和立法选举。刚果（布）劳动党及其支持者虽然表示反对，但由于人少，其意见没有被会议接受。会议通过了包含国家"主权"条款的内部章程，使会议变成了事实上的制宪会议，从而为否定萨苏的任期提供了法律依据。6月4日，会议通过文件，决定成立共和国最高委员会。该委员会是过渡时期国家最高权力机关，也是决策机构，行使立法职能，监督政府对全国协商会议决议的执行。共和国最高委员会有委员153人，由全国协商会议选举产生。主席埃内斯特·孔博于1991年6月6日就任，行使过渡时期一切权力。

2. 两院制议会的组建

按照《1992年宪法》规定，同年6月24日举行立法机构选举，选出125个席位的国民议会，结果利苏巴领导的泛非社会民主联盟和科莱拉斯领导的刚果民主与全国发展运动获票最多，刚果（布）劳动党位居第三位。刚果（布）劳动党认为选举有弊，要求取消选举结果。原定于7月19日举行第二轮选举，但由于筹备仓促，推迟到7月23日举行，结果在有125席的国民议会中，泛非社会民主联盟获得39席，刚果民主与全国发展运动获得29席，刚果（布）劳动党获得18席，契卡亚领导的民主和社会进步联盟获得9席，雍比领导的民主和发展同盟获得5席，其他11个政党获得1席或2席。国民议会议长是安德烈·穆埃莱（André Mouele）。国民议会拥有立法和宪法公民投票的提议权。

7月26日刚果（布）选举产生参议院。参议院共设60个席位，9个省及首都各占6席，参议员须年满50岁，由县、市及省级议员间接选举产生，任期6年，每隔两年对参议院1/3的议席进行改选。参议院具有地方和群众团体利益的代表性，负责调停和提供咨询。在60个席位中，泛非社会民主联盟和刚果民主与全国发展运动分别获得23和14个席位，民主和发展同盟占8席，民主和社会进步联盟占5席，国民公会占3席，刚果（布）劳动党占2席，其他5个党各占1席。议长为奥古斯坦·博瓦尼（Augustin Poignet）。

1992年11月17日，由于各派斗争激烈，利苏巴被迫宣布解散议会，再次举行立法机构选举。议会反对派发起"死城"和"不服从"运动，与总统派对抗。12月2日刚果（布）军方出面调解，主持召开协商会议，各派达成妥协。总统与各政党协商任命新总理；组成民族团结政府，负责立法机构选举；成立由反对派人士担任主席的立法机构选举筹备委员会；

选举日程由民族团结政府和筹备委员会共同商定。

1993 年 5 月 2 日和 6 月 6 日，刚果（布）举行立法机构选举两轮投票，60% 的选民参加投票，6 月 22 日组成国民议会。中间力量代表民主和共和联盟主席安德烈·米隆戈（André Milongo）为议长。利苏巴的总统派获过半数席位，占 69 席。反对派联盟民主复兴联盟与劳动党获 49 席。反对派指责总统派在投票中舞弊，拒绝接受选举结果。8 月 4 日两派经加蓬总统邦戈调解，在利伯维尔达成协议，将第一轮投票的争端交国际仲裁团裁决，重新进行第二轮投票。10 月 6 日，第二轮投票在非统观察员监督下进行，总统派继续保持绝对多数。在 125 个国民议会席位中，总统派获 65 席，中间派获 2 席，反对派获 58 席。反对派再次对选举的有效性提出质疑，各派对第一轮选举结果共同提出了撤销 56 个席位的申诉。1994 年 1 月 31 日，国际仲裁团对有争议席位做出裁决，结果决定撤销 9 人的议员资格，其中反对派 6 人，总统派 3 人。125 个议席分布情况是：总统派占 63 席，反对派占 55 席，5 个议席为独立人士和地位有争议的议员获得，2 席空缺。

参议院维持 1992 年 7 月 26 日选举结果，共设 60 个席位，9 个省及首都各占 6 席。议员仍由县、市及省级议员间接选举产生，任期 6 年。参议院代表地方和群众团体利益，负责调停和提供咨询。在 60 个席位中，泛非社会民主联盟和刚果民主与全国发展运动分别获 23 席和 14 席。议长是泛非社会民主联盟的奥古斯坦·博瓦尼。1994 年 12 月 14 日，参议院 1/3 的议员进行了更换，各派的席位比例无大的变化。1996 年 10 月 6 日，参议院改选，总统派占 36 席，反对派占 23 席，独立人士占 1 席，议长未变。

1998 年 1 月举行的刚果（布）"全国和解、团结、民主和重建论坛"选举产生"过渡时期全国委员会"作为临时议会，来自各党派和各界人士 75 名议员出席，刚果（布）劳动党占优势，孔巴·朱斯坦（Koumba Justin）任过渡时期全国委员会执行局主席。临时议会的主要任务是：审议并监督执行"论坛"的决议；行使立法职能；监督政府行为；审议新宪法草案等。对于未来立法机构仍主张实行多元的两院制议会体制，包括参议院和国民议会，两院均有立法权。2002 年 5～7 月，刚果（布）

举行立法机构选举、地方选举和参议院选举。8 月 10 日，新一届参议院和国民议会产生。参议院议员 66 名，议长是昂布瓦兹·爱德华·努马扎莱（Ambroise Edouard Noumazalaye）。下设司法行政、经济与财政、外交合作、防务安全、教育卫生和社会 5 个委员会。国民议会议员 137 名。议长是蒂斯泰尔·契卡亚（Thyséye Tchicaya），下设经济与财政、教育文化和科技、外交合作、卫生社会和环境、司法行政及防务安全 6 个委员会。

2016 年 3 月萨苏再次当选总统后，刚果（布）议会仍然由参议院和国民议会两院组成，行使立法权，监督政府行为。参议院由 72 名议员组成，议员经地区选举团间接选举产生，任期 6 年，每 3 年通过抽签改选 1/2。领导机构由 1 名参议长、2 名副议长、2 名秘书和 2 名司库组成。刚果（布）宪法规定，总统职位空缺期间，由参议长代行总统职责。参议院除行使立法权外，还具调停和咨询职能。参议院下设法律、行政、人权，经济、财政、生产、装备、环境，外交、合作，防务安全，教育、文化、科技，卫生、就业和社会 6 个委员会。国民议会由 137 名议员组成，议员经直接选举产生，任期 5 年，可连选连任。领导机构由 1 名议长、2 名副议长、2 名秘书和 2 名司库组成。国民议会下设经济与财政，教育、文化和科技，外交、合作，卫生、就业和社会，计划与领土整治，司法、行政，防务安全 7 个委员会。

2017 年 7~8 月，刚果（布）先后举行国民议会、地方议会和参议院选举，刚果（布）劳动党在上述选举中分别获 151 席中的 90 席、1158 席中的 450 席和 66 席（普尔省 6 名参议员留任）中的 44 席。

三 建国以来司法机构的演变

1. 独立初期的司法机构

刚果（布）现代司法机构与立法机构一样，最早出现在殖民统治的后期。作为"法兰西共同体"的一员承袭法国三权分立的体制。殖民地当局在黑角、卢博莫（原多利齐）、布拉柴维尔设有 3 个法院，在兼巴拉、奥旺多（原卢塞堡）、韦索、因普丰多设有权限广泛的初级法庭 4

个。1960 年独立后，继续实行司法机构与立法、行政机构分立的体制。按照《1961 年宪法》的规定，设立最高法院。它由 4 个部分组成，包括宪法法院（其职权为审查选举的合法性，宣布审查的结果，必要时审查法律是否符合宪法）、司法法院（大理院）、行政法院（参政院）和审计法院（审计院）。此外还有由议员组成的最高法院，在总统犯有叛国罪时，由议会举行秘密投票，以 2/3 的多数通过后，提交最高行政法院审理。各部部长在行使职权过程中犯刑事罪时亦归该院审理。

为了确保司法机关的独立，审判官实行终身制，其纪律处分由最高司法会议决定。宪法规定，法官具有保护公民个人自由和个人财产的义务。

2. 党政合一后的司法机关

1964 ~ 1990 年，刚果（布）实行党政合一的体制。刚果（布）劳动党成立后，强调"劳动党领导一切"，但根据 1963 年 11 月 6 日法令、《1973 年宪法》及后来的宪法修正案，司法机构的相对独立性仍得到尊重，以致多次总统选举一直是由最高法院主持。构成全国司法机构的主要部门有最高法院、审计院、上诉法院、刑事法院、劳动法院和监察委员会。全国人民议会可以根据法律在必要时设立特别法庭。以最高法院院长为主席的最高司法会议可以提供法庭成员名单供总统或总理任命，该会议还拥有对最高法官的惩戒权。

作为法院的审理体制有初审法院、布拉柴维尔上诉法院、刑事法院、最高法院几个层次，劳动法院为特别法院。各级法院都设有检查机构，初审法院在审判时要有两名习惯法陪审官会同法官处理传统私法方面的案件。布拉柴维尔上诉法院由院长和分别主持各法庭（有民事庭、商事庭、社会事务庭、刑事庭等）的上诉法官组成，主要处理不服下级判决的上诉案件。最高法院设院长一名，专职法官若干名。院长终身任职，由部长会议任命。20 世纪 70 ~ 80 年代，最高法院院长为夏尔·阿塞梅康（Charles Assemekang），最高法院总检察长为让 - 普拉西德·埃伦盖（Jean- Placide Elenge）。最高法院有权审议政府的越权行为，有权审理政府与议会之间的争议，有权处理总统、议会选举中的诉讼。

3. 实行多党分权制后的司法机构

1992 年宪法再次确立了司法与立法、行政三权分立和半总统制、半议会制政体，所以司法机构进一步独立于行政和立法机构。司法系统审理民事和刑事案件，设普通法院、专门法庭、上诉法院和最高法院。最高法院大法官由议会选举产生，任职至退休。特别最高法庭由议会及最高法院法官组成，负责审理总统、议长、政府成员、最高法院法官等行政与司法官员的罪行。最高司法委员会是司法独立的保障机构，由总统任主席，其成员包括最高法院院长和议会选举的大法官，检察机关仍设在各级法院。总统根据该委员会的建议任命法官及检察官，该委员会也是法官的职业和纪律检查机构。

1997 年萨苏总统签署《过渡期基本法》，虽宣布废除《1992 年宪法》，但在司法制度方面没有大的变化。《过渡期基本法》规定司法机构独立于行政和立法机构，最高法院负责审查法律、国际条约和协议是否符合《过渡期基本法》。共和国总统主持成立最高司法会议，通过最高司法会议确保国家司法机关的独立性。法院和法庭的检察官和法官由总统根据最高司法会议建议任命。特别最高法庭负责审理总统在行使职权时犯有的叛国罪，以及议员和政府成员履行职务时的犯罪事实。最高法院院长为普拉西德·朗加（Placide Lenge），总检察长为加布里埃尔·昂查·埃比亚（Gabriel Entcha Ebia）。

2002 年刚果（布）调整了司法机构。按新宪法规定：司法权仍独立于立法权，不得侵犯行政或立法权权限；司法权由最高法院、审计和预算法院、上诉法院和其他各级法院行使；共和国总统主持最高司法会议，通过其确保司法权独立；最高法院成员和其他各级法院的法官由总统根据最高司法会议的提名任命；设立宪法法院，负责监督各项法律及国际条约和协议以符合宪法规定；仍设立特别法庭，负责审判总统犯有的叛国罪和议员及政府成员履行职权过程中的犯罪事实。最高法院院长为普拉西德·朗加（Placide Lenga），宪法法院院长为奥古斯特·伊洛基（Auguste Iloki），总检察长为乔治·阿基耶拉（Georges Akiera）。

第五节　政党与重要社团组织

一　政党

刚果（布）独立后，长期由刚果（布）劳动党一党执政，该党于1969年12月31日由马利安·恩古瓦比创立，自称为社会主义型政党。1990年刚果（布）宣布放弃马列主义，并解除党禁，实行多党制，政党总数约180多个，由刚果（布）劳动党领导的"总统多数派联盟"在刚果（布）政坛占据主导地位。刚果（布）劳动党在1992年首次多党制大选中失利，1997年10月内战结束后重新执政。2006年8月21日，萨苏总统签署经刚果（布）国民议会和参议院通过的《政党法》。该法规定：各政党及政治团体需要体现民族多样性，并在刚果（布）各省会设有分部以体现地区代表性；政党的成立由国家监控；财政上，政党可享受国家资助；政党活动受法律保护，但不得利用宗教进行有政治目的的宣传。目前，刚果（布）主要政党情况如下：

1. 刚果（布）劳动党（Parti Congolais du Travail，PCT）

简称"刚劳党"。1969年12月31日成立，现有约70万党员，属于执政党。创始人为已故总统恩古瓦比。1969~1992年为刚果（布）唯一合法政党。1992年在首届多党选举中失利，成为反对党。1997年10月内战结束后，重新成为执政党。1990年12月，召开"特别四大"修改党纲党章，放弃马列主义的科学社会主义作为党的指导思想，改"先锋队"为群众党。2002年7月，放弃原"镰刀、斧头和棕榈叶"的党徽图案，改用"大象"标志。2004年11月、2005年12月召开了中央委员会第四次、第五次特别会议，讨论修改党纲、党章、重组易名事项，但党内各派对此存有较大分歧，未达成共识。2006年8月，保守派抛开改革派擅自召开"五大"，使党险些陷于分裂境地。12月召开"特别五大"，决定搁置易名改组的争议，党内团结得以维护。2011年3月，刚果（布）劳动党代理总书记伊西多尔·姆武巴（Isidore Mvouba）主持召开党内第五届中央委员会第二次特别会议。会议决定 2011 年 7 月 3 ~ 7 日召开全党特别大会，主题为"在和平、稳定与团结的氛围中，以开放的态度重振刚果（布）劳动党，为刚果（布）现代化建设贡献力量"。7 月，第六次特别会议召开，选举萨苏总统为中央委员会主席，皮埃尔·恩戈洛（Pierre Ngolo）为总书记。2017 年刚果（布）劳动党在立法选举中获 90 席。

2. 泛非社会民主联盟（Union Panafricaine Pour la Démocratie Sociale, UPADS）

简称"泛非联盟"。前政权执政党，现最大反对党。1991 年 1 月成立，6 月获合法地位。有约 12 万名党员，势力范围主要在南方的尼阿里、莱库穆和布恩扎三省，创始人为前总统利苏巴。1997 年 10 月，利苏巴在内战失败后流亡国外。12 月召开会议，原执行局成员、前国务部长马丁·姆贝里当选为代理第一书记，并组成临时执行局。1998 年 1 月，参加"全国和解、团结、民主和重建论坛"。2000 年 8 月，举行全国委员会特别会议，选举姆贝里为总书记和代理主席。2001 年 12 月，姆贝里因党内矛盾辞职另组新党。2004 年 9 月，利苏巴指定翁加古·达楚（Ongakou Datchou）任主席，保罗·马基塔（Paul Makita）为党的总书记，宣布党员不得进入国家机构，将进入议会的议员开除出党。2006 年 12 月，召开党的"一大"，帕斯卡尔·马比阿拉（Pascal Mabiala）当选总书记。2007 年参加立法选举，获得 11 个席位，成为议会第二大党，但公开表示在党的领导人仍流亡国外的情况下无意入阁。马比阿拉代表的"白派"与前总书记穆库埃凯（Moukoueke）代表的"黄派"之间存在很大分歧，党内分裂严重。2010 年 12 月，泛非社会民主联盟召开会议，选举马比阿拉为总书记。2017 年立法选举中泛非社会民主联盟获 8 席。

3. 民主与社会进步联盟（Rassemblement Pour la Démocratie et le Progrès Social）

简称"民进盟"。1990 年 10 月 19 日成立，曾有党员 10 万人，势力范围主要集中于南方的黑角市和奎卢省。创始人为前议长让 - 皮埃尔·蒂斯特雷·契卡亚（Jean-Pierre Thystere Tchicaya）。该党自称为"左翼政党"。党的目标是建立一个反对独断专行、专制主义和一党制的社会，反对国家成为少数人致富的机器。内战结束后，该党明确支持萨苏新政权，参与战后重建。2012 年 1 月，该党在黑角举行团结大会，制定重振该党的路线图，并计划召开全国代表大会，迎接 2012 年立法选举。现任主席马比奥·马翁古·曾加（Mabio Mavoungou Zinga），总书记米歇尔·贡戈（Michel Konko）。2017 年，该党领衔的总统多数派政党在国民议会中占 15 席。

4. 民主共和联盟（Union Pour la Democratie et la Republique Mwinda，UDR-MWINDA）

刚果（布）反对党，又称"马灯党"。1992 年 10 月成立，有党员 4000 余人。创始人为安德烈·米隆戈（André Milongo），他 1991~1992 年曾任过渡政府总理，利苏巴政权时期属总统多数派，任国民议会议长，于 2007 年 7 月病逝。该党活动因此受到很大影响，目前处于分裂状态，鲜有活动。现主席为金福夏（Guy Romain Kinfoussia）。

5. 刚果民主与全国发展运动（Mouvement Congolais Pour la Democratie et le Developpement Integral，MCDDI）

前政权参政党。1989 年 8 月 3 日成立，1990 年底获合法地位。曾有党员 7 万人，势力范围主要在普尔地区和布拉柴维尔市。该党创始人伯纳德·科莱拉斯曾任布拉柴维尔市长、政府总理，内战结束后流亡国外，2005 年 10 月回国。1998 年 1 月 21 日，原副总书记、时任工矿部长米歇尔·芒布亚当选为代理主席，勒当贝·昂比利当选为总书记。1998 年 1 月，参加"全国和解、团结、民主和重建论坛"。科莱拉斯回国后，改组党的领导机构，宣布退出反对党联盟，呼吁放弃暴力，与政府共谋和平与发展。2006 年 4 月，代理主席芒布亚宣布另立新党"维护共和国价值党"。2007 年 4 月，与刚果（布）劳动党结盟正式转变为总统派政党。同年参加立法选举获 11 席，成为议会第三大党，并进入政府。2009 年，该党推选萨苏为总统大选候选人。同年 11 月，科莱拉斯在巴黎逝世，其子居伊·布里斯·帕尔费·科莱拉斯暂代理党务。

6. 民主与发展同盟（Rassemblement Pour la Democratie et le Developpement，RDD）

简称"民发同盟"。1990 年 11 月成立，创始人为刚果（布）前总统若阿基姆·雍比－奥庞戈（Joachim Youmby-Opango）。雍比 1997 年内战后流亡国外，2004 年 7 月萨苏总统访法期间与雍比会见。雍比呼吁该党成员及人民服务于刚果共和国。2007 年 5 月，雍比被萨苏大赦正式返回国内，该党重新开始活动。2008 年 12 月 17 日，雍比宣布该党脱离反对派，正式转变为总统派政党。2009 年 2 月 23 日，该党与刚果（布）劳动党签订政治协议，两党共同推举一名候选人参加大选，并共同治理国家。2010 年 2 月，在布拉柴维尔市召开会议，选举产生了由 13 人组成的执行局及由 5 人组成的评估委员会，同时民主与发展同盟青年组织也在此次会议上成立。

二　重要社团组织

刚果工会的历史比政党的历史长，在社会政治生活中一直起着重要的作用。但其派别多，受法国工会运动的影响较大。1947 年最先在铁路、木材和建筑工人中出现工会。1949～1951 年这些工会组织从属于法国的三大工会，并与国际工会组织建立了联系。据 1958 年政府劳动督察处调查，有 23 个大洋铁路和黑角港的工会隶属于法国工人力量总工会，不久定名为"刚果自由工会联合会"，直接参加"国际自由工会联合会"。有 19 个布拉柴维尔和黑角地方工会隶属法国总工会，后改名为"非洲劳工总工会"，参加世界工会联合会。有 31 个工会隶属于法国天主教劳工联盟，并加入国际天主教工会联合会，1959 年定名为"非洲教徒工人联合会"，并要把整个撒哈拉以南非洲的各教徒工人工会联合起来。但是非洲教徒工人联合会反对与前两个工会进行统一和联合，这使得刚果工会的统一问题到"八月革命"后才得以实现，而非洲教徒工人联合会从此受到压制。

1. 刚果工会联合会（Confédétion Syndicale Congolaise）

1964 年 3 月由刚果自由工会联合会、非洲劳工总工会、公务员联合会和邮电工会合并组成统一的工会中心，称"刚果工会联合会"。1964 年 11 月召开第一次代表大会，宣告正式成立，是全非工会联合会和世界工会联合会成员，是刚果（布）唯一合法的总工会，与执政党关系密切，受"全国革命运动委员会"领导。刚果工会联合会自称有 1.2 万～1.5 万名成员，下属有 10 个产业工会和 8 个地方工会。成立时的总书记是邮政工人联合会的伊德里斯·迪亚洛（Idriss Diallo），副总书记是保尔·邦社（Paul Banthoud）。1982 年 10 月 10 ~ 14 日，刚果工会联合会举行第六次全国代表大会，43 个外国工会代表团应邀出席。1983 年 2 月 3 ~ 4 日，举行刚果工会联合会六大全国理事会第一次会议，讨论并通过了监察委员会报告、执委会 1983 年工作计划报告等。1986 年 4 月刚果工会联合会召开第七次全国代表大会，对政府实行结构调整计划表示无保留支持。总书记是让 - 米歇尔·博坎巴·扬古马。1990 年 9 月，刚果工会联合会召开第八次代表大会，提出政治上自治、独立，不再接受刚果（布）劳动党领导的主张。让 - 米歇尔·博坎巴·扬古马在会上带头向萨苏政府发难，要求自由选举工会领导人，拒绝了刚果（布）劳动党政治局提出的人选。政府下令取消工会的八大会议机制，解散刚果工会联合会常设书记处。刚果工会联合会的领导人则号召工人以罢工相抵抗，最后迫使萨苏政府收回成命。随后，刚果工会联合会还促成了全国协商会议的召开。内战爆发后，刚果工会联合会活动减少。1998 年刚果工会联合会参加了"全国和解、团结、民主和重建论坛"，继续以独立组织的身份进行活动。

2015 年以来，刚果工会联合会积极与刚果（布）劳动党建立广泛与密切的联系，代表工会与雇主资方、政府进行和平对话和谈判，为国内劳动者争取经济利益、政治和社会权利发挥了积极作用。刚果工会联合会现任总书记为达尼埃尔·蒙戈（Dniel Mongo）。

2. 刚果社会主义青年联盟（Union de la Jeunesse Socialiste Congolaise）

在刚果（布），几乎每个政党都有自己的青年运动组织，该联盟属于刚果（布）劳动党。它成立于 1964 年 2 月，原称"全国革命运动青年组织"。1982 年 7 月 28 日至 8 月 2 日，刚果社会主义青年联盟召开第二次中央全体会议。第一书记加布里埃尔·奥巴·阿普努（Gabriel Oba Apounou）在讲话中号召青年们不仅要提高警惕，还要积极参加生产劳动，成为党所需要的捍卫革命成果的工具。1983 年 2 月 3 ~ 8 日，刚果社会主义青年联盟举行四届三中全会。会议决定建立中央同基层的直接联系，重新制定了刚果社会主义青年联盟在居民区的计划，把活动重点放在社会文化和保卫革命上。

1990 年 12 月召开第一次特别代表大会，修改了联盟章程，强调从属于刚果（布）劳动党并全面支持该党的新政策。2015 年以来，刚果社会主义青年联盟积极发展自身角色，逐步成为刚果（布）劳动党的重要外围组织和党员三大来源之一。刚果社会主义青年联盟第一书记为伊西多尔·姆武巴。

3. 刚果妇女革命联盟（Union Révolutionnaire des Femmes du Congo）

刚果妇女革命联盟是在 1964 年 5 月同争取非洲妇女解放联盟等妇女组织合并组成。1965 年 3 月，刚果（布）妇联举行全国代表大会，决定改名为"刚果妇女革命联盟"。该联盟的宗旨是在刚果（布）劳动党领导下，为刚果妇女彻底解放、实现正义与和平、建设社会主义而斗争。主席是扬扎·赛琳娜夫人（Yandza Celine），副主席是布安卡·塔蒂·吉奥尔特兰夫人（Bouanca Taty Georgetle）和维克多琳娜·埃巴卡夫人（Victorine Ebaka）。1982 年 3 月 10～13 日，刚果妇女革命联盟召开第五次大会，29 个外国代表团应邀出席。会议通过了刚果妇女革命联盟的纲领、章程，成立了新的领导机构。1983 年 6 月 14～15 日，中央理事会执委会第三次会议审议了自 1982 年 12 月以来执委会的工作，重申坚定不移地支持刚果（布）劳动党中央。刚果妇女革命联盟主席是埃莉兹·泰雷兹·加马萨（Elise Thérése Gamassa）。1990 年 4 月，刚果妇女革命联盟召开第七次代表大会，继续执行刚果（布）劳动党的新方针。2015 年以来，刚果妇女革命联盟继续代表妇女参加社会协商对话，参与民主管理、民主监督，代表和维护刚果妇女利益，促进男女平等，参与刚果（布）有关妇女儿童法律、法规、条例的制定，维护妇女儿童合法权益。

4. 刚果与各国人民友好协会（Association Congolaise D'Amitie Entre Les Peuples）

刚果与各国人民友好协会成立于 1966 年，旨在开展同各国人民的友好活动。它是 1963 年"八月革命"后成立的民间外交机构，该组织曾在 1997 年战后推进和平进程中发挥了积极作用。刚果与各国人民友好协会于 1974 年同中国人民对外友好协会建立了联系，双方不定期开展中刚民间文化交流，举办演出和展览，促进中非文化互鉴，加深了解和友谊。刚果与各国人民友好协会主席为维塔尔·巴拉（Vital Bare）。

第六节　著名政治人物

一　富尔贝·尤卢（Fullbert Youlou，1917～1972 年）

1917 年 6 月 9 日生于布拉柴维尔市的蒙博诺洛，拉利族人。1929 年进入布拉柴维尔初级修道院学习，在姆巴穆岛高级修道院毕业后到加蓬和喀麦隆进修神学。1949 年 6 月 9 日成为一名神父，根据教会的规定被派往明杜利村传教。神职工作使他有机会结识欧洲官吏，1955 年在新的地方立法议会选举中，他被提名为候选人。然而，大主教禁止他当候选人，他便辞去神职。这件事使他得到拉利族青年人的拥护，他们对不推选尤卢的人施以暴行。1956 年 1 月的立法选举使尤卢一鸣惊人，他成为刚果（布）第三号人物。1956 年 2 月他赴巴黎活动，希望得到法国政府的赏识。回刚果（布）后创建非洲保卫非洲利益民主联盟和《进步报》，并在同年布拉柴维尔的市政选举中当选为市长。1957 年 3 月，他进入领地议会，利用在政府任部长之机到各地考察，趁机宣传自己。在 1958 年的议会选举中他以 1 票的优势胜出，出任临时政府总理。刚果（布）独立后，1961 年他当选为总统，出任政府首脑兼国防部长。执政后在政治上，在"兄弟民族的重新团结"的口号下，在宪兵和警察部门大量任用拉利族人，推行一党政治，实行政治专制主义；在经济上，依赖外国资本，特别是法国资本，崇尚经济自由主义；在外交上，追随法国等西方大国。1963 年发生"八月革命"，尤卢政权被推翻，尤卢被关进军营遭到囚禁。1965 年 3 月他潜逃出国，流亡西班牙马德里，6 月 8 日被国内法庭缺席判处死刑。1972 年去世。

二　阿方斯·马桑巴－代巴（Alphonse Massembat-Debat，1921～1977 年）

1921 年生于布拉柴维尔市附近博科县的恩戈罗村，拉利族人。先后就学于博科初级小学、布拉柴维尔爱德华—雷纳尔高级小学和赤道非洲高级干部学校。1940 年起在乍得从事教育工作，参加乍得进步党，任乍得进步协会总书记。1947年在布拉柴维尔市任小学校长，同时参加进步党。1953年创建蒙都利文化俱乐部，并自任主席。1956年加入尤卢的保卫非洲利益民主联盟，1957年任教育部长秘书，1958年赴法国高等师范学校进修，1959年任教育部长办公室主任，同年7月当选为国民议会议长，1961年5月任国务部长，又接任计划和装备部长。后因与尤卢政见不合而辞职，并回故里隐居。1963年"八月革命"后受邀出任临时政府总理兼国防部长，12月19日在由最高法院主持的共和国总统选举中当选为总统，1964年7月2日当选"全国革命运动委员会"总书记。他被称为"温和派"，主张内外政策都要走中间道路。1968年7月，他领导的政府被恩古瓦比发动的政变推翻，9月4日宣布辞职并被捕。1977年3月25日，因被指控与恩古瓦比被刺有牵连而被处死。在他的任期内，刚果（布）与中国建交，1964年9月曾访华。

三 马利安·恩古瓦比（Mairen Ngouabi，1938~1977年）

1938年生于北方奥旺多附近翁贝利的一个农民家庭，是姆博希部族中的库尤人。早年在当地接受教育，1957年毕业于布拉柴维尔勒克莱尔将军预备军校，后在法国驻中非共和国、喀麦隆等地的殖民军中服役。1960~1962年先后在法国斯特拉斯堡军事预备学校和圣西尔军校进修学习。1962年10月回国，1963年"八月革命"后，任黑角市卫戍部队司令。1965年调任刚果（布）第一步兵营营长，负责建立刚果（布）第一伞兵突击营。1966年3月被指定为"全国革命运动委员会"中央委员。1966年6月，因拒绝调动和反对把军队收编到民兵中去而发动政变，失败后在体育场向政府官员投降，此后被降职任用。1968年7月又被逮捕，在一批伞兵部队指挥官的努力下被保释出狱。他对日益摇摆的马桑巴-代巴政权不满，便联合努马扎莱为首的民族主义左派发动了1968年"七·三一运动"。这次政变后任"全国革命运动委员会"主席兼国家人民军总司令，1969年12月当选刚果（布）劳动党主席并任国家总统。恩古瓦比被称为"非洲第一个公开宣称走科学社会主义道路的人"。由于实施了一系列脱离实际的举措，导致国内经济状态恶化，政局不稳，在他任职9年中发生了7次军事政变。

1977 年 3 月 18 日，陆军上尉巴米特·基卡迪迪率领一支由 4 人组成的敢死队，驱车闯入恩古瓦比的住所，枪战中恩古瓦比被击毙身亡，享年 39 岁。恩古瓦比个性直率，工作认真，在任时对中国十分友好，1973 年 1 月曾访华。

四 帕斯卡尔·利苏巴（Pascal Lissouba，1931 年至今）

1931 年 11 月 15 日生于尼阿里省。曾就读于巴黎理学院，获法国自然科学国家博士学位，在法国接受过进步思想，曾参加撒哈拉以南非洲留法学联并担任负责人职务。1961 年出任尤卢政府农业部长，后参加"八月革命"。1963 年 12 月至 1966 年 4 月任总理。1968 年参加"七·三一"运动，与恩古瓦比组建"全国革命运动委员会"，任委员。1971 年任布拉柴维尔大学理学院院长。1972 年加入刚果（布）劳动党，后被选入中央委员会，不久因与恩古瓦比有政见分歧而退党。1973 年 2 月被指控参与迪亚瓦拉政变而被捕，4 月 24 日被宣告无罪。1977 年因涉嫌恩古瓦比谋杀案被判死刑，经加蓬总统邦戈的干预幸免于难。1979 年后历任法国巴黎第三大学人口遗传学教授、联合国教科文组织自然科学司司长、非洲科技特别顾问、驻内罗毕非洲科技办事处主任。1991 年 1 月返回刚果（布），他以南方大尼阿里地区为基础创建泛非社会民主联盟并任主席。1992 年 8 月，他在刚果（布）首次总统自由选举中，以 61.32% 的多数票成为刚果（布）总统。由于权力分配分歧，以利苏巴为首的总统派与反对派展开权力之争，造成多次流血冲突，1995 年 12 月双方签订和平协议。1997 年初，他与萨苏因为总统选举再起冲突，他的武装于 1997 年 6 月 5 日袭击了萨苏的住所，挑起内战，失败后流亡国外。同年 12 月，由代理第一书记马丁·姆贝里为首的泛非社会民主联盟临时执行局将他开除出党。2001 年 12 月底，刚果（布）特别法庭对他进行缺席审判，以叛国罪对他处以 30 年徒刑，并罚款和没收财产。1994 年 5 月曾应邀访华。

五 昂布瓦兹·爱德华·努马扎莱（Ambroise Edouard Noumazalaye，1933 ~ 2007 年）

1933 年 9 月 23 日生于布拉柴维尔市。早年留学法国，毕业于图卢兹大学理学院和统计学院，获学士学位，曾参加撒哈拉以南非洲留学生活动。1963年中断学业回国参加"八月革命"，并参与创建刚果（布）劳动党前身——"全国革命运动委员会"，任政治局第一书记。1964年9月被任命为政府经济事务局长，1965年5月任总理兼计划部长。1968年参与推翻马桑巴-代巴的"七·三一运动"，任最高权力机构"全国革命运动委员会"委员。1970年3月当选刚果（布）劳动党第二书记，因与恩古瓦比有分歧，1971年12月被免职，1972年被指控参与"二·二二"政变而被捕。1977年获释后任职于政府工业总局。他支持萨苏执政，1984年8月出任工业和手工业部长。从1990年起在多党民主化政治风波中与萨苏合作，任刚果（布）劳动党总书记。2002年8月10日当选参议院议长。他对华友好，曾多次访问中国。

六　德尼·萨苏-恩格索（Denis Sassou-Nguesso，1943年至今）

刚果（布）总统、国家元首、武装力量最高统帅。1943年2月5日生于刚果北方盆地省奥旺多市埃杜村，姆博希族人。早年曾在法国圣西尔军校学习，后在阿尔及利亚舍尔舍勒军校和法国圣·梅克桑军校学习。1961年参军，历任伞兵营连长、营长、布拉柴维尔军区司令、陆军司令、国家保安局局长等职。1963年8月参加推翻尤卢政权的"八月革命"。1968年参加"七·三一运动"，后任"全国革命运动委员会"委员。他是刚果（布）劳动党创始人之一，任历届中央委员。1970年3月当选为政治局委员。1973年1月任刚果（布）劳动党中央常设军事委员会常务书记。1975年底任特别参谋部成员，兼负责党务和国防工作。1977年3月，恩古瓦比遇刺身亡后，出任党的军事委员会第一副主席兼国防部长。1979年3月，正式当选为党中央委员会主席。7月出任共和国总统、部长会议主席兼任国防部长。1984年和1989年连任总统，1989年晋升为陆军上将。出任总统后宣称继承恩古瓦比的革命路线，提出"现阶段刚果革命任务是建立一个民族、民主政权"，最终目的是在刚果（布）"建成一个社会主义社会"。他注重抓党的建设、建立和健全党中央和地方组织，针对国内长期存在的南北部族矛盾，号召全党和全国人民反对部族主义、地区主义和分裂主义，努力维护党的统一和国内团结。在经济方面，虽未放弃社会主义主张，实际上果断地进行经济调整，推行"自主和自强的经济发展战略"，提倡"国有经济、合营经济、私营经济和合作经济共存"，对国有企业进行大刀阔斧的整顿和改组，强调农业是国民经济的基础，执行有利于提高农民积极性的政策。对外主张"伙伴多元化"，积极吸引外资。多次重申刚果（布）的外交政策是"开放、睦邻，支援解放运动，独立和在尊重主权与互利的基础上进行国际合作"，改善与邻国关系，促进地区一体化，加强改善与欧洲国家，特别是与法国的关系。由于在和各国友好关系方面的贡献，意大利新闻中心于1985年8月在布拉柴维尔授予他国际墨丘利和平奖。1986年7月当选为非洲统一组织的执行主席。1990年在非洲民主化浪潮和西方国家的压力下，主动提出放弃马列主义作为指导思想，不再强调要建设社会主义，放弃一党制，实行多党制。在1992年8月多党总统选举中落选，流亡国外。1996年回国组建、扩充私人民兵武装。1997年10月击败利苏巴武装，再次出任总统，继续奉行多党民主制。他喜爱打乒乓球，有7个子女。在2002年3月10日的大选中当选总统，并先后在2009年7月、2016年3月连任总统。萨苏总统对华友好，是刚中友好关系不断发展的推动者和见证人。

七 克莱芒·穆昂巴（Clément Mouamba，1944年至今）

克莱芒·穆昂巴1973年入职中非国家银行，6年后担任部门副职。萨苏担任总统后被任命为经济财政顾问。1985年出任刚果（布）国际银行行长及刚果（布）商业银行行长。1992年刚果（布）商业银行倒闭，因此受到指责。1992年萨苏未能连任总统，穆昂巴随之脱离刚果（布）劳动党，加入帕斯卡尔·利苏巴总统领导的泛非社会民主联盟组建的新政府，出任财政部长，1993年因主张不同离职。1995年，他重新回到中非国家银行，并出任央行理事长的经济顾问，直到2001年回到刚果（布）。1997年6~10月，刚果（布）发生内战，萨苏推翻利苏巴后再次执政。2015 年，穆昂巴改变政治立场，转而支持总统萨苏提出的修改宪法的主张，因而被泛非社会民主联盟开除。2016 年 3 月 20 日，萨苏再次当选总统。2016 年 4 月 23 日，穆昂巴被萨苏总统任命为刚果（布）总理，2017 年 8 月，穆昂巴向萨苏总统递交辞呈。后被重新任命为新一届政府总理。

第四章

经　济

第一节　经济概况

一　独立后的经济发展

独立后，刚果（布）经济的发展大致经历了四个阶段，其经济制度、经济结构及经济发展水平在不同的阶段具有不同的特点。

1. 1960～1968 年时期的经济

1960～1968 年分别是尤卢执政时期和马桑巴 - 代巴执政时期，也是刚果（布）经济恢复和初步发展的时期。1960 年刚果（布）在政治上获得独立，但是经济仍没有摆脱原宗主国法国的控制，经济体制与独立前无异。1963 年"八月革命"后马桑巴 - 代巴政府虽提出了"尽快实现国家经济独立，走社会主义道路"的口号，但是并不主张立即在刚果（布）实行。在此期间，虽然国家投资增加，民族经济有所发展，出口产量增加，对外贸易出现顺差，但是经济的基本结构、基本特征没有大的变化。

首先，单一的经济结构没有改变，法国曾将刚果（布）变成其获得农林产品和矿产资源的来源地之一。刚果（布）则依靠出口这些单一产品维持财政和经济。木材、石油是最主要的出口产品，也是其经济的两大支柱。木材品种多达 300 多种，可供出口的有 40 多种，黑檀木、红木、硬木、铁木等都是名贵的木材。1959 年木材的出口约占刚果（布）总出口量的 65%，到 1964 年仍占 55%。刚果（布）1960 年的石油产量为 5

万多吨，1962 年上升到 10 万吨，1964 年稍有回落，为 8 万吨，很快就在刚果（布）出口总额中占据了第二位，仅次于木材出口。这种单一的片面的经济结构影响农业发展，导致粮食不能自给而要依赖进口，20 世纪 60 年代每年进口的粮食为 5 万吨左右。

其次，外国资本尤其是法国资本仍控制着其经济命脉。根据独立前刚果（布）与宗主国签订的一系列合作协议，法国公司可在刚果（布）自由投资、开矿、营业、转移资本，法国商品可自由流通、不纳关税，并要保证优先销售。法国开办的赤道非洲国家和喀麦隆中央银行控制着作为刚果（布）货币的中非法郎的发行权，刚果（布）从法郎区以外收入的外汇要存入巴黎的法郎区兑换基金账户，如果动用要经法国批准。尤卢政府的财政预算赤字要由法国贷款弥补，在尤卢政府拟定的 1961～1963 年发展纲要中，90% 的资金要靠外国资本支付。马桑巴 - 代巴政府采取了一些国有化措施，先后将邮电、广播、航空等部门收归国有，创办了国营贸易局，建立了国营运输公共工程局和林业局，但是主要经济部门仍由外国公司控制。

最后，经济的二元结构继续存在。殖民主义统治造成非洲国家普遍形成经济的二元结构，即现代化的工矿业部门与落后原始的农牧业传统经济并存，城市与沿海地区开放性的商品经济与农村内地封闭性的自然经济并存，形成巨大的反差。在刚果（布），这种二元结构尤为突出。工商业、交通运输业，特别是纺织、木材、石油、金属、化工等部门主要集中在布拉柴维尔、黑角、卢博莫、恩卡伊四大城市。这些城市又都集中在刚果（布）南部地区，从而使该国南部与北部地区在经济结构上形成很大的差距。北部是农牧业地区，多数农民仍用刀耕火种的方式进行耕作，林区的居民甚至还采集野果和狩猎，只有少数农民采用现代耕作方式耕种田地。20 世纪 60 年代刚果（布）的农业人口占全国人口的 80%，从整体上看，当时经济发展水平比较落后。

2. 1969～1978 年时期的经济

1969～1978 年是恩古瓦比和雍比政府时期。恩古瓦比政府对经济进行了非洲社会主义试验，大兴国有化风潮，优先发展国营企业，先后将大批的外资企业收归国有，同时依靠外援兴建了一批国营企业，从而使经济体制发生了较大的变化。最初国有化的是公用企业，马桑巴－代巴政府就曾将外资经营的自来水厂、发电厂收归国有。1969 年恩古瓦比又对与外资合营的大洋铁路、黑角港、布拉柴维尔机场及机车车辆修理厂实行国有化，接着又宣布将外国公司经营的森林租让地收归国有，将法资尼阿里工农业和糖业公司这个最大的联合企业收归国有。国有化的大举措是在 1974～1976 年期间进行的，政府宣布将外资石油销售公司实行国有化，取消了在刚果（布）的所有外国石油公司的一切商业活动，其财产、股票和权益被移交给刚果（布）国家石油勘探和开采公司。1975 年，19 家外国保险公司被取缔，代之以刚果（布）保险与再保险公司。同年政府将两家外资银行合并为由刚果（布）人任经理的联合银行。1976 年 9 月，将磷酸盐工业置于国营矿业公司控制之下。但是，所有国有化行动都不是无偿没收外资企业，刚果（布）政府要向这些企业赔偿一定的损失。政府也收购了其他类型的企业，例如，刚果（布）政府以 300 万中非法郎收购了一家法资砖厂。刚果（布）国有化的另一举措是优先兴建国营企业，主要利用外援完成，如中国援建的造船厂、纺织厂，罗马尼亚援建的木材厂，德国、日本、英国分别援建的水泥厂、唱片厂、玻璃厂等。20世纪 70 年代，全国仅有 20 多个国营企业，此后 10 年达到 60 多个。

恩古瓦比政府在推行国有化政策的同时在农村大力实行农业合作化和集体化运动。1974 年刚果（布）利用联合国开发署的赞助推广合作社，政府向合作社提供贷款、良种、化肥、农具并实行免交农业税政策。据官方统计，到 20 世纪 70 年代末，全国有 1128 个合作社及合作小组，其中1037 个是农业生产合作社。上述措施带来了经济结构的变化，突出的表现为工业在国民经济中的比重增加。20 世纪 60 年代初，刚果（布）工业、农业、服务业在国民经济中的比重分别为 17%、23%、60%，到 70年代末变为 45%、12%、43%，其中工业的比重增加了 28%，过去的殖民地经济结构开始转变为多种成分的混合经济体制。民族经济有了较大的发展空间，在工业中，石油工业的地位超过了木材业，1971 年刚果（布）木材产量为 83.7 万立方米，1975 年下降为 31 万立方米，后虽有回升，但 1978 年也仅为 46.1 万立方米。受 1973 年国际石油危机的影响，石油产量从 1971 年的 146 万吨猛增到 1973 年的 205 万吨，1975 年下降至 179 万吨，1978 年又上升为 256 万吨。石油在 1973 年第一次占到刚果（布）出口产品的第一位。

恩古瓦比的改革和石油工业的快速发展给刚果（布）经济发展带来了起色。1961～1972 年，刚果（布）经济的实际年平均增长率为 5%，1973～1974 年一度高达 13%。国家财政收入从 1960 年的 53 亿中非法郎增至 1974～1977 年的 420 亿～480 亿中非法郎。但是，20 世纪 70 年代中后期，由于西方经济危机的冲击，加上国有化规模过大、步子太急，出现了经营管理不善、机构臃肿、人浮于事、贪污盗窃严重等诸多问题，造成绝大部分国营企业生产下降、亏损惊人。20 世纪 70 年代后期，刚果（布）国家财政状况不断恶化，1978 年财政预算总支出高达 1000 多亿中非法郎，而实际收入仅 490 亿中非法郎。1977～1978 年，国内生产总值下降了 7%，以消费物价指数表现的通货膨胀率每年高达 90%，债务从 1973 年的 3.79 亿美元猛增到 10.49 亿美元。1978 年有两个月发不出公务人员和士兵的工资，雍比政府不得不向欧共体借钱以解燃眉之急。

3. 1979～1989 年时期的经济

1979～1989 年是萨苏第一次执政时期，是经济改革的大调整时期。萨苏上台之初，面临严重的经济困难，物价上涨，通货膨胀。如果以 1969 年 1 月的物价指数为 100 的话，到 1980 年其批发价指数就上升到 336.9，零售价指数上升到 299.3。1978 年财政赤字达到 50 亿中非法郎，1980 年公共债务达 2500 亿中非法郎，每年进口粮食的费用就达 100 亿中非法郎。国营企业普遍亏损，国家给予国营企业的直接补贴已达 80 亿中非法郎。1979 年 3 月，刚果（布）劳动党召开第三次特别代表大会，在重申忠于社会主义基本选择的同时，制定了新的发展战略。大会认为"八月革命"后的 10 年中，刚果（布）尚未摆脱殖民地发展模式，各经济部门相互脱节。因此，大会提出必须同"国际资本主义的分工决裂"，实行革命的"自主自强发展战略"，即由国家掌握主要经济部门，开辟和发展国内市场，使本国经济和生产内向化，以满足本国人民的基本需要为主。

萨苏政府采取现实主义的经济发展政策，加强改善与西方国家（特别是法国的）关系，同时抓紧对国营企业的整顿与改造。1980 年刚果（布）政府经过调查研究，决定把国营企业分为三类不同情况加以整顿。第一类是需要发展的企业，共约 26 个。这类企业情况较好，重点是继续发展的问题。这些企业包括刚果（布）自来水公司、刚果（布）木材局、刚果（布）玻璃公司等。第二类是需要整顿的企业，共约 26 个。这些企业问题较多，重点是重新进行整顿的问题，如刚果（布）债务银行及国家贸易局等单位。第三类属于重新研究、考虑的企业，这些企业共有 9 个。这些企业大都在组织管理、技术水平及产品市场销路方面有严重问题，它们包括畜牧业公司、全国木材开发公司、布拉柴维尔运输公司等，刚果（布）将这部分企业重新改为外资合营企业或吸收外国资本入股。

经过几年的整顿，刚果（布）的国营企业有了一定的起色。1983 年，刚果（布）劳动党中央委员会第十二次会议确认，在刚果（布）的近 70 个国营企业中，有 8 个经过整顿已取得显著成效，50 个取得了一般成效。萨苏的经济调整政策使刚果（布）经济形势在短短的几年中发生了巨大的变化。1982 年，刚果（布）国民生产总值达 7120 亿中非法郎，人均国民生产总值为 1180 美元。1984 年，国民生产总值达到 9585 亿中非法郎，人均国民生产总值为 1200 美元，已被世界银行列为"低水平的中等收入国家"，主要经济部门从衰退走向复兴。石油年产量由 1970 年的 270 万吨，增加到 1980 年的 330 万吨，1981 年达到 450 万吨，石油收入 1250 亿中非法郎，占当年财政预算的 70%、出口总值的 91%。木材的出口额 1981 年比 1978 年增长了近一倍，由 1980 年的 320 亿中非法郎增加到 1981 年的 430 亿中非法郎。多年亏本的企业也开始好转，例如全国最大的国营贸易公司，1981 年的营业额达 105 亿中非法郎，比 1980 年增加了 54%，纯利润达 4.5 亿中非法郎。同时国家的财政预算也开始改善，1981 年国家的财政预算为 1.6 亿中非法郎，比 1980 年增加了 34%，1982 年增加到 2.799 亿中非法郎，1981 年国家的财政年度出现了 97 亿中非法郎的盈余。

刚果（布）劳动党于 1985 年 6 月召开三届二中全会，会议分析了

1980～1984 年的经济形势，并对其后 5 年的经济发展做了预测，认为中短期趋势很令人担忧，必须实行"紧急的、强制性的全面调整"。全会通过了"结构调整计划"（1985～1987 年）。该计划得到国际货币基金组织的支持，重点是开放市场物价，加速国营企业私有化。结构调整计划出台不久，国际经济环境和刚果（布）本国经济形势急剧恶化。国际油价骤跌至 13 美元一桶，各项调整措施或未能付诸实施，或已不适应新形势，均未取得预期效果。事实表明，刚果（布）调整计划当初设想的依靠本国财力、采取紧缩政策、恢复国民经济基本平衡的目标难以实现。

在此情况下，刚果（布）劳动党于 1986 年 5 月召开中央特别会议，会议通过了"强化结构调整计划"，并得到国际货币基金组织认可。"强化结构调整计划"是解决财政收支和国际收支严重失衡的问题，实施结果虽未完全实现恢复全国宏观平衡的目标，但却保证了各级行政机构及文化、教育、卫生部门的正常工作，使国民经济各主要环节保持低水平运作。在此期间，石油和木材的产量和出口量有所增加。石油产量从 1985 年的 590 万吨增至 1988 年的 703 万吨，木材出口量从 27 万立方米增至 1987 年的 33 万立方米。可以说，"强化结构调整计划"在缓解严重财政困难、保持国家政治和社会相对稳定方面发挥了一定作用。

但是，"强化结构调整计划"属于应急性短期紧缩措施，未触及刚果（布）产业和经济结构，所以它不能解决经济的连年下滑问题。国内生产总值的实际增长率（按 1978 年的价格计算）1988 年为 1.8%，1989 年为 2.7%，1990 年为 0.9%。人均国内生产总值实际增长率 1988 年为 -1.1%，1989 年为 -0.1%，1990 年为 -2.2%。刚果（布）被世界银行列为低收入严重负债国。因无利可图，大批外资撤离。据统计，1983 年在首都注册的企业共 1398 家，至 1987 年底只剩下 600 余家。债务负担仍有增无减，据世界银行统计，截至 1987 年底，刚果（布）外债已高达 46.36 亿美元，人均负债 2300 美元，在撒哈拉以南非洲国家中居于首位。政府只能靠借新债还旧债，陷于恶性循环之中。1987 年和 1988 年，财政赤字分别高达 850 亿中非法郎和 1175 亿中非法郎，占政府预算总额的

43% 和 41%。

1989 年 7 月，刚果（布）劳动党召开第四次代表大会，总结 1963 年"八月革命"以来，特别是 1984 年以来的建设成就和经验教训。会议提出要把振兴经济和实现粮食自给作为国家今后的主要任务，强调刚果（布）并不具备建设社会主义的条件，仍处于"民族民主人民革命阶段"。大会通过了 1990～1995 年"经济和社会行动计划"的基本方针，该计划 1989 年底被议会正式通过。但是，1990 年开始的多党民主化浪潮打断了这一新经济政策的实施进程。

4. 1990 年后的刚果（布）经济

从 1990 年开始的多党民主化浪潮造成政局动荡、经济急剧恶化，进入 2000 年后刚果（布）的经济才逐渐恢复和稳定。1990 年 6 月 29 日至 7 月 4 日，刚果（布）劳动党四届二中全会在宣布放弃领导地位、实行多党制的同时，也宣布实行自由主义经济方针，进一步落实新经济政策。但是，1991 年 6 月组建的过渡政府并不理会形同虚设的刚果（布）劳动党领导人萨苏总统及其主张，而提出以增收节支、缓解财政困难、整顿企业、恢复生产为过渡时期的经济任务。1992 年初，过渡政府制订了"刚果（布）经济稳定和复兴计划"，颁布了新投资法，鼓励外商和私人投资。同年 8 月利苏巴当选总统后，重申以科学为后盾的经济发展纲领，主张协调全国发展，尽快振兴经济。1994 年 5 月，刚果（布）恢复执行一度中断的"强化结构调整计划"。但是政局的持续动荡使经济继续滑坡，故世界银行一直将刚果（布）列为低收入严重负债国。1997 年内战爆发前，刚果（布）外债高达 60 亿美元，人均外债 2400 美元（按 250 万人计算），成为世界上人均负债最多的国家之一。1997 年 6 月内战爆发，直到 1999 年 6 月局势稳定。在长达两年的内战中，刚果（布）的经济遭到毁灭性的打击，战争使基础设施遭到破坏，布拉柴维尔使馆区也遭到乱兵的抢劫。原有的 200 多家中小企业几乎全部瘫痪，石油和木材的出口大幅下降。1999 年国内生产总值的增长率为 - 0.7%，通货膨胀率为 3.6%，人均国民收入降至 400 美元以下，刚果（布）跌入最不发达国家的行列。

1998 年 6 月，重新执政的萨苏政府与国际货币基金组织、世界银行、欧盟共同倡议在华盛顿召开刚果（布）出资者圆桌会议。刚果（布）提交了战后重建计划，申请援助总额为 5000 亿中非法郎。7 月，国际货币基金组织批准了该计划，决定解冻被冻结的 110 亿中非法郎中的 60 亿，同意刚果（布）政府提出的国有企业私有化、审核拖欠债务、打击走私等要求。根据该计划，刚果（布）启动经济结构改革，整顿金融秩序，成立私有化委员会，着手对石油、交通、通信和水电等企业进行私有化。由于石油价格下跌，1998 年刚果（布）石油收入未能达到预期目标。同时也由于下台的利苏巴武装继续在首都和南方发起骚乱，该计划被迫中断执行。

1999 年下半年起，国际石油价格大幅上升，美元升值，刚果（布）石油收入增加，经济形势有所好转。同年 11 ~ 12 月，随着刚果（布）政府与反对萨苏政权的反叛武装在黑角签署结束敌对状态的协议，刚果（布）人民开始重建家园。为了恢复经济，刚果（布）政府决定对国民经济基础进行彻底改革，调整经济结构，鼓励私营经济发展，加大农业投入，在多样化和现代化生产的基础上实现经济有序增长。刚果（布）政府加快了私有化进程，不仅对一些战略性企业，如水、电、交通、通信、石油等企业实行私有化，而且对一些中小企业，如饭店、工厂也加快了实行私有化的步伐。1999 年 11 月，刚果（布）政府同世界银行和国际货币基金组织就债务减免、提供新贷款及刚果（布）的私有化问题进行谈判，未取得实质性的成果。再加上非经济因素的干扰，刚果（布）经济要恢复到 20 世纪 80 年代初的水平是相当困难的。

二　经济水平与经济成就

21 世纪之后，作为非洲发展中国家的后起之秀，刚果（布）经济持续稳步增长，后续发展趋势比较乐观，是非洲国家中为数不多的潜力股。2010 年以来，刚果（布）宏观经济形势总体企稳向好，各项主要经济指标呈现良性发展的态势。刚果（布）政府贯彻萨苏总统的"未来之路"计划，努力实施经济多元化方针，在稳定石油产量的同时，大力促进基础设施、工业和绿色经济等领域的发展，经济取得重大成就。随着政府公共投资大幅增加、矿业发展规模扩大，非石油领域的产业市场表现良好。

2016 年 4 月，德尼·萨苏 – 恩格索再次连任总统，在新的 5 年任期内，他表示将在工业化和现代化道路上与中国加强合作，共同发展。刚果（布）政府又提出经济多元化政策、《2016 ～ 2020 年五年发展规划》，以及 2025 年前刚果（布）布迈入新兴国家行列等目标，均是对"未来之路"计划的贯彻和细化。近年来，刚果（布）经济发展具有以下特点。

一方面，刚果（布）经济发展受到国际石油价格波动的影响。2012 ～ 2014 年，刚果（布）石油产量减少，石油领域产值年均下降 8.2%。受国际石油价格大幅下挫影响，刚果（布）对外贸易进出口总额呈现下降趋势。2014 年 1 ～ 6 月，刚果（布）进出口总额为 18953 亿中非法郎，扣除汇率波动因素同比下降 50.3%。其中出口 11752.9 亿中非法郎，同比下降 63.28%；进口 7200.1 亿中非法郎，同比增长 17.6%。[①]

针对石油危机，刚果（布）政府采取了谨慎的财政政策，注意减支增收，加大风险储备，及时调整国家财政预算。2014 年 12 月，刚果（布）议会通过了《2015 年国家财政预算实施修正法案》，预计 2015 年度财政收入为 72.39 亿美元，支出 61.39 亿美元。其中石油收入为 29.2 亿美元，占财政收入的 40.3%。投资性支出 41.25 亿美元，主要用于 2015 年 9 月 4 ～ 17 日在刚果（布）举办的第十一届非洲运动会项目建设和 2015 年 8 月 15 日"国庆日"活动举办地桑加省和布恩扎省的城市建设项目。

另一方面，非石油领域的发展为刚果（布）经济发展增添了活力。2010 年以来，非石油领域的发展在一定程度上弥补了石油减产对刚果（布）经济的影响。非石油领域的发展对经济增长的贡献不断增加，

---

① 中国驻刚果（布）大使馆经济商务参赞处：《刚果（布）2014 年宏观经济形势概述及中短期研判》，2015 – 04 – 01，参见 http://cg.mofcom.gov.cn/article/sqfb/201504/20150400930258.shtml。

2012～2014年，刚果（布）非石油领域收入年均增长率约为8.4%。一方面归功于政府在林业、矿业、农业、手工业等领域采取的经济多元化政策，另一方面应归功于在基础设施领域公共投资的增加。2012～2014年，公共投资已占刚果（布）国内生产总值的近三分之一，这也刺激了私营投资的增加。公共投资为私营投资创造了有利条件和良好的外部环境，私营投资占国内生产总值的比重已从2000～2006年的17.9%，增加到2007～2013年的25.7%。[①]

当然，刚果（布）经济发展也可能存在变数。由于受债务增加、付款体系薄弱、财政执行困难、公共投资消化能力弱、公共支出效率低、汇率波动等因素影响，刚果（布）政府可能会面临财政和金融危机，进而极大地影响非石油领域产业的发展前景。刚果（布）国内基础设施和社会领域资源分布不均，大量的社会经济资源仅仅集中在韦索、奥约-奥隆博、布拉柴维尔和黑角四大经济特区，其他地区相对不足。刚果（布）人均GDP达到3200美元，已摆脱"重债穷国"的困局。但是，其经济发展没能带来更多的就业，全国失业率为34%，特别是青年人失业率居高不下，社会的两极分化严重，以货币计算的贫困人口仍达到46.5%，基尼系数达到0.43。另外，2015年在布拉柴维尔举行的第十一届非洲运动会的组织和筹备工作的花费可能超出国家财政所能承受的范围，政府不得不严重依赖国际贷款来实施主要基础设施项目。

2016年以来，国际油价低迷影响深度发酵，作为非洲主要产油国的刚果（布），经济增速明显放缓。国际货币基金组织曾对2017年刚果（布）经济表现进行了预测，预计2017年GDP增速为0.6%，其中石油领域增速有望达到4.6%，非石油领域则将遭遇负增长，增速为-0.5%，通胀率为4%。刚果（布）经济多元化战略成效不显著，国际收支压力不断增大，公共债务率快速攀升至GDP的77%（见表4-1）。

---

① 中国驻刚果（布）大使馆经济商务参赞处：《世界银行发布第一份刚果（布）财经形势报告》，2014-09-25，参见 http://www.mofcom.gov.cn/article/i/jyjl/k/201409/20140900743649.shtml。

表 4 - 1 刚果（布）经济情况（2010～2018 年）

单位：%

项 目 \ 年 份	2010	2011	2012	2013	2014	2015	2016	2017*	2018**
GDP 增长（含石油业）	8.7	3.4	3.8	3.3	6.8	2.6	-2.7	0.6	8.8
GDP 增长（不含石油业）	6.4	7.5	9.7	8.2	7.9	5.3	-3.3	-0.5	2.1
人均 GDP 增长	5.6	0.5	0.9	1.0	4.5	0.4	-4.7	-1.5	6.6
消费价格平均增长	0.4	1.8	5.0	4.6	0.9	2.7	3.6	1.3	2.1
总投资占 GDP	19.8	24.6	25.0	29.4	40.2	34.8	24.2	17.7	18.7
国家净储蓄占 GDP	27.7	21.5	42.8	31.1	28.6	-8.0	-4.3	13.0	30.8
预算结余占 GDP	15.7	16.0	7.3	-1.9	-7.7	-18.7	-17.2	-0.3	2.8
公共收入占 GDP	36.6	40.9	42.5	44.7	40.2	28.8	26.5	25.3	26.5
公共支出占 GDP	21.0	25.4	35.4	47.0	48.4	48.3	44.6	26.4	24.6
公共债务占 GDP	22.4	32.2	34.2	36.7	45.2	70.6	83.0	73.8	67.5
广义货币总量	23.3	27.2	33.1	33.5	37.7	46.1	41.8	41.3	38.9
出口总量占 GDP	75.5	79.5	75.3	70.4	68.0	62.7	56.5	68.5	81.7
进口总量占 GDP	57.3	61.9	51.0	52.4	66.0	96.3	76.0	61.6	51.3
贸易平衡占 GDP	41.9	46.8	43.1	34.5	23.9	-5.5	2.6	29.9	47.6
国外直接净投资占 GDP	17.8	20.6	-2.1	18.0	18.8	31.8	26.0	13.8	10.1
银行业活动占 GDP	18.4	23.1	28.0	29.6	34.2	44.8	46.5	—	—
银行业存贷款比率	39.5	38.3	49.8	59.6	55.3	72.8	82.0	—	—

* ** 2017 年与 2018 年数据为预测数据。

资料来源：国际货币基金组织：《2017 非洲撒哈拉以南地区经济展望》，2018 - 07 - 01，第 78～105 页，参见 http：//www. imf. org/fr/Publications/REO/SSA/Issues/2017/05/03/sreo0517。

第二节 经济政策

一 经济发展规划

刚果（布）政府积极推行振兴经济和经济多元化政策，减少对石油的过度依赖，推动各行各业的全面发展。2002 年通过的新投资法，赋予地方政府更多的权利和义务，鼓励私人投资，提高政府政策和法规的透明度。

2009 年，萨苏总统连任后提出了"未来之路"计划，致力于加强农业和工业建设，创建出口工业区，发展教育和基础设施。

2012 年 7 月，刚果（布）议会通过国家五年发展规划（2012～2016 年），它是广泛征求全国各阶层人士意见的产物，被认为是各行各业共同发展的路线图，其主要内容包括：促进增长、就业和摆脱贫困的国家发展战略文件（2012～2016 年）；优先行动计划；宏观经济前景及财政预算框架和计划实施的跟踪与评估。

2012 年，萨苏总统提出在 2025 年之前将刚果（布）建设成为新兴发展中国家。为了实现这一目标，政府将改善基础设施，优先发展能源、采矿业、现代制造业和绿色经济（农、林、牧、渔及旅游业），实现经济多元化发展战略。

2016 年，刚果（布）提出新的国家五年发展规划（2016～2020 年），把经济特区列为经济多元化和产业发展的重点。

二 经济特区计划

2009 年以来，刚果（布）积极倡导"向东看"政策，尤其重视学习中国的发展模式，期望通过借鉴中国经济建设的经验实现自身发展。为此，刚果（布）政府于 2009 年成立了直属总统府的特区部。该部成立以来，多次派团访问中国、新加坡等国家，寻求工业发展多元化的可操作发展模式。经过前期可行性研究，刚果（布）已经筹建了四个经济特区，分别位于韦索（桑加省首府）、奥约－奥隆博（盆地省及高原省）、布拉柴维尔（首都）和黑角（最大的港口城市）。刚果（布）政府依据各个经济特区的具体特点，发展不同类型的产业。①

---

① 奥约－奥隆博和韦索经济特区的可行性研究由新加坡盛邦（SURBANA）和裕廊（JURONG）公司负责，布拉柴维尔和韦索经济特区的可行性研究则由法国 Quantic 公司、贝恩咨询公司、基德律师事务所和艾吉斯（Egis）公司联合负责，可行性研究明确了四个经济特区将分别发展的工业产业领域。

1. 韦索经济特区

韦索经济特区位于刚果（布）北部地区，毗邻喀麦隆。特区面积达6.452万公顷。该特区主要位于刚果盆地西部，盆地地表大部分被黏土覆盖，不仅自然肥力高，农业生产潜力大，而且由于黏土不易透水的特性，植物生长茂密，林业资源丰富。

韦索经济特区依托刚果（布）北部桑加省、利夸拉省丰富的林业资源，主要发展木材加工业及其衍生的家具和建材业、棕榈林、咖啡和可可种植业，以及以农产品为原材料的农业加工业。预计该经济特区对刚果（布）国内生产总值的贡献在2020年将达3.5亿美元，2030年将增加至7亿美元。该特区有大量未开采的林区、矿区和油区，但是因为缺乏最基本的交通运输设施，导致开发成本过高。

2. 奥约-奥隆博经济特区

奥约-奥隆博经济特区位于刚果（布）东中部地区，面积达76.0318万公顷。2013年7月6日，刚果（布）政府出台了奥约-奥隆博经济特区可行性研究草案，把该特区定位为"绿色经济和可持续发展中心"，将以大规模农业、农产品加工业、养殖、木材加工业、渔业等为主，同时大力发展可再生资源，推动城市工商业发展。刚果（布）政府还在离奥约12公里处的奥隆博兴建国际机场，更使这一区域性国际机场与世界各地直接相连，这座国际机场被称为中非地区的"黄金中转站"。

奥约-奥隆博经济特区主要发展食用和非食用农产品加工业、旅游业、金融和商业、林业、水产养殖和冷链、园艺业、养蜂业和农业（生产可可、咖啡、橡胶和棕榈油）等。该特区主要有奥博卡捏养牛场、奥约太阳能板厂等，将在2032年创造12万个就业岗位，即每年6500个岗位，特区对刚果（布）国内生产总值的贡献预计在2032年将达15.28亿美元。[1] 特区建设第一期计划投入1020亿中非法郎（约2.04亿美元），

---

① 中国驻刚果（布）大使馆经济商务参赞处：《刚果（布）经济特区建设准备工作已完成》，2014-09-04，参见 http：//cg.mofcom.gov.cn/article/jmxw/201409/20140900721460.shtml。

利用园内 1460 公顷土地发展园艺业、物流业和进行中心区域城市化。为保证特区建设更顺利地进行，特区将被划分为若干小区块，通过发展基础设施和工业促进奥约、奥隆博两城市的发展。

3. 布拉柴维尔经济特区

布拉柴维尔经济特区主要包括刚果（布）第一大城市布拉柴维尔及其周边地区，特区是全国的政治、经济和文化中心，人口约 137 万，面积达 16.41 万公顷。该特区是联系刚果河与大西洋的枢纽，既是内河港埠，又是刚果（布）大洋铁路的起点，是喀麦隆、中非共和国和乍得等国进出口物资的中转站。

特区主要发展物流业、建材业（水泥、石子、砖、瓦和板材等的生产加工）、木薯及甘蔗种植业（用于生产生物燃料）、园艺业及棕榈油加工业等。位于布拉柴维尔市北部郊区的马卢古工业园区正在建设中，已有巴西 13 家建材企业入驻。预计该特区在 2020 年将创造 2.1 万个就业岗位，2030 年将增加至 4.3 万个。布拉柴维尔经济特区对国内生产总值的贡献在 2020 年将达 7 亿美元，2030 年将达 17 亿美元，约占目前非石油领域国内生产总值的 40%。

4. 黑角经济特区

黑角经济特区包括刚果（布）港口城市黑角及其周边地区，面积达 3150 公顷。黑角是刚果（布）的经济首都，也是重要的自治直辖市，人口约 50 万。该特区主要发展石油冶炼、食品及饮料工业、材料工程、化工产业、矿物及非金属产业、木材及其衍生品、塑料产品制造业、造纸及其衍生品、印刷和出版业、玻璃厂、机械设备安装及维护等。2014 年刚果（布）国家预算中用于特区活动的经费原为 240 亿中非法郎，后因预算调整，削减至 40 亿中非法郎。刚果（布）国家预算从 4.192 万亿中非法郎减少至 3.932 万亿中非法郎。尽管预算减少，但是未来 5 年，黑角经济特区将面临历史性的发展机遇，必将为促进刚果（布）工业开发、实现经济多元化奠定基础。

由于黑角自治港无法满足大规模散货运输需要，为增强矿业公司将矿产品运往欧洲和亚洲的能力，刚果（布）政府与中国路桥集团合作，启动了建立黑角矿业港的计划。① 该矿业港位于黑角自治港北部海岸线附近，设计吞吐能力达 1.5 亿吨，为满足矿业公司需要，散货设计运输能力将达 4600 万吨，其中 4000 万吨用于铁矿运输，300 万吨用于钾盐运输，剩余 300 万吨多用于吞吐设计。考虑到商品进出口需求的迅速增长及同出口目的地国家船舶停靠能力的差距，矿业港允许停靠最大船舶吨位将达 30 万吨。根据总体规划，该矿业港总面积 9 平方公里，拥有 31 个泊位，包括专用于铁矿、钾盐运输的泊位及多功能泊位。矿业港还将建造仓库、贮存和后勤基地，一个钾盐厂，一个铸造厂，一个炼油厂，铁路调度区，贸易区，附属区，以及一个发电能力达 2.664 万千瓦的发电站及一个食物和水处理中心等。② 黑角矿业港建成后，大规模散货运输即可得以实现，这将有利于矿产品的短、中、长期运输贸易，满足刚果（布）进出口增长的需求，进一步推动黑角经济特区建设。

第三节 农、林、牧、渔业

一 农业

刚果（布）地处赤道两侧，气候条件优越，土地资源丰富，是典型的农业国。由于国家财政大多用于基础设施建设，国家财政长期无法大力扶持农业发展，刚果（布）几乎没有农业灌溉系统，严重缺水，只能依赖雨水，形成明显的旱季和雨季之分。

刚果（布）土地资源十分丰富，农业可耕种用地面积为 1062.7 万公顷，占国土面积的 31.119%，其中已耕种面积为 20 万公顷，仅占 2%。刚果（布）农业以个体生产为主，个体农户耕种的土地占已耕种面积的 68%，因此造成大量土地资源被闲置。除了可耕种用地资源丰富外，刚果

① 黑角自治港是刚果共和国唯一的海港，亦是中部非洲地区的深水良港，刚果（布）政府有意新建矿业港，并将其打造成区域海运货物的集散中心。
② 中国驻刚果共和国大使馆：《黑角矿业港规划被公布》，2014 - 01 - 10，参见 http：// www.mofcom.gov.cn/article/i/jyjl/k/201401/20140100457189.shtml。

（布）具有发展农业的优越自然条件：年降雨量在 1600～1800 毫米，降雨量充足；年均气温达 27℃，光照充足。

刚果（布）主要粮食作物有木薯、玉米、水稻、土豆等，其中木薯是最主要的粮食作物，在全国大部分地区均有种植。用木薯加工制成的"富富"粉是刚果（布）居民的基本食品。刚果（布）主要经济作物包括甘蔗、花生、香蕉、可可、咖啡、油棕、烟草等（见表 4-2）。

表 4-2　刚果（布）主要粮食及经济作物产量

单位：万吨

年份 类别	2008	2009	2010	2011	2012	2013	2014	2015
木薯	119.6	123.1	114.9	115	120	125	162.7	173.6
甘蔗	56.5	60	65	65	65	65	62.7	68.2
香蕉	8	8.1	8.5	9.2	10	10.4	12.9	13.8
芭蕉	7.9	8	8.1	8.2	8.4	8.6	16.3	17.4
杧果	3.7	3.8	3.9	3.8	4	4.1	—	—

资料来源：《2017 年非洲统计年鉴》，*African Statistical Yearbook 2017*，p. 144。

然而，刚果（布）农业生产技术极为落后，土地产出率较低，农业产值仅占国家生产总值的 6.3%，且粮食、食用油、肉类、蔬菜等均不能自给，90% 以上依赖进口，因此农副产品价格昂贵。刚果（布）每年要进口超过 1000 亿中非法郎的食品来满足国内需求。同时，刚果（布）没有形成自己独立而完整的农业产业体系，农业产业链不完整，如刚果（布）不生产小麦，生产啤酒所需的小麦依赖进口。农业加工环节显得单一而且简短。以刚果（布）居民的主粮木薯为例，木薯的加工方式比较单一，食用方式为直接鲜食，或将鲜木薯制成木薯粉，然后通过蒸煮或油炸制成有限的几种食品。不完整的农业产业链不利于刚果（布）农业的发展，大量生产生活用品依赖进口，价格居高不下。

萨苏总统多次提出农业是刚果（布）经济的重中之重，政府也采取了一些促进农业发展的措施，目标是在 5 年内将对进口粮食的依赖度降低 50%，在 10 ~ 15 年的时间内解决粮食自给问题。2008 年 5 月，刚果（布）农业与畜牧业部制定了《刚果（布）粮食安全规划》，该文件涉及提高农业科技的经济效益、改革现有土地制度、采用现代农业耕作技术、改良品种、加强农业培训、建立和完善农村信贷体系、促进商业化等 7 项措施。该文件还明确提出免征农业机械设备、生产资料进口关税，对国内流通领域的农业生产资料经营单位免征一半税收。

刚果（布）政府一直强调发展农业对经济社会发展的重要性。2008 年 12 月，政府成立了农业支持基金。该基金主要由 40 亿中非法郎组成，每年政府再根据财政状况增加一部分自给用于基金运作。为推动农业发展，政府还采取了一些鼓励措施，如研究创造有利的法律环境、动员和鼓励社会人员参与农业、设立农业发展成就奖等。

2015 年以来，刚果（布）政府加大发展农业的力度，试图改变刚果（布）农业不发达、生产技术落后、农业生产资料紧缺的现状。刚果（布）政府出台相关鼓励外资投资农业部门的政策，并且积极寻求外援。在这种政策指导下，刚果（布）政府出租大量农业用地给外国合作者，借助外资力量提高土地利用率，完善自身的农业产业链。南非、意大利、俄罗斯、西班牙等国公司分别向刚果（布）政府申请数万公顷用地。一方面种植棕榈树、玉米、葵花等油料作物并建立配套加工厂，另一方面从事粮食经营、水果种植和畜牧养殖。巴西的公司在刚果（布）南部地区种植甘蔗，并用甘蔗生产乙醇。

二 林业

林业是刚果（布）仅次于石油产业的经济支柱。刚果（布）是世界上林业资源最丰富的国家之一，拥有近 2200 万公顷的原始森林、1000 万公顷的林地，森林覆盖率为国土面积的 70%，约占非洲大陆森林面积的 10%，森林面积仅次于刚果（金），名列非洲第二。刚果（布）林业资源具有较大的开发潜力，林业年产量高达 200 万立方米。在刚果（布），南部地区有近 2500 万立方米的木材储量，其中 40% 可用于生产各类木制品；北部省份大部分林区尚处于原始状态，近 1.5 亿立方米的木材有待开发。2010 年，刚果（布）林业对国民生产总值的贡献率约为 5.6%，占全国商品出口的比重约为 10%。[①]

刚果（布）主要树种包括桉树、棕榈树、伦巴木、奥库梅木、柚木、桃花心木、沙比利木、巴依亚木等。桉树是刚果（布）主要种植树种，刚果（布）是继巴西之后世界第二大桉树原木出口国，还是世界上第一个把扦插技术运用到桉树培育领域的国家。刚果（布）的棕榈树也富有盛名，北部桑加省和利夸拉省有面积相当可观的天然棕榈林，而已经开采的仅有桑加省的堪德库（Kandeko）和莫可可（Mokeko）棕榈林场，共计约 6000 公顷，主要出产供当地生产肥皂用的棕榈油。

2015 年，刚果（布）木材出口额占全国商品出口总额的 5.6%。政府把可持续的林业经济列为多元化经济政策的重要方向（见表 4-3）。

表 4-3　刚果（布）前三大出口商品（2015 年）

商品	数量（千吨）	总额（亿中非法郎）	总额占比（%）
原油	5064	12583	86.4
木材	588	821	5.6
液化天然气	45	273	1.9
总计	5697	13677	93.9

资料来源：中国驻刚果（布）大使馆经济商务参赞处：《刚果（布）2015 年对外贸易简况》，根据刚果（布）海关统计整理，参见 http：//cg. mofcom. gov. cn/article/ztdy/201604/20160401304378. shtml。

刚果（布）可利用林业区块 34 个：南部 11 个区块，1095 万公顷；中部 2 个区块，58 万公顷；北部 21 个区块，898 万公顷。正在开采的森林面积有 1300 万公顷。刚果（布）原木生产潜力为每年 1000

[①]　中国驻刚果（布）大使馆经济商务参赞处：《石油，刚果经济的顶梁柱》，2014-09-29，参见 http：//www. mofcom. gov. cn/article/i/jyjl/k/201409/20140900748606. shtml。

万立方米以上，木材加工潜力为每年 200 万立方米。除天然林业资源外，刚果（布）还有 7.3 万公顷的人工培育林，主要是桉树（6 万公顷）。①

因国际木材市场受金融危机影响处于低迷状态，近年来刚果（布）原木生产和出口都有所下降（见表 4-4）。

表 4-4 刚果（布）原木出口额（2011~2015 年）

单位：万美元

年份	2011	2012	2013	2014	2015
出口额	35221.9	32577.1	26902.7	31627.7	31822.8

资料来源：《联合国粮农组织森林产品 2015 年年鉴》，第 87 页，参见 http：//www.fao.org/forestry/statistics/80570/zh/。

刚果（布）在进行林业开发的同时，也很注重人工造林，以保持森林资源的可持续开发与利用。目前，刚果（布）已经制订了人工造林计划，主要在刚果（布）南方各省份实行，如奎卢省、布恩扎省、尼阿里省和普尔省，特别是在黑角市郊（见表 4-5）。

表 4-5 刚果（布）人工造林在各省的分布情况（2014 年）

单位：公顷

省份	面积	省份	面积
尼阿里	454	奎卢	51154
普尔	794	总计	59100
布恩扎	6698		

资料来源：《刚果（布）林业部 2018~2025 年 REDD + 国家战略投资计划》，*Plan d'investissement de la strategie National REDD + de la République du Congo 2018 - 2025*（version 4b），p. 22。

---

① 中华人民共和国商务部：《对外投资合作国别（地区）指南——刚果共和国》，中国商务出版社，2016，第 19~20 页。

刚果（布）森林面积较大，可开发的林业资源较多（见表4－6）。目前，林业开发配套设施不足、人力投入较少，再加上刚果（布）人工林再造计划的实施，刚果（布）年森林减少率一直保持在低位。2000～2010年，刚果（布）森林实际年减少率为0.077%，净年减少率为0.047%。

表4－6　刚果（布）森林面积及覆盖率变化（2000～2010年）

单位：公顷，%

省份	森林面积	森林覆盖率	森林减少率	森林再造率	森林净减少率
利夸拉	6270801	95	0.33	0.22	0.11
桑加	5356800	96	0.18	0.24	-0.06
莱库穆	1954611	93	1.23	0.36	0.87
盆地	2858324	59	0.30	0.15	0.15
西盆地	1991987	75	0.59	0.29	0.30
尼阿里	2100140	81	2.13	0.22	1.91
奎卢	1183020	87	2.72	0.33	2.39
布恩扎	209286	17	3.18	0.14	3.05
普尔	414751	12	3.82	1.81	2.02
高原	815102	21	2.02	0.63	1.39

资料来源：《刚果（布）林业部2018～2025年REDD＋国家战略投资计划》，*Plan d'investissement de la strategie National REDD + de la République du Congo 2018－2025（version 4b）*，p.23。

2000～2014年，刚果（布）森林面积减少了295957公顷。刚果（布）林业资源的开发潜力较大（见表4－7）。

表4－7　刚果（布）各省森林减少面积（2000～2014年）

单位：公顷

省份	减少面积	省份	减少面积
奎卢	31064.65161	尼阿里	26182.1607
布恩扎	5798.33008	莱库穆	22262.59761

续表

省份	减少面积	省份	减少面积
普尔	24344.98811	高原	32831.91006
西盆地	25468.18805	桑加	42939.57706
利夸拉	55002.79631	盆地	30061.48203

资料来源:《刚果(布)林业部 2018~2025 年 REDD + 国家战略投资计划》,*Plan d'investissement de la strategie National REDD + de la République du Congo 2018 – 2025*(version 4b), p. 24。

整体而言,由于受经济基础薄弱、基础设施条件较差等多种因素影响,刚果(布)林业开发较为缓慢,投资林业项目、开展木材贸易存在一定的困难和风险。

首先,林区基础设施发展较为落后。刚果(布)缺少完整的运输网络,大部分林区没有与外界相通的公路,仍然处于原始森林状态,林业开采项目前期投入较多。刚果(布)全国仅有一条大洋铁路,该铁路全长510 公里,从首都布拉柴维尔到港口城市黑角。由于铁路年久失修,且为单轨铁路,因此运输能力有限,经常发生货物积压的情况。从布拉柴维尔往北部林区没有公路相通,只能通过内河运输,将木材由阿利马河经刚果河运至布拉柴维尔,然后通过铁路运送到黑角港出口。此外,有很大一部分公司通过陆路经喀麦隆城市杜阿拉出口木材,但路途相对比较长。很多木材公司为了解决木材的运输问题,往往不得不出资自行修建公路,如新加坡的全球之星公司(Globle Star)就计划修建一条从刚果(布)北部林区到加蓬弗朗斯维尔的公路,刚果(布)木材公司也已出资兴建了150公里长的刚果(布)—喀麦隆公路。

其次,林业开发经营方式不同。在刚果(布)从事林业开采加工的公司主要分为外资公司和本地公司两大类。外资公司一般以法国公司为主,规模较大,贸易方式比较正规,可以使用信用证交易,产品供应欧洲市场。而本地公司经营方式单一,大部分公司规模较小,且不采用信用证交易,其贸易方式是现场看货,当场拍板确定交易数量和金额,并支付 1/3 货款作为定金。这类公司一般采用黑角港离岸价,刚果(布)

境内运输由其负责，木材到黑角港后买家需支付另 1/3 货款，货到目的地后再支付最后的 1/3 货款。刚果（布）缺少从事林木良种选育、森林病虫害防治与检疫、森林经营管理及野生植物资源开发利用方面的高级技术应用型专门人才，因此很难适应大规模林业开发管理的需要。全国大部分林区为原始森林，很大一部分树种因树龄长、材质坚硬，一些普通的砍伐和切割工具很难适应当地的需要，而大部分林业公司均采用意大利生产的价格昂贵的砍伐和切割工具，这无疑增加了部分林业公司的成本投入。

最后，林业开发受当地经营环境制约。在刚果（布）从事林业开采和加工的公司日益增多，但是按照传统林业土地所有权大部分归氏族或村组掌握，林业开发越来越多地受到当地政府的限制。目前，获得刚果（布）政府颁发的木材加工许可证（CTI）的公司有 19 家，获得林业开采许可证（CEF）的公司有 17 家，包括法国、马来西亚、利比亚和加纳在刚果（布）当地设立的公司。[①] 在外国公司中，荷兰皇家壳牌公司（Shell）是进入刚果（布）较早的公司，该公司与刚果（布）政府合资开办了刚果桉树公司（ECO - SA），在主要港口城市黑角附近开采 4.2 万公顷天然桉树林。壳牌公司所占股份达 85%，该公司成立初期经营状况颇佳，出产的桉树原木主要出口到北非、法国、意大利、西班牙和挪威等国家和地区。后来，刚果（布）政府出于增加税收、扩大就业机会、保护环境等方面的考虑，要求所有木材开采公司必须将开采木材的 60% 用于当地加工增值，致使刚果桉树公司连续亏损，荷兰皇家壳牌公司不得不退出了在刚果桉树公司的股份。

三　畜牧业

畜牧业在刚果（布）是薄弱行业，畜产品和禽蛋等远不能满足人民生活需要，其中肉类只能满足人民消费需求的一半。刚果（布）畜牧业

---

① 中国驻刚果（布）大使馆经济商务参赞处：《刚果（布）林业状况简介》，2002 - 09 - 05，参见 http://cg.mofcom.gov.cn/article/ztdy/200209/20020900039274.shtml。

落后，一方面归因于历史上居民没有饲养牲畜的习惯，第二次世界大战后才有第一个畜牧站和两家法国私人公司从事畜牧业；另一方面则受自然条件的限制，刚果（布）的萃萃蝇危害严重，畜群很容易感染病毒而大量死亡，后在引进抗昏睡病的畜种以后，情况才有所好转。此外，天然牧场的缺乏也影响畜牧业的发展。北部热带丛林区牲畜放牧困难，中南部巴太凯高原旱季水源不足，地下水位低，打井效益不高，牲畜饮水困难，同时土壤侵蚀严重，植被稀少，载畜量低。只有西南部地区水草丰茂，有利于畜牧业的发展，当地建有国营牧场。

　　为满足人民对肉类和禽蛋的需要，刚果（布）畜牧部门鼓励居民养殖家禽，1978年建立专门机构监督执行家禽发展计划，为家禽和肉制品的买卖提供服务。政府与民间的合作有两种方式：一是合作社从政府饲养农场买家禽，把家禽养大后再返销给政府，屠宰后再批发给零售商；二是政府通过粮食蔬菜种植部门给农民提供饲料，政府的信用机构、商业银行贷款给养殖家禽的农户。国营牧场得到世界银行和欧洲经济发展基金的财政支持和技术支持，但是畜牧业的发展仍很缓慢，牛肉产品只能满足当地需求的7%左右，绵羊和山羊主要由小农饲养，是小农经济活动的一部分。

　　刚果（布）政府在鼓励私人饲养的同时，也在城市郊区建立家禽养殖场。1970年，政府在布拉柴维尔东南17公里的地方建立了国营性质的贡贝农场，该场占地510公顷，其中可耕地为270公顷，经营蔬菜种植和家禽饲养。由于初期管理不善，农场难以为继。为改变此种局面，刚果（布）政府与中国政府签订振兴农场合同，中方除向农场提供必要的农用材料、化肥及农药外，还派遣了农业技术专家与之合作，共同经营这家农场。经过几年的努力，农场的面貌大大改观。据当地官方报纸《星报》报道，1986年，农场的肉鸡产量已超过计划要求，月产肉鸡能力达到6000只（计划年产为5.4万只），蔬菜和猪的产量在合同签订后的第二年（1983年）已达到或超过了合同要求。刚果（布）方面对此极为满意，将农场内中刚合作经营管理的形式誉为"管理体制上的样板"。

刚果（布）拥有发展养殖业的巨大潜力，但是由于饲料缺乏及养殖技术落后等原因，养殖业发展仍然受到限制，国内供给严重不足。为此，刚果（布）每年都要支付超过 5000 亿中非法郎用以进口食品，其中最多的就是肉制品。2010 年以来，为缓解这一趋势，刚果（布）政府采取了一系列措施，包括向农户分发种牛，进行品种改良及加强技术培训。技术培训聚焦于蛋鸡和肉牛适用技术，将为刚果（布）畜牧业发展注入活力，有力促进刚果（布）农业发展。

2018 年 6 月，近 120 名来自刚果（布）各地的农业管理人员、技术推广人员和基层养殖户参加了由中国商务部主办的为期 30 天的培训。中国专家通过课堂讲授、实践操作和现场考察交流等方式，系统展示了蛋鸡孵化、饲养管理与疫病防控，以及肉牛放牧、牧草种植加工、肉牛饲养管理、养殖环境控制及疫病检测治疗等适用技术。相关活动在刚果（布）国家电视台等媒体报道，引起刚果（布）农业、畜牧业和渔业部等政府部门的广泛关注。

四　渔业

刚果（布）有众多的河湖并濒临海洋，为渔业的发展提供了有利的条件。渔业包括淡水、海上捕鱼和养鱼业部分。淡水渔业很普遍，马莱博湖、乌班吉河和刚果河的淡水鱼资源丰富，在洪水过后和低水位期间许多渔民在此捕捞。内河捕捞多系手工操作，无组织管理，渔获量年约 1 万吨。近年来，海洋渔业日益发展，大西洋沿岸分布着许多渔村，渔民从事近海作业，多使用传统的捕鱼方式，渔获量有限。远洋捕捞已有所发展，刚果（布）政府已拥有自己的船队和现代化渔具，可以到近海捕捞沙丁鱼、金枪鱼等，年渔获量约 2 万吨。也有外国渔业公司在其海域捕鱼。黑角是重要的海洋渔业基地，有渔业专用码头和冷库等设施。刚果（布）人工养鱼业的历史较长，在独立前就有人工养鱼业。20 世纪 80 年代，刚果（布）政府开始大力发展人工养鱼业，1989 年人工产鱼 248 吨。20 世纪 90 年代渔业得到发展，人们喜欢吃的鳄鱼肉、青蛙、龙虾也在养殖之列，1997 年鱼产量为 2.8 万吨，1999 年为 3.2 万吨。但是，刚果（布）

渔业发展不能满足国内人民的需要，每年鱼类的进口量为 5 万吨，1995 年渔业基金预算额为 2.72 亿中非法郎，其中 1.7 亿用于投资。刚果（布）的鱼类加工业并不发达，国内有两个鱼品加工厂：一个是黑角市的鱼罐头厂，主要加工金枪鱼、沙丁鱼；另一个是刚果河沿岸的莫萨卡熏鱼厂，年生产能力 1000 吨，产品均供国内消费。

2012 年 11 月，刚果（布）渔业和水产部与国际农业发展基金合作，双方签署了关于整合刚果（布）渔业和水产养殖资源的协议。根据该协议，国际农业发展基金将支持刚果（布）渔业发展，特别是朱姆那（Djoumouna）、莫萨卡（Mossaka）和奥约地区的渔业项目。同时，刚果（布）还希望学习中国在渔业领域的发展经验（特别是在发展网箱养殖方面的经验），进而提高渔业产量，增加渔业收入。

2014 年 7 月，联合国粮农组织与刚果（布）农业和畜牧业部、科研部及所有技术合作伙伴配合，决定尽力扩大鱼食生产规模，以方便渔业养殖者从事养殖活动。在刚果（布）全国范围内已经确定了若干渔业养殖试点区，其中包括位于布拉柴维尔以北 200 公里的莱菲尼村。在这一试点区将实施若干渔业养殖项目，由此将会创造一些就业机会。这项计划将支持渔业和水产养殖部规划的路线图，即在全国每个省内都修建 1000 个鱼塘。

第四节　工矿业

一　石油业

刚果（布）是中部非洲具有重要地缘战略位置的国家，拥有储量丰富的石油等碳氢燃料资源。刚果（布）还是撒哈拉以南非洲第三大产油国（仅次于尼日利亚和安哥拉，1998 年后为第四位，又次于加蓬，2001 年又超过加蓬居第三位），估计石油储量为 1.5 万亿桶。早在第二次世界大战前，法国就对当地石油资源进行了研究，战后美国的美孚石油公司、联邦德国的德国石油公司和法国的赤道非洲石油公司共同在刚果（布）

进行石油勘探。1956 年法国的赤道非洲石油公司在黑角沿岸发现第一口含天然气油井——印第安人角油井，1960 年开始生产石油，每天产油2500 桶，油质差，不久油源枯竭。1968 年 11 月，刚果（布）政府分别与法国石油勘探和开发集团及意大利通用石油公司签订两项石油勘探协议。1969 年发现了埃梅卢德（Emeraude，另译为"碧玉"）油田，1972年正式投产，1973 年产量达到 200 万吨，1975 年为 350 万吨，1977 年为600 万吨，成为下刚果地区重要的大油田之一。该油田面积约 80 万平方公里，位于水下 60 米处，距岸只有 20 公里。油层厚度约 100～150 米，但油层压力低，油井自喷能力差，生产井全为人工汲井，开采率只有6%。

1977 年之后，卢安果油田、利夸拉油田、扬加油田、桑吉油田和一些分散的小油田先后被发现并投产。这些油田分布在黑角附近的大西洋沿岸一带。20 世纪 90 年代，刚果（布）的石油勘探工作进展迅速，1995年发现了莫赫（Moho）油田，1998 年发现了利波奴洛（Libonolo）和比隆多海岸 1 号（Bilondo Marine 1）等油田。这些油田多位于海上，且越来越向深海发展。1998 年 4 月，刚果（布）国家石油公司（La Societè Nationale des Petroles du Congo）成立，先后与法国等国家签署新的协议，并掌握石油产量的分享权。该公司的主要任务是重新控制石油的收入，以积累资金重建遭内战破坏的国家。

长期以来，在刚果（布）从事海上勘探和开采的石油公司是刚果（布）与法国合营的埃尔夫—刚果石油公司（Elf Aquitaine，1999 年改名为托塔尔菲那—埃尔夫公司），它掌握刚果（布）石油产量的 66%，刚果（布）政府占公司股份的 25%。刚果（布）和意大利合营的阿吉普—刚果石油公司（ENI - Agip），掌握着石油产量的 30%，刚果（布）政府占其股份的 20%，美国谢夫隆公司（Chevron）占 4% 的股份。随着刚果（布）新的油田不断被发现，美国、英国、荷兰、南非和其他国家的一些石油公司也纷纷涌向刚果（布）参与勘探和开发。2002 年美国谢夫隆公司收购了刚果（布）石油公司 25% 的股份，还获得了一处边境海上油田的开采权。

2008 年，刚果（布）石油业迎来了决定性的转折。刚果（布）第一个深水近海油田莫霍毕隆多于 5 月 22 日投产。该油田的石油矿层位于水下 540～660 米，石油储量约为 2.3 亿桶。道达尔公司（占股 53.5%）与刚果（布）雪佛龙公司（占股 31%）和刚果（布）国家石油公司合作，向这一油田投资 1 万亿中非法郎（约合 16 亿欧元）。2008 年，这一举措让道达尔刚果（布）公司的石油日产量达到 19 万桶，刚果（布）石油日总产量达到 25.6 万桶。

2010 年以来，刚果（布）沿岸近海发现了大量未勘探的油气资源，其中原油约 58 亿桶，天然气约 133 亿立方英尺。受国际油价下降和油田老化影响，2010～2013 年刚果（布）石油产量持续下降，由 1.14 亿桶降为 0.88 亿桶（见表 4-8）。但是，受益于莫赫·诺德（Moho Nord）等新油田的开发，刚果（布）石油产量开始出现反弹。[1] 2014 年石油产量为 0.915 亿桶，同比增长 4%，至 2017 年达到 1.2 亿桶的高点。[2] 2013～2016 年，刚果（布）石油产量呈现"先降后恢复"的趋势。石油经济作为刚果（布）经济支柱的格局在短期内不会改变，原油出口及石油加工与冶炼业仍是推动刚果（布）经济增长的主要动力。

表 4-8 刚果（布）石油产量相关指标（2010～2014 年）

单位：万桶

年份	2010	2011	2012	2013	2014
石油总产量	11400	10600	9856.4332	8833.7906	9150
石油日均产量	31.2328	29.0410	27.0039	24.2022	25.0685

资料来源：根据刚果（布）石油与天然气部（2014 年 5 月）相关数据整理，参见 http：// mhc. cg/le_ ministere_ des_ hydrocarbures/le_ petrole_ congolais. html。

---

① 中国驻刚果（布）大使馆经济商务参赞处：《道达尔石油公司承诺将增加在刚投资》，2016 - 02 - 02，参见 http：// cg. mofcom. gov. cn/article/ztdy/201502/20150200885903. shtml。

② 中国驻刚果（布）大使馆经济商务参赞处：《石油，刚果经济的顶梁柱》，2014 - 09 - 29，参见 http：//www. mofcom. gov. cn/article/i/jyjl/k/201409/20140900748606. shtml。

随着国际石油价格上涨，以及刚果（布）石油产量提高，石油产业在刚果（布）国民经济中的比重逐渐提高，所占比重超过60%。石油产业的出口额占到了刚果（布）总出口额的90%，其收入占到了国家财政收入的80%，刚果（布）石油储量约为16亿桶。尽管石油资源由刚果（布）国家石油公司统一管理，但是其石油冶炼和加工业的发展仍受到国际资本的影响。一些大型国际私营企业与刚果（布）政府合作，从事若干油田的勘探和开发，基本上控制了刚果（布）的石油冶炼和加工业。其中，法国道达尔公司（Total）控制着刚果（布）60%的石油资源，其他经营石油产业的还有意大利的埃尼公司（Eni）及法国的毛雷尔和普罗姆公司（Maurel & Prom）、美国的雪佛龙公司（Chevron）和墨菲公司（Murphy）等。

二 矿业

刚果（布）经济发展过度依赖石油和木材，国内还有大量开发度极低或未开发的矿产资源，政府明确表达了实现工业发展多元化的意愿，逐步加大了矿业领域的开发和投入。然而，矿业是资本密集型和劳动密集型产业，这就需要打破制度环境和自然环境的束缚，避免出现某一矿产品部门异常繁荣而导致其他部门衰落的现象，建立适应21世纪的新兴工业发展模式，充分利用所有的矿业资源，作为一个产业群整体发展。根据刚果（布）《矿业法》规定，所有矿业企业或组织的行为必须符合矿业部的有关规定，矿产行为分成5个阶段：初勘，踏勘，详勘，矿区开发和开采。[①] 矿业开发手续较为烦琐，开采矿产资源和化石燃料的资质证较多，主要包括踏勘许可证、勘探许可证、手工开采许可证、工业开采许可证、开采许可证、贵重矿物持有证、运输和加工许可证等。

刚果（布）矿业发展取得了一些突破，矿产开发日益成为刚果（布）经济发展的重要引擎。为了促进矿产开采，刚果（布）政府在2013年10月召开第一届固体矿国际大会，会议认为刚果（布）矿产开采面临的最

---

① 中国驻刚果（布）大使馆经济商务参赞处：《刚果（布）矿业法》，2014 – 06 – 12，参见 http://cg.mofcom.gov.cn/article/ztdy/200209/20020900039274.shtml。

大问题是缺乏运输矿产的公路、铁路等基础设施。为了解决运输问题，刚果（布）政府积极推动黑角矿业港和全国铁路网建设。2014 年 12 月 4 日，刚果（布）工业发展与私营企业促进国务部长伊西多尔·姆武巴（Isidore Mvouba）在首都布拉柴维尔会晤日本化工企业丸红公司（Marubeni）代表，双方签署合作备忘录，将启动一个甲醇生产项目可行性调研。[①] 根据刚果（布）2012 ~ 2016 五年发展规划，2016 年矿业对刚果（布）经济的贡献率将达到 25%。未来，在解决矿产运输问题的前提下，随着参与刚果（布）矿产开发中资公司的数量越来越多，刚果（布）矿产资源开采将逐步成为拉动经济发展的重要动力。[②] 但是，从矿业开发的实际效果分析，2010 ~ 2015 年，刚果（布）矿业项目虽有所进展，但是由于基础设施、矿业规则制度等问题，大多数采矿项目尚未实际投产运营，经济多元化的推进不甚理想。

表 4 - 9 刚果（布）矿业产地和相关经济指标

内容	产地	相关经济指标
铁矿	莱库穆省 Zanaga 地区	储量 68 亿吨，年产量 4500 万吨
	尼阿里省 Mayoko 地区	储量 25 亿吨，年产量 1000 万吨
	Mayoko-Moussondji 地区	储量 7.67 亿吨
	Badondo 地区	储量 13 亿 ~ 22 亿吨
	桑加省 Mont Avima 地区	储量 6.9 亿吨，年产量 3500 万吨
	桑加省 Mont Nabeba 地区	储量 17.2 亿吨，年产量 3500 万吨
	Youkou、Okanabora 和 Oyabi 地区	勘探开发中
磷酸盐矿	奎卢省 Hinda 地区	储量 5.31 亿吨
钾盐矿	奎卢省 Mengo 地区	年产量 120 万吨
	Sintoukola 地区	储量 1.5 亿吨
	黑角钾盐外运港口	15 万吨的仓储中心
天然气	盆地省 Boundji 地区	勘探开发中

---

① 新华社：《两刚财经资讯》（内部交流）第 75 期，第 2 ~ 3 页。
② 中国驻刚果（布）大使馆经济商务参赞处：《刚果（布）2013 年经济形势综述及 2014 年经济展望》，2013 - 12 - 17，参见 http：//cg. mofcom. gov. cn/article/ztdy/201312/20131200428549. shtml。

刚果共和国

续表

内容	产地	相关经济指标
铜矿	布恩扎省 Mindouli-Mpassa 地区	年产量 1200 万吨
	布恩扎省 MFouati-Bokossongo 地区	年产量 1200 万吨
锌矿	布恩扎省 Yanga Koubanza 地区	勘探开发中
钻石矿	尼阿里省 Lepandza、Ngouaka 和 Vourapa 地区	勘探开发中
铝土矿	Divenie 地区	勘探开发中
锰矿及金矿	桑加省 Seka 地区	勘探开发中

资料来源：根据"勤劳非洲"网站（Africa Diligence）矿业相关数据整理，参见 http：//www. congomines. org/category/themes/secteur – minier – intro/legis – miniere/。

三 制造业

在制造业方面，为吸引外商投资建厂，刚果（布）政府有序地搭建发展平台。2012 年 8 月，政府启动了位于布拉柴维尔市北部郊区的马卢古（Maloukou）工业园区项目建设，首批将有生产瓷砖、电缆、PVC 管等产品在内的 15 家巴西企业落户。2013 年，马来西亚阿塔玛种植公司（Atama Plantation）在刚果（布）橡胶树的种植与加工项目也已经启动，项目前 10 年投资预计为 7. 44 亿美元，到 2016 年计划种植棕榈树达到 6000 公顷，最终目标是 18 万公顷，并逐步建立 9 个加工厂，年产 72 万吨棕榈油和 12 万吨棕榈仁油，创造就业岗位 2 万个。同时，马来西亚生态能源公司（Eco-Oil Energie）棕榈树种植及加工项目在桑加省举行开工仪式，公司计划投资约 7 亿美元种植 5 万公顷棕榈树，将直接或间接创造 5000 个就业岗位。[①] 除此之外，多利齐水泥厂项目、鲁特特水泥厂扩建项目，以及其他新建啤酒厂、饮料加工厂等项目也正在有序开展。

整体而言，受电力供应匮乏且成本较高等因素的影响，2008 ~ 2014 年，刚果（布）制造业发展较为缓慢。制造业在国内生产总值中的比重

---

① 中国驻刚果（布）大使馆经济商务参赞处：《刚果（布）2013 年经济形势综述及 2014 年经济展望》，2013 – 12 – 17，参见 http：//cg. mofcom. gov. cn/article/ztdy/201312/20131200428549. shtml。

从 4.1% 增长到 4.4%,① 虽然刚果（布）政府一再宣传要改善投资环境，增加电力供应，改善电力传输，取消了部分进口环节中的税费，但是刚果（布）制造业领域吸引私人投资的数量仍不理想，相对于其他产业而言，制造业发展较为滞后。

表 4 - 10　刚果（布）主要制造业活动产值占 MVA* 的比重（2014～2015 年）

制造业分类	制造业活动产值占 MVA 的比重(%)
食品和饮料	75
木制品(不包括家具)	17
机器和设备等	8

* MVA 指制造业增加值，以 2005 年不变价格计算。

资料来源：根据联合国工业发展组织（UNIDO）相关数据整理，参见 http：//www. unido. org/en/resources/statistics/statistical - country - briefs. html。

四　电力工业

刚果（布）河流众多，具有丰富的水电资源。刚果（布）国家电力公司曾经是该国唯一一家电力公司，成立于 1967 年，负责刚果（布）的电力输送和供应。由于输电网年久失修，国家电力公司管理不善，刚果（布）电厂虽然能提供一定的电量，但是还要从国外进口电，没有真正实现电力的自给自足。刚果（布）1999 年提出《战后紧急援助计划》时，世界银行和国际货币基金组织就要求刚果（布）政府对其国有企业实行私有化改革，刚果（布）国家电力公司也是其中之一。② 2003 年，新的国家电力法生效，刚果（布）电力部门实行对外开放，使私营企业参加刚果（布）公共电力服务管理成为可能。为此，刚果（布）政府还专门

① 中国驻刚果（布）大使馆经济商务参赞处：《刚果（布）2014 年宏观经济形势概述及中短期研判》，2015 - 04 - 01，参见 http：//cg. mofcom. gov. cn/article/sqfb/201504/20150400930258. shtml。

② 中国驻刚果（布）大使馆经济商务参赞处：《刚果（布）国家电力公司希望加快私有化进程》，2002 - 8 - 13，参见 http：//cg. mofcom. gov. cn/aarticle/jmxw/200208/20020800036988. html。

成立了电力部门调解办事处，专门负责推动私营企业参与刚果（布）电力部门运作，对电力生产、输送、供给、进出口和商业运作等环节进行监督，保证电力运作公正透明。

　　刚果（布）政府聘请了法国电力公司帮助刚果（布）国家电力公司改善服务状况。在法国电力公司的帮助下，刚果（布）国家电力公司服务状况有很大改善，目前已不存在城市大规模断电现象，但电力供应仍远远不能满足居民和政府部门的需求。[1] 刚果（布）城市中的通电率略低于50%，而乡村的通电率仅为5.6%。国家输电网络只覆盖了主要城市，乡村居民只能采用煤油等更昂贵的方式来照明。[2]

　　随着人口的增长、工业和矿业的发展，刚果（布）的用电需求量不断增加。刚果（布）政府除了对电力部门加大投资之外，还特别重视水利资源的开发，大力兴建水电站，水力发电总量因此大幅提升，成为刚果（布）供电领域新的增长点。

表 4 - 11　刚果（布）发电量统计

单位：10 亿千瓦时

年份	2008	2009	2010	2011	2012	2013	2014	2015	2016
总发电量	461	526	781	1293	1349	1514	1740	1806	1879
火力发电量	86	196	355	502	522	543	788	806	826
水力发电量	375	330	426	791	827	971	952	1000	1053

资料来源：《2017 年非洲统计年鉴》，*African Statistical Yearbook 2017*，第 145 页。

　　2010 年以来，刚果（布）政府在电力和饮用水供应领域投入了超过1 万亿中非法郎。这些资金主要用于建设输电网络、发电站等电力基础设施，建设了将近 1600 千米的高压输电线。政府投资超过 1700 亿中非法郎

① 中华人民共和国商务部：《刚果（布）希望法国电力公司助其改善国家电力公司信誉》，2015 - 03 - 18，参见 http://www.mofcom.gov.cn/article/i/jyjl/k/201503/20150300914376.shtml。
② 法国经济与财政部下属网站，le secteur de l'eau et de l'énergie hydraulique au Congo Brazzaville，2017 - 8 - 21，参见 https://www.tresor.economie.gouv.fr/Ressources/17488_le - secteur - de - leau - et - de - lenergie - hydraulique - au - congo - brazzaville。

对英布鲁水电站进行修缮。黑角的刚果（布）发电厂马泰维气电站进行了扩大装机工程，总装机容量从 300 兆瓦提高到 900 兆瓦，总投资超过2500 亿中非法郎。哲诺气电站也向黑角市输送电力，总装机容量提升了一倍，达到 50 兆瓦。利韦索水电站总装机容量为 19 兆瓦，将为桑加省提供电力，该水电站总投资超过 540 亿中非法郎，政府还投资超过 170 亿中非法郎，用于利韦索水电站配套高压线路的建设。1952 年建成的容量为15 兆瓦的朱埃水电站，经过翻修后容量已经提升为 30 兆瓦。1974 年建成的布恩扎省姆咕噜水电站容量为 74 兆瓦，经过翻修后继续为布恩扎省供应电力。2016 年，刚果（布）总装机容量为 600 兆瓦，包括位于黑角的300 兆瓦的马泰维气电站、50 兆瓦的哲诺气电站、120 兆瓦的英布鲁水电站、74 兆瓦的姆咕噜水电站。据刚果（布）能源部数据，2016 年刚果（布）年发电量在 26 亿度左右。[①]

　　尽管刚果（布）经济形势欠佳，但是在外资企业，尤其是中国企业的推动下，刚果（布）政府积极开展水电站建设项目。2017 年 5 月 29日，刚果（布）总统萨苏为桑加省新建的利韦索水电站剪彩，这一水电站总装机容量为 19.9 兆瓦，由 3 台单机为 6.4 兆瓦的混流式水轮发电机组构成，2016 年 8 月实现 3 台机组并网发电。[②] 计划兴建的水电站有刚果（布）和喀麦隆边境的肖莱水电站，设计总装机容量为 600 兆瓦；[③] 装机容量 1000 兆瓦的松达水电站已启动可行性研究。松达水电站建成后将成为非洲最重要的水电站之一，刚果（布）也可因此成为电力输出国。[④] 另外，刚果（布）政府还开展了布恩扎省姆咕噜水电站修复项目，布拉柴

① 中华人民共和国商务部：《对外投资合作国别（地区）指南——刚果共和国》，中国商务出版社，2017，第 26 页。

② 法国经济与财政部下属网站：le secteur de l'eau et de l'énergie hydraulique au Congo Brazzaville, 2017 - 8 - 21，参见 https：//www. tresor. economie. gouv. fr/Ressources/17488_le - secteur - de - leau - et - de - lenergie - hydraulique - au - congo - brazzaville。

③ 中华人民共和国商务部：《喀麦隆和刚果（布）签署关于肖莱水电站项目指导委员会组建和运行的谅解备忘录》，2015 - 04 - 28，参见 http：//www. mofcom. gov. cn/article/i/jyjl/k/201504/20150400955527. shtml。

④ 中国驻刚果（布）大使馆经济商务参赞处：《国际金融公司将出资建设松达水电站》，2014 - 02 - 19，参见 http：//cg. mofcom. gov. cn/article/jmxw/201402/20140200493002. shtml。

维尔市朱埃水电站扩容项目（容量由 15 兆瓦增加到 24 兆瓦）。[①] 刚果（布）已经建成和预计兴建的水电站总装机容量将达到 2000 兆瓦。一旦这些计划兴建的水电站建成，刚果（布）将实现电力的自给自足。

从发展态势看，刚果（布）电力供应能够基本满足生产生活所需，但是在实际操作中，由于电网年久失修，输变电条件未得到有效改善，经常发生断电现象。企业来刚果（布）大多自建电厂，政府机构及老百姓家中亦自备发电机，以备不时之需。

第五节　交通运输业

一　铁路

大洋铁路是刚果（布）全国仅有的一条铁路，也是非洲早期的铁路之一。1921 年法国殖民者开工修建大洋铁路，1934 年建成。大洋铁路总长 886 公里，其中主干线长 510 公里，横穿刚果（布）南部，是连接首都布拉柴维尔和港口城市黑角的交通命脉。设计年货运量 300 万吨，但因年久失修，目前年货运量不足 100 万吨，年客运量不足 60 万人次。大洋铁路的一条支线从白乐山站至与加蓬交界的姆宾达，长 285 公里，曾用于运输加蓬的锰矿砂至黑角港出口。20 世纪 90 年代初，加蓬锰矿砂停止从大洋铁路运出，该段支线基本废弃。大洋铁路的另一条支线比蓝加（Bilinga）至多利齐路段全长 91 公里，1976 年开工，1985 年建成。1998～2000 年刚果（布）内战期间，大洋铁路遭到了严重破坏。

2000 年 2 月 16 日，政府成立刚果（布）大洋铁路公司，负责大洋铁路的运营和管理。[②] 2000 年，刚果（布）大洋铁路公司与法国国家铁路

---

① 法国经济与财政部下属网站，Le Secteur de l'eau et de l'énergie Hydraulique au Congo Brazzaville，2017 - 8 - 21，参见 https：//www. tresor. economie. gouv. fr/Ressources/17488_ le - secteur - de - leau - et - de - lenergie - hydraulique - au - congo - brazzaville。

② https：//fr. wikipedia. org/wiki/Chemin_ de_ fer_ Congo - Oc% C3% A9an#cite_ note - 11。

公司签订合作协议，由法方帮助刚方修复在内战中遭破坏的大洋铁路，并派驻专家进行技术和管理指导。[①] 大洋铁路车票种类有卧铺票、一等座票、二等座票及儿童票。2004 年开始，刚果（布）政府着手对大洋铁路公司进行私有化改革，但是收效甚微。2010 年 6 月 21 日，大洋铁路发生重大列车出轨事故，造成 76 人死亡、上百人受伤。据分析，大洋铁路设计落后，加上年久失修，通行能力十分有限，超载和车速过快可能是造成这次事故的主要原因。[②] 近年来，大洋铁路公司遭遇财政困境，经常出现公司职员长时间领不到工资的情况。自 2016 年以来，由于普尔省反政府武装活动破坏了铁路桥梁等设施，大洋铁路通往首都布拉柴维尔的运输中断。尽管 1 号公路可以分流部分货运，但柴油等大宗物资仍然需要靠铁路运输。因铁路中断，自 2016 年年底以来，首都布拉柴维尔已经经历了数次成品油和天然气短缺。[③]

大洋铁路年久失修，年运输能力不足 100 万吨，远远不能满足人员流动及货物运输需求，铁路运力的不足，已成为制约刚果（布）经济发展的瓶颈。2016 年，为促进经济发展，刚果（布）政府拟建造全国铁路网，计划建设 5 条铁路，全长 1767 千米，连接刚果（布）境内主要矿产资源地区和经济特区，粗略估计将投资 160 亿 ~ 200 亿美元。

二 公 路

公路交通在刚果（布）的交通运输中发挥重要作用，但是发展不平衡。北部地区公路很少，只位于非雨水泛滥地区；南部地区公路较为发达，已形成网络。全国公路总长 2 万千米，其中沥青路 1200 千米。刚果（布）公路网由一级路、次级路和一些晴通雨阻的不列等级的公路组成。

---

① 中国驻刚果（布）大使馆经济商务参赞处：《刚果（布）延长与法国国家铁路公司的合作期限》，2002 – 11 – 14，参见 http：//cg. mofcom. gov. cn/article/jmxw/200211/20021100048184. shtml。

② 中国驻刚果（布）大使馆经济商务参赞处：《刚果（布）大洋铁路发生重大出轨事故》，2010 – 06 – 24，参见 http：//cg. mofcom. gov. cn/article/jmxw/201006/20100606985882. shtml。

③ 中国驻刚果（布）大使馆经济商务参赞处：《刚果（布）大洋铁路遭遇运营困难》，2017 – 07 – 31，参见 http：//cg. mofcom. gov. cn/article/jmxw/201707/20170702618416. shtml。

主要有两条干线：刚果（布）1 号公路，从布拉柴维尔向西到黑角，与大洋铁路平行，长 570 千米，担负着短途运输的任务，减轻铁路的负担；刚果（布）2 号公路，从布拉柴维尔向北经奥旺多至韦索，这是一条南北大干线，长 856 千米，通过 4 个区和 1 个市，把广大的北部与首都连接起来。另有卢博莫—蒙贡迪线通往加蓬的恩代恩代公路，全长约 237 千米，是西非国际公路的最南段，它加强了刚果（布）与加蓬和几内亚湾沿岸各国的联系。卢迪马—扎纳加线公路对开发西南山区有重要的意义。

布拉柴维尔是全国公路枢纽，卢博莫、卢迪马、甘博马、马库瓦、凯塔为重要的公路中心。由于战争和长期失修，1200 千米的沥青路有 600 千米已损坏，2000 年国家拨给装备和公共工程的预算为 440 亿中非法郎，占国家预算的近 10%，修复公路网已成为刚果（布）政府基础设施建设发展的"重中之重"。

萨苏政府为了使刚果（布）成为中非地区的交通枢纽，计划对原有的重要公路进行改造，同时修建若干条省际公路：黑角—布拉柴维尔收费高速公路，黑角—马丁古—卡耶斯公路，布恩扎—莫古古鲁公路，桑加—利夸拉公路，马库瓦—埃通比—凯莱公路，莱卡纳—莱凯蒂公路，奥隆博—阿巴拉公路等。政府还计划修建和改建中非地区的国际公路，如：通往加蓬的奥布亚—奔季—莱科尼公路，通往中非共和国的埃涅莱—姆拜基公路，通往喀麦隆的韦索—森贝—苏安凯—恩塔姆公路，通往刚果（金）的马丁古—博科松戈公路等。

三　航空

刚果（布）的航空运输业务始于第二次世界大战期间，法国人出于经济、政治的需要，在黑角、布拉柴维尔、多利齐、兼巴拉、马库瓦、卢塞堡、因普丰多等城镇修建了飞机场。独立后，刚果（布）空运业逐步发展，1964 年国家航空公司成立，主要经营国内航线。洲际航空业务由法国航空公司和刚果（布）1981 年参加的非洲航空公司经营。布拉柴维尔和黑角为国际航空港，能起降波音 747、DC10 等大型客机。北部奥隆博已新建一个国际机场。从首都到全国许多地区均有定期的航班，也有飞往法国及非洲国家的航线。20 世纪 90 年代初，刚果（布）国家航空公司拥有 4 架小型飞机、1 架租用的波音 737 客机用于国内运输，年客运量为 1.5 万人次，货运量为 3200 吨。非洲航空公司和刚果（布）政府准备对所有国内航线的二级机场进行全面整修和改造。

截至 2016 年底，刚果（布）共拥有 10 个二级以上机场，其中布拉柴维尔、黑角、奥隆博和韦索为国际机场。刚果（布）主要国际航线有：布拉柴维尔—巴黎、布拉柴维尔—亚的斯亚贝巴、布拉柴维尔—卡萨布兰卡，以及最近开通的布拉柴维尔—内罗毕、布拉柴维尔—迪拜。2009 年，刚果（布）国家航空公司改组为刚果新航空公司。目前，国内航空公司主要有刚果新航空公司（Nouvel Air Congo）、刚果赤道航空公司（Equatorial Congo Airline）及 TAC 航空公司。刚果新航空公司拥有 3 架中国产新舟 60 飞机，运营刚果（布）境内航线，上座率和社会评价良好。刚果赤道航空公司租用波音 737，主要往返布拉柴维尔和黑角。2013 年开通的布拉柴维尔直飞巴黎和迪拜航线，因债务问题已停运。TAC 公司目前为刚果（布）国内经营规模最大、业绩最好的航空公司，共有 4 架波音 737，主要经营国内航线。

布拉柴维尔马亚－马亚机场（Maya－Maya Airport）是刚果（布）最大的军民两用机场，为布拉柴维尔市及其周边地区提供航空运输服务。它始建于 1949 年，现有航班直飞法国、南非、摩洛哥、肯尼亚和埃塞俄比亚等国家。2014 年 2 月，由中国威海国际经济技术合作股份有限公司承建的刚果（布）马亚－马亚机场新航站楼举行竣工典礼。这是中刚两国政府一揽子协议项下的项目，合同总金额 1.99 亿美元，新航站楼项目建筑面积 44500 平方米，机场配备 7 个登机桥伸缩端，能够停靠波音 747、空客 A380 等大型飞机，每年可接待旅客达 200 万人次。该项目于 2008 年 7 月正式开工，历时五年半，于 2014 年初顺利完工并投入运营，成为刚果（布）的标志性建筑。①

---

① 刘爱武：《玛雅－玛雅机场为刚果（布）可持续发展带来新动力》，《国际工程与劳务》2018 年 1 月，第 32 页。

四　水运

刚果（布）境内许多河流均可通航。水运在刚果（布）的交通运输中占重要的地位，特别是在每年雨季，公路运输因路面受损受到影响时，水运尤能发挥作用。刚果（布）内河航线总长 6485 公里，主要是刚果河及其支流乌班吉河、桑加河、西南的奎卢河等有航运。刚果河、乌班吉河水深流缓，中型的河轮直达中非共和国首都班吉，航程 1300 公里。桑加河、利夸拉河、阿利马河通航里程 200～500 公里，恩凯尼河、莱尼河亦可短距离通航浅水船舶。广大的沼泽地带水网交织，当地居民利用独木舟进行短途运输。布拉柴维尔是全国最大的河运港口，刚果河航运以此为终点，莫萨卡是著名的中继港。其他较重要的港口有栋古、因普丰多等。刚果（布）拥有载重 100 吨以上的商船 16 艘，总吨位 1.084 万吨。1990 年内河的货运量为 47 万吨，其中 80% 是从内河顺流运往首都或其他地方。刚果（布）计划与中非共和国及刚果（金）合作修建乌班吉河水坝，以改善该河的航运状况。

刚果（布）海运业担负着对外贸易的主要任务。黑角港位于同名的岬角上，始建于 1927 年，1939 年竣工。黑角港配有各种货棚、仓库、油库及修船厂，并建有木材、矿石、石油等专用码头，是一个人工港，也是全国唯一的大港。这里有铁路通往腹地宽广的内地。黑角港不仅是刚果（布）最重要的港口，而且也是非洲西海岸 3 大港口之一。港内有两道防波堤为屏障，沿岸水深 8.5～11 米，3 个码头总长 1200 米，可同时停靠 4 艘大型海轮，年吞吐量 1000 万吨。2000 年 4 月，黑角港成为自由港，疏浚工程开始进行港内清沙以增加吃水的深度和拓宽航道，目标是将黑角港建设成为中非地区的交通枢纽，进而连通全世界。截至 2016 年底，黑角港口老集装箱码头的改扩建工程已完成，新建工程正在实施中。

由于刚果河下游不通航，故内河运输能力十分有限。2000 年以来，刚果（布）在布拉柴维尔、恩杜比、来科蒂、莫萨卡、韦索等城市实施了新建港口或港区整修项目。2017 年 8 月，刚果（布）政府在盆地省奥约市举办奥约港启用仪式。奥约港的落成和启用巩固了刚果（布）作为次区域交通中转中心的地位，极大方便了南北部之间的客运和货运，是刚果（布）水陆交通网络的重要一环。奥约港位于刚果河支流阿利马河（Alima），河道全长约 500 公里，拥有 200 米长的现代化设施码头，连接奥科约、奔季和奥约。

五 邮政通信

刚果（布）长期以来只有一家电话公司，电话网的数量和质量都较差。据世界银行估计，1998 年刚果（布）平均每千人拥有 8 条电话线，而布基纳法索为 3 条，科特迪瓦为 9 条。1999 年 12 月布拉柴维尔引进了 GSM 系统，从此移动电话成为一种时尚，且发展迅速，2000 年底，移动电话占有率已达到人口的 1.15%。第一个在刚果（布）经营 GSM 的公司是塞特尔公司（Celtel）。它是英国移动国际系统公司（Mobile Systems International）在世界银行、国际金融机构和英联邦发展机构的资助下建立的，在布拉柴维尔和黑角都有业务。2000 年 10 月该公司的用户已达 35000 个。荷兰的移动系统国际蜂窝投资集团（Mobile Systems International Cellular Investments）的子公司已投资 2500 万美元在刚果（布）建设网络，2000~2002 年又追加 5000 万美元的投资。埃及 Orascom 集团的子公司利伯尔特公司（Libertis）在 2000 年 5 月 12 日将其服务商业化，在刚果（布）投资 1500 万美元，其用户在当年底已达 10000 个。刚果（布）政府决定在 2001 年把邮电和通信业务分开，国家私有化委员会在 2001 年 4 月完成其分离。政府决定要建立一个开放竞争机制下的国家电信公司，应用信息新技术使通信卫星信号接收范围扩大到全国各地，改善移动电话网络，使之成为收费低、通话质量好的通信设施。

刚果（布）邮政相当落后，除了一些快递公司直接将邮件送到客户手中以外，一般邮件只送到城市中心邮局。用户可以租用中心邮局的邮箱以便接收自己的邮件，没有邮箱的客户只能凭身份证领取邮件或汇款。

刚果（布）的固定电话仅在布拉柴维尔和黑角两市开通。由于通话质量不好，许多用户都废弃不用，目前仅剩约 2000 个用户。传真业务只能通过卫星电话系统进行。2008 年以来，刚果（布）的移动电话得到快速发展，基本取代了固定电话。2011 年，电信运营商开始提供 3G 服务，使得移动网络市场占有率增长更加迅速。这些优势随着资费标准的不断下调而愈发明显。刚果（布）电信服务质量在提升的同时，其资费标准平均下降了 60%～70%，[①] 而固定电话资费约为 100 中非法郎/分钟。

2008 年，刚果（布）每百人手机使用数仅为 46.6 部。2015 年，刚果（布）每百人手机使用数达到了 111.7 部，是 2008 年的两倍多。因为刚果（布）移动运营商服务不稳定，所以很多刚果人有两个或两个以上运营商的电话卡。这样当一家运营商服务不佳时，可以用另一家运营商的电话卡保持通信畅通。

表 4-12　刚果（布）通信业用户占全国人口比例统计（2008～2015 年）

单位：%

年份	2008	2009	2010	2011	2012	2013	2014	2015
固定电话用户	0.2	0.3	0.3	0.3	0.3	0.4	0.4	0.4
移动电话用户	46.6	73.8	90.4	91.9	98.8	104.8	108.1	111.7
互联网用户	4.3	4.5	5.0	5.6	6.1	6.6	7.1	7.6

资料来源：《2017 年非洲统计年鉴》，*African Statistical Yearbook 2017*，第 145 页。

刚果（布）外资移动运营商共 4 家。第一大运营商是 Airtel，现有用户 160 万个，市场份额约为 43%；第二大运营商是来自南非的跨国运营商 MTN Congo，用户数 150 万个，市场份额约为 41%；第三家移动运营商是 Warid，于 2007 年底完成了大城市的网络覆盖，目前用户约为 50 万个，市场份额约 13%，已被 Airtel 收购；第四家运营商是 Azur，母公司是黎巴嫩的 Bintel 集团，用户数不足 10 万个。除了这 4 家外资运营商，还有刚果电信这一本土运营商。

在互联网方面，刚果（布）政府已投入超过 1000 亿中非法郎，实施

---

①　中国驻刚果（布）大使馆经济商务参赞处：《信息通讯技术成为刚第三大产业》，2014-01-10，参见 http：//cg. mofcom. gov. cn/article/jmxw/201401/20140100456820. shtml。

了 3 个通信基础设施领域重点项目，分别为西非光缆系统、国家骨干覆盖网项目及中非骨干网刚果（布）项目。2011 年 4 月，黑角首次接通海底电信光缆，2012 年奎卢省引入海底国际光缆。2011 年 11 月，Airtel 公司宣布在刚果（布）启动第三代移动通信（3G）业务。同年 12 月，刚果（布）邮电和通信技术部宣布正式启动"中部非洲高速通信电缆第三阶段铺设工程"，总投资达 150 亿中非法郎（约合 3125 万美元），刚果（布）政府出资一半，其余由世界银行等机构承担。

刚果（布）政府于 2010 年启动全国电信网建设，以点线结合方式，分为骨干网（线）和覆盖网（点）两个项目。其中骨干网项目自黑角经布拉柴维尔、奥约、奥旺多至韦索，建立了纵贯南北长达 1.9 万千米的电缆网。覆盖网项目在刚果（布）大城市及省会内部建设了 300 千米的光缆网络。目前骨干网项目临近完工。2014 年 2 月，在中部非洲宽带骨干网计划框架下，刚果（布）同加蓬签署了关于加强两国之间信息互通的谅解备忘录。备忘录明确了刚果（布）与加蓬之间的联系方式，即连接黑角—宾达—勒可可及加蓬海岸的巴库巴—弗朗斯维尔，并通过铁路网继续延伸到利伯维尔，以确保加蓬东南部和刚果（布）北部互联。

2016 年刚果（布）家庭宽带网接入率仅为 0.1%，国际宽带网接入价格仍然很高。把刚果（布）家庭宽带网接入率由 0.1% 提高到 10%，将使刚果（布）国内生产总值提高 3.5 个百分点。刚果（布）互联网市场发展潜力巨大。

第六节　商业与旅游业

一　商业和服务业

刚果（布）第三产业以商业和服务业为主，在国民经济中占有重要地位。殖民主义者入侵前，刚果（布）尚处于自给自足的自然经济社会，虽然也有一种铁环形货币的存在，但在各地区、各部落之间的产品交流仍

然是以物物交换方式进行。盐是重要的等价交换物，这种交换很难被称为商业。

现代商业的兴起是在 19 世纪末，殖民当局将大片土地租借给法国特许公司后，他们在各地交通要冲设置许多贸易站，使货币—商品—货币的循环发展起来，并逐渐取代了物物交换。20 世纪初，布拉柴维尔成为法属赤道非洲的行政首府，各地区的省府也相继确立，1922～1934 年大洋铁路的修建使黑角、多利齐等城市兴起，使城乡物资交流和对外贸易逐渐频繁。具有现代特征的商场、百货店、旅社、饭店、酒吧及娱乐场所、赛马场等服务设施纷纷出现。城市居民需要木薯、玉米、水果等食物，农村需要种子、农具、布匹、火柴等物品。中小商贩、零售商也随之大大增加。二战期间，刚果（布）一度成为"自由法国"的行政中心，更加快了该地区内外贸易的发展。独立前后，刚果（布）的商业、服务业主要由法国人开办的上、下刚果公司和奎卢—尼阿里贸易公司控制。它们在布拉柴维尔、黑角设立总部或中心商店。同时在全国各地开设若干分店，形成一个商业网，掌握批发和半批发贸易，零售业多交给黎巴嫩人和马里人经营，北部地区传统上是尼日利亚的豪萨人从事商贩活动。

20 世纪 60～70 年代的国有化运动期间，政府组建了国营贸易局，在全国各地设立国营贸易机构，在农村建立消费合作社，这些国营商业机构以统一价格收购农、副、林、渔、牧产品，然后统一出售。同时，政府将农业生产用品和日用品分发到各地，这对促进国内商业的流通产生了积极作用。但是，由于政府不善于经营管理，也缺乏组织贸易的经济实力，经济效率很低，到 20 世纪 70 年代末，这些商业机构已处于瘫痪状态。据统计，1977 年前有 5000 家左右的外资商店，国有化后减至500 家，不久又恢复了一些。20 家外资大公司继续控制刚果（布）的贸易。

20 世纪 80 年代，刚果（布）政府实行的调整改革和私有化政策，使外资对商业、服务业领域的投入有所增加，1990 年后的自由化运动更是推进了这一潮流。他们开办了许多商业服务设施，例如布拉柴维尔的斯高超市（Score）能提供国际性商品，子午饭店（Hotel de Mèridien）的辅助设备比较齐全，奥林匹克饭店（Olympic）的环境十分优雅，玛利纳饭店（Malina）内部设施较好，萨菲饭店（Saphyr）交通很方便，黑角海滩的棕榈滩饭店（Hotel de Palme beach）、达居尔宾馆（Hotel d'Azar）的景观很优美。但其他地方的旅店，多为中小旅店，设施尚不健全。

刚果（布）有很多传统市场，主要经营当地产品。首都布拉柴维尔最大的传统市场是道达尔市场（Marché Total）。Total 在法语中是"总共""全部"的意思，以 Total 命名这个市场表示这里什么都有。一些刚果（布）妇女在传统市场从事新鲜蔬菜、粮食买卖，主要经营蔬菜、水果、鱼、肉、家禽等。刚果（布）当地人还销售酒精饮料。啤酒属于小商品，很多小店甚至家庭都有销售。服装，特别是女装是刚果人消费较高的商品。刚果（布）内战结束后，人口密集的街道两侧出现了很多服装店和女性配饰店。

2010 年以来，刚果（布）大部分大型商业被以法资为主的刚果—奎卢·尼阿里贸易公司、刚法西非贸易公司和桑加·乌班吉贸易公司控制着。这些公司在首都布拉柴维尔、黑角设立总部或中心商店，同时在全国各地设若干分店，形成一个商业网，掌握批发和半批发贸易。法国超市品牌 Casino 在过去很长时间占据着刚果（布）超市的领域，在布拉柴维尔和黑角各有一家连锁超市。目前，首都布拉柴维尔主要有 3 家大型超市，分别是法国超市（Casino）、中国超市（Supermaché ASIA）和印度超市（Park'n Shop）。第二大城市黑角主要有法国超市（Casino）、印度超市（Park'n Shop）及两家中国超市。

刚果（布）零售业主要由马里人和黎巴嫩人经营，小型商业服务主要由塞内加尔人、马里人控制。在零售业表现最突出的是马里人、毛里塔尼亚人和塞内加尔人等，他们以经营食品店为主。西非人的店铺遍布全国，主导整个销售网络，从食品销售到当地产品零售。他们的店铺大多是小摊，有的店铺干脆就设在集装箱里。店铺的主要商品有罐头、饼干、酸奶、牛奶、饮料、矿泉水、蜡烛、香皂、清洁用品和美容用品等，但除了面包、糕点、酸奶和少量水果（主要是苹果）外，很少有新鲜食品。每个零售店都至少有一台冰箱或冰柜，大的店铺还配一个小发电机。2010

年以来，刚果（布）的中国商人增多，大多经营衣服、鞋子、纺织品、厨具、家具、家用电器、五金制品、手机和建材等。

二　旅游业

刚果（布）位于中部非洲的西部，拥有发展旅游业的绝佳条件，但是很多旅游资源尚未得到开发。刚果（布）政府在1982年设立了旅游与环境部，重视旅游业的发展，积极推动旅游资源开发，目标是让旅游产业的产值达到国内生产总值的10%。

布拉柴维尔是刚果（布）的政治首都，与刚果（金）首都金沙萨隔刚果河相望。刚果河是世界第二大河，仅次于拉丁美洲的亚马孙河。刚果河中的太阳岛是游客必去的地方，岸上的回音壁公园、大黑石等景区也颇吸引人。殖民时期，布拉柴维尔市是法属赤道非洲的首都。二战期间，布拉柴维尔市是"自由法国"的象征性首都。该城市以意大利裔法籍探险家皮埃尔·萨沃尼昂·德·布拉柴的姓命名。布拉柴维尔市有1940年由法国人罗歇·埃雷尔设计建造的圣·安娜大教堂、布拉柴纪念馆、戴高乐别墅、波托-波托画院等人文景点，还有刚果河激流和位于刚果河中央的班布岛等自然景观。

刚果（布）第二大城市黑角市是海港城市，是中部非洲地区重要的深水良港。刚果（布）大洋铁路和国家1号公路把首都布拉柴维尔和黑角连接起来。20世纪30年代建设的黑角火车站是著名景点，每年吸引着大量游客。另外，黑角还有1953年建设的圣母教堂、海滩等景点。黑角的纪念碑大街是该海滨城市的中心区，这里竖立着布拉柴的纪念像，海滨沙滩是该城市的特色，游泳设施不断得到完善。

刚果（布）的自然公园吸引了来自世界各地的游客。刚果（布）最有名的两个国家公园，分别是努阿巴莱-恩多基国家公园（Parc National de Nouabale Ndoki）和奥扎拉国家公园（Parc National d'Odzala）。

努阿巴莱-恩多基国家公园位于北部的桑加省和利夸拉省，成立于1993年，占地4000平方千米，是中部非洲西部最大的热带雨林，占刚果（布）森林面积的2%。它是为数不多的未受人类破坏的完整生态森林公园，公园内部有数目众多的濒危哺乳类动物，如非洲森林象、大猩猩、黑猩猩等。另外还有 300 多种鸟及其他小动物。2012 年 6 月 24 日至 7 月 4 日，联合国教科文组织世界遗产委员会于俄罗斯圣彼得堡召开会议，将刚果（布）、喀麦隆和中非共和国三国交界处的桑加国家公园列入世界自然遗产名录。桑加国家公园位于刚果盆地的西北部，由上述三国彼此相邻的三个国家公园共同组成，分别是刚果（布）的努阿巴莱—恩多基国家公园、喀麦隆的洛贝基（Lobeké）国家公园和中非共和国的藏加（Zanga）国家公园。2000 年 12 月，三国政府签署协议，决定在生态保护领域开展合作，共同投资对地跨三国的桑加国家公园进行管理、保护和有效开发。公园共占地 75 万公顷，公园内人迹罕至，因此完整地保存了热带湿润气候下的生态系统及生物种类。教科文组织的报告称，该地区的完整环境利于生态保护和物种进化，并对保护濒危物种有重要意义。

奥扎拉国家公园位于刚果盆地边缘地带的热带雨林中，占地 13600 平方千米，具有非洲少有的热带雨林生态系统。奥扎拉国家公园始建于 1935 年，是非洲最古老的国家公园之一，这里具有非常丰富的野生动植物，比如羚羊、老虎、狮子、大象、大猩猩及各种叫得出名字和叫不出名字的鸟。其中，大猩猩是灵长类动物，栖居于海拔 1500～3500 米的赤道热带雨林地带，大多群居生活。雌性及幼体常在树上活动、休息，成年雄性多在地面觅食，以树叶、嫩芽、花、果实等为食。林中空地是奥扎拉国家公园的一大特点。这些林中空地大多是富含矿物质的天然盐场，吸引了大量动物，使游客和科研人员得以近距离观察各种动物。由于多年战乱和偷猎，这个地区成为非洲最危险的地区之一。然而，生物学家近年的调查发现，这个地区的大猩猩种群数量正在逐渐回升，他们预测这个地区将会成为保护大猩猩最重要的区域之一。公园有相关旅游服务以满足人们日益增长的生态旅游需求。目前，刚果（布）政府在欧盟的支持下在这一区域打击盗猎活动。

2011 年以来，每年到刚果（布）旅游的游客均超过 20 万人次，旅游业对 GDP 的贡献率超过 4%。赴刚果（布）旅游需提前申请签证，说明访问的目的和停留的时间，须提供的函件包括用英文或法文填写的表格两张、照片两张，表格内容包括姓名、护照号码等。刚果（布）一般发给一个月内有效的一次入境签证，凡经停刚果（布）去第三国者，如预订联程机票，停留时间不得超过48小时可免办手续，否则应申办过境签证，刚果（布）一般发给1个月有效停留7天的过境签证。

表4-13 刚果（布）旅游业统计（2009~2016年）

年份	2009	2010	2011	2012	2013	2014	2015	2016
旅客人次（千人次）	94	194	218	257	297	284	243	—
留宿日（千天）	382	423	725	1110	594	627	653	689
旅游收入（千欧元）	58510	62301	73156	72952	71547	71636	57189	56172
GDP贡献率（%）	5.0	4.1	4.3	4.3	4.3	4.3	4.9	—
就业贡献率（%）	4.1	3.0	4.1	4.1	4.2	4.0	3.8	—

资料来源：《2017年非洲统计年鉴》，*African Statistical Yearbook 2017*，第145页。

目前，刚果（布）政府将进一步开发的旅游项目是：（1）以布拉柴维尔为中心的刚果河旅游项目；（2）内陆丛林探险旅游项目；（3）以黑角为中心的大西洋旅游项目。

第七节　财政与金融

一　财政

刚果（布）财政收入的主要来源是税收，与石油相关的税收是国家财政收入的最主要来源。2014年，刚果（布）石油收入占该年度财政收入的60%。[①] 国际原油价格的变化对刚果（布）财政收入有很大的影响。2008年初，国际油价高达140多美元/桶，但是受全球金融危机影响，

① 中华人民共和国商务部：《2015年刚果（布）财政预算支出调整至61.4亿美元》，2015-01-18，参见 http://www.mofcom.gov.cn/article/i/jyjl/k/201501/20150100860921.shtml。

2008 年 10 月石油价格急速下降至 30～40 美元/桶，刚果（布）财政收入因此大幅减少。[1] 据统计，刚果（布）2009 年财政收入仅为 13350 亿中非法郎，相比 2008 年的 24970 亿中非法郎大幅减少。2009～2013 年，随着全球经济回暖，国际原油价格逐步提高，刚果（布）财政收入也逐步增加。2014 年下半年开始，国际油价再度跌回 50～70 美元，刚果（布）财政收入又呈下降趋势。2014 年以来，刚果（布）财政赤字不断扩大，政府多次修改国家财政预算，调低财政支出，采取紧缩性的财政政策。2016年 9 月 30 日，刚果（布）政府审议并通过了 2017 年刚果（布）财政预算法案，预算总额为 27440.77 亿中非法郎（约合 46.91 亿美元），较 2016 年预算总额减少 23%，[2] 减少的主要原因是石油税收收入减少，政府公共债务增加，偿还能力有限。

表 4 – 14　刚果（布）年财政收支情况（2010～2015 年）

单位：百万中非法郎

年份	2010	2011	2012	2013	2014	2015
直接税收	176000	215000	241000	349932	354131	333298
间接税收	191000	233000	261000	296000	297480	279980
外贸税收	78000	101000	118000	148000	155000	145882
其他税收	1758000	2283000	2291000	2241285	2002588	1424391
其他收入	24000	27000	55000	37000	11000	8231
援助	4000	35000	10000	26000	26650	20000
日常支出	450000	498000	676000	661000	789000	1428348
工资	180000	207000	248000	275000	323000	570903
物品服务支出	179000	182000	277700	256900	338000	340797
其他服务支出	91000	109000	150300	129100	128000	129000
经常性转移	171000	181000	334000	324120	372001	371000
利息支出	59000	11000	13000	18000	15000	16000
设备支出	595000	1084000	1502966	1957613	2002304	1292249

资料来源：《2017 年非洲统计年鉴》，*African Statistical Yearbook 2017*，第 146 页。

---

[1]　http：//finance. sina. com. cn/money/forex/20150617/114622455048. shtml.

[2]　中华人民共和国商务部：《刚果（布）政府 2017 年预算法案分析》，2016 – 10 – 17，参见 http：//www. mofcom. gov. cn/article/i/dxfw/gzzd/201610/20161001411457. shtml.

2010 年以来，刚果（布）政府加大对基础设施建设的投资力度，外债规模不断上升，占 GDP 比重逐年增加。2016 年，刚果（布）公共债务总额占 GDP 比重从 2010 年的 22.4% 攀升至 83%。2015 年 6 月，标准普尔将刚果（布）发行的长期及短期主权债券信用评级由 B＋等级降为 B 等级，评级展望为"稳定"。2015 年 9 月，国际货币基金组织对刚果（布）"债务可支付性"评级由之前的"低等风险"上调为"中等风险"，主要原因是油价下跌及外需下降，并认为刚果（布）在中部非洲国家银行持有的外汇储备或可抵御部分风险。

表 4-15　刚果（布）外债情况（2008~2016 年）

单位：百万美元

年份	2008	2009	2010	2011	2012	2013	2014	2015	2016
外债总额	6542	5501	2424	3207	3583	4452	4577	4500	4526
私营部门	2597	4457	322	640	174	680	697	645	686
公共部门	3945	1044	2102	2567	3409	3772	3880	3855	3840

资料来源：《2017 年非洲统计年鉴》，*African Statistical Yearbook 2017*，第 147 页。

刚果（布）财政面临多重挑战：收支极不平衡、经济活动锐减、政府储备缩水等。尽管刚果（布）政府做出积极的财政调整，但仍积累了大量的外债和国内债务。2017 年初，刚果（布）公共债务已上升到 GDP 的 77%；外汇储备已下降至不足两个月的进口额；不良贷款率大幅提升，对企业欠款额居高不下；外债在 2016~2017 年持续攀升。[1] 双边外债占刚果（布）外债总额的约 76%，主要来源于中国、法国、巴西等国。2015 年以来，刚果（布）政府不断增加卫生、供水、电力、基础教育和职业培训领域的投入。[2] 国际油价下跌对刚果（布）经济发展造成重创，石油收入曾占刚果

---

[1]　中国驻刚果（布）大使馆经济商务参赞处：《国际货币基金工作组谈刚果（布）经济形势》，2017 - 03 - 13，参见 http://cg.mofcom.gov.cn/article/jmxw/201703/20170302535700.shtml。

[2]　中华人民共和国商务部：《刚果（布）公布 2015 年政府财政支出主要方向》，2014 - 10 - 15，参见 http://www.mofcom.gov.cn/article/i/jyjl/k/201410/20141000760499.shtml。

（布）财政收入的 3/4，而这项收入大大减少。同时，对外净出口减少，外汇储备缩水，刚果（布）财政及经常账户赤字攀高。2016 年刚果（布）经济增速大幅下滑，基础设施建设及公立机构待遇调整等改革均受到影响。根据刚果（布）政府提供的信息，国际货币基金组织工作组估计，截至2017 年 7 月底，刚果（布）公共债务额已达 5.329 万亿中非法郎（约合91.4 亿美元），从百分比上看，全部债务总额已达 GDP 的 110%。①

表 4 - 16 刚果（布）主要财政指标占 GDP 比 （2009 ~ 2018 年）

单位：%

年份	2009	2010	2011	2012	2013	2014	2015	2016	2017 *	2018 **
预算结余	4.9	15.7	16.0	7.3	- 1.9	- 7.7	- 18.7	- 17.2	- 0.3	2.8
公共收入	29.9	36.6	40.9	42.5	44.7	40.2	28.8	26.5	25.3	26.5
公共支出	25.3	21.0	25.4	35.4	47.0	48.4	48.3	44.6	26.4	24.6
公共债务	63.3	22.4	32.2	34.2	36.7	45.2	70.6	83.0	73.8	67.5

* ** 2017 年和 2018 年数据为国际货币基金组织预测数据。

资料来源：国际货币基金组织：《2017 年非洲撒哈拉以南地区经济展望》，第 85 ~ 89 页。

为了进一步解决危机，刚果（布）政府采取审慎的财政政策，两次下调 2016 年度财政预算收支至 3.8 万亿中非法郎。2016 年 9 月，刚果（布）总统萨苏召开政府部长会议，审议并通过 2017 年度预算法案，全年财政预算总额为 27440.8 亿中非法郎（约 46.91 亿美元），预算收入为16805.35 亿中非法郎（约合 29.23 亿美元），税收、石油收入、外国援助等是主要来源，其中石油收入预计为 4758.65 亿中非法郎（约合 8.28 亿美元）。预算支出为 21071.17 亿中非法郎（约合 36.65 亿美元），主要支出将在以下几个方面：提高政府公务员工资；为改善民主状况而开展的各项选举活动；2012 ~ 2016 年国家发展规划框架下正在进行的项目；已完工但尚未完成支付的项目；投资性项目的未偿贷款支付；其他国内外项目的资金

---

① 中国驻刚果（布）大使馆经济商务参赞处：《国际货币基金工作组通报访刚果（布）情况》，2017 - 10 - 27，参见 http：//cg. mofcom. gov. cn/article/jmxw/201703/20170302535700. shtml。

投入。

刚果（布）政府希望通过改善基础设施水平，推动矿产、现代制造业、绿色经济等领域发展，实现刚果（布）经济多元化，财政预算法案也优先着力经济多元化战略。① 同时，刚果（布）财政优先关注微型和中小型企业的发展，政府希望推动企业，特别是中小型企业发展，旨在促进经济多元化。

2017年，在石油生产国普遍面临经济和金融危机这一大背景下，刚果（布）进一步采取财政多元化举措。2017年政府财政预算政策继续保持收紧，其主要目的是在有限的收支范围内改善国家机构的运行，促进社会民生发展，并保障一批优先项目的投资，如重大基础设施项目等。② 2017年2月20日至3月8日，国际货币基金组织工作组访问刚果（布）。工作组认为，刚果（布）政府需要进行深刻的财政改革以增强投资者信心，将外债率拉回可持续水平线，并刺激经济增长。在财政支出上优先支持投资性项目，同时保障社会性项目及安全领域的支出预算，并进一步加强缓冲能力，以维持其外债稳定性。

二　金融

刚果（布）为中部非洲经济与货币共同体成员国，法定货币为中非金融共同体法郎，简称"中非法郎"（FCFA）。1994年，中部非洲6国（刚果共和国、赤道几内亚、加蓬、喀麦隆、乍得和中非共和国）签署了建立中部非洲经济与货币共同体的条约。根据这一条约，6个成员国的外汇储备有一半要放在法国财政部。2016年，中部非洲6国外汇储备合计为5.9万亿中非法郎（约合91亿欧元），其中51亿欧元由法国财政部存管，剩下的部分由各国自由支配。

---

① 中国驻刚果（布）大使馆经济商务参赞处：《刚果（布）通过2016年国家财政预算修订法案》，2015 – 12 – 28，参见 http：//cg. mofcom. gov. cn/article/jmxw/201512/20151201221418. shtml。

② 中华人民共和国商务部：《刚果（布）政府2017年预算法案分析》，2016 – 10 – 17，参见 http：//www. mofcom. gov. cn/article/i/dxfw/gzzd/201610/20161001411457. shtml。

中非法郎与欧元挂钩，可以实现固定汇率，保持中非法郎币值稳定，中非法郎可以在中非经济与货币共同体6个成员国间自由流通，抑制各成员国国内的通货膨胀。刚果（布）没有本国的中央银行，中非国家银行是中非经济与货币共同体国家共同的中央银行，代行共同体的货币和金融政策。中非银行委员会（COBAC）是中非经济与货币共同体的银行监管机构。2013~2014年，中非法郎兑换美元汇率维持在494∶1左右。2015年以来，受欧元持续贬值压力、国际石油价格下跌、大宗商品价格持续下跌、全球经济不景气等诸多不利因素的影响，中非法郎兑换美元汇率走低至591∶1。2017年3月，中非法郎兑换欧元汇率为656∶1，兑换美元汇率为610∶1。

表4-17 刚果（布）货币领域数据（2011~2016年）

单位：百万中非法郎

年份	2011	2012	2013	2014	2015	2016
货币供应量	1901964	2303039	2318555	2622917	2321603	2425402
准货币	209735	260481	333603	345426	345236	374199
国外资产净额	3058686	3096264	3015377	2783546	1559912	458438
国内信贷	-1098254	-623791	-503550	57093	1088914	1723289
私营部门信贷	528927	669611	787521	987401	1115777	1199650
政府信贷	-1641869	-1315943	-1312975	-971576	-133672	402204
外汇储备	5641	5550	5245	4926	2221	1220
美元汇率（1美元兑换中非法郎）	472	511	494	494	591	588

资料来源：《2017年非洲统计年鉴》，*African Statistical Yearbook 2017*，第146页。

1997年内战前，刚果（布）主要银行有：中部非洲国家银行刚果分行、中部非洲国家发展银行（BDEAC）、刚果国家发展银行（BNDC）、刚果商业银行（BCC）、刚果银行联盟（UCB）、刚果国际银行（BIDC）、刚果农工商信贷银行（CAIC）等。刚果（布）商业银行均与外资，尤其是与法资合营，国家控股50%以上。2000年以后，刚果（布）政府决定对银行业实施私有化，对刚果国家发展银行和刚果商业银行进行清算。2001

年，刚果银行联盟被总部设在科特迪瓦的欧非投资金融机构（COFIPA）收购。2002 年，法国里昂信贷集团收购了刚果国际银行。2004 年，摩洛哥一家私人银行控股刚果农工商信贷银行，改名为"刚果银行"。2005年，中部非洲国家银行将刚果（布）4 家银行整体信誉等级定为资金状况中等脆弱，其中 2 家良好，1 家中等脆弱，1 家极差。

2005 年以来，刚果（布）共有 11 家银行及 1 家互助储蓄社，总资产达 2.27 万亿中非法郎，2014 年曾一度高达 2.4 万亿中非法郎。1998 年，刚果（布）银行业在中非地区排名最末，而到 2005 年，刚果（布）银行数量在全非排名第二，银行资产量在全非排名第三。银行账户数由 2005年的 4.5 万个增加到 2014 年年底的 38.4 万个。刚果（布）外资银行主要是法国的或西非国家的。银行资产规模最大的是加蓬法国国际银行，占据刚果（布）国内 36% 的市场份额，无论是吸收储蓄还是放贷方面都堪称业内的"领头羊"。新近进入刚果（布）市场的商业银行有两家，分别是泛非经济银行（Ecobank）和非洲联合银行（UBA）。另外，法国的兴业银行也在 2012 年进驻刚果（布）。本土银行只有两家小银行，一家是邮政银行，另一家是刚果（布）住宅银行（BCH），合计市场份额不到 5%。

在银行卡使用方面，国际信用卡在刚果（布）多个五星级酒店能够使用。刚果（布）国家银行发行可以小额支付的借记卡，主要用于刚果（布）政府公务员及相关部门薪酬支付。在国际支付方面，刚果（布）部分国际机构使用支票结算，企业支票须经银行签署保兑以后才能使用。刚果（布）主要保险公司有两家，分别是刚果总保险公司（Assurance General du Congo）和刚果保险与再保险公司（Assurance et Reassurance du Congo）。

在外汇管理方面，刚果（布）政府财政部下设外汇管理局，专门负责外汇的登记和审批事宜。外资企业可凭该局许可至当地银行办理汇兑业务。个人侨汇汇入后必须兑换成中非法郎。刚果（布）实行贸易项下外汇登记制度，进口用汇比较容易获得。但是监管十分严格，进口用汇额度以进口货物报关的额度冲抵，多出的外汇额度须退还。在资本项下和个人用汇方面则实行外汇管理制度，管理比较严格，每笔外汇支付须经外汇管理部门层层审查。对外国投资的本金和利润汇出方面相对比较宽松，最初投资总额和申报的利润总额均可以汇出国外，并征收 35% 的利润税。外国人携带现金出入境上限为 2000 美元。

近年来，随着中国在刚果（布）进行大量的基础设施投资、建设与运营，刚果（布）政府与中国加强了金融合作，中刚非洲银行是双方金融合作的典范。中刚非洲银行是一家国际性商业银行，是中国和刚果（布）两国良好的政治、经济、贸易关系的成果。2013 年 3 月习近平主席访问刚果（布）时，刚果（布）总统萨苏提出希望在两国已有的合作基础上加强银行领域的合作。2014 年 6 月 12 日，习近平主席和萨苏总统见证中国农业银行和刚果（布）方签署合作协议。在双方共同努力下，中刚非洲银行于 2015 年 7 月 1 日对公众营业。中刚非洲银行由中国农业银行与刚果（布）（包括政府、国家石油公司和私人投资者）各出资 50%，注册资本 533.428 亿中非法郎，目前是当地注册资本最多的商业银行。2017 年 5 月，中刚非洲银行在黑角开设首家分行。

中刚非洲银行立足刚果（布），辐射中非，展望非洲，拥有本地同业中最雄厚的融资能力和最高效的国际结算网络，旨在为中非 6 国客户提供全方位的金融服务，支持刚果（布）工业化新兴经济体建设，服务中国在非洲的"走出去"企业，推动人民币跨境使用。中刚非洲银行设有股东大会、董事会和高级管理层，管理层对董事会和股东大会负责。2016 年 7 月，中刚签署了《刚果共和国与中国农业银行深化金融战略合作及跨境人民币金融服务协议》。

中刚非洲银行是经批准成立的全牌照商业银行，致力于特色经营和发展优势业务。一是服务中刚大企业业务。刚果（布）政府、刚果国家石油公司、黑角港口管理公司、中国建筑中西非公司、中国黄金、中江国际等大公司已是银行的重要客户。二是积极开展外汇业务。欧元、美元国际汇款是银行的特色业务。同时，银行致力于拓展人民币贸易结算和汇兑业务，努力实现人民币在中部非洲地区的应用及推广。三是加快推广银行卡及电子银行业务。银行已推出网上银行、手机银行产品，并于 2016 年 11

月底在中部非洲地区成功发行了银联卡，同时银行将在刚果（布）的布拉柴维尔和黑角两地推出由 200 台以上的 ATM 机组成的强大自助服务网络。四是围绕服务刚果（布）重大项目、积极对接中国"一带一路"倡议、国际产能合作战略，提供银团贷款、保函、贸易结算、贸易融资、跨境人民币业务等多样化的金融服务。

第八节　对外经济关系

一　对外贸易

刚果（布）奉行多边自由开放的贸易政策，对进口商品没有配额的限制，目前除对大米、水泥、糖、盐、番茄酱、食用油、肉禽、海鱼、咸鱼等 10 多种商品进口需要商业部外贸局签发的进口许可证外，其他商品可以自由进口，并可采用事后申报制。

刚果（布）是中非经济关税联盟、中非货币联盟成员国和欧洲联盟联系国、法郎区成员国。中非经济关税联盟成员国之间贸易互免关税，并实行统一进口关税政策。刚果（布）与欧洲联盟、法郎区国家之间的贸易实行无外汇配额的自动进口许可证制，与其他国家和地区的贸易实行外汇配额、非自动进口许可证制度。

刚果（布）贸易法规要求，从所有国家的进口都要申报，有一项意向性的年度进口计划，其中划分了 5 个地区：（1）中非经济关税联盟国家；（2）法国；（3）其他业务账户国家；（4）除法国以外的欧盟国家；（5）其他国家。此计划下的 13 种商品要进口许可证，其他商品则需要事后申报。对非欧盟国家的进口配额，可适用于业务账户国以外任何国家生产的商品。

除法国（及其海外领地）、摩纳哥和业务账户国家之外，刚果（布）与其他国家进行的进口交易均必须在指定银行登记。所需的进口许可证必须在指定银行备案并获得对外金融关系局和对外贸易局的签准。进口商持经批准的进口许可证可购到必要的外汇，但是应将货运单据呈交指定银行。所有进口商品必须在保险公司，即刚果总保险公司投保。为执行这一措施，刚果（布）海关只对提交上述保险公司投保证明的商品予以放行。

1998 年 1 月 1 日，中非经济关税联盟规定，取消过去对进口商品征收 100% 以上的高关税制度。商品将按四类核算：第一类是特需商品（药品、医疗器械、机电仪器等），关税率为 5%；第二类是原材料、工业设备等，关税率为 10%；第三类是生产工业原料的半成品，关税率为 20%；第四类是汽车、服装、香水等，关税率为 30%。有些需保护的特别商品要收特别消费税 28% ~ 30%。

刚果（布）向法国和法郎区国家的大多数出口可自由进行，但是国家农产品销售局和国家木材销售局所出口的商品除外。一般要求商品到达目的地后 180 天内收取并调回出口外汇收入，必须在应缴的一个月内办理结汇。进口欧盟商品主要为自由贸易方式，它们属于自动获得许可证范围。其他地区商品需个别进口许可证，商品则需在许可证有效期内抵达指定港口，有效期一般为一年。

对外贸易在刚果（布）的国民经济生活中占重要的地位。在 20 世纪 60 年代和 70 年代初，刚果（布）主要出口商品是木材，1960 ~ 1982 年，有 16 年出现逆差。20 世纪 70 年代末和 80 年代初，由于出口石油量的增加，刚果（布）对外贸易由逆差转为顺差，对外贸易的商品结构也发生了变化，主要出口商品由木材转为石油，石油产量的不断增长造成长期以来（除个别年份外）对外贸易连年顺差。1999 年石油占年出口值的 93.3%，木材占约 4.2%。由于刚果（布）依赖石油、木材等资源性产品和可可、咖啡等初级产品的出口，所得的收入用来换取必需的进口商品。因此，国际原料市场的变化直接影响刚果（布）外贸水平，也影响着其经济状况，外贸出口额占国民生产总值的 50% 左右。

刚果（布）的出口市场受国际环境影响较大。在 20 世纪 80 年代以前，法国是刚果（布）最主要的出口市场，80 年代以后，美国取代法国成为刚果（布）最主要的出口市场，1990 年刚果（布）对美国出口额占出口总额的 37%，其次是意大利占 25%，法国占 13%，比利时和卢森堡各占 10%。刚果（布）主要进口商品是车辆、机电产品、食品、五金、建材、纺织品和轻工业品，这些商品的主要来源国是法国、美国、意大利、荷兰，法国一直是刚果（布）最主要的进口商品来源国。在 1990 年的进口商品中，有 42% 来自法国，14% 来自美国，10% 来自意大利。此后，到 1999 年刚果（布）主要出口对象国排序没有多大的变化。主要进口来源国排序变为法国、意大利、中国、美国、比利时、卢森堡等。1997年，刚果（布）从法国的进口额占进口总额的 24.1%，1999 年降为 19.3%。由于受政局与国际环境的影响，刚果（布）历年的进出口总额常常起伏较大，如 1999 年的出口总额就比 1998 年增长了 40.5%。20 世纪 90 年代以来，刚果（布）的对外贸易虽有起伏，但连年顺差，1997 年顺差达到最高值。2000 年，主要出口对象国是韩国、美国、中国、德国，主要进口来源国是法国、美国、意大利、比利时、中国等。

刚果（布）出口产品一直以原油为主。2008 年以来，刚果（布）原油出口一直占出口总量的 85% 以上。所以，刚果（布）出口额受国际油价影响较大。2008～2009 年国际油价大跌，刚果（布）出口额大幅下降。2010 年开始，国际油价逐步回升，刚果（布）出口额也随之增长。然而，从 2014 年开始，受国际油价持续低迷影响，刚果（布）石油出口下滑较大。随后，由于刚果（布）获得 2015 年第十一届非洲运动会的主办权，得益于运动会场馆建设及相关基础设施建设投资增加的带动，刚果（布）进口额大幅上涨。

表 4 - 18　刚果（布）对外贸易情况（2008～2015 年）

单位：百万美元

年份	2008	2009	2010	2011	2012	2013	2014	2015
出口额	9170	6100	9400	11851	10275	9028	8977	5519
进口额	3050	2900	4369	5007	5485	6080	7475	7724

资料来源：《2017 年非洲统计年鉴》，*African Statistical Yearbook 2017*，第 145 页。

除了原油，刚果（布）其他出口商品还有木材、液化气、重油、蔗糖、可可和咖啡等。进口商品包括肉类、机械设备、钢铁建材、糖、药品等多项类别，分布比较均衡，单项类别金额和比重均不大。

表 4 – 19　刚果（布）前三大进出口商品（2015 年）

出口				进口			
商品	数量（千吨）	总额（亿中非法郎）	总额占比（%）	商品	数量（千吨）	总额（亿中非法郎）	总额占比（%）
原油	5064	12583	86.4	肉类	143	1160	4.5
木材	588	821	5.6	机械设备	8.7	581	2.2
液化气	45	273	1.9	水泥	1062	531	2.1
总计	5697	13677	93.9	总计	1213.7	2272	8.8

资料来源：中国驻刚果（布）大使馆经济商务参赞处：《刚果（布）2015 年对外贸易简况》，2017 – 02 – 13，根据刚果（布）海关数据整理。

根据刚果（布）海关统计，2016 年，进出口总额约 75.9 亿美元，扣除汇率因素，同比上升 10%，其中出口约 25.2 亿美元，同比持平，进口约 50.7 亿美元，同比上升 15.2%。据联合国贸发会议统计，2014 年，刚果（布）服务贸易总量为 57.7 亿美元，其中出口 7.7 亿美元，进口 50 亿美元。服务贸易出口中交通、旅游及其他分别占比为 4.5%、18.3%、77.2%。

表 4 – 20　刚果（布）进出口贸易额（2012 ~ 2016 年）

单位：亿美元

年份	总额	出口	进口
2012	90.8	61.14	29.66
2013	145	116	29
2014	80.20	47.66	32.54
2015	69	25	44
2016	75.9	25.2	50.7

资料来源：根据刚果（布）海关数据整理。

2010 年以来，刚果（布）主要出口对象国是中国、意大利、葡萄牙、印度、美国等，主要进口来源国是中国、法国、安哥拉、比利时和意大利等。自 2014 年以来，中国成为刚果（布）第一大贸易伙伴，据刚果（布）海关统计，2016 年中刚贸易总额为 25.8 亿美元，刚果（布）进口额 10.3 亿美元，出口额 15.5 亿美元。刚果（布）主要贸易伙伴还包括法国、比利时、美国、意大利等。近年来，刚果（布）与印度加强合作。随着 2015 年印非峰会的召开，印度和刚果（布）两国在贸易领域的合作升级，印度占刚果（布）出口比重较上年同期大幅增长。刚果（布）前五大进口来源国占刚果（布）进口额的 53.86%。与此同时，刚果（布）与马来西亚、土耳其、南非、加蓬、喀麦隆、多哥、科特迪瓦等国家的贸易往来愈加频繁，贸易额较以往明显上升。

表 4 - 21　刚果（布）主要贸易伙伴（2015 年）

出口国	总额（亿中非法郎）	占比（%）	进口国	总额（亿中非法郎）	占比（%）
中国	6104.9	41.01	中国	3824.3	14.8
意大利	1811.5	12.44	法国	3290.2	12.74
葡萄牙	1448.3	9.94	安哥拉	2452.6	9.49
印度	746.7	5.13	比利时	2348.4	9.09
美国	589.2	4.05	意大利	2000.4	7.74
总计	10700.6	72.57	总计	13915.9	53.86

资料来源：中国驻刚果（布）大使馆经济商务参赞处：《刚果（布）2015 年对外贸易简况》，2017 - 02 - 13，根据刚果（布）海关数据整理。

刚果（布）政府管理贸易的部门是对外贸易与消费部，该部通过加强进口、批发和零售价格之间的幅度控制一些战略性物资的价格。其他管理部门有隶属对外贸易与消费部的对外贸易中心和商会。商会分成 4 个分会，其中布拉柴维尔和黑角商会规模比较大。刚果（布）属于非洲商法协调组织体系国家，主要对外贸易法律有《进出口法》。刚果（布）政府还根据自己的特殊情况制定了一个相当于商法的《刚果商业从业条例》。

二 外国援助

外国援助在刚果（布）的经济发展中占据重要的地位。每年都接受一定量的外国援助。主要援助国是法国、美国、意大利、德国和比利时。1981～1984 年，刚果（布）从石油输出国组织成员国及多边机构共获外援 10.94 亿美元，其中双边援助 9.54 亿美元（法国占 8.872 亿美元），多边援助近 1.4 亿美元（欧洲经济共同体为 2070 万美元，国际开发协会为 4110 万美元，非洲开发银行为 3150 万美元）。1996 年 7 月中旬，在法国的推动下，巴黎俱乐部减免了刚果（布）约 5000 亿中非法郎（约合 10 亿美元）的债务。同年 11 月，在日内瓦出资者圆桌会议上，法国承诺提供 2.492 亿美元的发展援助，居各出资国之首。1997 年和 1998 年法国向刚果（布）提供双边援助 2.24 亿美元和 2000 万美元，分别占当年刚果（布）外援的 90% 和 31.9%，居外国援助的首位。1997 年内战后，国际货币基金组织恢复向刚果（布）提供 1400 万美元的一揽子战后重建援助。2001 年 5 月，欧盟同意向刚果（布）提供 2001～2002 年度发展援助基金 3560 万美元，用于恢复基础设施建设，法国 2002 年共提供 2220 万美元。

2004 年，刚果（布）外债规模为 85 亿美元。2010 年，刚果（布）达到重债穷国计划的要求，债务规模下降至 20 亿美元左右。根据历史数据，每年外援金额占刚果（布）国家财政预算收入的 5.7%。2015 年 4 月，国际货币基金组织和世界银行公布的重债穷国倡议援助名单中包括刚果（布）。刚果（布）政府每年可以从国际货币基金组织、欧盟、法国及其他一些发达国家和友好国家获得近 1 亿美元的援助。目前，国际社会援助主要集中在民生和基础设施领域，如供水、电力、道路、医疗卫生、教育等。

刚果共和国

表4－22　刚果（布）接受外援情况（2008～2015年）

单位：百万美元

年份	2008	2009	2010	2011	2012	2013	2014	2015
外援总额	485	282	1314	261	140	151	106	89
法国	368	93	909	61	16	52	28	26
联合国机构	47	26	32	26	40	23	28	19
国际开发协会	17	9	21	25	29	21	12	10
非洲发展基金	10	1	4	4	5	11	6	4
联合国难民署	1	2	1	—	—	—	—	4

资料来源：《2017年非洲统计年鉴》，*African Statistical Yearbook 2017*，第147页。

刚果（布）的主要援助国有法国、美国等西方发达国家，以及中国、印度等新兴国家。联合国相关机构、非洲发展银行、世界银行、国际货币基金组织等国际组织也向刚果（布）提供不同程度的援助。下文简要介绍主要援助国。

法国。在巴黎俱乐部框架下，法国作为刚果（布）第一大债权国已累计免除刚果（布）14亿欧元债务。法国和刚果（布）政府签署包括环境、供水、电力等领域的多项减贫促发展合作协议。2016年2月，两国政府签了3份协议，法国将向刚果（布）布拉柴维尔中心医院、刚果（布）国家供水公司和刚果（布）国家电力公司提供超过760亿中非法郎的补贴，以支持其业务发展。

美国。2000年，刚果（布）被美国列为"非洲增长与机遇法案"的受惠国。2009年，美国免除刚果（布）共计70亿中非法郎债务，并提供价值20亿中非法郎的粮食援助。目前，刚果（布）与美国在刚果盆地森林伙伴框架下展开一系列合作。

中国。刚果（布）是中国传统受援国。自双方建交以来，中方为刚方建设了大量援助项目，包括物资、技术合作、成套项目等，如英布鲁水电站、恩古瓦比大学图书馆、中刚友好医院等项目。

三 外国资本

独立前，刚果（布）的经济由法国垄断资本控制。独立后，刚果（布）政府实行国有化，触动了一些外国资本，但是随着国有企业出现亏损，它们又回到了外资手中，只是名义上为国家所有。外资在经济中一直占重要的地位，1985 年以后，由于刚果（布）经济困难，外国投资大量减少。1985 年为 1.4 亿美元，1990 年降到 6805 万美元，1997 年又减至900 万美元。在刚果（布）的多种经济成分中，外国资本特别是法国资本一直占有很大的优势。外资约占石油开采业的 80%，建筑业的 90%，商业的 80%。截至 1990 年，外国在刚果（布）的投资总额约 11009 亿中非法郎（约合 36.7 亿美元），其中石油投资 6689 亿中非法郎。资金主要来自法国、美国、意大利。法国向刚果输出资本的特点是数量大、渠道多、渗透部门广。法国资本在刚果（布）大约开设 200 家公司，业务范围遍及多个经济部门。

刚果（布）政府为了鼓励外国企业和私营企业投资，政府财政部下设国家投资委员会负责审批项目，另设外国投资者创业中心集中协助外来投资者办理各种手续，只要证件、资料齐备，一个月内便可完成注册。刚果（布）1992 年颁布了《投资法》，1996 年对其进行了修改，对凡来投资建企业者只要交纳 10% 的关税，只要所办企业能解决当地就业问题（至少提供280 个工作日的工作机会），使用不少于 30% 的当地原料，企业自有资金和内部增值率在 25% 以上，就可以享受优惠的政策：（1）至少 5 年免缴工商业利润税；（2）5 年内免缴土地税、原料使用税；（3）5 年内免缴注册税、工厂开办税；（4）减免在不发达地区兴办企业的运输应缴收入等。

刚果（布）政府优先鼓励下列项目的投资：首先是农畜业中的综合环保养殖场（如家禽、家畜、鱼类），咖啡、可可大规模种植，咸鱼、熏鱼加工，蔬菜种植，鳄鱼、青蛙、奶牛等养殖；其次是林业中的木材开采和加工，橡胶种植和加工；再次是工业中的铁、锰、锌、钾、磷等矿产开采，石油开采和加工、石油化工、天然气开采，水泥、玻璃等建材生产。此外，政府鼓励基础设施的投资，如水处理厂、电力厂、公共工程、交通

航运与住宅等。

进入 21 世纪以来，刚果（布）政府不断增加公共投资，道路、机场、供水、供电等基础设施状况大为改观，外资吸引力进一步提高。2008年起，刚果（布）国外直接投资额逐年大幅下降。2011 年，刚果（布）国外直接投资额恢复 2008 年水平。此后国外直接投资额逐年稳步上升，2014 年达到 54.96 亿美元。

表 4 - 23　刚果（布）国外直接投资统计（2008 ~ 2015 年）

单位：百万美元

年份	2008	2009	2010	2011	2012	2013	2014	2015
国外直接投资额	2030	1279	924	2126	2183	2916	5496	1495

资料来源：《2017 年非洲统计年鉴》，*African Statistical Yearbook 2017*，第 147 页。

表 4 - 24　刚果（布）总投资和国外直接投资占 GDP 百分比（2009 ~ 2018 年）

单位：%

年份	2009	2010	2011	2012	2013	2014	2015	2016	2017 *	2018 **
总投资	23.0	19.8	24.6	25.0	29.4	40.2	34.8	24.2	17.7	18.7
国外直接投资	20.8	17.8	20.6	- 2.1	18.0	18.8	31.8	26.0	13.8	10.1

*　**　2017 年和 2018 年数据为国际货币基金组织预测数据。
资料来源：国际货币基金组织：《2017 年非洲撒哈拉以南地区经济展望》，第 83 ~ 98 页。

刚果（布）财政、经济和金融部是外国投资的管理部门。商业部联合各个单位开设的单一窗口负责工商行政管理有关注册登记等手续。目前在布拉柴维尔、黑角、多利齐三个主要城市设立了单一窗口。

刚果（布）对外资投资领域没有限制，政府鼓励外商投资的领域主要有农业（包括粮食加工、乡村道路建设）、林业（特别鼓励当地木材加工业）、石油（主要是刚果河盆地的勘探）和旅游业设施（主要是旅游饭店建设）。外资可以独资经营，也可以与刚方合资经营，投资比例从 1%到 99% 没有设定限制，主要看投资伙伴之间的谈判结果。但是，从刚果（布）政府的意愿来看，政府更希望合资经营，以便在引进资本和技术的同时也能引进生产和管理技术。刚果（布）政府和私营企业比较乐意接受合作经营或建设—经营—转让（BOT）模式。

如前所述，刚果（布）油气与矿产资源丰富，西方国家对刚果（布）的直接投资以跨国油气、能源、矿产领域为主，比较知名的国际公司包括法国道达尔公司、美国雪佛龙公司、澳大利亚桑德斯公司、瑞士嘉能可公司、英国科瑞矿业公司等。

表 4 - 25 刚果（布）国际跨国公司投资项目（2016 年）

行业	项目	外资公司	规模（亿美元）
石油开采	莫霍北油田开采项目	法国道达尔公司	100
石油开采	莲齐油田开采项目	美国雪佛龙公司 法国道达尔公司	20
矿石采掘	纳贝巴铁矿开采项目	澳大利亚桑德斯公司	40
矿石采掘	扎纳加铁矿开采项目	瑞士嘉能可公司	50
矿石采掘	马由口雷库姆铁矿开采项目	南非爱索公司	16
矿石采掘	阿威马铁矿开采项目	英国科瑞矿业公司 俄罗斯谢韦尔钢铁公司	45

资料来源：中华人民共和国商务部：《对外投资合作国别（地区）指南——刚果共和国》，中国商务出版社，2016，第 30 页。

第五章

军　事

第一节　军事简史

一　建国初期的军事演变

法国统治时期，驻扎在中央刚果的殖民军官员多为法国人，士兵和下级军官多为来自其他法属殖民地的塞内加尔人、马里人、乍得人。第二次世界大战期间，中央刚果由戴高乐的"自由法国"控制，戴高乐在中央刚果成立了一个非洲人步兵营，这个营先后参加过北非战役和解放巴黎与斯特拉斯堡的战役。战后驻扎在中央刚果的殖民军与战前相比发生了重大变化，军队士兵的构成主要是当地人，只有中上级军官是法国人。面对非洲民族觉醒的大形势，殖民当局注重加强殖民军的建设，健全了海军和空军，扩建了军港和机场。尽管中央刚果成为"法兰西共同体"内的"自治共和国"，但是法国仍然掌握其国防、外交大权。

1960年8月15日刚果（布）宣布独立时，原殖民军成为独立共和国的武装部队。根据独立前夕法国与刚果（布）双方签订的移交政权协议，刚果（布）武装部队将继续由法国负责管理、指挥和训练。刚果（布）政府只负责提供兵源和供应战略物资。刚果（布）政府只设有计划部和装备部，没有国防部。刚果（布）的武装部队与原殖民军有直接的继承关系，它继续保持"重内卫、轻外防"的特点，2/3的军队驻扎在首都布拉柴维尔和沿海城市黑角，1/3的军队驻扎在铁路沿线，以防国内发生动乱，北部只驻有配备轻武器的小分队。整体而言，刚果（布）军队没有摆脱法国的影响与控制。

1963 年的"八月革命"是刚果（布）军队发展的重要转折点。刚果（布）军队开始了真正的"刚果化"，同时还出现了民兵组织这一新军种，以实现军队的本土化。在"八月革命"中，刚果（布）军队是尤卢政府和法国用来镇压革命群众运动的工具，但是军队在人民群众的感召和左派宣传的鼓动下，转而支持示威的群众。这不仅使尤卢陷于孤立而被迫下台，而且还产生了两种效应：一是有助于以马桑巴－代巴为首的新政府实行军队的"刚果化"；二是法国不得不改变支持尤卢的政策，而对新政府保持不干涉的态度。刚果（布）新政府除了收回武装部队的总司令指挥权外，对于法国在刚果（布）的其他特权和特殊利益仍维持不变。1963 年 12 月，马桑巴－代巴当选刚果（布）总统兼武装部队司令，接着便对各级军官实行了"刚果化"——选用当地的非洲人。1966 年 6 月 22 日，刚果（布）国民议会通过法律，决定把武装部队改编为刚果（布）国家人民军，并把 6 月 22 日定为建军节。国家人民军由陆、海、空三军组成，共约 6500 人，由总统兼任总司令。

在"八月革命"中曾涌现出群众性的民兵组织，参加者多为青年工人、店员、学生、公务员等。随后，尤卢的支持分子挑起部族矛盾，勾结国外势力，特别是勾结刚果（金）的冲伯集团，在 1964 年 2 月和 8 月、1965 年 2 月，多次进行叛乱活动。刚果（布）的民兵组织被称为"警惕队"，他们日夜不停地在刚果河岸，在城市、乡村、森林里巡逻，保卫革命成果，捍卫民族独立。为了迎接 1965 年 7 月在刚果（布）举办的第一届非洲运动会，政府决定建立一支由数千民兵组成的准军事部队，这支部队对新政权的忠诚和可靠程度更胜于国家的正规军。总之，民兵组织在刚果（布）各项军事活动中发挥了十分重要的作用。

然而，军队的"刚果化"也出现了弊端，导致部族主义在军队中日益滋长，法国就曾利用刚果（布）南北方的部族矛盾，进行挑拨离间以达到维护其殖民统治的目的。法国有意从北部偏僻部落中招募士兵，培训下级军官，让他们管理较发达的南方的诸部族。马桑巴－代巴是南方的巴拉利族人，在军队的"刚果化"过程中，他任命的军官多出自南方部族，这使出身北方部族的军人十分不满，加之政见的不同就导致了1968年的"七·三一运动"。"七·三一运动"的领导人是恩古瓦比，他曾在殖民军队中服役，曾被派往法国军校学习，1962年回国后参加"八月革命"，由步兵连长升为黑角市卫戍部队司令，主持创建了第一伞兵营。他秘密组织了北方军官集团，其追随者如萨苏、雍比等人都是北方奥旺多地区的同乡。"七·三一运动"成功后，恩古瓦比就任总统兼人民军统帅，雍比任军队总参谋长兼布拉柴维尔驻军司令，萨苏任陆军司令兼伞兵部队司令。曾在"七·三一运动"中支持恩古瓦比的民兵也都被编入国家人民军。从1968年起，刚果（布）军队基本上为出身北方部族的军官掌控，恩古瓦比为抵制南方部族势力勾结外部势力进行武装叛乱，便继续加强民兵建设。1970年3月底，刚果（布）劳动党特别代表大会通过了在全国建立民兵组织的决议，仅首都一地就有民兵1500名。民兵成为保卫刚果（布）劳动党的工具，他们还得到古巴等国军事专家的指导。

恩古瓦比在刚果（布）学习中国的军事经验，确立了党指挥枪的军事体制，规定全国最高国防决策机构为刚果（布）劳动党军事委员会，国防和安全部为政府的部级单位，是最高军事行政机关。武装力量由正规军和准军事部队组成。正规军分陆、海、空三个军种，准军事部队分为宪兵和民兵。党的主席和国家总统是国家人民军最高统帅，下设最高军事指挥机构，包括总参谋部和总政治部。总统通过国防和安全部、总参谋部对全国武装力量实施领导和指挥。

刚果（布）全国分6个军区和1个独立军区。第1军区设在奎卢省和黑角市，司令部设在黑角市；第2军区包括布恩扎、莱库穆和尼阿里3省，司令部设在卢博莫；第3军区包括普尔省和高原省，司令部设在冈博马；第4军区包括盆地省，司令部设在奥旺多；第5军区包括桑加省，司令部设在韦索；第6军区包括利夸拉省，司令部设在因普丰多；首都布拉柴维尔市单独设独立军区。

在南方部族势力的影响下，刚果（布）频频发生军事政变。1970年3月，基干加中尉发动政变未遂；1972年2月，刚果（布）劳动党政治局委员、人民军第一政委昂热·迪亚瓦拉发动政变未遂；1976 年 3 月，工会主席孔多发动罢工，企图推翻政府。这些事件使恩古瓦比更重视对军队的控制，为了扩充军队建制，提高军官、士兵的军饷，使军队更忠于政府，恩古瓦比把军费在国家预算中的比例提高到 20% ~ 40%。例如，1970 年的军费预算为 33 亿中非法郎（约合 1188 万美元），1978 年增到 86 亿中非法郎（约合 3600 万美元）。在此期间，恩古瓦比的不少追随者借军官职位平步青云，成为显贵和富翁，结果在军界和政界造成了更大的矛盾，非嫡系者更加不满。1977 年 3 月 18 日，陆军上尉巴特米·基卡迪迪率领其"四人敢死队"闯入恩古瓦比的官邸将他刺死。政变虽未遂，但是对刚果（布）的政局产生了重大影响。

恩古瓦比遇害后，刚果（布）人民军总参谋长、恩古瓦比的表弟雍比接管了军队最高领导权，并迅速将南方部族势力的领导人——已闲居在家的马桑巴－代巴处决。他实行更加集权的制度，在刚果（布）劳动党中央委员会中设置由 11 人组成的军事委员会作为军队的最高领导机构。他自任军事委员会主席、部队委员会主席、武装部队总司令。雍比排除异己、军事独裁及处决马桑巴－代巴的举措引起了刚果（布）平民的不满，1979 年 2 月，军事委员会副主席萨苏联合军事委员会多数成员以雍比犯"右倾"错误为由，逼其交权。同年 3 月，刚果（布）劳动党第二次特别代表大会决议以"叛国罪"将雍比开除出党，降为二等兵。

萨苏接任国家元首和军队最高统帅后，注重解决军队的派系问题。他虽然是北方的姆博希族人，但是注意平衡不同部族和地区的利益，强调党内和人民内部的团结，并重新评价 1972 年迪亚瓦拉组织的"二月政变"和 1976 年 3 月的罢工，为许多卷入这些事件中的军人和官员恢复了工作。在他的支持下，1984 年 10 月，刚果（布）议会通过实行义务兵制的法令，规定 18 ~ 35 岁的公民必须服兵役，服役期一般为两年，明确军队负有保卫国家安全和参加生产劳动的双重任务。萨苏的举措解决了雇佣新兵时各部队的头领只注重招募本部族和本派系士兵的弊端。同时，萨苏也注意军队的扩建问题，刚果（布）军队的规模在 20 世纪 80 年代上半期达到历史的最高点。1984 年的国防预算为 215.96 亿中非法郎，1987 年为 370.8 亿中非法

郎，占国家财政预算的 18.84%，军费开支略少于恩古瓦比时代。20 世纪
80 年代后期，受经济萎缩的影响，刚果（布）军队减员，到 1990 年军费开
支降至 311.75 亿中非法郎，仅占财政预算的 12.2%。

二　民主化改革之后的军事发展

1990 年 7 月 4 日，刚果（布）劳动党中央委员会宣布同意实行多党
制，反对党一哄而起，社会出现大动荡。9 月 14~16 日，首都工人进行
无限期总罢工，得到刚果（布）劳动党和军队一些人的支持，萨苏欲派
军队占领工会总部大楼，但是军队已不听从其调遣。同年 12 月 4~9 日，
刚果（布）劳动党特别大会宣布，军队实行非政治化，刚果（布）劳动
党从此放弃对军队的领导。

1991 年 2~6 月，刚果（布）全国协商会议通过了政治委员会草拟的
《防务与安全报告》，发布解散国家安全局、重建宪兵、整顿军队等 11 项
法令。军队的性质、国家的防务政策和权力机构均发生重大变化。刚果
（布）不仅恢复建国初期的国名、国歌、国徽，而且刚果（布）国家人民
军也恢复独立初期"刚果武装部队"的称谓。刚果武装部队由陆军、海
军、空军和宪兵组成，过渡政府总理为军队首脑，政府对军队实行行政领
导。在政府的领导下，实行全民整体防务和常备不懈的多功能防务，并采
取义务兵与军官志愿招聘制相结合的方法。

刚果（布）内阁会议作为军队的决策机构，确定防务政策。刚果
（布）成立国防理事会，以制定国家的防务总方针；成立防务委员会，以
确定作战目标，批准作战计划，部署武装力量，决定军需措施。另外，重
新将防务做了划分：军事防务由国防部长担任执行负责人，有权指挥全国
的武装力量；民用防务由内政部长担任，保证国家权力机构、公共设施的
安全及战时的动员，重建的宪兵和警察部队将隶属于该部；经济防务由经
济计划部长负责，通信、交通、电信、医疗、环境等部门为战争服务，并
协调军事与发展的关系，政府总理负责执行防务政策。

关于军队内部的指挥系统，根据刚果（布）全国会议通过的《防务与
安全报告》，建议成立最高司令部，由国防部长、总参谋长及陆、海、空各

军种参谋长和宪兵司令组成，负责组织和调动军队，落实军事政策，保持军队士气，执行军队纪律。全国仍划分为 7 个军区，让 – 马里·穆科科任参谋长，继续实行义务兵役制，18~35 岁的公民必须服两年的兵役。

1992 年 3 月 15 日，经全民投票通过了新宪法。随后，利苏巴当选为刚果（布）总统。利苏巴任命邦戈 – 努瓦拉为总理，负责执行防务政策，任命雷蒙·达乌斯·恩戈洛准将为防务委员会主席。但是，实行多党制带来的却是不同利益集团的激烈角逐。1992 年 10 月，已成为反对党的刚果（布）劳动党联合其他一些党形成议会的多数派，发起"不服从"运动，要求弹劾政府。军队在这时处于中立的地位，并于 12 月 2 日出面调解，主持召开协商会议，希望各派达成妥协，通过选举建立民族团结政府。利苏巴被迫接受提议，任命达科斯塔为总理，同意在 1993 年 5~6 月举行立法机构选举。

在选举的争夺中，各派政治势力从政治角逐转化为军事角逐，纷纷扩充自己的民兵组织。萨苏在北方部族和首都的北方人中间招募新兵，组成了被称为"眼镜蛇"的民兵组织；利苏巴在南方部族中发展自己的民兵，组成了被称为"祖鲁军"的民兵组织；而在普尔省和布拉柴维尔颇有势力，并与萨苏结盟的伯纳德·科莱拉斯组成了被称为"忍者"的民兵组织。1993 年 6 月 23 日，面对反对派在全国发动武装骚乱的局面，利苏巴任命雍比为总理并组成了多党联合政府，同时成立 14 人组成的处理危机小组，在全国实行紧急状态，解除了和反对派有牵连的武装部队总参谋长让 – 马里·穆科科的职务。7 月 16 日，由爱马努埃尔·埃塔 – 翁卡接任总参谋长职务，同时所有的高级官员被撤换，重组军队最高指挥部。为了分化反对派的联盟，利苏巴总统先争取萨苏派的中立。11 月 3 日，利苏巴以反对派非法拥有武装、破坏社会安定为由，下令改组后的政府军大举进攻在首都的伯纳德·科莱拉斯派武装据点，造成 100 多人死亡。

1994 年 1 月，各反对派拒不承认国际仲裁团对议会选举的仲裁，民兵间的冲突再起，导致 2000 多人死亡，约 10 万人无家可归。利苏巴为分化反对派转而支持伯纳德·科莱拉斯，后者当选为布拉柴维尔市长。同年 12 月举行"和平论坛"，利苏巴宣布与反对派和解。1995 年 1 月 24 日，丹尼尔·马比卡（Deniel Mabika）就任总参谋长，取代翁卡。同年 12 月 24 日，总统派和反对派签署和平公约，要将新政府和反对派的武装都解除，这导致兵变事件的发生。1996 年 5 月 4 日，利苏巴宣布下一次总统选举将在 1997 年 7 月 19 日举行，于是各派的斗争又加剧，利苏巴也加强了军事准备，以往国防开支仅占国内生产总值的 1.9%，但是 1997 年上升为 2.5%，次年又达 3.9%。

1997 年 1 月 26 日，萨苏在巴黎长住之后回到布拉柴维尔，随后便到各地进行巡回竞选活动。与此同时，军队接二连三发生叛乱。总统派的民兵卢迪马军事训练营发生叛乱，导致铁路运输一度中断；布拉柴维尔海军基地叛乱，国防部被 30 多名军官包围；奥旺多发生民兵组织叛乱。利苏巴认为萨苏的归来威胁其政权的稳定和未来大选的正常进行，1997 年 6 月 5 日以缉拿凶犯为由，动用军警围攻萨苏在首都的官邸。在首都的北部和中部地区，萨苏的民兵和政府军爆发武装冲突，从而导致大规模的内战。加蓬总统奥马尔·邦戈极力调停，双方一度停火，仅 10 多天的冲突就造成 2000 多人死亡和数百人受伤。7 月 3 日，联合国安理会支持在刚果（布）部署一支由 1000 多名士兵组成的多国部队，保证布拉柴维尔机场的安全，但是因没有国家愿意指挥该部队而没能实现。8 月 14 日，武装冲突从布拉柴维尔蔓延到北部地区，萨苏民兵占领了北部重镇韦索，一个月后控制了整个北部和中部地区。为了获得救援，利苏巴希望伯纳德·科莱拉斯的民兵保卫首都，于是 9 月 10 日任命他为总理，但是无济于事。10 月 7 日，萨苏武装在布拉柴维尔的西部和中部向利苏巴军队控制的阵地发动总进攻。安哥拉的出兵干预使形势迅速向有利于萨苏的方向发展。10 月 15 日，萨苏民兵不仅占领了布拉柴维尔，而且在安哥拉军队的帮助下很快攻占了黑角。

经过四个半月的内战，萨苏最终在军事上获胜。10 月 25 日，萨苏宣誓就任刚果共和国总统，并组成刚果（布）民族团结政府。按过渡时期基本法的规定：共和国总统是军队最高统帅，有权在内阁会议上任命军事高级职位人选，按照法律规定履行军事职责。1998 年 1 月，在首都布拉柴维尔举行了由各党派和各界人士参加的"全国和解、团结、民主和重建论坛"，论坛宣布将重建包括军队、警察和宪兵在内的刚果（布）军事力量。支持利苏巴的民兵在南方布恩扎等地的几次军事活动均失败。11月16日，萨苏政府发出了对前总统利苏巴和前总理伯纳德·科莱拉斯的逮捕令。12月在首都发生政府军与伯纳德·科莱拉斯民兵的冲突，最后，伯纳德·科莱拉斯的民兵投降。1999年1月22日，雅克·伊旺·恩多卢（Jaques Yvon Ndolou）被任命为总参谋长，萨苏派的民兵被编入正规军。

1999年12月29日，刚果（布）政府军和反叛的民兵组织派别达成"停止敌对行动协议"。2000年2月，停火停战协定后续委员会成立，大量武装民兵放下武器，走出丛林，并得到有效安置。随后，萨苏总统着手对刚果（布）军队进行重大改革。2001年2月21日，刚果（布）政府公布了5项关于重建3支武装部队的命令。2001年6月22日，刚果（布）政府正式对军队进行了改革，建立了一支新的军队和新的宪兵部队。当天，刚果（布）军队更换了新的军旗，军旗的底色为绿、红、黄三种颜色，中间竖立旗杆，在一个底座上立着一只象征机警、力量的狮子，狮子的周围是两棵绿色的棕榈枝，代表和平，它们的底部交叉在一起。刚果（布）继续实行义务兵役制，18～35岁的公民必须义务服兵役两年。

2002年1月20日，全民公决通过新宪法。该宪法第171～174条规定：国家军事力量由警察部队、宪兵部队和武装部队组成。军事力量是非政治性的，必须服从共和国法律规定。军队是为了大众的利益而建立，任何人不得利用它为个人目的服务。军事力量服从政府的命令，在法律规定的范围内履行法律职责，其行动的状况由法律确定。法律确定军队的任务、组织和运作方式以及警察、宪兵和武装人员的特殊条例。建立民兵组织即构成犯罪，将受到法律惩处。尽管如此，反叛武装活动时有发生。2002年底，萨苏总统对刚果（布）军队的组织结构做出重大调整，设立副参谋长、三军和国家宪兵总督察职务，取消陆、海、空军司令职务。2005年3月5日，刚果（布）先后颁布了两项军事政令，加强对刚果（布）武装部队和宪兵队军人的管理和培训。

进入21世纪以来，刚果（布）政府对军事预算和开支进行调整，并随国内外政治经济环境的变化而有所改变。根据2009年的统计，刚果（布）总兵力为45100人，其中陆军25000人、海军6000人、空军5100

人、宪兵4000人，另有警察等准军事人员5000人。全国划分为9个军区。取消了陆、海、空军司令，分设陆、海、空军参谋长。实行义务兵役制，18～35岁的公民必须义务服兵役两年。随着政局逐步稳定，政府实行裁军，前政府军人复员，原反政府军解除武装。2015年，萨苏为了继续连任总统，敦促国会修改宪法，2016年进行全国大选。为了保持国内政治局势的稳定，刚果（布）政府2016年的军费开支高达3330多亿中非法郎，占国内生产总值的7.1%，为历史之最。[①]

表5－1　刚果（布）的军事预算和开支

单位：百亿中非法郎，%

年份	军费支出	占GDP比例	年份	军费支出	占GDP比例
2001	3.9911	1.9	2007	8.0555	2.3
2002	4.9280	2.3	2013	18.1341	2.6
2003	5.4503	2.7	2014	34.8510	5.0
2004	6.5665	2.7	2016	33.3082	7.1
2005	5.3230	1.7	2017	28.4374	6.2
2006	6.6182	1.6			

资料来源：斯德哥尔摩国际和平研究所的数据库，"SIPRI Military Expenditure Database"，Data for all countries from 1988－2017 in constant（2016）USD（pdf），Data for all countries from 1988－2017 in local currency（pdf），Data for all countries from 1988－2017 as a share of GDP（pdf），see https：//www.sipri.org/databases/milex. 由于历年统计口径存在偏差，刚果（布）2008～2012年、2015年的军事开支数据不详。

第二节　武装力量

一　海陆空武装部队

刚果（布）的军种、兵种编制是从1966年6月22日正式改建刚果

---

① SIPRI databases，"SIPRI Military Expenditure Database"，see https：//www.sipri.org/databases/milex.

（布）国家人民军之后才固定下来的。此前的武装部队编制是原殖民军的基础，适应法属赤道非洲四国的防务需要，而不符合刚果（布）军队本土化发展的需要。从 1966 年起，整个武装部队分为三大部分：（1）国家人民军，包括陆、海、空正规军；（2）公安部队，包括警察和宪兵；（3）民兵。后两者为准军事部队，人员增减的弹性较大。此外，刚果（布）于 1975 年 12 月 10 日创建第一支女子部队，1977 年 8 月 9 日，刚果（布）颁布了关于提高女性军人地位的第 405 号法令。

1. 陆军

陆军是刚果（布）武装部队的主要构成力量。刚果（布）军队成立初期，陆、海、空三军共 6500 人，陆军就占 6000 人。陆军以伞兵营为特色，这是为适应刚果（布）内陆地区交通不便、军队陆路调动困难的特点而设置。恩古瓦比曾靠这支军队发动政变，后来的国家领导人雍比、萨苏等都来自伞兵营。1968 年"七·三一运动"后，恩古瓦比政府将民兵并入国家人民军，使陆军增至 8000 人左右，伞兵营改为伞兵部队，设立司令员。萨苏执政后，总兵力突破了 1 万人，尤其是在 20 世纪 80 年代初期，由于国内经济呈现较好的发展态势，总兵力达到了 15000 人，陆军人数高达 11000 人。20 世纪 80 年代后期，军队的数量有所压缩，1990 年总兵力为 8800 人，陆军降到 8000 人。利苏巴建立多党制政府后，出于内战的需要，军队的数量再次上升，达到 12000 人，陆军 9000 余人。1998 年萨苏第二次执政后，由于将内战中亲他派的民兵编入了正规部队，使兵力总数多达 23000 余人，陆军数量达 14500 余人。不过随后又逐渐减员。2001 年，刚果（布）总兵力约 10000 人，其中陆军 8000 人。主要装备有坦克 53 辆，装甲车 93 辆，迫击炮 10 余门，各种火炮约 100 门，编有 2 个装甲营、2 个合成步兵营、1 个步兵营、1 个炮兵分队、1 个工程兵营、1 个空降兵突击营。

刚果（布）陆军由地面部队和后勤保障部队两部分组成。地面部队由步兵、装甲兵、骑兵、野战炮兵、防空炮兵、工程兵、特种兵、通信兵和辎重兵组成，配备有现代化武器装备。武器装备有：主战坦克 T－54/55 型 25 辆、59 式 15 辆、T－34 型若干辆（库存）；轻型坦克 PT－76 型

3 辆、62 式 10 辆；装甲侦察车 BRDM – 1/2 塑 25 辆；轮式装甲输送车 BTR – 152 型 20 辆、BTR – 60 型 30 辆、"曼巴"型 18 辆、M3 "潘哈德"型若干辆；自行火炮 122 毫米 3 门；牵引式火炮 76 毫米若干门、100 毫米 10 门、122 毫米 10 门、130 毫米 5 门、152 毫米若干门；多管火箭炮 122 毫米 10 门、122 毫米和 140 毫米若干门；迫击炮 82 毫米若干门、120 毫米 28 门；无后坐力反坦克炮 57 毫米 5 门；自行防空高炮 23 毫米若干门；牵引式防空高炮 14.5 毫米若干门、37 毫米 28 门、57 毫米和 100 毫米若干门。

2. 海军

黑角和布拉柴维尔是海军的主要基地。黑角濒临大西洋，是天然的优良港口，刚果（布）在这里有海军驻守。同时，刚果河是海军活动的另一领域，在布拉柴维尔也设有海军基地和训练营地。由于刚果（布）河流纵横，当年的殖民者从布拉柴维尔出发，溯刚果河与乌班吉河而上进军北方，布拉柴当年乘坐的"玛丽"号舰艇还保留在莫萨卡市。刚果（布）独立后海军建设发展较慢，1962 年 9 月举行第一艘军舰的命名仪式。当时尤卢政府为了拉拢传统势力，起名为"加利富鲁女王"号，这位女王是曾与布拉柴签约的马科科国王的后裔。刚果（布）海军的规模一直很小，20 世纪 60 ~ 70 年代只有 200 人左右，80 年代萨苏执政时期发展到 900 人，到 1990 年又降到 300 人。利苏巴上台后，出于在北方与反对派作战的需要，再次将海军扩充到 850 人。1998 年萨苏第二次上台后，海军进一步发展到 1500 人，2001 年又降到 800 人。刚果（布）海军装备有鱼雷快艇 7 艘、巡逻艇 9 艘，外加其他舰艇共 20 余艘。由于政府军主要应对内战，海军的作用一直在减弱。目前，刚果（布）装备海岸巡逻艇 4 艘、江河巡逻艇 4 艘。2007 ~ 2016 年，刚果（布）海军人数维持在 800 人左右，其中包括 600 名海军陆战队队员。

3. 空军

空军的主要基地在布拉柴维尔和黑角。布拉柴维尔空军基地位于马亚—马亚国际机场的北侧，它是刚果（布）大多数空军飞机的所在地，在驱逐机和直升机停机场旁边建有一个大型停机场。黑角空军基地位于黑角市的阿戈斯蒂纽·内图（Agostinho Neto）机场，规模较小。

20 世纪 60～70 年代，空军的编制只有 200～400 人，各种飞机 20 架左右。20 世纪 80 年代，刚果（布）接受苏联的援助，购进米格式飞机，空军的人数达到 1000 人，后来人数又有所下降。但是，利苏巴上台后接受西方的援助，空军又达 1000 人的规模。刚果（布）内战中，空军被用来运送地面部队。萨苏第二次上台后，将空军编制扩大到 2000 人。后来人员有所缩减，2001 年降至 1200 人。但是，空军各种飞机仍保持在 50 架的规模，其中米格式 21 型歼击机至少 4 架，直升机约 7 架。2010 年以来，刚果（布）的空军加快了建设步伐，并从法国和俄罗斯购买了新型装备（见表 5-2）。

表 5-2 刚果（布）空军装备（2016 年）

飞行器	来源	机型	服役（架）	备注
Dassault Mirage F1	法国	驱逐机	2	—
Antonov An-24	俄罗斯	运输机	1	—
Antonov An-32	俄罗斯	运输机	2	—
Iliouchine Il-76	俄罗斯	运输机	1	牌照：TN-AFS
CASA CN-235	欧盟	运输机	1	牌照：TN-228
Dassault Falcon 7X	法国	运输机	1	TN-ELS/交付时间：2014
Mil Mi-8	俄罗斯	运输直升机	3	仓储
Mil Mi-24	俄罗斯	战斗直升机	2	仓储

资料来源：根据刚果（布）相关数据整理。

近年来，刚果（布）民用航空企业加强了与中国的合作与交流。2014 年 11 月 11 日，刚果（布）运输、民用航空与商船部订购了 3 架 ARJ21 飞机，中国商飞公司与刚果（布）有关部门、企业已经展开全面合作。2017 年，来自刚果航空公司的 19 名学员在南京航空航天大学接受飞行知识短期培训，他们希望学习中国航空公司的管理与运营经验。

二 准军事部队

刚果（布）的准军事部队包括警察、宪兵和民兵。有时警察、宪兵合称"公安部队"，编制相对稳定。1990 年前，通常在 1000 人左右，1990 年后发展到 2000 人左右。每个地区都分布有多支宪兵队，其分布状况是：奎卢省 8 支、莱库穆省 5 支、利夸拉省 8 支、尼阿里省 12 支、高原省 6 支、普尔省 8 支、桑加省 8 支、盆地省 8 支、布恩扎省 7 支、西盆地省 6 支。

民兵在刚果（布）的政治军事活动中占有重要的地位，历届执政者为了制约正规军便发展嫡系民兵组织，加之刚果（布）政局变动带有部族矛盾的背景，各派政治力量都愿在自己部族中发展民兵组织以壮大势力。民兵的兴起有两次高潮，一次在 20 世纪 60 ~ 70 年代，这一时期政变频繁，颠覆活动不断。为了稳定政局，无论是马桑巴 – 代巴政府还是恩古瓦比政府，都积极发展民兵组织，使其经常保持在 3000 人左右的编制，而且常常在胜利后将自己一派的民兵编入正规军。第二次高潮是在 20 世纪 90 年代多党民主化浪潮中，各个政党，特别是主要政党都建立了自己的民兵组织，竞选运动演变为武装冲突的内战。

刚果（布）历史上知名的民兵组织有三支：（1）"祖鲁"（Zoulou）民兵：约 3000 ~ 4000 人，属于南方部族，多来自中南部的尼波莱克地区，他们声称忠于总统利苏巴，利苏巴在内战中失败后，他们仍然活动，常常在南部某地甚至首都制造骚乱。（2）"忍者"民兵：约 3000 ~ 4000 人，他们因擅长伪装自己并熟悉城市游击战术而得名。"忍者"民兵大多支持前总理伯纳德·科莱拉斯，他们的主要活动区域在普尔省和布拉柴维尔市，其内部一直存在分裂。萨苏第二次执政后，该派民兵于 1998 年 12 月在首都与政府军和萨苏民兵激战，后逃离首都，1999 年部分人投降政府军。部分"忍者"民兵在弗雷德里克·宾特萨姆（Frédéric Bintsamou）的领导下继续活动。2007 年 4 月，弗雷德里克·宾特萨姆与政府签署了一项协议，解除"忍者"民兵约 5000 人的武装，他获得了政府一个副部长的职位。在 2016 年 3 月总统大选之后，弗雷德里克·宾特萨姆认为萨苏在总统选举中舞弊，便在布拉柴维尔制造军事冲突，造成至少 17 人死亡。萨苏总统将他从政府部门中解职，对他发出了逮捕令，他的支持者在普尔地区拿起武器与政府军对抗。2017 年 12 月，双方签署了停火协议。（3）"眼镜蛇"民兵：约 4000 ~ 6000 人，主要从北方部族和生活在布拉

柴维尔的北方人中招募而组成，他们支持萨苏总统的正规军，并同安哥拉军队配合打击前两派民兵。1997 年 10 月，萨苏夺取政权后，将"眼镜蛇"民兵编入刚果（布）政府军队，从而使国家武装部队的实力大增。

第三节　军事合作关系

一　与法国的军事关系

1960 年独立初期，刚果（布）与法国签订了《军事技术合作协定》及附件，这是两国军事关系的基础。其内容主要有：（1）法国与刚果（布）及乍得、中非三国共同建立"赤道非洲防务理事会"，由法国驻赤道非洲的最高指挥官任秘书长，负责共同的防务；（2）法国帮助刚果（布）组织、训练和配备军事干部，如果要请第三国从事此项工作，必须得到法国的同意；（3）法国可在刚果（布）建立军事基地、军事设施、驻扎军队，法军可在其海、陆、空自由通行，刚果（布）要提供兵源和交通、邮电设备，法军享有治外法权在内的特殊权利；（4）刚果（布）的石油、天然气等战略资源要优先提供给法国，必要时应限制对第三国的出口。法国可在刚果（布）为其人员开设商店、俱乐部等不纳营业税。这些条款随着形势的变化有些被取消，如第（1）、第（2）条的部分内容，但其他内容一直没有变更。

法国始终在刚果（布）的黑角和布拉柴维尔保留 2000 余人的军队，不仅在 1963 年的"八月革命"中出动过军队，1964 年加蓬发生军事政变时，法国也从刚果（布）空运法军到利伯维尔，致使政变失败。此后，法国驻刚果（布）军队逐步减员，也很少参与刚果（布）政务，但是一直没有撤走。

刚果（布）的历届政府都接受法国的军事援助。刚果（布）武装部队的飞机、军舰、坦克等武器装备，主要来自法国。恩古瓦比执政时期，由于实行国有化和非洲化，两国的军事交往一度减少，刚果（布）不得不向苏联寻求援助。但是雍比、萨苏执政后与法国的军事交往又得到恢

复，尤其是在冷战结束后，法国为了抵制美国的渗透，支持刚果（布）
的民主化和稳定。尽管法国在刚果（布）内部武装冲突中保持中立，但
是无论是利苏巴当选总统时期，还是萨苏第二次执政后，法国都大力支持
刚果（布）的军队建设。1997 年刚果（布）内战前，法国在刚果（布）
的技术人员和侨民约有 7250 人，其中相当数量是军事技术人员，他们在
最危急时刻都没有撤离。

进入 21 世纪以来，法国进一步密切了与刚果（布）的军事合作。法
国帮助刚果（布）训练军事人员，组建了 14 个业务分队，仅在 2017 年
就帮助刚果（布）训练了 1000 多名士兵。每年法国海军通常会在刚果
（布）大西洋港口黑角停留 2~4 次，为刚果（布）海军训练军事人员和
提供军事装备。

二 与其他国家的军事关系

刚果（布）与美国的军事关系，最初是通过北大西洋公约组织（简
称"北约"）而产生关联。法国是北约的主要成员国，它将非洲殖民地纳
入这个防务体系，而刚果（布）是北约在非洲重要的海军基地之一。美
国出于全球战略的考量，十分重视这一基地。1960 年 7 月，美国打着联
合国的旗号进军刚果（金），颠覆了卢蒙巴政权，扶植卡萨武布集团和冲
伯集团，后两者也得到了刚果（布）尤卢政府的青睐。所以，1961 年 6
月，尤卢应邀访美，受到高规格礼遇，而尤卢也为美军和卡萨武布集团、
冲伯集团的军事行动提供了许多方便。1963 年"八月革命"后，刚果
（布）新政府对美国的态度发生变化，终于导致 1965 年 7 月与美国断交，
直至 1977 年两国才复交。后来，美国在安哥拉与苏联进行利益争夺，对
刚果（布）又重视起来，不过双方交往主要侧重经济领域，军事领域的
交往较少。冷战结束之后，美国开始为刚果（布）培训少量的军事学员，
并向其出售武器。

进入 21 世纪以来，双方的军事合作有所加强。2014 年 3 月 18 日，刚
果（布）国防部长与美国驻刚果（布）大使签署了代号为"505 协议"的
军事备忘录，美国支持刚果（布）在解决中非共和国危机方面的行动，向

刚果（布）武装部队提供后勤援助。2015 年 4 月 24 日，美国驻刚果（布）大使馆向国防部捐赠军事装备，支持刚果（布）部队参与中非共和国的维和行动。2018 年 2 月 21 日，刚果（布）国防部长与美国高级军官代表团进行会谈，双方希望在海军作战人员的培训方面加强合作。

刚果（布）与苏联的军事关系开始于 1964 年两国建交，直到 1991 年苏联解体。在 27 年中，两国的军事交往甚密，苏联向刚果（布）提供了大量的无偿援助，其中相当一部分是武器供应。刚果（布）军队的重型武器，如米格飞机、坦克、装甲车等大多来自苏联。刚果（布）派大量留学生到苏联学习，20 世纪 70 年代大约有 900 余人，到 80 年代末增至 2500 人，其中不少是学习军事技术。苏联也派出上百人的军事专家到刚果（布）工作。苏联解体后，对刚果（布）的军事援助终止，双方军事合作中断，苏联驻刚果（布）大使馆改为俄罗斯大使馆。从 1994 年起，应刚果（布）方面的要求，俄罗斯的军事专家小组重返刚果（布）工作，主要负责飞机的维修保养及驾驶培训。1997 年刚果（布）内战爆发后，两国军事合作中断。

刚果（布）内战结束后，萨苏政府继续从俄罗斯及东欧国家进口重型武器和军事装备，到刚果（布）的军事专家也有所增多。2016 年 6 月 21 日，刚果（布）人力资源总干事与俄罗斯国防部长代表在布拉柴维尔签署军事合作协议，双方确定俄罗斯军事教育机构在 2016～2017 年向刚果（布）提供军事培训。2018 年 4 月 4～5 日，俄罗斯举办国际安全会议，共有来自 95 个国家的 850 多名代表参加。在此期间，刚果（布）国防部长与俄罗斯国防部副部长进行了双边会谈，双方就军事人才联合培训、武器设备援助、技术援助、人员能力提升等进行磋商。

刚果（布）与中国的军事关系开始于 20 世纪 60 年代末，恩古瓦比总统执政之后大力加强与中国的军事合作。由于当时刚果（布）经常发生内外敌对势力相勾结的叛乱活动，政府动员民兵以应对局势，并请中国协助培训民兵。20 世纪 70 年代，中国首次向刚果（布）派出常驻武官，开始军事合作。中国国防部副部长粟裕于 1970 年 6 月、副总参谋长迟浩田于 1978 年 6 月曾率军事代表团访问刚果（布），刚果（布）也曾多次派军事代表团访华。同时，中国也接受刚果（布）军事学员来华学习。

20 世纪 80 年代，双方忙于经济改革，军事交流减少。进入 90 年代后又有所恢复，不但中国军事专家组继续在刚果（布）工作，而且双方在军事合作方面有所进展。2009～2010 年，由中国青岛军用船厂建造的舰艇交付给刚果（布）海军，其中包括 4 艘巡逻艇。这些巡逻艇排水量 203吨，时速可达 26 节，可以容纳 26 名船员，配备有 1 门 30 毫米舰炮、14.5×114 毫米四联高射机枪。除了巡逻艇，还有 4 艘中国造 305PH 型哨艇、2 艘运输艇、3 艘半钢型充气艇。

进入 21 世纪第二个 10 年，中国特色的强军之路为多层次、多领域的中刚军事合作提供了更多可能性，同时也为维护世界和平发展、推动构建"人类命运共同体"贡献了积极力量。2016 年 6 月 20 日，中国援建的刚果（布）恩古瓦比军校改扩建项目交接仪式在首都布拉柴维尔举行。中国援建恩古瓦比军校改扩建项目是习近平主席 2013 年访问刚果（布）时与萨苏总统共同确定的两国重点合作项目，该项目的启动和完工充分体现了两国政府和人民之间的传统友谊。恩古瓦比军校改扩建项目于 2015 年 7 月 28 日开工，2016 年 5 月 31 日竣工，极大改善了刚果（布）军校的教学、科研工作条件和学员的生活条件。① 刚果（布）国防部长蒙乔将 1 枚军官荣誉勋章和7 枚总统骑士勋章分别颁发给了中方人员。在仪式现场，刚果（布）军方还特意邀请了法国、美国、俄罗斯、加蓬、安哥拉等多国的军方代表参加。②

第四节　军事热点

一 "三·四"军火库爆炸事件

2012 年 3 月 4 日，刚果（布）首都布拉柴维尔的一个弹药库发生爆

---

① 中国驻刚果（布）使馆经济商务参赞处：《驻刚果（布）大使夏煌出席恩古瓦比军校改扩建项目交接仪式》，2016 - 06 - 22，参见 http://cg. china - embassy. org/chn/zgzgg/sgkx/t1374087. htm。
② 《中国水准！我军援建刚恩古瓦比军事学院项目获称赞》，《解放军报》2016 年 7 月 6日，第 08 版。

炸，导致 206 人死亡，上千人受伤。据中国驻刚果（布）大使馆证实，6名中国工人在爆炸中遇难，数十名中国工人受伤。此次弹药库爆炸发生于当地时间 4 日 8 时许。爆炸发生后，布拉柴维尔上空弥漫着浓烟。爆炸波及周围房屋及街道，很多楼房的玻璃被震碎，不少房屋坍塌，停在街道上的汽车玻璃被震碎，一些汽车车体变形。刚果（布）市内通信、交通一度瘫痪。爆炸发生后，情况一度不明，引起民众恐慌。

当地电台消息称，爆炸发生在首都姆皮拉和塔兰加伊两区交界处的一个弹药库。伤者既有当地居民，也有穿制服的军人，在路边接受急救。更多的伤员被分别送往市区各个医院救治。在接收伤员的布拉柴维尔市中心医院，因拥挤而混乱不堪，由于医护人员不够，医生只能挑选重伤员进行紧急外科手术。电台不断播送通知，要求所有医护人员前往医院参加救治工作。在第一次爆炸发生后，又发生了数次爆炸。布拉柴维尔市内的通信一度瘫痪，交通也处于混乱之中。不久，刚果（布）国防部长夏尔·扎沙里耶·博瓦奥出现在国家电视台，他呼吁首都市民保持冷静。

爆炸发生地附近有一处由中刚北京建工集团公司承建的工地。当时约有 140 名中国工人及多名当地工人工作，许多工人被坍塌的建筑材料砸伤。受伤工人被送往市中心医院和陆军总医院，中国医疗队和中资机构也积极参与救治。此外，华为公司驻刚果（布）代表处所在宿舍损毁严重，但无人员伤亡。中国驻刚果（布）大使馆已在爆炸发生后第一时间启动应急机制，展开救援及善后工作。①

二 中国海军"和平方舟"访问刚果（布）

2017 年 10 月 10 日，执行"和谐使命 - 2017"任务的中国海军"和平方舟"医院船抵达刚果（布）经济首都黑角市，进行为期 8 天的友好访问，并提供人道主义医疗服务。刚果（布）政府在港口举行盛大仪式，

---

① 中国驻刚果（布）大使馆经济商务参赞处：《驻刚果（布）经商处全力应对布拉柴维尔爆炸事件》，2012 - 03 - 06，参见 http://cg.mofcom.gov.cn/article/jmxw/201203/20120308000878.shtml。

欢迎"和平方舟"到访，刚果（布）军政要员、中国驻刚果（布）大使、中资企业及华人华侨代表共计600余人参加仪式。

2016年，两国元首一致决定将中刚关系提升为全面战略合作伙伴关系。作为落实两国元首共识的重要举措，"和平方舟"到访将为刚果（布）民众提供优质的医疗服务，并展开一系列文化交流和人道主义行动。刚果（布）高度重视"和平方舟"医院船的访问，此访体现了两国间的友好关系，证明了双方不仅政府层面关系好，两国人民之间也情谊深厚。在双方的共同努力下，访问取得圆满成功。

中国海军"和平方舟"首次访问刚果（布），具有重大历史意义。中国海军"和平方舟"依托其强大的医疗保障能力，提供了优质的医疗服务，造福当地民众，服务双边关系发展，并欢迎当地民众上船进行诊疗和参观。访问期间，夏煌大使陪同管柏林少将拜会萨苏总统、国防部长、黑角省长、奎卢省长、黑角市长、第一军区司令等，并参观刚果（布）军事设施和医疗机构。刚果（布）军政要员、各国驻刚使节及广大民众登船参观或接受诊疗服务。"和平方舟"利用医院船主平台对前来就诊的患者进行医治，同时派出多支医疗分队赴卢安基里医院、马科拉军地医院开展联合诊疗服务，深入恩加西村、卡耶斯村为村民巡诊，设备维修分队赴刚方医疗机构进行设备维修，健康服务与文化联谊分队赴刚第一军区社会事务部、当地孤儿院，为军烈属、孤儿等开展上门送诊服务，并组织文化联谊活动。①

---

① 中华人民共和国驻刚果（布）大使馆，《中国海军"和平方舟"访问刚果（布）》，2017 – 10 – 11，参见 https://www.fmprc.gov.cn/web/zwbd _ 673032/nbhd _ 673044/ t1501072.shtml。

第六章

社　会

第一节　国民生活

刚果（布）社会发展整体水平偏低，根据联合国开发计划署（United Nations Development Programme）有关人类发展指数（Human Development Indicators）的调查，刚果（布）属于中等收入偏下的发展中国家行列。该国人类发展指数徘徊不定，从 1990 年的 0.512 低速上升至 2015 年的 0.592，在全球 188 个国家和地区排名中，位列第 135 位，在非洲 54 个国家和地区排名中，与赤道几内亚并列第 13 位。[①]

一　就业与收入

刚果（布）民众整体就业率不高，只有七成，其中大多数为男性，女性占少数。大多数女性的学历不高，有些偏远地区的农村妇女甚至不会说法语。再者，对于女性的工作岗位需求并不大，所以刚果（布）的女性多是当家庭主妇。在没有工作的三成人口中，有些人会选择一些服务行业的工作，例如，男性可以打扫庭院，女性可以做保姆，但是他们的工资都不高，基本上每月只有约 5 万中非法郎。

在劳动力供求方面，刚果（布）普通劳工供大于求，但是缺乏有技能和经验的劳工，尤其是高级管理人员和技术人员较为缺乏。现有劳动力

[①] "Human Development Indicators", UNDP, 2018, http://hdr.undp.org/en/countries/profiles/COG.

经过专业培训的较少，具备技能和经验的劳工大多为中老年人。刚果（布）政府希望通过建设经济特区和改善基础设施等措施增加民众就业。2017年，刚果（布）建立黑角经济特区，将创造28330个直接就业岗位和42495个间接就业岗位。经济特区将创建经济价值链，既可以创造就业岗位，也能够增加税收，从而对经济增长产生积极影响。据预测，到2022年、2026年和2031年，黑角经济特区创造的国内生产总值将分别达到11.16亿美元、21.8亿美元和35.74亿美元。①

在劳动力收入方面，刚果（布）《劳动法》和《社保条例》规定：农业工人每月（22天劳动时间）最低工资不得低于4.1万中非法郎，从事工业或其他劳动的一般工人每月最低工资不得低于5.25万中非法郎，驾驶员等技术工种的工资水平在每月10万中非法郎左右，技术员、工程师按不同行业区分，一般要每月15万~40万中非法郎，此外还得支付社保费用。

在失业方面，刚果（布）的补助政策渐趋完善，政府投入大量人力、财力和物力解决青年人失业问题。近年来，刚果（布）失业率趋于下降，据世界银行测算，刚果（布）在降低贫困率方面做出积极努力，贫困率已由2005年的51%降低到2015年的36%。② 另据国际劳工组织的统计分析，刚果（布）总失业率呈现下降趋势，从2010年的14.6%下降至2017年的10.95%。③ 但是，刚果（布）的贫富差异仍然较大。在最低工资标准方面，根据刚果（布）总统萨苏2015年发布的国情咨文，刚果（布）政府将最低工资标准由每月4万中非法郎提高至5万中非法郎。

---

① 中国驻刚果（布）大使馆经济商务参赞处，《黑角经济特区将创造近3万个直接就业岗位》，2017-07-01，参见 http://cg.mofcom.gov.cn/article/jmxw/201705/20170502571412.shtml.

② World Bank, "Poverty rate", https://data.worldbank.org/country/congo-rep.

③ International Labour Organization, "Congo (Republic of the)", see https://sustainabledevelopment.un.org/topics/water/index.php? page = view&type = 6&nr = 151&menu = 139.

表 6 - 1 　刚果 （布） 失业率与就业率情况 （2010 ~ 2017 年）

单位：%

年份	2010	2011	2012	2013	2014	2015	2016	2017
总失业率*	14.6	13.1	10	10	10.1	10	10.7	10.95
15 岁以上人口就业率	65.5	63.25	64.02	65.03	64.34	63.45	62.02	62.04

　　* 　总失业率中的失业人数是指当时没有工作但可以参加工作且正在寻求工作的劳动力人数，各国对劳动力和失业人数的定义各有不同，此处参考国际劳工组织的标准。
　　资料来源：国际劳工组织的劳动力市场主要指标数据库。

在外籍劳务需求方面，刚果 （布） 对外籍劳务需求主要包括建筑工人、旅游和饭店管理人员、企业管理人员和专业技术人员等。刚果 （布） 的外籍劳务大部分来自乍得、中非共和国、加蓬、喀麦隆等周边国家。刚果 （布） 政府规定，外籍人员的劳动许可证一年一办，公司要在劳动许可证时效过期前的 3 个月内办理。不能按期办理完有关手续的，要按照有关规定办理临时许可或持有正在办理许可手续的证据。对管理人员、企业领导和高级工程技术人员等，刚果 （布） 政府给予 3 年工作期限的优惠待遇。

二 消费与物价

2010 年以来，受宏观经济发展等多种因素影响，刚果 （布） 民众家庭消费指数起伏不定。2010 年刚果 （布） 家庭消费年增长率达 20.22%，但是 2012 年降低了 26.26%，这与国际石油价格下降、刚果 （布） 石油出口减少密切相关。随着国际石油价格企稳回升，刚果 （布） 家庭消费年增长率在 2016 年提升了 11.26%。但是，刚果 （布） 居民整体生活水平欠佳，据联合国驻刚果 （布） 有关机构和法语区有关专家的预算，刚果 （布） 50% 以上的居民每天消费在 1 美元以下，仍有 46.5% 的居民生活在贫困线以下。刚果 （布） 贫富差距较大，10% 最富裕居民的消费占总消费的 37.1%，而 10% 最贫困居民的消费仅占总消费的 2.1%，前者是后者的 17.6 倍。[1]

---

　　[1] 　世界银行国民经济核算数据，经济合作与发展组织国民经济核算数据，参见 https://data.worldbank.org/country/congo - rep。

表 6-2　刚果（布）家庭消费相关情况（2010～2016 年）

年份	2010	2011	2012	2013	2014	2015	2016
家庭消费年增长率(%)	20.22	-8.32	-26.26	30.89	-9.13	7.4	11.26
家庭最终消费支出(亿美元)	46.37	50.66	41.38	—	57.67	58.23	44.23
国家总储备(亿美元)	44.47	56.41	55.50	—	49.26	22.21	7.14
国民总收入(亿美元)	90.24	109.23	108.32	113.54	116.97	84.66	73.73
国内总储蓄(亿美元)	61.17	82.50	81.11	—	61.33	11.78	21.98

资料来源：世界银行国民经济核算数据，经济合作与发展组织国民经济核算数据，参见 https：//data. worldbank. org/country/congo - rep。

自 2016 年 2 月以来，刚果（布）统计领域能力建设项目（Projet de Renforcement des Capacités enStatistiques）和国家统计局（Institut National de la Statistique）定期跟踪消费物价指数，并发布消费物价协调指数月报。2017 年，刚果（布）国家统计局发布了有关消费物价协调指数（Indice Harmonisé des Prix à la Consommation）的公报，2016 年 10 月刚果（布）消费物价指数环比上升 0.1 个百分点，这与本国产品价格回升有关，升幅为 2.1%。但是，进口产品价格则下降 3.2%。如果按季度计算，2017 年 10 月的消费物价比 7 月上涨了 0.3 个百分点，这与非食品类产品价格攀升 6.5% 有关。

在刚果（布）消费物价协调指数构成中，卫生、交通运输、通信、娱乐与文化、教育、餐饮与旅馆、食品与非酒精饮料、酒精饮料、烟草、服装、娱乐用品等大类商品和服务价格上升，升幅为 1.2% ～ 4.5%；住房、水、气、电和其他燃料价格则下降了 14.9%。[1] 上述物价指数调查主要以布拉柴维尔和黑角两大城市居民为样本，通常在年末根据布拉柴维尔和黑角两地价格指数计算出的全国消费物价平均水平得出，但是却无法反映全国价格变化的真实情况。不久以后，刚果（布）国家统计局调

---

[1]　Institut National de la Statistique, "Indice Harmonisé des Prix à la Consommation des Ménages - Brazzaville, Mai 2017", see http：//www. cnsee. org/index. php? option = com_ content&view = article&id = 195：ihpc20185&catid = 41：articles - statistiques&Itemid = 49.

查样本的范围将会扩大到多利齐、韦索和奥旺多等城市。目前，该调查的家庭样本为布拉柴维尔 321 个和黑角 322 个，涉及的销售点样本为布拉柴维尔 255 个和黑角 198 个，价格样本为布拉柴维尔 2977 个和黑角 2635 个。

在刚果（布）的城市地区，物价水平较高。部分居民表示，城市的物价超出了他们的承受范围。由于刚果（布）的工业技术不够发达，农业种植有限，很多物品需要从国外进口，国家能够自供的商品较少，所以物价自然较高。而在农村，人民都过着自给自足的生活，吃穿较为简单，基本靠食用当地能种的一些瓜果蔬菜，所以物价也较低。由于刚果（布）所处的地理位置，土地是较松的松泥土，整个国家只有雨季和旱季。雨季雨水较多，但是温度也很高，不利于农作物生长；旱季雨水较少，阳光也不够充沛，农作物也较少。刚果（布）的蔬菜种植比较困难，而当地尚没有发达的大棚种植等技术，自然产量较低，以至于部分蔬菜价格高于肉类价格。

表 6 - 3　刚果（布）首都布拉柴维尔物价概况（2017 年）*

单位：中非法郎/公斤

品种	价格	品种	价格
面粉	1200	生菜（棵）	1000
大米	1500	芹菜	4000
牛奶	1000	大白菜	6500
酸奶（盒）	600	菜花	3950
羊肉前腿	6500	西红柿	7900
五花猪肉	6700	苹果	2450
牛里脊	16900	葡萄	4900
好牛肉	15700	橘子	2950
土豆	2500	豆腐（400 克）	600

*　2017 年 5 月刚果（布）首都布拉柴维尔超市商品价格。市场汇率：1 美元约合 600 中非法郎。

资料来源：中国驻刚果（布）大使馆经济商务参赞处，《对外投资合作国别（地区）指南——刚果共和国》，中国商务出版社，2017，第 22~23 页。

刚果（布）水、电、气、油在工业及民用上执行相同收费标准。在水费方面，居民用水需要到刚果（布）国家供水公司办理下列手续并缴费：科研费 5000 中非法郎，接通水管费 2.5 万 ~ 20 万中非法郎（依据接入水管的直径大小而定），每月交纳水费 4.96 万 ~ 39.84 万中非法郎。

在电费方面，接通市电需到刚果（布）国家电力公司办理下列手续并缴费：科研费 4174 中非法郎，实地勘察费 2000 中非法郎，空中架线勘察费 6.02 万中非法郎。刚果（布）电费收取按接通市电时的设备安装功率大小计费，而不依耗电量计费。计费标准是：5 千瓦每月 5.04 万中非法郎，9 千瓦每月 7.54 万中非法郎，18 千瓦每月 11.84 万中非法郎，每 2 个月寄送一次发票，用户凭发票到电力公司缴费。由于刚果（布）的水电无法满足当地居民生活和经济发展需求，很多家庭和单位一般都自己打井和自备发电机。自 2014 年始，刚果（布）国家电力公司推行商业化管理，逐步取消额定收费制度。按流量计费方法如下：月缴费额 = 固定费率 × 装机功率 + 比例费率 × 用电量 + 超额费率 × 超额用电量。其中装机功率为 32.9 千瓦 ~ 150 千瓦的，固定费率、比例费率、附加费率分别为 1260 中非法郎、28.68 中非法郎、15.48 中非法郎；装机功率为 150 千瓦以上的，则上述费率分别为 1116 中非法郎、25.44 中非法郎、15.48 中非法郎。

在燃气费方面，刚果（布）市场上可以买到 50 公斤大钢瓶装液化石油气，每瓶 4 万中非法郎。若是 25 公斤装的中小型钢瓶，每瓶 2 万中非法郎。有时候会断货一段时间，一般情况下需储备若干个钢瓶。

在汽油价格方面，尽管刚果（布）石油资源丰富，年产量近 1 亿桶，但石油多供出口，炼油能力有限。刚果（布）汽油价格每升约 595 中非法郎。

为直观了解刚果（布）生产资料所占成本，以刚果（布）新水泥厂和中国路桥公司刚果（布）办事处为例：（1）刚果（布）新水泥厂拥有员工 35 人，年产水泥 30 万吨，水费为一次性打井费用 1000 万中非法郎，电费为 5 亿中非法郎/年，油费为 35 亿中非法郎/年，燃气费为 800 万中非法郎/年；（2）中国路桥公司刚果（布）办事处自建 4 层办公楼，员工 25 人，水费为一次性打井费用 1000 万中非法郎，电费为 1000 万中非法郎/年，油费为 50 万中非法郎/年，燃气费为 580 万中非法郎/年。

三 土地与住房

刚果（布）土地分国有土地和私人土地。获得土地的途径可以是购买，也可以是租赁，还可以是合作经营中作为刚果（布）方的投资部分计入股份比例。按不同使用目的，土地价格差别巨大。

农业土地比较便宜，如果同政府合作甚至可以无偿获得大面积的农业土地。即使与私人业主商讨购买或租赁，价格也比较低，但是使用期以29年为限。城市用地方面，以400平方米为一个开发单位，购买价格从10万至100万美元不等，主要依据土地的地段和商业谈判的结果。房屋租赁价格的差异很大，以5000平方米带院子的房屋为例，月租金自2000美元到1万美元不等。需要提醒的是，在刚果（布）首都布拉柴维尔，市中心地段的土地或房屋常常是有价无市。

在建筑成本方面，刚果（布）的建筑材料除了水泥外，大部分需从外国进口，由于运输成本高，许多建筑材料价格居高不下。从刚果（布）建设部数据分析，按一般住宅、普通旅馆、三星级饭店和五星级酒店4个档次估算，建筑价格从每平方米50万中非法郎到500万中非法郎不等。

表6-4 布拉柴维尔市部分建筑材料价格（2017年5月）

单位：中非法郎

名称	规格	价格
水泥	吨	8万~12万
建筑钢筋	吨,6毫米直径	48万
建筑钢筋	吨,10毫米直径	45万
建筑钢筋	吨,16毫米直径	45万
建筑钢筋	吨,25毫米直径	45万
沙子	立方米	0.5万
石子	立方米	1.5万
镀锌钢管	根,直径15~20毫米	6500~8000
内墙乳胶漆	桶,20公斤	3.5万~4万

资料来源：中国驻刚果（布）中资机构。

四　社保与福利

刚果（布）劳动和社会保障部、移民局和警察局是负责工作许可的主管部门。劳动和社会保障部审查劳动合同是否合法有效，移民局确定移民性质，警察局办理长期签证手续。一般而言，在刚果（布）的外资企业要全面了解刚果（布）的《劳动法》《社团组织法》和有关社保条例，熟悉当地工会组织的发展状况、制度规章和运行模式。刚果（布）工会被认为是行业所有员工的总代表，无论被雇佣者是否参加工会，无论企业是否成立工会组织，刚果（布）工会都认为有关行业的员工就自然是工会的成员。

在社保费用方面，刚果（布）社会安全保障基金标准一般为工资额的 24.28%，其中除了工人自己要缴纳的 4% 以外，其余 20.28% 由业主缴纳，分为业主社保基金 8%、业主家庭补贴基金 10.03% 和劳保、医疗基金 2.25%。无论是否同一工种，社保费用针对不同的对象，有不同的收费标准，比如单身的比已婚的低，孩子少的比孩子多的低等。

同时，外资企业要严格遵守刚果（布）关于在雇佣、解聘、社会保障方面的规定，依法签订劳动合同，按时足额发放员工工资，交纳退休保险、残疾补贴保险、病假补贴保险、劳动基金和职工福利保障基金等，对员工进行必要的技能培训。解除劳动合同要按规定提前通知员工，并支付解聘补偿金。刚果（布）劳动部门和工会组织比较注意劳动者的物质利益和劳动条件改善，外资企业应在力所能及的范围内，依据刚果（布）当地的情况，尽量满足相应的物质利益和劳动条件。

此外，外资企业要认真了解企业所在地工会的组织发展情况，掌握工会组织活动的特点，做到知己知彼。一般情况下，刚果（布）工会的骨干积极分子或领导人会主动与有关企业联系，主要目的或是建立相应的工会组织，或是对某些问题进行维权。

五　移民

自 1960 年建国以来，刚果（布）经历了人口的内部迁徙和外部移民。

在内部迁徙方面，主要是刚果（布）的农村人口流入城市，这种现象从欧洲人在刚果（布）建立城市据点开始，到现在仍然持续。同时，人口在一个地区向另外一个地区转移的过程中，会建立新的运输通道（例如公路、铁路等途经的地方），也会产生很多合并的村庄，其中，利库姆村（Lékoumou）就是一个典型的案例。

在外部移民方面，分为两种形式。第一种形式是刚果（布）本土居民的回归。刚果（布）建国初期，由于战争、疾病等原因，大批刚果（布）本土居民被迫离开国家，沦为难民，逃往邻国。1963 年从加蓬回归的刚果（布）人和 1966 年从刚果（金）回归的刚果（布）人大约有 10 万。20 世纪 90 年代中期，刚果（布）发生内战，大批难民涌入了刚果（金）、加蓬等国，战争结束后，大部分人又重返刚果（布）。第二种形式是从刚果（布）离开的欧洲人。1960 年刚果（布）建国之后，迫于形势的发展，数千名欧洲人（特别是法国公务员和士兵）离开刚果（布）。

进入 21 世纪以来，刚果（布）政府对移民有严格的规定。刚果（布）出台的外国人出入境管理办法规定，外国人入境分为旅游者入境、短期入境和长期居住 3 种。第一种入境无须移民局同意，凭刚果（布）驻有关国家使馆签发的签证就可以入境，第二、第三种签证都必须经刚果（布）移民局在有关文件上加盖许可章方可生效。理论上第一次入境可视为旅游者入境，但是刚果（布）首都布拉柴维尔机场却一律执行凭移民局在有关邀请函上加盖许可章方允许外国人入境的办法，这种做法给外国人入境刚果（布）增加了很多麻烦。因此，有关企业和个人在办理相关手续时应予以高度重视，以免在入境时遇到意想不到的困难或者被拘禁乃至遣返。

第二节 医疗卫生

一 医疗卫生概况

独立前刚果（布）的医疗卫生状况和人民健康水平都很低。生活在广大农村地区的 80% 的人口基本上得不到现代医疗服务。据统计，独立前的 1959 年，全国只有 95 名医生，平均每 8000 个居民才有 1 名医生，有 2 所医院和少量的医疗站，共有病床 3300 张。独立后，卫生事业有了发展，全国医疗卫生网初步建立，各省均设有医疗中心，各县设立接生站和诊疗所，由省医院领导。一般一个医疗中心设病床 120～150 张，分内科、外科和妇产科。较大的医疗中心还有结核科、精神科，能做一般的小手术。据 1964 年刚果（布）卫生部统计，全国有两所重点医院，分别设在布拉柴维尔和黑角，省县级的医疗中心有 17 个，基本上每省一个。另外设有接生站、诊疗所 193 个，全国病床 4539 张。

20 世纪 70～80 年代刚果（布）医疗事业迅猛发展，综合性的医院达到 3 所，即布拉柴维尔总医院（布拉柴维尔大学附属医院）、黑角西斯医院、奥旺多"七·三一"医院。后者是中国于 1973 年援建的一所医院，有 200 多张床位，主要为北方的民众服务。另外，刚果（布）全国有 8 个住院中心，27 个医疗中心和 502 个卫生所、医疗站，全国的病床数增至 6720 张，医生 307 人，其中本国医生 133 人，平均每 6000 个居民有 1 名医生。基本医疗状况到 20 世纪 90 年代内战前又有发展。除了综合医院外，区县级医院增至 43 所，医疗中心 146 个，诊疗所 466 个，各种卫生站、防疫站 215 个，病床 1.1 万张；各类医务人员 7500 人，其中本国医生 400 多人，外国医生 91 人，主要来自法国、中国和俄罗斯，助理医生 342 人，护士 1780 人。平均每 3000 名居民有 1 名医生。1987 年 6 月政府允许私人开诊所和药房，刚果（布）的私人医疗服务蓬勃发展。内战前有 12 家私人诊所，50 家医疗事务所，16 家社会医疗中心，14 个药品仓库，5 家药品批发商和 203 家药房。这些私人医疗机构多集中在布拉柴维尔和黑角。

1997 年前后的内战给刚果（布）医院造成了很大的破坏，医疗设备被哄抢，医院处于瘫痪的状态，奥旺多的"七·三一"医院等已被迫关停。中国第 16 期援外医疗队出于工作的需要进行调整，从奥旺多撤出。到 2002 年 8 月全国尚能运作的公立医院 24 个，卫生中心 2 个，妇幼保健站 120 个，专科防治所 3 个，卫生防疫站 3 个，医疗科研机构 2 个，私人诊所 200 家，公立和私立药房 50 家。全国尚能工作的医务人员约 3700 人，其中本国医生 2011 名，本国护士 2800 名，管理人员 100 名，工勤人员 600 名。外籍医生仅 27 人，绝大部分是中国的援外医生，只有 4 人来自俄罗斯和古巴。刚果（布）医疗设备奇缺，仅有 X 光机 28 台，B 超机 30 台，CT 机 1 台，手术显微镜 1 台，电动牙科椅 8 台。当地无制药厂家，设备、药品全靠进口和外援。

由于刚果（布）的卫生基础设施集中在布拉柴维尔市和黑角市，广大农村的医疗机构严重不足，民众不能就近享受医疗中心的服务。为此，刚果（布）政府与法国合作从 2001 年 7 月起在布拉柴维尔市至黑角市的铁路沿线以火车作为流动诊所，试图满足一部分农村人口的医疗服务需要。中国政府投资 7000 多万元人民币在黑角市海滨靠近港口的地方兴建了卢安吉里医院（Louandjili），设有 200 多张床位，可为港区工作人员和海员服务。

进入 21 世纪以来，刚果（布）医疗卫生事业得到快速发展。中国和刚果（布）两国在卫生领域开展了卓有成效的合作，中国为刚果（布）援建了布拉柴维尔中刚友好医院、黑角卢安吉里医院、奥旺多"七·三一"医院、布拉柴维尔抗疟中心等多个公共卫生设施。2016 年 9 月，中国政府援刚果（布）"光明行"白内障手术项目启动仪式暨捐赠物资交接仪式在布拉柴维尔中刚友好医院举行。

二　医疗卫生机构

刚果（布）的医疗机构包括公立医院和私人诊所。截至 2017 年末，全国知名的综合医院有布拉柴维尔总医院、黑角西斯医院、多利齐医院。恩古瓦比大学医学院是刚果（布）唯一一所高等医科院校。此外，在布拉柴维尔、黑角、多利齐、金卡拉、奥旺多等地有 8 所医学专科学校。2016 年 7 月，奥约综合医院启用，该医院是新近建成的一家综合性医院，医疗设备较为先进。据世界卫生组织统计，2014 年刚果（布）全国医疗卫生总支出占 GDP 的 5.2%，按照购买力平价计算，人均医疗健康支出 322.63 美元。2015 年，刚果（布）人均寿命为 65 岁。

布拉柴维尔是医疗条件最好、卫生机构最集中的地方。全市有多家医院：布拉柴维尔总医院、中刚友好医院、马格莱格莱医院、达郎盖依医院、军区医院、妇幼保健医院（苏联援建）和巴斯德实验中心等。

布拉柴维尔总医院位于市中心，是刚果（布）规模最大的一家医院，也是全国的医疗中心。它建于1958年，医院的设备比较先进，科室也较齐全。20世纪70年代末80年代初，全院设有病床813张，工作人员673人，其中医生23人，护士、助产士250人。后该院工作人员增至1600人，床位900张。由于经济困难，又将床位减少到400张。该院还设有护理训练班，培训护理人员。药品、医疗器械主要从法国进口，内战中医院遭到哄抢，外籍医生出走，很难维持正常的医疗活动。

中刚友好医院由中国建筑总公司承建，建设资金全部由中国援助。该院占地面积6300多平方米，有近百张床位，是布拉柴维尔姆菲芦区最大的综合医院。2013年3月30日，中国国家主席习近平同刚果（布）总统萨苏出席了中刚友好医院竣工剪彩仪式。中刚友好医院也是中国援刚医疗队在首都布拉柴维尔的医疗点，队员主要来自天津南开医院、天津医院、天津医科大学第二医院、天津市眼科医院等14家医疗机构，涵盖内科、外科、妇科、儿科、口腔科、眼科、放射科和检验科等多个科室。

马格莱格莱医院（Hopitale de base de Makélékélé）始建于1967年9月，有304张床位、48名大夫、257名护士和助产士。内科、儿科、妇产科、口腔科各有2名以上的大夫和多名护士；外科、五官科、针灸科等只有1名大夫或无大夫，只有护士。医院设备不全，但药品尚齐全，有普通手术室，可做一般的手术，备有发电设备一套，能保证医疗用电。

达郎盖依医院（Hopitale de base de Talangai）的规模与前者相比较小，有226张床位、23名医生、259名护士和助产士。有手术室和药房等，科室比较齐全，能做一般的手术。

此外，布拉柴维尔市设有国营的人民药店的分店。近年来有不少中国的药品和医疗器械出售。刚果（布）私人药品经销商占的份额较大，医药的进口和批发由5家批发商垄断，即Laborex、Sepcofarma、Saipharma、Betapharma、Cenames。

三　疾病预防与医疗保障

刚果（布）的流行疾病主要为传染性疾病和寄生虫疾病，如疟疾、伤寒、肠道寄生虫病、脑膜炎、肝炎、结核、黄热病、霍乱、麻风、艾滋病等。刚果（布）在旱季和雨季交替季节疟疾多发，且周边安哥拉、刚果（金）等国的流行疾病呈高发态势。刚果（布）的卫生条件恶劣，在城市只有59%的人口可以用上自来水，在农村这一比例为11%，恶劣的生活条件加速了疾病的传播。

疟疾曾是刚果（布）人口死亡的第一大病因，在15岁以下死亡的儿童中，有12%是疟疾造成的。20世纪90年代，中国生产的治疟疾药物科泰克（Cotec）在刚果（布）得到应用，因疟疾致死的状况有所改变。但是政府财政危机导致公众健康服务基金缺乏，各种常见病的发病率仍很高，其中腹泻是15岁以下儿童死亡的第二大原因。

在艾滋病感染方面，自20世纪80年代以来，刚果（布）艾滋病呈蔓延之势，成为导致人口死亡的又一病因。根据联合国防治艾滋病机构1999年公布的数字，在刚果（布）成年人中（15～49岁）艾滋病的感染率为6.43%，其中黑角是该病的重灾区，其感染率从1996年的10%上升到1998年的15%，在布拉柴维尔艾滋病的感染率为5%左右。艾滋病传播的主要原因是性暴力活动和不安全性行为，该病的蔓延使刚果（布）3.5万名儿童失去了母亲或双亲。进入21世纪以来，刚果（布）艾滋病蔓延较快，政府采取积极的措施进行预防。2011年1月，刚果（布）总统萨苏在国情咨文中称，刚果（布）艾滋病感染率已从2003年的4.2%降至2009年的3.2%，由母婴传播造成的感染也降至2%以下。

在埃博拉病毒感染方面，2001年在刚果（布）西北部与加蓬接壤的盆地地区发现第一例感染埃博拉病毒的病人后，4个月中共发现48例，造成32人死亡。2003年，埃博拉病毒在刚果（布）西北边远森林地区造成100人死亡，同时还以极快的速度使当地一个自然保护区内2/3的大猩猩致死。在2014年爆发的非洲埃博拉疫情中，邻国刚果（金）发现感染病例，刚果（布）国内未出现感染病例。

刚果（布）国内还会发生麻疹和黄热病等疫情。2015 年初，刚果（布）南部发生麻疹疫情，20 多人因此丧生。2016 年，安哥拉、刚果（金）等周边国家爆发黄热病疫情，刚果（布）面临输入型疾病压力。2017 年 3 月，刚果（布）北部地区发生猴痘疫情。2018 年 7 月，刚果（布）卫生部公布的数据显示，自 2018 年年初开始，南部发现了黄热病疫情，已经出现疑似黄热病患者 186 例，所幸至今未出现死亡病例。调查表明，蚊虫是导致黄热病传播的罪魁祸首。

刚果（布）政府为改善国民卫生状况做了很大的努力，将全国的医疗机构分为医院、省级医疗中心（相当于县医院）、护士站、诊疗所 4 级。1985 年前凡在医院看病的患者除了国家机关的官员和资本家以外，均实行公费医疗，住院费、药品费、伙食费等均予免除。其后因财政困难，患者的治疗费用基本自理。1987 年 6 月起，政府允许私人开设诊所和药房。进入 21 世纪，刚果（布）政府采取了一些积极的疾病预防措施，包括在刚果（布）全国范围内展开黄热病宣传、消灭传染源、清洁公共环境特别是学校和人口集中的劳动场所等地、对易感人群进行疫苗注射、强制要求出入境的游客注射黄热病疫苗等。

四　中国援刚医疗队

中国医疗队对刚果（布）医疗卫生事业做出了一定贡献，中刚两国在包括医疗卫生在内的多领域的合作不断深入。1970 年 7 月，两国政府代表在布拉柴维尔签订了向刚果（布）援派医疗队的议定书，规定中国医疗队在刚果（布）工作期间所需要的药品器械由中方无偿赠送，中国卫生部又委托天津市卫生局继续从天津各大医院抽调 30～40 名专家组成医疗队，每期工作两年后轮换。中国医疗队在刚果（布）设有 4 个医疗点，布拉柴维尔 2 个，黑角和奥旺多各 1 个。

长期以来，中国援刚医疗队队员不仅给刚果（布）带来了精湛的医术，更成为两国人民民心相通的纽带，医疗合作不仅是中刚友谊的重要象征，更是国际主义和人道主义的集中体现。中国赴刚医疗队发扬高度的人道主义和国际主义精神，常常在疾病肆虐、没有水电的艰苦条件下设医疗点，帮助刚果（布）人民解除疾病和痛苦。为抢救病人，他们不止一次地献血，使病人转危为安；对危重病人昼夜护理，有时还需人工呼吸进行抢救。1969 年 11 月在北方卢塞堡（现名奥旺多）医院工作的中国医生，仅用简单的设备就为一名 63 岁的妇女成功地切除了 30 斤重的大肿瘤。此事轰动了刚果（布）全国，恩古瓦比总统特地到医院看望了中国医疗队队员。对于中国医生的精湛医术，尽职尽责、忘我工作、治病救人的精神，刚果（布）人民普遍给予高度赞誉。中国医疗队还把中国的传统医疗技术传授给当地的医务人员，并为此开办讲座、示范操作，付出了大量的心血。

20 世纪 90 年代初，刚果（布）政局动荡，推行民主化的改革，与西方国家关系密切，法、美等国的医务人员逐渐增多。但是刚果（布）广大群众和新政府对中国医疗队的热情没有变化，正如一位卫生部官员说："中刚两国间的合作堪称典范，两国在医疗领域的合作更是成果显著，深入人心。"1997 年 6 月刚果（布）爆发内战后，中国第 15 批医疗队不得不回国。他们是留守在该国的最后一批专家，是在机场四周枪声不断的紧张气氛中登上最后一架救援飞机离开的。

20 世纪 90 年代末，萨苏总统第二次执政后，希望尽快恢复中国医疗援助，因为内战中伤病员越来越多，不治而死的患者难以计数。1998 年中刚两国政府签订了医疗合作协议书。根据该协议，2000 年 12 月中国政府派出了第 16 批医疗队，共有 24 名成员，他们来自天津市天和医院、医大总医院、南开医院、眼科医院、口腔医院等 8 家医院的 8 个科室。2000年 12 月 14 日进驻布拉柴维尔的马格莱格莱医院和达郎盖依医院。全体队员在两年内完成各种手术 3250 例，其中有肾切除术、输尿管取石术、胃肠吻合术、巨脾切除术、白内障手术等，手术的成功率达到 98%。抢救295 个重病人，共诊治 38460 名患者，针灸治疗 21006 人。医疗队还为在刚果（布）及邻国刚果（金）的其他中国援外人员服务，也使他们能安心踏实地工作。由于中国重返刚果（布）医疗队的出色工作，2003 年 1月 23 日萨苏总统签署第 2003－4 号总统令，授予全体队员骑士级刚果（布）功绩勋章，授予队长官方级刚果（布）功绩勋章，向翻译授予官方

級剛果（布）忠诚勋章。

2017年8月，中国援剛果（布）第24批医疗队共33人，分两队先后进驻布拉柴维尔中剛友好医院和黑角卢安吉里医院，诊疗范围涵盖内科、外科、牙科、儿科等多个领域。截至2017年底，中国已向剛果（布）派遣医疗队24批，累计850余人次。2018年7月24日，中国驻剛果（布）大使马福林与剛外交部秘书长马米纳签署新一期中国援剛医疗队议定书。新一期医疗队议定书的签订，将推动中剛在医疗卫生领域的合作不断深入，进一步巩固两国人民的传统友谊，为构建中剛命运共同体注入新的力量。当前，中国援剛医疗队主要在首都布拉柴维尔中剛友好医院和黑角市卢安吉里医院开展工作。

中国医疗队在剛果（布）不仅缓解了当地医疗服务的供需矛盾，也带去了新技术、新设备和丰富的经验，有力推动了两国医务人员的交流。除此之外，通过援建医院、培训医务人员、捐赠药品和医疗设备等方式，中国政府始终大力支持剛果（布）进一步改善医疗卫生条件，提高医疗服务水平，加强公共卫生能力建设。

236

第七章

文　化

第一节　教育

一　教育简史

刚果（布）是非洲教育普及率较高的国家，成人扫盲率为 80.7%，15~24 岁青年的扫盲率为 97.4%，初等、中等和高等教育的平均入学率为 73%。2015 年，包括学前班在内的全国在校学生人数 120 万人，学前和中、小学教师 3 万余人。刚果（布）政府定期设立"教育年"，凸显教育在国民经济发展中的重要性，其目的是通过培训，提高妇女和青年人的就业技能，从而提高就业率，并为未来的发展培养人才。

刚果（布）学制分为 4 部分，依次为学前教育、初等教育、中等教育和高等教育，其中学前教育 3 年，小学实行 6 年义务教育制，法定入学年龄为 6 岁，中等教育分普通中学和职业技术学校两种。普通中学学制 7 年。其中初中 4 年，高中 3 年。职业技术中学初中 4 年，高中 3 年。刚果（布）教育收费情况如下：公立小学每学期收费 3200 中非法郎，公立初中每学期收费 5000~6000 中非法郎，公立高中每学期收费 1 万中非法郎，大学每季度收费 9 万中非法郎。

1. 独立前的教育

刚果（布）的传统教育在非洲大陆不算突出，但是其现代教育在法语非洲地区水平较高。在殖民者到来之前，由于受到社会经济发展水平的限制，这里的传统教育未能像北非和西非地区那样出现伊斯兰学院和文化教育中心。不过，刚果（布）世代口头传授的家庭教育、大家族中的成年礼教育、祭祀和巫师们的医药、天文和礼仪的传授等富有成效。从刚果（布）各族的民俗来看，人们非常讲究礼貌，有一套手势语言表达对朋友的尊重。例如，握拳伸拇指挥动表示尊重对方，上下点头表示赞美对方谈话等，这说明传统教育在居民中开展得较为普遍。尽管西方教育模式在城市地区逐渐兴起，但是传统教育在广大乡村仍然发挥着重要作用。

法国使用的是直接统治方式，奉行同化政策，因而比较重视从当地人中培养殖民统治所需的中低层公务人员。殖民当局支持天主教、基督教会办教育，也举办各种职业培训学校，鼓励更多的当地青少年掌握法语，学习法国思维方式和价值观，以便忠心为法国服务。中央刚果曾经是法属赤道非洲的政治中心，法国在这里的教育投入要大于在其他地区，因而这里的教育水平也高于其他地区。最先从事教育活动的是法国天主教会，1766年法国天主教传入后，便开始建立教会学校，随后，新教教派的福音堂、救世军也相继来办学，刚果（布）几乎每个省的主要城镇都有教会办的小学，教徒占当地居民的1/3，其中天主教办的学校最多。中央刚果的第一代政治精英们几乎都出自教会学校，例如，尤卢总统就是在教会学校接受系统学习的，他以神父身份走上政坛。第一次世界大战后，殖民地当局设立多所公立小学和中学。第二次世界大战后，随着殖民体制向"法兰西共同体""自治共和国"过渡，法国需要培养更多的亲法精英，他们提供的援助与合作基金也注重向教育方面倾斜。据统计，1946～1956年，学校数量增加了120%，学生数量增加了4倍。1958年，小学在校生有78962人，1959年有99338人，1960年达115331人。1951年入学率为34%，高于同年加蓬的27.3%和喀麦隆的26.5%。1955年入学率上升为57%，仍高于加蓬的47%和马达加斯加的40%。女生的入学率达27%，超过前法属赤道非洲22%的平均水平和前法属西非的24%，这也是刚果（布）教育水平较高的一项重要标志。法国很重视吸收殖民地青年到法国留学，到1960年独立时，仅在法国的刚果（布）留学生就有117人。法国也向其他法属地区派遣刚果（布）留学生，特别是军事人员常被派往塞内加尔接受培训。

独立前，基督教宣传的某些教育观念在刚果（布）发挥重要影响。刚果（布）的基班古教派运动、卡其教活动、友谊会活动等，都带给广大人民群众以新的知识和观念，在促进民族意识的觉醒方面发挥了一定的作用。

2. 独立后的教育发展

独立后的刚果（布）政府大力支持教育事业的发展。1961 年 5 月，刚果（布）教育部长与其他 35 个非洲国家和地区代表，在埃塞俄比亚首都亚的斯亚贝巴举行会议讨论教育问题，一致认为只有优先发展教育才能促进社会经济的发展，真正摆脱贫困。此后，刚果（布）的教育发展十分迅速。据 1960 年联合国统计年鉴，1957 年全国有中学 10 所，在校学生 1975 人，而到 1965 年，据刚果（布）的教育部统计，中学已增至 49 所，学生增至 10973 人。1957 年全国有技术学校、师范学校 25 所，学生 1284 人，而到 1965 年增至 38 所，学生 2624 人。

1965 年刚果（布）实行教育国有化，取消了私立学校，国民教育部统一管理各级各类教育，教育部长是最高教育行政长官。国民教育部的主要职责是制定有关教育的方针政策，规定各项规章制度，提出全国教育的发展规划等。国民教育部包括部长办公室，下设大学部、计划处、国民教育研究院和合作处；五个职能司是基础教育司、中等教育司、技术教育司、考试和人才司及教育行政司。1981 年 11 月，全国人民代表大会通过一项关于重建刚果（布）教育体制的法律，提出教育要满足国家意识形态与经济发展的需要。学校要为学生从事生产和生活做准备，学校的教学计划必须与国家发展计划相一致。教育政策中特别提出学校要强调生产劳动，生产劳动的三种功能包括：理论教学与实践活动相结合的教育功能；学校自身创收和为国家发展做贡献的经济功能；将学校与社会和文化环境相统一的社会功能。刚果（布）1992 年教育经费为 667 亿中非法郎，占当年国家预算的 8.6%。教育经费支出的大部分用于支付教师工资和学生的助学金，用于发展的基金相对较少。为弥补政府教育经费的不足，不少

地方实行社会集资办学。

刚果（布）政府一直积极开展扫盲运动。在最初的 20 年中约 76.3 万人接受良好教育，成年人口的文盲率从 70% 下降到 38%，1981～1983 年设立的扫盲中心从 200 个增至 360 个。得益于在教育领域的大力投入，刚果（布）在国际上曾多次获扫盲奖，1987 年获联合国教科文组织颁发的农村教育一等奖。但是，刚果（布）教育工作成效也有起伏，1990 年 15 周岁以上（含 15 周岁）人口的文盲比例为 40%，1995 年成人的扫盲率达到 75%，1998 年达到 78.4%，2000 年达到 80.7%。

自 20 世纪 70 年代起，刚果（布）小学实行 6 年义务教育，1995 年 9 月 1 日颁布的新教育法规定：小学、初中都实行义务教育制，国家为 6～16 岁儿童实行免费义务教育，基础义务教育的年限为 10 年。1990 年教育经费为 367 亿中非法郎，占当年国家预算的 14%，1992 年教育经费为 667 亿中非法郎，占当年国家预算的 8.6%。据世界银行 1998～1999 年的发展报告，该国 1995 年的公共教育支出占国民生产总值的 5.9%。

刚果（布）适龄儿童的入学率 20 世纪 80 年代达到 90% 左右，90 年代前期达到 98%～99%。中等学校的数量和在校学生数量在 20 世纪 70～80 年代都增加了一倍，高等院校也在该时期发展起来。20 世纪 90 年代全国在校的人数经常保持在 70 万～80 万人，这在撒哈拉以南非洲国家中是较先进的。1997 年的内战给教育发展带来不利影响，1998 年学校的入学率为 65%。萨苏重新执政后在教育方面提出的纲领是：使所有的学龄儿童都有接受教育的机会，建设中小学和大专院校的教育基础设施，促进科学研究发展，通过教育使刚果（布）走向现代化。

刚果（布）与非洲 22 个国家签有文化科技合作协议，每年向安哥拉、乍得、喀麦隆、卢旺达、赤道几内亚等国家提供奖学金，并向 16 个非洲国家派有留学生。刚果（布）同时接受周边国家留学生 300 名，而且也向少数国家派教师，40 余位派往安哥拉，数人派往圣多美和普林西比。为了弥补本国高等教育的不足，提高高等教育与科研水平，刚果（布）历届政府都重视国际交流。在国际教育和文化合作领域有多种方式进行活动，诸如：（1）对方官方提供奖学金；（2）对方提供技术援助，包括提供设备、援建学校等；（3）人员交流，包括互换留学生、进修生、专家和研究人员；（4）相互承认对方学历文凭等。由于历史的原因，刚果（布）与法国不仅保持特殊外交关系，文化交流也十分密切。

刚果（布）教育部每年聘请的外籍教师约 500 人，其中约 70% 来自法国。在 20 世纪 80 年代，20% 的外籍教师来自苏联。每年派出的 1200～1300 名留学生、进修生和中学生中有 300～400 名被派往法国。刚果（布）曾接受法国、意大利、苏联、捷克斯洛伐克、阿尔及利亚、古巴、中国、朝鲜等国提供的奖学金或其他形式的援助。据 1991 年统计，20 世纪 80 年代，刚果（布）获得所在国奖学金而在国外大学就读的人数分别为：非洲各国 355 人，苏联、东欧国家及古巴 2475 人，西欧国家 4401 人。

进入 21 世纪以来，刚果（布）进一步加大了在教育领域的投入力度。2011 年，在联合国儿童基金会的资助下，刚果（布）政府计划投入 660 万美元提高儿童的教育质量。其核心内容是改造 36 个儿童活动中心并整修 18 所小学，帮助超过 8000 名无法享受教育的儿童接受教育。另外，刚果（布）政府还大力改善教师的地位和工作条件，政府在 2011 年招募超过 3000 名教师。提高社会的知识层次已经被列入萨苏总统的"未来之路"计划，教育部门希望得到国际社会的更多帮助以实现教育均衡发展。2000～2015 年，世界银行对刚果（布）教育领域的发展予以了大力支持。例如，资助改造和扩建 1000 多间教室；支持修订初等教育和中等教育的教学大纲；资助购买 25 万册课本和教师用书。2016 年，世界银行对刚果（布）改善包括初等教育和高等教育在内的国家教育系统予以资金支持。改善教育项目的资金总额为 7000 万美元。其中，世界银行提供 3000 万美元融资；刚果（布）政府承担 4000 万美元。该项目将有助于提高初等教育和中等教育的质量，加强管理体制，优先考虑入学率很低的农村地区。①

---

① World bank, "The Republic of the Congo, Education: A new Education Sector Support Project", http://www.worldbank.org/en/country/congo/overview#3.

二 三级教育体制

刚果（布）的教育体制大致分为初等教育、中等教育和职业教育、高等教育三级。高等教育发展较晚，在相当一段时期内，国家和社会的主要精力放在初等教育和中等教育方面。

1. 初等教育

初等教育体制包括学前教育3年，小学教育6年。小学法定入学年龄为6岁，学生完成6年学业，经考试合格，可获得初等教育毕业文凭。刚果（布）属低龄人口国家。在人口构成中，15岁以下儿童约占40%以上。最初在小学教育中起主要作用的是教会小学。据刚果（布）教育部1965年1月统计，当时全国共有小学806所，其中公立小学333所，在校学生76196人，教会小学473所（其中天主教办315所，福音堂办131所，救世军办27所），在校学生95327人。1965年后所有小学都成为公办小学。随后又实行小学义务教育，小学入学人数年增长率为3%。然而，教师培训力度不够，加之20世纪70年代后期经济不景气，在财力、人力、物力难以保证的情况下盲目扩大初等教育规模，导致教育质量下降。1980年，小学在校生中有1/4以上要留级1年，加上中途辍学者，小学毕业生比率呈逐年下降趋势，但是适龄儿童入学率没有下降，整个90年代一直在98%～99%。1991年读到四年级的学生占该年龄组人数的百分比是：男生为88%，女生为89%。同年，全国共有小学1734所，在校生50.3万，教师7600人，教师与学生的比例为1∶66。但是，教师短缺问题仍然存在，解决办法是从初中毕业生中选拔，再送他们进师范学校培训3年。刚果（布）有中等师范学校4所，学制为3年和1年，每年可培训教师550名。1997年内战后儿童的入学率下降至65%，萨苏在2002年施政纲领中再次强调要使所有学龄儿童都能入学的问题。

2. 中等教育

刚果（布）的中等教育包括普通中学教育与职业技术教育两类。中等教育共7年，分初中（4年）和高中（3年）两级。初中包括普通初中和技术初中；高中也分为普通高中和技术高中，以及相应程度的职业教育学校。初中阶段，学生可在普通教育与职业教育之间进行选择，持职业技校文凭一般不能再升入普通高中。普通初中课程开设法语、数学、科学、历史、地理、现代外语（主要有英语、俄语、汉语、阿拉伯语、西班牙语、德语等）、公民、手工和技术训练、音乐、体育等，修业期满成绩合格者可得到基础教育文凭。高中阶段同样实行普通教育与职业教育分流。普通高中课程按专业分为八类，即：文科、经济、科学、实验科学技术、数学、工业、农业和商业。修业期满进行学业学位考试，考试科目为哲学、实验科学和基础数学，考试成绩满分为 20 分，得 10 分以上者就可以拿到学位，获得上大学的资格。独立前的 1957 年，全国只有 10 所中学，在校学生 1975 人，主要分布在布拉柴维尔、黑角等城市。1965 年发展到49 所，在校学生 10973 人。1984 年增至 224 所（包括职业技术学校），在校学生 98995 人，教师 2606 人。1990～1991 年学校增加到 245 所，在校学生 17.2 万人，教师 5275 人。

在职业技术教育方面，独立前在整个教育中只占 1.6%，主要有 3 所学校：一所是布拉柴职业中学，设有机械、木工、汽车、电力等专业，主要培养初级技术工人；另一所是波托－波托美术学校，主要教授绘画；还有一所是法属赤道非洲手工艺学校，设有陶瓷、木雕、象牙雕等专业。独立后，职业教育发展很快，仅在 20 世纪 60 年代，布拉柴维尔和黑角的技术学校就增加到 8 所，在校学生 1400 余人。各种职业培训班 30 余个，分布在全国各地，有学生 7000 多人。独立前，刚果（布）中学以上师资以外籍教师特别是以法籍教师为主。独立后，刚果（布）政府采取多项措施，如每年派出近千名留学生去国外留学，以缓解本国师资的缺乏。更主要的是加强国内培训，初中教师要在教育学院培训 2 年，在职小学教师可以进入教育学院再学习 2 年。高中教师要在教育学院培训 4 年，其他学院毕业生也要入教育学院再进修 1 年。

3. 高等教育

独立前和独立后初期，刚果（布）基本上没有高等院校，只在布拉柴维尔设有高等教育中心，负责进修教育、函授教育，培养教师、高等行政人员、法学士、公共卫生人员等，修业年限不统一，要根据具体学科而定。例如，培养学监需在大学 2 年结业后当 3 年顾问，再回到教育学院学习 2 年。大学教师一般应具有博士学位。1962 年成立的高等师范学校是高等教育中心的组成部分，它与后来成立的高等技术师范学校（成立于 1981 年）及卢波莫高等教育学院（成立于 1981 年）都并入了恩古瓦比大学。

恩古瓦比大学是刚果（布）高中生接受高等教育的首选，其他高校和科研院所包括基督教理工和艺术学院（Christian Polytechnic and Professional Institute of Arts）、商业与经济发展研究所（Institute of Business and Economical Development）、蒙东戈高等农业科学研究所（Mondongo Higher Institute of Agricultural Sciences）。刚果（布）政府大力推动高等教育发展，2015 年，在布拉柴维尔郊区兴建的萨苏大学成为刚果（布）高中学生接受高等教育的另一选择。

表 7-1 刚果（布）教育体系（2017 年）

级别	年级	年龄阶段	时间	备注
小学	1~6 年级	6~12 岁	6 年	小学生需要参加中学入学考试
初中	7~10 年级	12~16 岁	4 年	10 年级学生必须参加 GCSE 考试
高中	11~13 年级	16~19 岁	3 年	三种形式的高中：农业高中、技术高中和普通高中
大学	—	19~23 岁	4 年	效仿法国大学高等教育

资料来源：Scholaro, "Education System in Congo, Republic of the Congo", https：//www.scholaro. com/ed/Countries/Republic-of-the-Congo/Education-System。

三 知名大学

1. 马利安·恩古瓦比大学

马利安·恩古瓦比大学是刚果（布）著名的综合性大学，成立于 1971 年 12 月，最初称"布拉柴维尔高等师范大学"，简称"布拉柴维尔大学"。恩古瓦比被刺后改为现名。它下辖 4 所学院和 8 所高等专科学校，位于首都布拉柴维尔（其中 1 所高等专科学校设在卢波博市），共设有 47 个系和 14 个研究室或实验室。

（1）理学院，设数学系、物理系、化学系、细胞生物和分子生物系、动物生理生物学系、植物生理生物学系、地质系7个系，以及生理、食品、营养研究、植物病理学、植物生理学、药用作物化学、物理化学研究、应用化学和有机化学、应用数学、纯数学、大气物理11个实验研究室。

（2）人文科学和文学院，设地理学系、历史系、外语系、语言和口头文学系、现代文学系、哲学系、心理学系、社会学系、非洲文化和文学系、通信科学和技术系10个系，以及地图、剖面图和幻灯片制作，应用语言学和口头语言学，高度现代化视听，人类学4个实验室。

（3）法学院，设私法学和公法学2个系。

（4）经济学学院，设经济学1个系。

（5）高等管理专科学校，设管理和高级技术人员培训2个系。

（6）国立行政管理和行政干部学校，设司法和行政2个系。

（7）高等师范学校，设人文科学、自然科学、数理科学、教育、语言文学5个系。

（8）卢波博高等教育专科学校，设生物、化学、农业、畜牧业和历史、地理、社会学2个系列的综合职业培训部。

（9）高等技术教育师范学校，设工业技术系、行政管理系、经济学系和社会技术系。

（10）高等医学专科学校，设生理学、医学、外科和妇产科、公共卫生科、药学、微生物学和血液学、胚胎学、组织学和解剖学等专业。

（11）高等体育和运动专科学校，设体育教师和教练培训、体育和运动学、体育教师助理和教练助理培训3个系，以及田径、体操、竞技体育、游泳、篮球、手球、足球、排球、人文科学、运动学10个教研室。

（12）高等农村发展专科学校，设农艺、农村发展、森林技术、短期培训4个系。

1991～1992年，恩古瓦比大学在校学生为10671人，其中外国留学生310人。教师共有679人，正教授8人，副教授48人，高级讲师271人，助教322人，其余为教辅人员。此后的数字有些变化，但不很大。根据 2017 年恩古瓦比大学的官方统计资料，恩古瓦比大学每年有大约 2.5 万名注册学生，约有 600 多名教师和研究人员。[①]

2. 萨苏大学

萨苏大学是刚果（布）第二所综合性的大学，以总统德尼·萨苏 - 恩格索的名字命名。萨苏大学位于首都布拉柴维尔以北 20 公里外的金德利，占地 350 公顷。2012 年 4 月动工开建，建设预算超过 2400 亿中非法郎（约合 4.31 亿美元），规划容纳学生 3 万人。萨苏大学建设工程分两个阶段：第一阶段主要建设图书馆、宿舍楼、餐厅、体育馆及阶梯教室等；第二阶段主要建设各个院系大楼。第一阶段工程于 2015 年竣工。萨苏大学对解决恩古瓦比大学现存的一些问题及提高刚果（布）教育水平具有重要意义。

萨苏大学的行政建筑包括中央图书馆、圆形剧场、奥林匹克游泳池、大学体育中心、奥林匹克体育场、教师住宅、学生公寓、大学餐厅、医疗中心等。教学机构包括高等电信学院，高等教育学院，科学和技术学院，矿山、水力学和能源学院，高等教育和公共就业学院，高等职业技术学院，高等科学技术传播研究所，应用技术科学研究所和高等体育与物理科学研究所。[②] 自 2015 年起，刚果（布）出现严重的经济危机，财政困难，工程被搁置，开学日期也被无限期推迟。目前，已建楼宇受自然侵蚀较为严重。该大学在选址上存在争议，有人甚至认为，由于地质原因，学校建筑有滑入刚果河的危险。

四 中刚教育交流

中国与刚果（布）之间的教育交流始于 20 世纪 60 年代末，第一次交流中国派出了 3 名能讲法语的中学数理化教师，后来进一步向刚果（布）大学派出数理化教师和汉语教师。他们来自中国的南开大学、南京

---

① Marien Ngouabi University, "About UMNG", https：//www. umng. cg.
② Unicon, "Université Denis Sassou Nguesso. Republic of the Congo", http：// www. unicondevelopment. com/portfolio/great – visual – design/.

大学、复旦大学、北京大学等，每次 7~8 位，两年轮换一次，一直没有中断。在恩古瓦比大学总能看到中国教师在用法语执教。中方自 1975 年起每年向刚果（布）提供 5~7 个高校奖学金名额。从 1985 年起刚果（布）每年接受中国 5 名学生或进修教师前往学习法语。刚果（布）在教育方面的一些发展计划得到世界银行、联合国开发计划署、非洲发展银行、国际开发协会、石油输出国组织等给予的财政援助。

2010 年以来，两国在教育领域合作亮点纷呈，中方为刚方援建了 3 所农村小学、马桑果中学、恩古瓦比大学图书馆等多个教育设施。两国元首十分重视中刚教育交流与合作，2013 年习近平主席访问刚果（布）时专门与马利安·恩古瓦比大学的学生进行了交流。2014 年 6 月，刚果（布）总统萨苏访华期间，在上海专门会见了 60 名刚果（布）留学生，并鼓励他们在华期间努力学习，为两国友谊添砖加瓦。中刚两国教育合作不断深入，截至 2017 年末，先后有近 2000 名刚留学生赴华学习，其中800 名学生获得了中国政府奖学金。

1. 教育援助

2016 年 11 月 21 日，中国政府援助刚果（布）恩古瓦比大学扩建项目正式移交。项目建筑面积 6185 平方米，包括一座校长办公楼、一座学生注册中心楼及配套道路、停车场等，2015 年 4 月开工，2016 年 9 月竣工，由北京建工集团有限责任公司承建。校长办公楼和学生注册中心楼前都有醒目的中法文"中国援助"标识铜牌。项目充分体现了"中国援助"的技术标准和工程质量，全部采用中国标准，由中国的设计院负责设计，中国的公司监理。此次恩古瓦比大学扩建项目的实施更突显了教育在促进两国双边关系中的积极作用。

2017 年 10 月 6 日，刚果（布）姆皮拉中学举行开学典礼并剪彩，刚果（布）总统萨苏、议长、总理、多名部长、中国驻刚果（布）大使、刚果（布）正威公司及姆皮拉学校全体师生约 6000 人参加活动。姆皮拉中学由中国进出口银行提供融资支持，建设内容包括 1 所 75 间教室的高中、1 所 100 间教室的初中、1 个 350 座的露天剧场、1 个 3000 座的室内体育馆及 1 个医疗室，可容纳 1 万名学生就读。

2. 校企合作

中国长安大学于 2010 年与中国路桥工程有限责任公司签署合作培养刚果（布）留学生项目协议。从 2011 年开始，中国路桥工程有限责任公司分批次全额资助刚果（布）留学生在长安大学完成土木工程专业本科课程，学成后为建设、发展新非洲服务。本次留学生培养计划自 2011 年新学年开始到 2019 年结束。每年输送 20 名刚果（布）学生赴中国留学，持续 5 年，计划为刚果（布）培养 100 名基础工程建设人才。

刚果（布）留学生在中国进行深入的中国语言和文化学习，专业课程涉及高等数学、计算机语言、结构力学、现代道路技术、桥梁工程、立交工程、隧道工程等土木工程专业的诸多重要内容。学业年限为 5 年。每期的第一学年学习中文，经考核通过后进入为期 4 年的专业学习。学生通过毕业考试获得中国长安大学本科学士学位。刚果（布）留学生的选拔程序是，先由刚果（布）国家有关部门初步甄选后，经中方组织复试通过，最终由该公司及刚果（布）政府联合评审决定，发放录取通知书。

2011 年 11 月 12 日，中国驻刚果（布）大使为首批刚果（布）赴中国的 20 名留学生送行。前 3 批 60 名赴中国的留学生，正在中国长安大学就读，学习、生活情况良好。2014 年 6 月 18 日，刚果（布）总统德尼·萨苏－恩格索访问中国期间亲自看望了中国路桥工程有限责任公司出资培养的全体留学生。2016 年 6 月，首批 20 名刚果（布）留学生顺利毕业，中国路桥工程有限责任公司择优招录了其中 6 名毕业生，让人才培养真正学有所用。截至 2016 年底，共有 100 名学生在校学习。这项合作项目将培养一批知华、友华的刚果（布）高级人才，为中刚传统友谊做出新的贡献。

3. 中刚友谊小学

中国与刚果（布）教育交流合作是双向互动的，刚果（布）政府也对中国提供了力所能及的教育援助。2010 年 4 月 14 日，中国青海省玉树藏族自治州发生地震，刚果（布）总统萨苏在第一时间向中国时任国家主席胡锦涛发来慰问电。同年 4 月底，萨苏在参加上海世博会开幕式时向时任中国国家主席胡锦涛表示，刚果（布）方面希望在玉树灾区捐建一所小学。中方虑及玉树位于青藏高原，建设捐建一所完整的寄宿小学成本较高，对刚果（布）来说负担会很重，故建议刚果（布）方面仅捐建学校的一座教学楼或图书馆。萨苏总统得知中方的建议后，随即表示："不，刚果（布）要捐建的是一所小学，一所完整的小学，不管造价多高，刚果（布）都会承担。"

经过双方协商，刚果（布）政府捐款 1600 万元人民币重建称多县文乐中心小学。该小学为青海省玉树藏族自治州称多县唯一的孤儿学校，在玉树地震前建有高标准的图书室、教室、宿舍、太阳能澡堂，为称多县基础设施最好的小学，该小学在地震中遭到破坏。2011 年 6 月，工程项目开工。2012 年 7 月，刚果（布）援建的中刚友谊小学竣工仪式在称多县举行。2012 年 9 月，中刚友谊小学正式投入使用。新建成的中刚友谊小学占地面积 42625 平方米，为地震前的 4 倍多；校舍面积达到 10483 平方米，为地震前的近 7 倍。学校拥有现代化的教学楼、综合实验楼、食堂、学生和教工宿舍及标准篮球场和塑胶跑道运动场，能接收 240 名学生就读。刚果（布）政府克服自身经济发展面临的困难和挑战，对中国地震灾区伸出援助之手，充分体现了刚果（布）人民对中国人民的深情厚谊。

4. 马利安・恩古瓦比大学孔子学院

马利安・恩古瓦比大学特别注重国际合作，与法国、中国等国家联系比较密切。马利安・恩古瓦比大学孔子学院于 2012 年 6 月 15 日揭牌成立，中国驻刚果（布）大使关键及刚果（布）高教部长阿伯纳（Abena）参加了揭牌仪式并揭牌，中方合作学校为济南大学。恩古瓦比大学孔子学院自成立以来，每年到孔子学院学习汉语的有两百多人。2016 年 9 月新学期开始，布拉柴维尔的全部 15 所中学都开设了汉语课。在孔子学院的推动下，截至 2017 年底，全国共有 29 所中学开设了汉语课程，而孔子学院成立之前，只有 5 所中学有汉语课。截至 2018 年 6 月，共有 84 名刚果（布）青年学生获得了孔子学院奖学金，到中国学习汉语。孔子学院的开设，大大促进了中刚两国的教育和文化交流。

第二节　科学技术

一　自然科学

长期以来，西方国家的长期殖民统治造成刚果（布）科学技术能力和水平十分落后，西方殖民者只需要其提供原料产品，并不需要有技术含量的工业品。不过，为了开发当地资源，殖民地当局也设置了一些科学技术研究机构，例如1958年创办的布拉柴维尔地理协会，就集中了近百名工程师和技术人员，其任务是对赤道非洲地区进行航空摄影和地面测量。此外还设立了中非研究所、海岸学研究所、矿产地质局等研究机构，这些机构的主导者都是法国人，刚果（布）当地人虽然能够参与，但是很难掌握主要技术。

20世纪70年代末，刚果（布）政府开始重视科技工作，政府部门中由文化艺术部分管科研，同时多次派代表出席非统组织召集的非洲国家科技工作会议和科学家会议。科研机构主要设置在恩古瓦比大学和地矿、森林、水利生产部门。世界上第一片用插枝法营造的面积达2.5万公顷的桉树林就在黑角的附近，这是刚果（布）在林业科学领域的一项重要成果。

刚果（布）的信息产业在非洲国家中起步并不算晚。早在1959年，赤道非洲国家联盟就已经在首都布拉柴维尔设立了中非地区第一个机械化中心，配备了IBM的数据处理设备，对国家的政府工作人员、海关官员进行培训，并做一些数据的统计分析工作。1972年，刚果（布）信息化办公室成立，网罗了全国的科技人才和设备，进行信息化项目的开发。1999年，刚果（布）邮电部与南非一家公司共同开发了刚果网（www. congonet. cg）平台，创建互联网接口，为在刚果（布）的外国使团、跨国公司和刚果（布）本国的政府机关、国有大公司、大专院校提供互联网服务。2000年在萨苏总统的提议下，刚果（布）政府聘请了法国籍信息工程专家设计创办刚果（布）政府网站（www. congo - site. com），发布有关刚果（布）政府的政治、经济信息及相关数据。

刚果（布）还积极参与国际药品科研领域合作。由于某些人体组织、人体基因的采样和药物的人体试验受到法律的禁止，或者因为成本高昂风险巨大，一些发达国家和跨国公司把新药试验场悄悄地搬到了一些法制不健全、信息不灵通、科研水平落后的发展中国家，同时在那里进行海盗式的标本采样。为保护国内各种不同人种，抵制外来的各类偷盗性质的生物技术实验，在 2004 年 6 月底召开的"首届国际伦理研讨会"上，刚果（布）宣布设立国家"伦理研究委员会"，严禁一切与现行法律文本相抵触的采样和药物实验、研究，以表达其在药品科研领域与其他国家加强合作、分享试验成果的愿望。整体而言，刚果（布）的科技发展受制于经济水平，科技水平不高。

二　人文社会科学

刚果（布）规模大、级别高、成果显著的科研机构是在人文社会科学方面，著名的研究所有：国家教育和教学行动研究所（INRAP）、刚果语言研究中心（CELCO）、语言与信息研究集团（GRELI）等。

1. 国家教育和教学行动研究所

国家教育和教学行动研究所的任务是负责全国的教学活动，主要工作分为以下 4 个方面：研究并推动教学改革；设计教学方法、制订教学计划和教学文件资料；组织教学活动和培训教师；出版教科书和教学资料。

该所设 5 个室。（1）计划室，制订教学计划，研究教学方法，参与教师的配备工作。（2）国家语言室，制定国家语言政策，进行专门术语方面的科学研究以丰富刚果的民族语言，制定关于刚果语、莫努库图巴语和林加拉语的教材。（3）视听室，通过视听手段（广播和电视）宣传本研究室的活动，通过摄像支持研究所的活动，向学生和教师提供视听产品（播放广播和电视）。该机构分为广播教育组和电视教育组。（4）导向和评估室，向教师宣传教学计划和教学改革的意义与效果，增加教师对有关教师评价方面知识的了解，向他们提供遇到该问题时的解决办法。（5）出版社，按照计划出版刚果教育体系运作所必需的教材。

2. 刚果语言研究中心

该中心建于 1973 年，是研究非洲语言的专门机构，附属于布拉柴维尔恩古瓦比大学的文学和人文科学系。其主要的任务是对现有的语言和非洲语言进行研究。出版的刊物名称为《DIMI》，主编是若苏埃·恩当巴·让－博伊。主要成果有：《中部非洲语言图集》《中部非洲词干汇编——林加拉语》《中部非洲词干汇编——刚果语和莫努库图巴语》《刚果——法语医学词典》《刚果——法语军事、空间技术词典》《关于共同语言的研究——莫努库图或基图巴语》《妇女的诗歌——分析摇篮曲》《林加拉语和刚果语——莫努库图语在刚果和扎伊尔的传播》《刚果语言图集》等。

该所著名研究人员有：弗朗索瓦·朗瓦穆教授（Francois Lumwamu），其代表作为《基刚果语方言形态句法结构概论》，在刚果（布）的语言学界的影响较大；奥本加·泰奥菲勒（Obanga Theophile），其代表作为《刚果民族概况》；安托万·恩丁加－奥巴教授（Antoine Ndinga - Oba），其代表作为《林加拉语名词构词法》；保罗·恩泽特教授（Paul Nzete），其代表作为《林加拉语名词的形态和作用》；若苏埃·恩当巴教授（Jousue Ndamba），其代表作为《布拉柴维尔下刚果区居民所用语言调查》和《维利语名词及名词词组的结构》。

3. 语言与信息研究集团

该集团主要任务是使用开发信息工具提供的资源，进行语言分析和教学语言自动处理问题，向刚果（布）所有的研究人员提供具体的帮助，使他们了解有关各自研究领域的信息工具的知识，提供符合他们研究所需的软件。每年在布拉柴维尔组织一次论坛，展示语言教学、分析及自动处理方面的信息工具。该集团的人员由刚果语言研究中心、刚果国家研究和教学行动研究所及其他一些全国性研究机构的研究人员组成。

语言与信息研究集团主要成果包括：（1）班图语系的词汇创造，该计划的目的是开发一种软件用来创造班图语一些新科技词汇。该软件被认为是在创造班图语新的技术词汇方面工作的语言学家的一个有效的工具。（2）词汇对比计划，该计划的目的是开发一种词汇对比软件以评估在一个指定的地域内同时存在的几种语言的可理解度。

语言与信息研究集团行政负责人塞勒斯坦·恩萨第（Celestin Ntsadi），是从事语言研究的博士；技术负责人若苏埃·恩当巴（Josue Ndamba），是非洲语言学博士；马塞尔·米萨基里（Marcel Missakiri），是从事语言研究的博士；统计学工程师马塞尔·姆巴卢（Marcel Mbalou），是计划部的统计主任。此外，还有信息工程师马托·马卡亚（Matho Makaya）、埃梅·巴扬布萨（Aime Bayamboussa）等人。

第三节　文学艺术

一　文学

刚果（布）的现代文学颇有声望，涌现出一批著名的作家并在国际上获奖，现代文学享誉非洲乃至世界。历史上刚果（布）只有口头民间文学，第二次世界大战前夕才开始出现刚果（布）知识分子用法语写作的文学作品。较有影响的作家是契卡亚·德·鲍埃比尔（Tchicaya de Boepire）和达代·达蒙戈（Dadet Damongo）。

20 世纪 50 年代初，莫里斯·巴唐比卡（Maurice Battambica）在法国人办的文化中心创办了一份文化性月刊《联系》（Liaison），在非洲公职人员和学生中发行，得到殖民当局的支持。独立后他又是保卫联盟的议员，故该刊物办了 10 年，成为刚果（布）年轻知识分子展示自己的舞台，扶植了一大批作家和剧作家，被誉为刚果（布）文学创始人的让－马龙加（Jean-Malonga）就是在这里崭露头角的。

让－马龙加 1953 年用法文写作并出版了第一部长篇小说《爱莲娜的心》（Coeur D'Aryenne），描写了一个白人少女和黑人青年之间的爱情悲剧，该小说以反对种族歧视为主题，在刚果（布）青年群体中产生强烈反响。1954 年他发表小说《姆弗姆·马·马皂诺传奇》，描写主人公在一个公主和奴隶们的支持下战胜敌人、建立城邦、创造公平社会的故事。1955 年他获得"法属赤道非洲文学奖"，从而开创了黑人文学风格的新道路。另一位先驱作家是契卡亚·尤·坦西（Tchicaya U Tam'si），他是撒哈拉以南非洲伟大的诗人之一。1955 年发表了第一本诗集《坏种》，1957年又发表了《丛林之火》。1962 年发表诗集《历史概要》抒发悲愤情绪，1966 年其作品在达喀尔的世界黑人艺术节上获得大奖，1980 年起他在联合国教科文组织工作。

刚果（布）独立后，又出现了一批新作家，文学研究领域也大大扩展。诗人和作家让－巴蒂斯德·塔蒂－卢塔德（Jean-Baptiste Tati-Loutard）1961～1968 年在法国、意大利学习，1968 年推出了著名的诗歌作品《刚果的根》《海之歌》《太阳的奥妙》等沉思体抒情诗，1974 年他的短篇小说集《刚果编年史》和 1982 年该书的续集《刚果新编年史》获得非洲文化学会首次颁发的以塞内加尔大文学家、非洲文化学会第一任会长阿里翁·迪奥普名字命名的文学奖。另一位诗人马克西姆·恩德贝卡（Maxime N'Debeka）于 1969 年发表了诗集《新的太阳》，以革命事件为题材，富有激情和战斗性。

20 世纪 70～80 年代，许多作家将刚果（布）文学推向巅峰。最著名的代表人物是爱玛努埃尔·东加拉（Emmanuel Dongala），1973 年发表了长篇小说《手中一杆枪，口袋中一首诗》，以及亨利·洛佩兹（Henri Lopès），1971 年发表短篇小说集《部落》，揭露了部落上层的腐败，获撒哈拉以南非洲文学大奖。亨利·洛佩兹担任过刚果（布）总理、教育部长，曾在联合国教科文组织工作过，其作品反映刚果（布）独立后面临的现实问题。短篇和中篇小说作家有契舍雷·契维拉（Tchichelle Tchivela）在 1980 年发表了《漫长的黑夜》。评论作家和诗人泰奥菲尔·奥邦加在 1984 年发表了《人的道路》。长篇小说和评论家让－皮埃尔·马库塔－姆布库（Jean－Pierre Makouta－Mboukou）在国际上享有一定的知名度。索尼·拉布·坦西（Sony Labou Tansi）是刚果（布）的多产作家之一，其小说《人民的反面》1983 年 12 月获非洲文学大奖。贝努尔·蒙德勒·恩戈洛（Benoit Mondele Ngollo）写的畅销小说《从公鸡到驴子》（Du Coq à l'Ane）在刚果（布）乃至非洲都颇有影响力。

可喜的是，刚果文坛上还涌现出了一批女性作家，其作品多以诗歌和短篇小说为主。保萝·埃杜巴 (Paule Etoumba) 的代表作是诗集《一个字打碎了未来》。玛丽·莱奥蒂娜·西宾达 (Marie-Leotine Tsibinda) 自20 世纪 80 年代以来出版了数本诗集及短篇和中篇小说，成为最有名的女作家。散文方面的作家有弗朗西娜·劳朗 (Francine Laurans) 和弗洛尔·阿祖美 (Feore Hazoume)。

进入 21 世纪以来，刚果（布）涌现出了大批的文学家，他们的文学作品在非洲乃至世界都具有一定的影响力。

(1) 让-皮埃尔·马库塔-姆布库 (Jean-Pierre Makouta-Mboukou, 1929 ~ 2012 年)

让-皮埃尔·马库塔-姆布库是刚果（布）著名小说家、诗人、剧作家、文学评论家。他是海外科学院成员，曾在达喀尔、布拉柴维尔、巴黎、阿比让等地任教，在高等教育和文学创作领域颇负盛名，被誉为"刚果的雨果"。主要作品有：《非洲文学导论》 (*Introduction à la littérature noire*，1970)、《追求自由》 (*En quête de la liberté*，1970)、《蓝色灵魂》 (*L'ame bleue*，1971)、《原始森林里的流放者》 (*Les Exilés de la forêt vierge*，1974)、《法语在黑非洲》 (*Le Français en Afrique noire*，1977)、《黑非洲诗歌的主要特点：历史—诗体—意义》 (*Les Grands traits de la poésie négro africaine：Histoire-poétique-Signification*，1985)、《布拉柴的毁灭，还是终结的民主》 (*La Destruction de Brazzaville ou la démocratie guillotinée*，1999) 等。

(2) 让-巴蒂斯特·塔蒂·卢塔德 (Jean-Baptiste Tati Loutard，1938 ~ 2009 年)

让-巴蒂斯特·塔蒂·卢塔德是法语非洲重要文学家之一，曾发表过10 多部诗集。写诗超过 30 年，他的作品承载着对艺术和生命的深刻思考，感叹生存的现实和时间的伤逝。他不仅是作家，也是政府高官，并一直对人类面临的生活环境的挑战给出非洲式答案。他的主要作品有：《南半球的蛇》 (*Le serpent austral*)、《梦的传统》 (*La tradition du songe*)、《豺的面具》 (*Le masque de Chacal*)、《死亡的故事》 (*Le Récit de la Mort*)。主要荣誉包括 Simba 奖、黑非洲文学奖、非洲 Okigbo 诗歌大奖、契卡亚·

尤·坦西大奖等。

（3）阿兰·马班库（Alain Mabanckou，1966 年~　）

阿兰·马班库 1966 年出生于刚果（布）黑角市，是著名诗人、小说家，1999 年荣获撒哈拉以南非洲文学奖，2006 年荣获法国勒诺多奖，2012 年其全部作品荣获法兰西学院奖项（亨利·戈尔文学奖），2013 年荣获摩纳哥公国奖项（摩纳哥皮埃尔王子文学奖）。其代表作有《豪猪回忆录》（*Mémoires de porc-épic*，2006）、《碎裂的杯子》（*Verre Cassé*，2005）、《非洲精神》（*African Psycho*，2006）、《黑角的灯光》（*Lumières de Pointe-Noire*，2013）等。2015 年，他成为布克国际文学奖的最终候选人，其作品被翻译成 10 多种语言在海外发行。现以法国公民身份在美国生活，任美国洛杉矶加州大学的文学教授。他写有 9 部小说、6 部诗集和 1 本詹姆斯·鲍德温的传记。他的法语有很高的造诣，是第一个在大出版商伽利玛旗下白皮社出书的法语非洲作家。

（4）亨利·洛佩兹（Henri Lopès，1937 年~　）

亨利·洛佩兹是刚果（布）著名作家、政府高官。1973~1975 年，亨利·洛佩兹担任国家总理，从 1982 年开始，他前往巴黎联合国教科文组织担任国际雇员。主要作品包括：中短篇小说集《部族》（*Tribaliques*，1972）、小说《新浪漫曲》（*La nouvelle romance*，1976）、小说《哭—笑》（*Le pleurer-rire*，1982）、小说《非洲追寻者》（*Le chercheur d'Afriques*，1990）、《百合花和凤凰木》（*Le lys et le flamboyant*，1997）等。

二　戏剧与电影

刚果（布）独立后戏剧、电影事业发展很快，刚果（布）许多文学家除写小说、诗歌之外也写剧本。1963 年刚果（布）成立了两个剧院，后合并为国家剧院。著名剧作家纪·芒加（Guy Menga）出生于布拉柴维尔南部地区，先后担任记者、主持人，法国国际广播电台专栏作家、法国 3 台节目主持人。同时，他也担任刚果（布）的内阁部长。纪·芒加不仅用法语写作，而且也用北方的林加拉语写作，从而使其作品更贴近群众。1935 年最著名的戏剧作品是《可卡–马拉的铁锅》（*La Marmite de Koka-*

Mhala），堪称非洲法语戏剧的经典之作。1966 年创作的《科塔·姆巴拉的大锅》，描绘了先进和落后之间的冲突，1969 年创作的戏剧《神谕》，表现了结婚彩礼和妇女解放问题。他也写过多部小说和报道，包括《莫尼-芒布的冒险》（*Les aventures de Moni - Mambou*）、《六须鲇事件》（*L'affaire du silure*）等，曾荣获法语非洲文学大奖和非洲国家戏剧大奖。西尔万·邦巴（Sylvain Bemba）也是刚果（布）知名的剧作家，他著名的剧本《冻死鳄鱼的人》（1972 年）和《死水》（1975 年），批评传统陋习，揭露社会弊端。其他比较著名的剧作家和作品有：马西姆·恩德贝加的《主席》，帕特里斯·劳尼（Patrice Lhoni）的《穆戈戈宣言》，费迪南·姆昂加萨（Ferdinand Mouangassa）的《恩冈加—马亚拉》等。

刚果（布）独立后组成了许多剧团，较著名的有罗加多·祖鲁剧团（Rocdo Zulu Theatre）的恩冈加艺术剧团和爱玛努埃尔·东加拉（Enlmanuel Dongala）的闪电剧团。它们都创造了一些新的艺术手段。刚果（布）的传统戏剧称为"里萨博"（Lisabou），一直在农村流行。

刚果（布）电影界有 4 位著名的导演，他们是：阿兰·恩高蒂亚（Main Nkodia），代表作品是《马尼·瓦塔》（1970 年）；热罗姆·西拉（Jerome Tsila），代表作品为《宗巴·恩库库》（1972 年）；塞巴斯蒂安·冈加（Sebastien Kanga），代表作品是根据让-马龙加的小说《姆弗姆·马·马皂诺传奇》改编的电影《一桩联盟的苦果》（1975 年）；让-米歇尔·契苏库（Jean - Michel Tchissoukou），代表作品是《斗争者》（1982 年）。

三 音乐与舞蹈

刚果（布）的音乐、舞蹈和非洲其他地区的一样，两者融为一体，密不可分。音乐和舞蹈是刚果（布）人日常生活的重要部分，无论在乡村还是城市，随时可以看到人们聚集在一起唱歌跳舞的情景。这是人们日常生活的一部分，是生活的艺术再现，所以具有明显的地方特征。刚果（布）南方的音乐节奏欢快热烈，舞步敏捷多变，以肩部和腿部的技巧见长。北方音乐节奏明快有旋律感，舞姿柔媚轻盈，腰部技巧突出。南方多用羽毛做冠顶，北方多用椰树叶做裹腰布。南北都形成一些特色舞蹈，如南方尼阿里的高跷舞，北方姆博希族的卡贝－卡贝舞（Kyebe-Kyebe，木偶舞），都十分著名。北方俾格米人的舞蹈表现狩猎、投掷梭镖、追逐野兽的动作和姿态，形式虽然原始，但动作逼真，形象生动，富有魅力。刚果（布）还建立了芭蕾舞团，该团从传统的舞蹈中吸取营养创作出优秀作品。

刚果（布）独立后培养了一些在国外音乐学院毕业的职业作曲家，如乔治·卡巴塞（Georges Cabaceli）、恩宗戈·苏勒（N'zongue Soule）等。他们将传统音乐与西方音乐形式相结合，开创了刚果（布）爵士乐的品牌，在非洲流行乐坛上有一席之地。苏勒创作的苏斯库（Souscou）音乐就属此类。独立之后刚果（布）出现了15个专业乐团，20世纪80～90年代涌现的新乐团都有着把非洲传统音乐与西方现代音乐相结合的特点。最著名的乐队有两支——"布拉柴鼓手"（Les Tambours de Brazza）和"白色的梦幻"（Blanche Songo）。"布拉柴鼓手"成立于1991年，负责人是埃米尔·比亚扬德（Émile Biayende）。该乐队演奏的音乐来自整个非洲，但重点是刚果（布）的音乐。埃米尔·比亚扬德鼓励他的乐手将传统音乐和城市的现代音乐结合起来表演敲击和低音提琴。自组建以来，多次到欧洲、北非、日本、中国香港等许多地方巡回演出，并参加过法国音乐节、德国爵士乐节等重要的音乐节。"白色的梦幻"由圣特里克（Saintrick）创建。他是一位生活在塞内加尔的刚果（布）难民，既是一位歌唱家、词作者和曲作者，也是一位舞蹈家和表演艺术家。他与自己的兄弟在1988年创建了奇利人（Les Tchielly）的乐队。他们演奏的是流行于西部和中部非洲的一种名为"耶克地"（Yeketi）的音乐。他们的听众多为流亡和逃避战争、希望和平和尊重人权的群体。该乐队已经制作了两个专集——《西笛·罗》（1993年）和《受压迫者》（1999年），这两个专集在2001年夏天的发行数量名列全国第三位。

进入21世纪以来，刚果（布）政府鼓励国内音乐人以音乐为事业，传承、发展刚果（布）传统文化，推广并发展非洲音乐和文化。2013年7月13日，为期一周的第九届泛非音乐节在刚果（布）首都布拉柴维尔开幕。音乐节主题为"非洲音乐：原创的媒介、崛起的因素"，音乐节邀请法国、南非、塞内加尔和美国等 10 多个国家的 30 多位音乐人参加。布拉柴维尔全市设 9 个表演舞台，活动包括露天音乐会、传统乐器展示、专项研讨会和"泛非音乐节小姐"评比等。[①] 泛非音乐节创立于 1998 年，现每两年举办一届，由刚果（布）政府主办，旨在推广并发展非洲音乐和文化。

四　美术与木雕

刚果（布）的雕刻艺术历史较久，有木雕、象牙雕、羊角雕等，以木雕为最多和最著名。木雕以黑檀木雕、铁木雕、杜卡木雕为主。早在 20 世纪 20~30 年代，刚果（布）就已出现了职业木雕艺人，已故的格雷古瓦·马森戈（Gregoire Massengo）是该国历史上第一位木雕艺术家。现在较有地位和影响力的木雕艺术家是戈农戈和恩克诺科。

刚果（布）的木雕以其镂空的小洞和刀法而著名，分人像和面具两种，前者多采用硬质木料，后者多采用软质木料，其表现手法具有黑人特有的气质。作品粗犷夸张，人物造型线条简洁、自然，注重神似，强调立体感和装饰性，创作形式多样。面具雕刻多用于祭祀和庆典，有寓意和思想情感，颇有生气。不同的民族有不同的雕刻风格，太凯人制作的木雕是为了崇拜神和祖先，他们制作了装饰有几何图形的圆形面具，维利族人的木雕和加蓬布努族的木雕相似，人像的脸部都染成白色，巴邦贝人在微型雕刻方面有特长。

刚果（布）绘画艺术的发展是与布拉柴维尔的波托－波托美术学校（L'école de peinture de Poto – Poto）分不开的。该校以布拉柴维尔的一个街区命名，为法语非洲国家培养了许多画家，校长是尼古拉·翁东戈（Nicolas Ondongo）。在他的领导下，该校创造了一种名为"米奇"的新画风，闻名海内外。它着重表现集市、狩猎等生活场景，强调回归更加自然主义的风格。

---

① 新华网：《第九届泛非音乐节刚果首都开幕》，2013 年 07 月 15 日。

进入 21 世纪以来，刚果（布）政府大力支持美术与木雕展演活动。2012 年，刚果（布）创设艺术双年展，每两年举办一次，旨在为文化交流搭建平台，以保护文化多样性和包容性。2014 年 10 月 15 日，第二届艺术双年展在布拉柴维尔揭幕，受邀参展的中国传统手工艺品成为一大亮点。这次双年展聚焦文化多样性与开放性，邀请包括中国在内的多个国家和地区代表团参展，内容包括手工艺品展示、绘画展览、文学研讨等多种形式。在展览现场，剪纸、泥塑、秦淮彩灯、中国结等中国传统元素颇受欢迎。①

五　博物馆与图书馆

博物馆是一个国家历史文化的展示，是对本国人民进行爱国主义教育、丰富其科学文化知识的地方，也是为研究人员提供研究该国的资料库。虽然刚果（布）政府经费有限，但还是在布拉柴维尔设置了两座全国性的博物馆，由文化部管理。一座是国家博物馆，位于首都象牙市场附近，展出刚果（布）的概况和民俗风貌，也展出该国的特产和精美的艺术品。另一座是国家历史和政治生活博物馆，位于刚果河沿岸的高速公路旁。这两座博物馆的规模都不大，政府准备在首都另建一座大型文化中心。此外，在奥旺多、金卡拉、迪奥索、锡比提设有 4 个地区性的博物馆，分别展出盆地省、普尔省、奎卢省、布恩扎省有地方特色的文物。

刚果（布）最大的图书馆是高校图书馆，又称"恩古瓦比大学图书馆"。恩古瓦比大学的各个学院都设有图书馆，其中人文科学和文学院及经济学学院、法学院、高等管理专科学校的图书馆特别重要。理学院图书馆藏书 11200 册，期刊 141 种；高等师范学校图书馆藏书 12665 册，期刊 41 种；高等医学专科学校图书馆藏书 3890 册，期刊 55 种；高等体育和运动专科学校图书馆藏书 400 册，期刊 8 种；高等农村发展专科学校图书馆藏书 2500 册；高等技术教育师范学校图书馆藏书 400 册。另外，国立行政管理和行政干部学校图书馆收藏经济、财政和法律文献。卢博莫高等

① 新华网：《第九届泛非音乐节刚果首都开幕》，2013 年 10 月 16 日。

教育图书馆是一所普通教育和综合技术图书馆。

刚果（布）国家人民图书馆建于 1971 年，藏书 5500 册，还有一些胶卷和其他印刷品。国家文献中心始建于 1971 年，1978 年正式启用。它负责制定国家文献工作计划和政策；研究、收集、处理和利用与刚果（布）有关的情报；调整和协调国家文献工作；组建文献中心；加强国际合作，出版书评、指南等。国家档案局于 1971 年建立，任务是保存中央、地方机构、国家企业的有关档案，1974 年接受保存法属赤道非洲的部分档案。

刚果（布）公共图书馆发展缓慢，较大的有：马凯莱凯莱公共图书馆，藏书 2241 册；蒙贡迪公共图书馆，藏书 2234 册；温泽公共图书馆，藏书 3557 册。刚果（布）私人图书馆有：位于布拉柴维尔的法国文化中心图书馆，该图书馆历史悠久，规模较大，藏书 24000 册；位于黑角的法国文化中心图书馆，藏书 13331 册；俄罗斯文化中心图书馆，藏书 18500 册。规模较小的有：亚的拉罕·德·巴科果·霍姆图书馆，藏书 3500 册；美国文化中心图书馆，藏书 2450 册；安哥拉文化中心图书馆，藏书 632 册。

刚果（布）专业图书馆绝大部分由国际团体建立和管理。主要有：1962 年建立的国家科研和教育研究图书馆，藏书 8500 册，期刊 35 种；1947 年由法国人创办的海外科技研究局图书馆，1961 年接受关闭了的中非研究图书馆馈赠的藏书，规模进一步扩大，现有图书 17000 册，期刊 831 种，缩微胶卷 1400 卷，地图 2000 册，涉及的门类包括植物学、昆虫学、人种学、社会学、地理学、土壤学和水文学；1963 年建立的世界卫生组织图书馆，藏书 45000 册，期刊 200 种，主要为医学和药学书籍；综合科技研究所图书馆藏书 2600 册，期刊 45 种；位于黑角的海外科技研究局图书馆藏书 6000 册，主要为海洋学书籍。1984 年刚果（布）图书、文献、档案研究发展协会成立。

进入 21 世纪以来，中国加大了对刚果（布）政府的教育援助力度，帮助其修建图书馆等一系列基础设施项目，其中恩古瓦比大学图书馆项目是双方合作的旗舰项目。该项目为刚果（布）高校图书馆建设项目，由

中国政府出资援建。建设地点位于刚果（布）首都布拉柴维尔恩古瓦比大学校区内，总建筑面积 6042 平方米，占地面积 8263 平方米。由湖南省建筑设计院勘察设计，广州万安建设监理有限公司监理，中国地质工程集团公司承建，合同额 4860 万元人民币。2009 年 5 月 8 日开工，2010 年 11 月 7 日完工。图书馆藏书量为 10 万 ~ 15 万册。一层为学术报告厅、藏书间、资料室、文具书店、办公室；二层为检索大厅、阅览室、展示厅；三层为学生自修室和室外平台；四层为学生阅览室、教师阅览室、网络信息室、研究室。图书馆内部设置客用和货用两部电梯，室外提供 22 个停车位。图书馆内部设有"中国馆"，共收藏、展示约 1 万册的图书及电子出版物和影视资料等。"中国馆"室内空间分成三个部分，包括一个图书阅览区，一个独立视听区和一个集体视听区，最多可同时容纳 60 人进行阅览。该图书馆的建设给恩古瓦比大学的学生提供了良好的阅读和学习场所，极大地促进了当地学校基础设施的建设，并改善了师生的教学和学习条件。2013 年 3 月 30 日，中国国家主席习近平同刚果（布）萨苏总统在首都布拉柴维尔出席了恩古瓦比大学图书馆启用和中国馆揭牌仪式。

第四节　体育

一　体育发展概况

非洲人有好动的天性，当殖民者将欧洲的现代体育项目带入非洲后，很快便被非洲青年接受。这种情况在刚果（布）和在非洲其他地方一样。法国殖民当局为了培养非洲青年效忠法国的精神，极力宣扬要忠于运动队的原则，为此经常组织各种体育竞赛。独立后的刚果（布）政府保留了这一传统，如独立后不久的 1962 年 9 月，刚果（布）政府就组织了赤道非洲各国参加的足球赛。1964 年 2 月，刚果（布）作为东道主为非洲体育运动常设委员会服务，并积极投入了筹备首届非洲运动会的工作。

1965 年 7 月 18 ~ 26 日，首届非洲运动会在布拉柴维尔举行，来自非洲的 30 个国家约 3000 名运动员参加，进行了田径、游泳、拳击、自行车、篮球、排球、足球及手球等项目的比赛。这次运动会是非洲体育史上的里程碑，也是刚果（布）体育发展的新起点。

在刚果（布）设有高等体育学校，后归恩古瓦比大学管理。该学校不仅培养教师、教练员，也培养专职的运动员，还设有研究运动学的教研室。刚果（布）中小学都设有体育课，政府部门对体育活动的领导最初由卫生部统筹管理，后来专设了青年体育和公民教育部，与中小学及高等教育部分开，此举体现政府对体育教育的重视。

二 体育设施与项目

刚果（布）体育设施主要集中在布拉柴维尔，最早建立的体育场所有马尔尚体育场（Stade de Marchand）、埃布埃体育场（Stade de Éboué）、欧恩兹体操馆（Gymnastique de Ouenzé）等。中国援建的马桑巴－代巴体育场，能容纳 35000 人，20 世纪 90 年代投入使用后，是该国最大的体育场所。另外还有多家私人的网球场和高尔夫球场。黑角的安塞尔米（Anselmi）体育场、卢博莫的穆尼西帕尔（Municipal）体育场比较有名。刚果（布）政府还在黑角修建了一座新型的体育场，在首都布拉柴维尔建立了手球馆和非洲杯足球场。

刚果（布）手球和足球运动的发展水平较高，20 世纪 70 ~ 80 年代，女子"红魔"（Diable Rouge）手球队曾多次在非洲比赛中荣获冠军，后来男子手球队也曾获非洲杯亚军。刚果（布）所有的国家代表队都以"红魔"命名。"红魔"足球队在非洲也是比较有名的一支球队，经常参加非洲国家杯、非洲胜利者杯、非洲俱乐部冠军杯赛，同时与法国、比利时等欧洲国家队交往颇多。欧洲国家的足球俱乐部常从刚果（布）聘请球员，刚果（布）也有全国性的足球、手球、排球俱乐部。此外，刚果（布）还不定期地举办马拉松比赛。

萨苏政府对体育比较重视，尽可能给予支持。萨苏二次执政后多次表示要发展中小学和大专院校的体育教学，完善基础体育设施，要在所有省会城市中建立体育基础设施，修复改造已有的体育场所，还要建设一个国

家体育医疗中心。

2010 年以来，中国为刚果（布）体育设施建设项目提供了大量援助。2015 年第十一届非洲运动会在刚果（布）举办，在此之前，中国为刚果（布）援建了布拉柴维尔体育场，有 60055 个座位，其规模仅次于南非共和国主办世界杯足球赛的第一国家银行体育场，为非洲第二大体育场。除体育场外，布拉柴维尔体育中心项目还有综合体育馆与水上运动中心，共计 72200 多个座位。

三 第十一届非洲运动会

非洲运动会是非洲规模最大的综合性运动会。1965 年 7 月 18～25 日，首届非洲运动会在刚果（布）成功举办，截至 2015 年末共举办了 11 届。由于多种因素影响，在 1987 年之前，非洲运动会是不定期举办，直到 1987 年才规定每四年举办一届，即在奥林匹克运动会的前一年举行。2015 年 9 月 4～19 日，第十一届非洲运动会在布拉柴维尔举行，意味着继首届非洲运动会在刚果（布）举行 50 年后，该项赛事重回非洲奥林匹克的摇篮地。

第十一届非洲运动会开幕式当天，各个参赛国运动员列队走进首都以北 15 公里的金德勒体育场，共同迎接这场"50 岁的运动会"。运动员入场按国家字母顺序进行，首先入场的是上届非洲运动会主办国莫桑比克，多国非洲领导人在刚果（布）总统德尼·萨苏－恩格索的陪同下共同观看了开幕式。第十一届非洲运动会为期 15 天，这在非洲运动会历史上也属首次，往届会期为一周。

第十一届非洲运动会参赛国包括非盟的 51 国，共设有 23 个大项，如田径、举重、足球、拳击、自行车、跆拳道、地滚球、手球等。尽管田径项目缺少大腕参加，但足球项目不乏精彩亮点，受到公众瞩目。两种刚果（布）当地运动"恩赞戈"和"法老搏击"成为本届运动会表演项目。第一个项目只允许女性参加，混合了舞蹈、体操和歌唱，而后一个项目由男性参加，是建立在古埃及搏斗基础上的一种武术形式。

为了此次运动会，布拉柴维尔市建设了能接待 8000 名运动员和

10000 名教练员、官员的基础设施。刚果（布）政府耗资 3800 亿中非法郎（约合 5.8 亿欧元）兴建了金德勒综合体育设施。该设施除主体育场外，还有游泳馆、运动宫及高达 40 米的圣火火炬台。刚果（布）萨苏总统将这届运动会视为"一个传达非洲斗争、自由的信息，泛非主义的象征"。此次非洲运动会展示了刚果（布）的国家形象和承办大型活动的能力。刚果（布）的体育水平在此次非洲运动会期间有了很大的飞跃，取得了奖牌总数第 6 名的好成绩。

第五节　新闻出版

一　报社与通讯社

在 20 世纪 50 年代初，刚果（布）开始出现报刊，后来随着政局的变化，不断增减、更替。刚果（布）新闻出版事业尚不够发达。最早发行的一份法文刊物是天主教教会刊物，1952 年由让·勒加尔（Jean Legare）神父创办，起初名为《法属赤道非洲一周》，1958 年更名为《非洲周刊》（*La Samaine Africaine*）。由于该刊奉行政治倾向中立的原则，并注重道德、公民教育，刊载国际新闻与宗教新闻，有较稳定的读者群，故一直不定期出版至今，成为在刚果（布）历史最长的一份周刊。还有一份文件性的月刊《联系》（*Liaison*）延续至独立之后的数年。另外还有各党派的报刊。所有这些法文报刊发行量都很小，通常是 2000 ~ 3000 份，只有《非洲周刊》1958 年一度达到 6000 份。

当尤卢政府统治期间，其保卫联盟的机关报《法兰西—赤道》成为官方代表性的出版物，当时全国有 11 种法文报刊属于各政党团体。1960 年创建的国家通讯社——刚果新闻社（ACI），每日用法文出版新闻稿，持续数 10 年未变。1963 年"八月革命"以后，新政府成立了新报社。当时全国有三种主要报刊：（1）《迪邦达》（*Diponda*，当地非洲语言，意为"独立"），这是刚果（布）劳动党的机关报，对外宣布是代表刚果（布）总工会和青年联盟的报纸，是刚果（布）政治上比

较激进的报纸。报纸的总编辑是恩达拉·克劳德·埃尔内斯特，政治主编是伦达·让－巴布蒂斯特。（2）《非洲之声》，这是无党派人士办的报刊。（3）《非洲周刊》，代表天主教教徒工会及所属青年组织的刊物，鼓吹反共。

随着一党制的确立，一些政治性的报刊发生很大的变化。因为刚果（布）劳动党是执政党，创刊于1964年的机关报《战斗》（Etumba）成为官方媒体。1978年政府创办法文新闻报刊《星报》（Mweti），正式作为官方媒体约20年，直到1999年被《新共和国报》（La Nouvelle Republuque）取代。1984年创办的法文周刊《刚果画报》是政府的机关刊物。与此同时，作为社会主义青年联盟的机关报《红色战士》（Le Combattant Rouge）、作为工会的机关报《工人阶级之声》（La Voix de La Classe Ouvrière）都与政府报刊相呼应。

1982～1992年，随着改革和多党制的建立，一度出现了80种刊物，不过能存活的仅40多种周刊或月刊，能够定期出版的只有10多种，这些刊物都没有上互联网。报刊的售价较高，大部分报刊由政党提供资金，90%的记者属于国家公务人员。1992年初成立的新闻理事会作为官方新闻机构，负责制定新闻法规、协调新闻活动。内战后政府的新闻改革方向是创造条件使媒体走向自力更生，所以2000年以后，出版的报刊已不多，主要有：《新共和国》周刊（La Nouvelle Republuque，官方的刊物）、《战斗报》周刊（Etumba，劳动党机关报）、《刚果画报》月刊（政府机关刊物）、《今天》（Aujourd'hui，法语日报，报社设在布拉柴维尔）、《黑角的觉醒》（L'Eveil de Pointe － Noire，黑角法语日报）、《非洲周刊》（La Semaine Africaine，教会刊物）、《观察家》周刊（L'Observateur）、《时代》月刊（Le Temps）、《火炬》（Le Flambeau，反对党的报纸）等。

在图书出版方面，早在20世纪50年代布拉柴维尔就有地图出版社，出版各类地图。刚果（布）独立后又创办了一些出版社，出版报刊和图书，主要有：非洲中央书局（Imprimerie Centrale d'Afrique）、刚果公司（Socime Congolaise Hachette）、刚果国家出版社（Imprimerie Nationale）等。

20世纪90年代末以来，刚果（布）有定期和不定期出版报刊20余种，多为近年创办，个别为党报，其余为私人刊物。较有影响的有：《非洲周刊》（*La Semaine Africaine*，教会刊物）、《死寂的街道》（*La Rue Meurt*）、《冲突报》（*Le Choc*）、《光明报》（*La Lumiere*）、《回声报》（*Les Echos*）、《非洲战鼓报》（*Tam - Tam D'Afrique*）等。主要报纸有：《新共和国报》（*La Nouvelle Republique*），1999 年创立的官方周报；《布拉柴维尔快讯》（*Les Depeches De Brazzaville*），1998 年由中部非洲新闻署创办，现为刚果（布）发行量最大的报纸和唯一的日报。

二　电视和广播

20 世纪 40 年代，刚果（布）出现了广播。1960 年 6 月 25 日，刚果（布）政府电台——"刚果电台"（Radio Congo）正式开播。1961 年，刚果（布）建成广播大楼，使用法语、林加拉语、英语和莫努库图巴语广播，对民众进行基础教育，每周播 67 个小时。1967 年 4 月，中国援建的广播发射台落成，进一步改善了广播信号发射功能。1968 年 "七·三一"运动后，电台改名为 "刚果革命之声"（La Voix de La Révolution Congolaise），到 1991 年 6 月，全国协商会议将电台名称恢复为 "刚果电台"。2010 年，"刚果电台" 名称更新为 "刚果广播电视台"，用法语、英语、葡萄牙语和 3 种本地语言播出，每天面向全国播出 21 小时。地区广播网使用法语和本地语言，每天广播 10 小时 30 分钟。《外交 26 分钟》是刚果（布）广播电视台的主流访谈节目，每周六晚间新闻后播出。该节目通过采访各国驻刚果（布）使节，介绍各国发展成果、经验及与刚果（布）的双边合作情况，深受国内各界关注。

刚果（布）布拉柴维尔电台（Radio Brazzaville）是法国广播电视公司在法属赤道非洲办的主要电台，建于 1942 年，主要服务于在非洲居住的欧洲人，经费由法国提供，用法语、英语、葡萄牙语等进行短波广播，以转播法国广播电视公司的节目为主。"八月革命" 后它仍存在，后来被改为播出法国广播电视的节目，因而只起转播站的作用。还有较小规模和短期的电台，如农村电台（Radio Rurale），总部设在布拉柴维尔，由文化和技术合作机构创办。自由刚果电台（Radio Congo Liberta）设在布拉柴维尔，内战前后由萨苏的支持者创办。刚果（布）的官方电视台是刚果电视台（Tele‑Congo），它创建于 1973 年，用法语、林加拉语和刚果语播出。1983 年 8 月第二彩色电视广播室落成使用。此后开播彩色电视，起初只晚上播出，20 世纪 80 年代后期白天增播节目。在 20 世纪 90 年代的政局动荡中，各党派都在争夺媒体，基本上是谁执政谁使用电台。中国对其广播电视有技术援助。

进入 21 世纪以来，随着中国与刚果（布）全面战略合作伙伴关系的不断深入发展，双方在电视转播领域加强合作。2009 年 8 月 27 日，刚果（布）新闻与议会关系部宣布，刚果（布）已与中国国家广播电视总局达成协议，将在全国范围内转播中国国际广播电台和中国中央电视台的节目。转播从 2009 年 9 月 1 日起试运行，调试期为 3 个月，之后将按协议正式进行转播。中国媒体的节目在刚果（布）落地，将会进一步加深中刚两国人民的相互了解，巩固中刚战略合作伙伴关系。[①]

2002 年 7 月 31 日，由中国北京住宅开发建设集团总公司（北京住总）总承包的刚果（布）广播电视大楼结构工程验收仪式举行。该大楼的建成标志着刚果（布）新闻业开始步入现代化进程。坐落在首都布拉柴维尔北郊的广电大楼将成为刚果（布）国家广播电台和电视台的所在地。这项主楼 6 层的工程于 2001 年 5 月开始动工，大楼施工总面积为 1.1 万平方米，工程的合同总金额为 1300 万美元，楼内有 3 个演播室，最大的一个面积约 1000 平方米。[②] 2015 年 8 月 26 日，中国四达时代集团与刚果（布）政府在布拉柴维尔举行签约仪式，在刚果（布）建设覆盖全国的数字电视项目，推动这个国家进入电视数字化时代。该数字化系统项目由节目源数字化、播出控制系统数字化、传输系统数字化和用户端数字化 4 个环节构成。项目共分两期实施，计划在全国 38 个城市建设数字广播电视发射台，以实现全境、全人口覆盖。项目金额共 1.61 亿美元，由四达时代集团与刚果（布）政府共同参与融资。[③]

---

① 中国网：《刚果（布）将在全国转播中国电台和电视台节目》，2009 年 8 月 28 日。
② 新华网：《中方承建的刚果（布）广电大楼结构工程验收》，2002 年 8 月 1 日。
③ 新华网：《中国企业助刚果（布）实现电视数字化》，2015 年 8 月 27 日。

第八章

外　交

第一节　外交政策

一　建国初期的外交政策

刚果（布）独立时，世界正处于两极化的国际关系格局，东西方两大集团对立，美苏两个超级大国在争霸，与此同时第三世界在崛起，亚非拉民族解放运动风起云涌。面对这样的形势，新兴的发展中国家采取了和平、中立、不结盟的外交政策，它们与东西方国家都发展关系。但有的国家侧重与西方国家发展关系，争取其援助并与之进行合作。刚果（布）尤卢政府奉行亲西方的外交政策，与西方国家（尤其是法国）保持密切的外交互动。

尤卢政府通常会追随西方国家（尤其是法国）的政策，在是否支持亚非拉民族解放运动方面紧随法国。例如，刚果（布）对阿尔及利亚和刚果（金）的民族独立运动就采取不支持态度，反对共产主义是刚果（布）尤卢政府的外交基调之一，刚果（布）对与东方社会主义国家建交采取消极态度。

独立初期，除了与法国等西方国家保持密切关系之外，刚果（布）在外交上也积极参与非洲事务和国际事务。1960 年 9 月 20 日，刚果（布）成为联合国的成员国，开始以主权国家身份参与国际事务。同年 12 月，布拉柴维尔首次举办国际会议，12 个法语非洲国家首脑就协调共同的外交行动进行磋商。与会国家被认为是泛非主义运动的温和派，被称为"布拉柴维尔集团"。1961 年该集团又与埃塞俄比亚、利比里亚等国组成了"蒙罗维亚集团"，刚果（布）是该集团成员之一。1963 年 5 月，非洲统一组织建立，刚果（布）是其创始成员国。非洲统一组织宪章规定，要促进非洲的统一和团结，相互尊重主权、领土完整和独立生存权利，反对一切形式的殖民主义，这显然也是刚果（布）外交首要考虑的问题。

1963 年"八月革命"后，刚果（布）新政府的外交政策有了重大改变，强调反对帝国主义、反对殖民主义，奉行不结盟政策，与社会主义国家开展交往。1964 年 3 月 17 日，刚果（布）国民特别会议通过几项决议：继续发展与法国关系，但是修订同法国签订的各项协议；同世界一切爱好和平、自由和正义的国家建立外交关系，刚果（布）在政治上退出非洲—马尔加什联盟，以谋求实现非洲的统一。刚果（布）外长加纳奥宣布，新政府忠于不结盟政策，愿意同所有维护相互尊重主权和领土完整原则、爱好和平的国家建立外交关系。1964 年 3 月 10 日，刚果（布）政府分别派遣外交部长加纳奥和财政部长巴巴卡斯同时前往东西方国家访问。1964 年 2 月 22 日，刚果（布）同中华人民共和国建立外交关系，随后又同古巴签署了建立大使级外交关系的联合公报，接着与苏联、捷克斯洛伐克、南斯拉夫达成建交协议。同时，刚果（布）也注重巩固与西方国家的关系。刚果（布）外长先后访问了美国、英国和比利时，达成了一系列的经济援助协议，并表示继续维持与法国的关系。

1968 年"七·三一运动"后，恩古瓦比政府进一步调整刚果（布）外交政策。1969 年 12 月，他在《告刚果人民书》中重申，刚果（布）的外交政策是"自由、独立、友谊和和平"。一方面，作为一个要奉行科学社会主义的国家，刚果（布）与中国、古巴的关系更密切了；与苏联和东欧社会主义国家保持良好的关系。恩古瓦比在两个月内访问了罗马尼亚、保加利亚、匈牙利、中国、朝鲜和越南等许多社会主义国家，接受了苏联和中国的大量援助。另一方面，减少对西方国家，特别是对法国的依赖。刚果（布）与非洲—毛里求斯共同组织的决裂是它试图摆脱法国势力控制而做出的谨慎决策。面对法国、美国多次参与颠覆恩古瓦比政权的阴谋活动和不断施加的经济压力，恩古瓦比公开坚决谴责美帝国主义，称法国帝国主义是刚果（布）的"头号敌人"。不过在对法外交关系方面，尽管政治上时紧时松，但是在经济上双方交往仍然较为密切。

　　1977 年 3 月，雍比政府执政之后，尽管在总政策声明中宣布忠于以往的外交方针，但是事实上立即做了调整，主要表现在积极改善同法国和美国的关系。雍比首先访问法国，并与之签订了一系列协议。1979 年 3 月，萨苏执政后逐步调整对外政策，强调合作伙伴的多元化。1986 年 7 月，萨苏当选为第 22 届非洲统一组织执行主席，刚果（布）的外交活动更趋活跃，他主张在平等、互利、并存的基础上建立国际经济新秩序，强调真正的独立、自主和不结盟，实行全方位外交和外援的多样化政策。萨苏政府加强与法国等西方国家发展关系和进行多方面的合作，声称这种政策不是"右倾"，而是现实主义。同时，保持与社会主义国家的友好关系。面对当时的中苏对立，萨苏政府与苏联交往频繁，与中国的友好合作也不断加深。萨苏政府特别注意改善与邻国的关系，奉行友好睦邻政策，主张发展地区间的合作，促进地区经济一体化，进而发展南南合作；主张加强非洲国家团结，积极支持南部非洲的安哥拉、纳米比亚、南非等国人民的反殖民主义和反种族主义斗争；在对外经济联系方面，萨苏实行开放、伙伴关系多元化政策，积极引进外资，制定新的投资法，允许外资在刚果（布）兴建企业或与刚果（布）合资办企业，支持本国政府和私人与外资合营。

二　冷战结束后的外交政策

　　20 世纪 80 年代末 90 年代初，东欧剧变、苏联解体，冷战结束之后，国际关系的两极格局不复存在，非洲大陆兴起了多党民主化的政治浪潮，刚果（布）萨苏政府及其领导的刚果（布）劳动党承受着内外的巨大压力。但是，政府奉行的多元化外交政策，为其内外政策的改革创造了条件。1990 年 7 月，在萨苏主持下劳动党决定放弃一党制，实行多党制，这得到了法、美等主要西方国家的认可。然而，国内长期的派系矛盾、部族矛盾导致萨苏及其劳动党在 1992 年 8～9 月举行的总统选举中失败，以

利苏巴为首的反对党建立起多党议会民主政体。

利苏巴政府在外交方面并没有新的政策，主张在世界旧的秩序已被打破的情况下，各国和联合国共同努力建立一个民主的、更为人道的国际新秩序，认为外援对非洲的发展至关重要，对非洲日趋边缘化表示关切，要求国际社会和联合国增加对刚果（布）的援助。1992～1996年，利苏巴总统四次访问法国，1996年7月法国总统希拉克访问刚果（布），双方经济、贸易交往频繁。同时，刚果（布）与美国之间的贸易发展迅速，双方领导人互访频繁。为寻求新的合作伙伴，1990年6月，刚果（布）与韩国建交，1991年7月与以色列复交，1992年2月1日与沙特阿拉伯建交，1997年4月加入世界贸易组织，成为第131个成员。

1997年10月，萨苏总统重新执政后，宣布新政府与所有合作伙伴国和国际社会组织恢复信任关系，实行预防性全方位外交和多元化合作，继续同与刚果（布）友好的国家发展关系。新政府积极开拓外交空间，寻求国际社会的政治支持和经济援助，重视睦邻友好，倡导地区和平与合作。由于内战中安哥拉出兵支持萨苏，故积极与安哥拉发展睦邻关系，且关系密切，两国签订了军事协议。在解决刚果（金）内部冲突问题上，刚果（布）保持中立态度，主张和平解决刚果（金）危机。

与许多发展中国家一样，萨苏政府的全方位外交注重国际经济交流活动，强调发展与法国等欧美国家的关系是其外交事务的重点。萨苏强调要加强与国际货币基金组织和世界银行的合作，要充分利用世界银行重债贫困国减债计划，以减少刚果（布）的债务，也要发展与其他国家和各种经济组织之间的贸易关系。他也十分重视与中国的关系，表示一贯坚定奉行一个中国的原则，祝贺中国恢复对香港、澳门行使主权，并相信中国一定会解决台湾问题，早日完成祖国的统一大业。

三　21 世纪以来的外交政策

21世纪以来，刚果（布）萨苏政府继续奉行和平、中立和不结盟的外交政策，主张在平等互利、互不侵犯、互不干涉内政的基础上同一切奉行和平、自由、公正、团结的国家发展友好合作关系，反对霸权主义和强

权政治。刚果（布）立足中部非洲，重点发展与周边国家关系，奉行睦
邻友好政策，积极推动中部非洲政治与经济一体化进程。

近年来，在优先发展同法国关系的同时，积极发展同中国、美国、欧
盟及亚洲国家的关系，力求实现外交与合作多元化。2005 年 10 月，刚果
（布）在第 60 届联大会议上当选为 2006～2007 年联合国安理会非常任理
事国。2007 年 11 月，刚果（布）当选联合国经社理事会理事国，任期 3
年。2011 年 6 月，刚果（布）在世界劳工联合会第 100 届会议上当选为
理事会非洲组代表，任期 3 年。

第二节　与法国关系

一　与法国传统的密切关系

刚果（布）外交的一大特色是与法国保持密切关系。刚果（布）的
独立，一方面是刚果（布）人民长期进行各种形式反殖民主义斗争的结
果，另一方面也是法国对国际形势的新变化和自身的削弱而不得不调整殖
民地政策的结果。刚果（布）从"法兰西共同体"的"自治共和国"演
变而来的事实，就决定了刚果（布）与法国之间必然保持千丝万缕的特
殊关系。就在刚果（布）独立的当天，法国与其签订了《关于刚果参加
法兰西共同体的特别协议》《外交政策合作协议》《关于军事技术合作协
议及附件》《关于法国财政援助的协议》《关于公产的协议》《关于文化
合作的协议》《关于法国人居留和营业专约》《关于布拉柴维尔高等教育
中心协议》等一系列合作协议，这些协议使法国在刚果（布）的政治、
经济和军事领域享有特权。

上述合作协议巩固了法国在刚果（布）的各项利益。例如，刚果
（布）必须就对外政策问题同法国协商，在采取重大决定之前需要与法国
交换观点，协调立场和行动；法国外交代表可以在刚果（布）未与之建
交的国家里和未参加的国际性机构里代表刚果（布）；法国驻刚果（布）
的高级代表和大使常任各国驻刚果（布）的外交使团团长；法国要帮助

刚果（布）培养和训练外交干部；刚果（布）必须与法国协调对外贸易、货币和财政政策；在对外贸易方面，法国与刚果（布）、乍得、中非共和国、加蓬四国组成一个混合委员会，定期考察并决定这些国家每年进出口计划、动用外汇数额等；法国的商品可以在刚果（布）自由流通，不缴纳关税并优先销售，享有贸易特惠权；在货币和外汇方面，刚果（布）必须参加法郎区，接受法国控制的赤道非洲国家银行发行的中非法郎作为自己的货币；法国法郎与中非法郎的兑换不受限制，法国与刚果（布）之间的资金可以自由转移；刚果（布）的国库在与法国的国库分开之前由法国管理，法国国民可以在刚果（布）自由投资、居留、开矿、营业，享受刚果（布）本国国民的同等待遇；法国向刚果（布）提供援助和设备，派遣专家和技术人员，帮助刚果（布）进行调查研究和培养干部等；在军事方面，组成由法国参与的"赤道非洲防务理事会"，通过该机构法国继续在刚果（布）驻军，优先使用各种军事设备和战略资源，其军事人员也享有特权。正是这些合作协议确定了两国外交关系的基础，双方建立了所谓的"密切关系"。

1963 年"八月革命"之后，刚果（布）与法国的外交关系开始发生变化，刚果（布）要求摆脱法国控制，谋求在平等的前提下发展两国关系。1964 年 3 月，刚果（布）政府通过了几项决议：修订尤卢政府与法国签订的各项协议；国库实现自主，国库的干部应该"刚果化"；将法国人经营的"殖民电力联合公司""非洲公共服务公司""非洲运输公司"收归国有；刚果（布）应同世界各国在不损害国家主权独立的前提下举行谈判，以谋求实现各项经济计划的最有利条件，不需要法方同意。

恩古瓦比执政之后，进一步扩大自主权，要求摆脱法国对各领域的控制，两国关系开始紧张。在刚果（布）国有化运动中，政府将法国投资的尼阿里工农业公司和尼阿里制糖公司收归国有，刚果（布）成立新的民族企业——刚果工农业公司，收回了原租给法国商人的 8 万公顷的森林。但是，政府宣布保护法国在石油和贸易领域的特权，即使这样，法国仍然认为利益受到了损害，不仅以减少石油产量等措施向刚果（布）施加压力，而且多次策划并参与颠覆恩古瓦比政权的活动。尽管双方在政治领域关系紧张，但是经济交往仍很密切。1969 年两国签订了总额达 1.4 亿中非法郎（约合 50 多万美元）的财政协议；1971 年又签订了两项财政协议，由法国援助和合作基金向刚果（布）政府提供总额 4 亿中非法郎（约合 144 万美元）的援助。1974～1976 年，法国向刚果（布）提供贷款和援助金额高达 240 多亿中非法郎。

1977 年雍比执政后，积极改善恩古瓦比时期与法国的紧张关系。1977 年 6 月，雍比总统访问法国，努力修复两国关系。法国也做出了积极回应，1977 年底，法国合作部部长访问刚果（布），不仅偿还了拖欠刚果（布）的 40 亿中非法郎的石油税金，而且与刚果（布）政府签订了总额为 3.2 亿中非法郎的经贸协议。

萨苏时期，两国关系进一步改善。萨苏上台后，首先接见法国驻刚果（布）的使节，欢迎法国增加对刚果（布）投资，扩大两国合作范围。当时，法国德斯坦政府对萨苏执政表示欢迎，立即向他提供了一笔数目可观的合作补助费。双方领导人互访频繁，萨苏先后于 1979 年、1981 年、1983 年、1984 年四次访问法国。1980 年刚果（布）正式成为法非首脑会议的成员。1986 年法国总统密特朗倡议召开法语国家首脑会议，广泛联系法语国家，扩大其政治和文化影响。刚果（布）参加了历届法语国家首脑会议，希望加强与法国和法语国家间的语言、文化、科技交流和合作。1982 年法国总统密特朗访问刚果（布），这是刚果（布）独立以来到访的第一位法国总统，受到刚果（布）政府高规格的接待。1989 年 7 月，萨苏应邀参加法国大革命 200 周年的庆典。1990 年 6 月在拉博勒法非首脑会议上，法国同意将刚果（布）等四国的贷款利率减少一半，即由 10% 下降为 5%，使四国减少 2.5 亿法郎的债务负担。

1992 年 8 月，利苏巴当选为刚果（布）总统，进一步巩固与法国的外交关系。利苏巴早年留学法国，20 世纪 70 年代因与恩古瓦比有政见分歧而退出刚果（布）劳动党，后又因涉嫌谋杀案流亡法国并任教授，从事科技工作，直到 1991 年 1 月才回国。他对法国有深厚的情感，1992～1996 年，利苏巴总统四次访问法国。1997 年内战期间，利苏巴总统于 9 月以私人的身份访问法国，寻求政治支持。但是，与之对立的萨苏领导的

武装力量在内战中获胜，法国只得承认这一事实。萨苏执政后，立即于
1997 年 11 月以总统身份出席在越南举行的第 7 届法语国家首脑会议，12
月又出访法国，希望借此展现刚果（布）新政府对法国的友好外交政策。

二 21 世纪以来与法国的关系

进入 21 世纪以来，刚果（布）萨苏政府与法国展开了富有成效的外
交活动，双方关系持续健康发展。

首先，双方高层互访频繁。2009 年 3 月，法国萨科齐总统访问刚果
（布）期间，两国签署基础设施合作协议，法国向刚果（布）提供 3000
万欧元贷款。2009 年 12 月，萨苏总统赴法国出席刚果盆地国家气候变
化立场协调会。2010 年 1 月，法国外长库什内对刚果（布）进行工作访
问。2010 年 4 月、2012 年 2 月、2013 年 4 月、2014 年 1 月萨苏总统先
后对法国进行工作访问，2013 年 12 月赴法出席法非和平和安全峰会。
2014 年 2 月、2015 年 7 月，法国国防部长勒德里昂访问刚果（布）。
2015 年 7 月，萨苏总统赴法国进行国事访问。2016 年 6 月，刚果（布）
外长加科索访问法国。2017 年 1 月，萨苏总统出席在马里举行的第 27
届法非峰会。

其次，经贸合作成果显著。法国资本在刚果（布）的金融、货币、
木材、石油生产等领域均有大量投资，法国逐步成为刚果（布）第一大
援助国、第一大债权国、第一大投资国、第二大进口来源国和第四大出口
目的地国。据统计，在刚果（布）共有 180 家法资企业，雇用当地员工
1.5 万人，法国在刚果（布）有技术人员和侨民 7000 多人。

最后，法国不断加大对刚果（布）的援助力度。2007 年 3 月，两国
签署为期 5 年的战略协作框架协议，法国向刚果（布）援助 760 亿中非
法郎，主要用于保护环境与生物多样性、教育培训、改善卫生条件等方
面。2008 年 5 月，法国负责合作与法语国家事务的国务秘书阿兰·朱佩
在访问刚果（布）期间，与刚方签署《2008～2012 年法刚伙伴关系》框
架协议，5 年向刚果（布）提供总额 1.8 亿欧元的援助。2008 年 9 月，在
第六届可持续发展论坛期间，法国向刚果（布）提供约 525 万欧元贷款，

用于保护南部森林。法国多次减免刚果（布）所欠债务。2010 年，法刚两国签署首个减债促发展合同，总额为 8000 万欧元。2011 年 8 月，两国签署团结发展援助协议，旨在为旅居法国的刚果（布）侨民回国投资提供便利。2014 年 12 月，双方签署第二期减债促发展合同，总额确定为 15 亿欧元。以上资金主要用于刚果（布）市政道路建设与排水、减贫、教育等数十个项目。

2014～2017 年，法国发展署计划向刚果（布）提供总额为 2.8 亿欧元的援助，涉及水、电、城市垃圾处理、卫生、社保、森林、市政排水、基础设施及其他领域。2016 年 2 月，刚果（布）财政部长吉尔伯特·翁东戈与法国驻刚大使让－皮埃尔·维东分别代表本国政府签署了 3 份协议。法国向布拉柴维尔中心医院、刚果（布）国家供水公司和国家电力公司等三家机构提供超过 760 亿中非法郎的补贴，以支持其业务发展。[①]第一份协议向国家供水公司提供 650 亿中非法郎，旨在完善布拉柴维尔郊区自来水供应，目标是使近 30 万人获得自来水供给。第二份协议向国家电力公司提供 50 亿中非法郎，以整修其培训中心，并添置新设备，完成培训 600 名办事员的目标。第三份协议向布拉柴维尔中心医院提供 65 亿中非法郎，以完善其日常运转能力。

第三节 与中国关系

一 中刚传统友谊与建交

中刚两国人民的传统友谊要追溯到 20 世纪 20 年代，当时两国人民都处于帝国主义和殖民主义的压迫之下。法国殖民者基于掠夺的需要修筑刚果大洋铁路，然而赤道非洲的劳动力极为缺乏，为此法国政府不顾中国政府反对，于 1928 年正式组织公司到中国广州大规模招募华工，契约期 2

---

① 中国驻刚果（布）大使馆经济商务参赞处：《法国将提供资金支持刚三家机构发展》，2016－02－24，http：//cg. mofcom. gov. cn/article/jmxw/201602/20160201262005. shtml。

年，总共招募1000名华工。他们被陆续送往香港，1929年1月14日从香港被装船西运。由于船上食物、淡水缺乏，疾病流行，经过半年的海上颠簸和非人待遇，1929年7月14日到达黑角时，只剩下800余人。他们被分成两组与刚果（布）人民一起修筑铁路。一组400人被分在黑角工地，另一组400人被派往刚果（布）西南部的内陆——马永贝山区的中心地带。起初有部分华工被安置在布拉柴维尔附近刚果河中央的姆巴姆岛上，华工们在岛上种菜并把技术传给当地人，至今刚果人常称该岛为"希纳"（Chine，法文"中国"之意）。

在刚果（布），中国华工是在极恶劣的环境下修路的。高强度的劳动，白人工头的虐待，激起华工的不断反抗，法国当局不得不把190名华工遣送回国，另有200余人死于当地。至今在马永贝、黑角仍有许多华工的公墓或坟墓，它们成为中刚两国人民遭受共同苦难的见证。1989年8月，浙江青田县商人吴志初先生捐资重建黑角华工墓园，时任中国驻刚果（布）大使吴顺豫为墓园题字："勤劳勇敢传友情 背乡离井又殉身"。在活下来的华工中，有一部分人同当地人民结下了深厚的情谊，并在当地落

图1 墓门中间题字为"华工之墓园"，左边为"勤劳勇敢传友情"，
右边为"背乡离井又殉身"，侧批为"浙江省青田县吴志为
华工重新立墓于一九八九年八月"。

户。如有一人名叫刘永顺，祖籍广东，到刚果（布）时 20 岁，他同当地妇女结婚后生有 3 子 3 女，一直在刚果大洋铁路上当工人。刚果（布）独立后，他被提拔为铁路公司的职员，1970 年尚健在。刚果大洋铁路是中刚两国人民用血汗凝结成的结晶，象征着共同命运和战斗友情。

1980 年，刚果（布）政府发布《纪念布拉柴维尔建市一百周年》一书，书中记载了从 1880 年布拉柴与马科科酋长签订"友好条约"以后一百年中的人物与事件。书中最后两页有 25 个人的"名人手迹"，签名者都与布拉柴维尔城市建设密切相关。这 25 人中有布拉柴维尔城市创建人之一皮埃尔·萨沃尼昂·德·布拉柴，继任总督查尔斯·德·沙瓦纳（Charles de Chavannes），"自由法国"领袖夏尔·戴高乐（Charles de Gaulle）等，而"刘永顺"的名字也赫然在列，这三个汉字在五花八门的西文中特别醒目。刘永顺作为八百多名华工的杰出代表，对刚果（布）铁路建设事业做出了巨大贡献，刚果（布）政府认为他有资格位居其中。

图 2 《纪念布拉柴维尔建市一百周年》一书中的名人手迹

新中国成立后，中国政府一直关注刚果（布）的民族独立事业。刚果（布）1960 年宣布独立时，中国总理周恩来和外交部长陈毅即致电祝贺并予以承认。但是，尤卢政府当时追随西方，采取敌视新中国的政策，

图 3 刘永顺与中国工友在刚果（布）

图 4 刘永顺一家合影

1960 年 9 月 10 日，它同台湾建立了所谓的"外交关系"。在联合国每次就美国阻挠恢复中国合法席位的提案表决时，刚果（布）的代表总是投弃权票，直到该国"八月革命"后情况才发生变化。

1964 年 2 月 18 日，正在加纳访问的刚果（布）外交部长加纳奥与中国驻加纳大使达成了两国建立大使级外交关系的协议。2 月 22 日，两国政府发表联合公报后宣布正式建交，双方表示："中华人民共和国和刚果共和国政府根据各自国家的利益和愿望，决定相互承认并建立大使级的外交关系。两国政府一致同意遵照相互尊重主权和领土完整、互不侵犯、互不干涉内政、平等互利、和平共处等五项原则发展两国之间的友好合作关系。"

1964 年 2 月 22 日，刚果（布）与新中国建交之后，双方都十分重视友好合作关系的进一步发展和深化。1964 年 10 月，马桑巴 – 代巴总统访华并参加中国国庆庆典。1965 年 7 月，他在中国经济建设展览会开幕式上坚决表示与中国友好并高呼"中国万岁"。8 月，中国政府代表团在教育部长何伟率领下，参加刚果（布）"八月革命"的周年庆典活动。1966 年 8 月，中国纺织工业部长曾山作为中国政府代表应邀出席了"八月革命"的周年庆典活动。1967 年 10 月和 1969 年 10 月，努马扎莱总理和拉乌尔总理先后率领代表团访华并参加中国国庆庆典，受到毛泽东主席的接见。恩古瓦比执政后，两国的关系进一步发展。1970 年 6 月，中国国防部副部长粟裕率领中国军事代表团访问刚果（布），并参加刚果（布）人民军建军节。同年 10 月，雍比总统率领刚果（布）军事代表团访华。1972 年 10 月，中国对外经济联络部长方毅率领政府代表团访问刚果（布）。1973 年 7 月底，恩古瓦比总统访华，同毛泽东主席会见，与周恩来总理进行会谈。1975 年 2 月，洛佩兹总理率领政府代表团访华。1977 年 6 月，内政部长卡塔尔利率领刚果（布）劳动党军事委员会代表团访华，同月西尔万·戈马总理率领政府代表团访华。1978 年雍比总理在北京与华国锋总理会谈，同年迟浩田副总参谋长率领军事代表团访问刚果（布），10 月耿飚副总理访问刚果（布）。

正当中刚宣布建交之际，周恩来总理访问非洲国家，提出了中国对非洲经济技术援助的八项原则。上述举措使两国的经济合作发展迅速，1964 年 7 月，建交不久，双方就中国给予刚果（布）以财政、军事和经济技术援助问题达成协议，在布拉柴维尔签订了贷款协议和贸易支付协议。1964 年 10 月，在马桑巴 – 代巴访华期间，双方签订了《中刚友好条约》《经济技术合作协议》《海运协议》《文化合作协议》。1969 年 10 月、1972 年 10 月、1977 年 6 月两国多次签订经济技术合作协议和贷款协议。中国先后承担援建成套项目 26 个，主要有马桑巴 – 代巴体育场、朱埃广播电台、议会大厦、金松迪纺织厂、奥旺多供水工程、奥旺多"七·三一"医院、布恩扎水电站、布拉柴维尔农技推广站、贡贝国营农场等，多数项目在20世纪60年代末70年代建成移交。同时，中国还从1967年起，定期向刚果（布）派出医疗队、教师和工程技术人员，帮助刚果（布）发展经济、教育和医疗保健。此后经常不断地有数十名医生、十多名教师、众多的工程技术人员在刚果（布）工作，他们为刚果（布）的经济社会发展做出了一定的贡献。从1975年起，根据双方的协议，中国每年向刚果（布）提供10个高校奖学金名额，这样在华的留学生常有二三十人。两国在20世纪70年代上半期还开始了文化、体育交流，中国武汉杂技团、辽宁足球队最先访问刚果（布）。此外，自1965年起，刚果（布）在历届联合国大会上都投票赞成恢复中华人民共和国在联合国的合法席位。

20世纪70年代末，中国开始改革开放，加速现代化经济建设。中刚两国于1978年9月重新签订了双边贸易协议，双方均为世界贸易组织成员，同适用世贸规则。与此同时，1979年，萨苏出任刚果（布）总统，着手内外政策的调整和改革，这为两国关系的新发展创造了良机。中国为适应改革开放和经济发展的需要，调整中非经济合作方式，改变过去只向非洲提供援助的单一合作形式，提出了"平等互利、讲求实效、形式多样、共同发展"的新的四项原则。除贸易和经济援助外，增加合作企业、合作经营、承包工程、劳务合作等内容，促使中刚友好合作有了新的发展，合作形式与领域进一步扩大。

刚果（布）萨苏总统十分重视巩固与中国的关系。他于1979年12月28日亲自主持中国援建的布恩扎水电站和高压输变电线路工程两个项目的竣工典礼，并发表了热情洋溢的讲话。1980年7月又访问中国，在北京签订了新的经济技术合作协议。中刚政府于1984年签署协议，成立中刚经济、贸易和技术混合委员会。1982年4～5月，中共中央对外联络部副部长张致祥率领中国共产党友好代表团访问刚果（布）；8月，湖南省长沙市友好代表团访刚果（布），并签署了长沙与布拉柴维尔结为友好城市的议定书。1983年1月，中国总理访问刚果（布），受到隆重接待。

1984 年 7 月，中共中央委员、劳动人事部长赵守一率领党政代表团参加中国援建议会大厦移交仪式，并作为中共代表出席刚果（布）劳动党第三次全国代表大会。1985 年 1 月、2 月、5 月刚果（布）能源水利部长恩加波罗、计划部长萨穆、中小企业部长波阿蒂先后访华。1985 年 4 月，中国卫生部长崔月犁访问刚果（布）。1987 年 4 月，萨苏总统第二次访华。1987 年 9 月 3 日，中刚在布拉柴维尔签订两项合作合同。根据合同，中国在刚果（布）韦索修建一个引水系统，工程费用约 1450 万元人民币；中国向刚果（布）农技推广中心提供一批农机具零配件，价值 40 万元人民币。1988 年，刚果（布）全国人民议会议长冈加·赞祖率领议会代表团访华。1989 年 3 月，中非友好协会副会长杜易率领友协代表团访刚；11 月，国务委员兼国家教委主任李铁映率领中国代表团访问刚果（布）。

　　20 世纪 90 年代初，刚果（布）政局动荡，但是各政党领导人都主张在不干涉别国内政和互利基础上同所有的国家发展合作。利苏巴当选总统后表示愿继续发展和加强同中国的友好合作关系。1992 年 10 月，中国外交部长助理李肇星访问刚果（布）并带去了中国国家主席的信件。1994 年 5 月，利苏巴总统应邀访华，分别同江泽民主席和全国人民代表大会常务委员会委员长乔石会谈和会见。1995 年 1 月，国务院副总理兼外长钱其琛访问刚果（布）。1990 年 11 月，中刚两国签订了关于《中国政府向刚果政府提供贷款的协议》。1994 年，两国贸易总额增至 990 万美元，其中中方出口额为 792 万美元，进口额为 198 万美元。1997 年两国的贸易额达到 1.64 亿美元，其中中方的出口额为 0.12 亿美元，进口额为 1.52 亿美元。1997 年上半年，刚果（布）内战加剧，出于安全考虑，中方援外人员、医疗队、教师和经贸人员一度撤出，两国的贸易总额减少了 46.4%。萨苏总统重新上台后十分关心中方人员返回工作问题，希望继续与中方加强经济技术合作。1998 年 3 月，刚果（布）外长与合作部副部长兼政治和多边合作司司长雷蒙·巴莱访华；同年 9 月，刚果（布）人民友好协会会长维塔尔·巴拉访华。1999 年 3 月，刚果（布）外交、合作和法语国家事务部长鲁道夫·阿达达访华。从 1999 年下半年开始，原有的中方援助项目恢复正常运作。

二　21 世纪以来的中刚政治交往

21 世纪以来，中刚友好关系进一步拓展与深化。2000 年 1 月，刚果（布）过渡国民议会议长朱斯坦·孔巴访华，与全国人民代表大会常务委员会委员长李鹏进行友好会谈，孔巴表示要坚持一个中国的立场。2000 年 3 月 17～19 日，刚果（布）外交、合作与法语国家事务部长鲁道夫·阿达达和经济、财政和预算部长马蒂亚斯·德宗应邀在北京参加首届中非合作论坛部长级会议，两国政府签订了投资促进和保护协议。2000 年 3 月 20～30 日，刚果（布）总统萨苏第七次访华，分别与中国国家主席江泽民、全国人民代表大会常务委员会委员长李鹏和国务院总理朱镕基会见。双方表示，面对全球化趋势的挑战，两国要进一步密切关系。3 月 28～30 日，萨苏访问了香港特别行政区。2001 年 4 月，中国外交部副部长杨文昌率团访问刚果（布）；5 月 15 日，中国对外经济贸易合作部副部长张祥率团访问刚果（布），10 月，刚果（布）邮电部长德洛和青年体育部长安德烈·奥昆比·萨利萨访华。2003 年，中国外长唐家璇访问刚果（布），受到萨苏总统的接见，双方进行了友好的交谈，萨苏总统高度赞扬中国改革开放以来所取得的成就，唐家璇外长对刚果（布）推进民主化和经济建设表示赞赏，两国签订了经济技术合作协议。

刚果（布）萨苏总统两次在出席东京非洲发展国际会议往返途中过境上海（2003 年 10 月、2008 年 5 月）。2006 年 11 月，萨苏总统来华出席中非合作论坛北京峰会，并在开幕式上发言。2008 年中国汶川地震及 2010 年 4 月中国玉树地震后，刚果（布）总统萨苏、总理姆乌巴和国民议会议长孔巴均来函表示慰问，刚果（布）政府决定向汶川地震灾区捐款 100 万美元，向玉树地震灾区捐建一所小学。2010 年 5 月，萨苏总统赴华出席上海世博会开幕式；8 月，中国教育部长袁贵仁作为胡锦涛主席特使出席刚果（布）独立 50 周年庆典。2011 年 8 月，商务部国际贸易谈判代表（正部级）兼副部长高虎城访刚果（布），并同刚果（布）外长伊奎贝共同主持了中刚经济、贸易和技术合作混委会第八次会议。

21 世纪第一个 10 年，中刚两国已建立了团结互助的全面合作伙伴关系，两国在政治、经济、文化、教育等领域的合作不断取得新的成果。
2013 年 3 月底，中国国家主席习近平应邀访问刚果（布），实现中刚建交
49 周年以来中国国家主席对刚果（布）的首访。2014 年 6 月，中刚经贸
混委会第九次会议在北京召开，萨苏总统对中国进行了国事访问。两国签
署了一系列合作协议，为双边经贸合作开启了新篇章。2015 年，中刚互
免持外交、公务护照人员签证协议已经生效，刚果（布）驻广州领事馆
已经开设，中刚非洲银行已经开始运营，中资企业赴刚投资规模不断扩
大。中国已成为刚果（布）最大贸易伙伴，2015 年 1 ~ 6 月，中刚贸易额
达 19.53 亿美元，在非洲排名第九。中国企业承建的第 11 届非洲运动会
主体育场——金德莱体育场、布拉柴维尔高架桥北段工程按时完工，为第
11 届非运会的成功举办贡献了力量。中国政府 2015 年继续向刚果（布）
提供 42 个奖学金名额和多种形式的培训，恩古瓦比大学孔子学院继续开
设汉语和中国文化课程，并组织刚果（布）学生赴华访学，已成为中刚
教育合作的新平台。中国已向刚方派出第 23 批中国医疗队，为刚果
（布）人民提供卫生服务。中国四达时代集团已与刚果（布）政府签署协
议，为刚果（布）实现从模拟向数字化电视的升级换代服务。

2016 年 7 月，萨苏总统对中国进行了国事访问。访问期间，两国元
首宣布，将双边关系提升为全面战略合作伙伴关系，刚果（布）也是非
洲第一个与中国建立全面战略合作伙伴关系的国家。双方签署了经济技术
合作协议，以及涉及产能合作、农业合作、开发区建设、文化交流、缔结
友好城市等一系列合作文件。2017 年 5 月，中国商务部副部长钱克明访
问刚果（布），与刚果（布）外长加科索等 6 位部长共同举行工作会谈，
并拜会总统萨苏和总埋姆安巴。2018 年 9 月，萨苏总统应邀出席中非合
作论坛北京峰会，峰会以"合作共赢，携手构建更加紧密的中非命运共
同体"为主题，出台一系列新计划、新举措，进一步推动了中刚全面战
略伙伴关系迈上新台阶。

三 21 世纪以来的中刚经贸合作

2000 年以前，中刚双边贸易额一直处于 1 亿美元左右，中国先后为

刚援建了体育场、议会大厦、医院、水电站、城市供水系统、大学图书馆、中刚友好医院等成套项目。2000 年底，中刚两国贸易总额为 34205.5 万美元，与 1999 年相比增长 383.6%。其中中方出口额为 1834 万美元，进口额为 32371.5 万美元。2001 年，中刚贸易总额为 23002.5 万美元，与 2000 年相比，中方出口额增加 108.2%，进口额减少 43.8%。2001 年以后，中国私营企业陆续来到黑角和布拉柴维尔开展商业经营，2003 年中国开始进口刚果（布）原油，双边贸易额由此迅速增长。2006 年，双方签署了"石油、信贷和工程"一揽子互惠协议，中方为刚方提供基础设施建设融资支持，有力推动了中刚经贸合作的发展。2006 年双边贸易额超过 30 亿美元大关。2007 年起，一揽子互惠协议下各个工程项目相继展开，带动双边贸易额急速攀升。但是，受国际油价下跌影响，2015 年中刚贸易额出现大幅下滑。

据中国海关统计，2016 年，中刚贸易总额 30.55 亿美元，同比下降 16.5%，其中中国对刚果（布）出口 7.41 亿美元，同比下滑 28.5%，中国从刚果（布）进口 23.14 亿美元，同比下滑 11.8%。刚果（布）对中国石油出口减少是导致中刚贸易额下降的主要因素。2017 年两国贸易额 43.69 亿美元，同比增长 52.78%，其中中方出口 4.97 亿美元，同比下降 67.16%，进口 38.72 亿美元，同比增长 67.62%。中方主要出口机电、纺织服装和高新技术产品等，进口原油和木材等。

表 8 - 1　中国与刚果（布）贸易额统计（2011 ~ 2016 年）

单位：亿美元

年份	进出口总额	比上年增长（%）	出口额	进口额
2011	51.70	48.5	4.9817	46.72
2012	50.80	- 1.6	5.2077	45.60
2013	64.87	27.8	7.7689	57.11
2014	64.64	- 0.37	9.85	54.79
2015	36.64	- 43.31	10.37	26.27
2016	30.55	- 16.5	7.41	23.14

资料来源：中华人民共和国商务部：《对外投资合作国别（地区）指南——刚果共和国》，中国商务出版社，2017，第 32 ~ 33 页。

　　在中国与刚果（布）贸易结构方面，中国对刚果（布）出口商品主要类别包括：电机、电气、音像设备及零部件；机械器具及零部件；棉花；陶瓷产品；针织或钩编的服装及衣着附件；加工羽毛及制品、人造花、人发制品；化学纤维短纤；蔬菜、水果等或植物其他部分的制品；船及浮动结构体。中国从刚果（布）进口商品主要类别包括：矿物燃料、矿物油及其产品，沥青等；矿砂、矿渣及矿灰；电机、电气、音像设备及其零部件；盐、硫黄、土及石料，石灰及水泥等；木及木制品，木炭；咖啡、茶、马黛茶及调味香料；铜及其制品；矿物材料的制品；有机化学品。

　　在中国对刚果（布）投资方面，中国对刚果（布）的投资稳步提升。中刚两国高层保持密切接触，双边关系迅速发展。中国对刚果（布）的投资额也逐步增长。据中国商务部统计，2015 年中国对刚果（布）直接投资流量 1.5 亿美元。截至 2015 年末，中国对刚果（布）直接投资存量 10.89 亿美元。2015 年以来，共有十余家中国企业到刚果（布）进行投资。这些企业的投资主要集中于矿产、林业、渔业等领域，其中投资规模超过 1 亿美元的有：浙江春和集团蒙哥钾盐项目、南方石化佳柔油田项目、中航资源钾盐项目及中国黄金索瑞米铜矿项目。

　　在中国与刚果（布）产能合作方面，2016 年习近平主席宣布，将刚果（布）列为中非产能合作先行先试示范国家，重点项目是建设黑角经济特区。该项目有助于加快两国产业对接和产能合作，把黑角经济特区打造成中非产能合作的旗舰项目和非洲集约发展的样板工程，在刚果（布）建设物流、制造业、航空和能力建设四大次区域中心。

　　在中国对刚果（布）承包工程方面，进入刚果（布）工程承包市场的中资企业共 20 家，主要从事路桥、房建、水电、电信等领域的项目工程承包，其中民营企业 3 家。中国企业凭借质量过硬、性价比较高等优势，在刚承包工程市场占据主导地位，市场份额超 7 成。据中国商务部统计，2016 年中国企业在刚果（布）新签承包工程合同 50 份，新签合同额 35.72 亿美元，完成营业额 21.69 亿美元；当年派出各类劳务人员 3356 人，年末在刚果（布）劳务人员 6293 人。新签大型工程承包项目包括：中国路桥工程有限责任公司承建黑角新港项目；北京建工国际建设工程有限责任公司承建布拉柴维尔商业中心项目；中国江苏国际经济技术合作集团有限公司承建布拉柴维尔 Glaciere 军营项目等。尽管 2017 年以来，刚果（布）面临暂时性经济困难，但是中国政府援助与合作的一系列项目取得重大进展，包括刚果（布）新议会大厦、奥约综合医院、利韦索水电站、奥约新港、中刚非洲银行、布拉柴维尔商业中心等。中国在刚果（布）实施的大型工程项目主要包括：

（1）国家 1 号公路。1 号公路项目西起经济中心黑角，东至首都布拉柴维尔，全长 536 公里，是中刚建交以来规模最大的合作项目。

（2）国家 2 号公路。项目分两期执行，由中国路桥公司以 EPC 模式实施，一期从奥旺多至蒙比利，全长 126 公里，2008 年 6 月开工，2011年 12 月完工；二期从蒙比利至韦索，全长 193 公里，2012 年 3 月开工，2015 年 6 月完工。

（3）金德勒体育场及配套商业中心。项目位于刚果（布）首都布拉柴维尔市东北部金德勒地区，为 2015 年第十一届非洲运动会举办场馆，已成为刚果（布）国家级地标建筑之一。

（4）布拉柴维尔商业中心。由北京建工集团以 EPC 模式实施。建设内容包括两座塔楼和一座裙楼，总建筑面积 12 万平方米，其中双塔高130 米（地上 30 层和地下 2 层），分别为酒店和办公楼，裙楼 4 层。项目于 2016 年 3 月正式开工，预计于 2019 年完工，因双塔得名"双子座"，建成后将成为刚果（布）第一高楼。

（5）奥约港项目。2017 年 8 月，刚果（布）政府在盆地省奥约市举办奥约港启用仪式，奥约港拥有 200 米长的现代化设施码头，位于刚果河右支流阿利马河，河道全长约 500 公里，连接奥科约、奔季和奥约，河流覆盖面积为 20350 平方公里，流量为平均每秒 700 立方米。

（6）利韦索水电站。中国葛洲坝集团承建的利韦索水电站于 2017 年5 月举行竣工仪式。利韦索水电站是中方在刚果（布）承建的第三座水电站，位于桑加省，距离首都布拉柴维尔 750 公里，水库总库容为 1.1 亿立方米，装机容量 1.92 万千瓦，由 3 台单机 0.64 万千瓦的混流式水轮发电机组构成。利韦索水电站将 24 小时提供电力，弥补北部地区电力供应短缺，改善当地医疗和教育水平，带来多方面社会经济效益。利韦索水电站项目于 2012 年 6 月开工，2016 年 8 月实现 3 台机组并网发电。

第四节　与其他国家关系

一　与美国的关系

独立初期，刚果（布）尤卢政府时期采取亲西方的外交政策，很快与美国建交，两国关系十分友好。1961 年 6 月尤卢到美国访问，与肯尼迪总统会谈并发表联合公报，强调"他们同欧洲大陆和西方文明的共同联系"。尤卢政府对许多国际问题的表态都追随美国。

1963 年"八月革命"后，刚果（布）与美国关系紧张，双方在刚果（金）问题上发生分歧。刚果（布）新政府坚决支持刚果（金）非洲团结党和全国解放委员会的斗争。美国为此一再施加压力，1964 年 4 月美国国务卿哈里曼在访问利奥波德维尔后声称，美国不支持刚果（布）的立场。1964 年 7 月，刚果（金）的冲伯政府上台以后，在美国的支持下，不仅将刚果（布）在刚果（金）的侨民驱逐出境，而且策划了对刚果（布）政府的颠覆活动。1964 年 8 月 20 日，布拉柴维尔约 3000 余人举行大会和示威游行，抗议美国干涉非洲事务和冲伯政府驱逐在利奥波德维尔的刚果（布）侨民，并高呼"打倒美帝国主义""打倒冲伯""刚果革命万岁"等口号。

1965 年 7 月，美国一外交官无视刚果（布）国家主权，未办签证即入境，两国中断外交关系。恩古瓦比执政后，采取较为坚决的反帝反殖的外交政策，美刚关系进一步恶化。1969 年 11 月刚果（布）政府破获了美国策划的一次颠覆恩古瓦比政权的政变，并且把逮捕的 30 多名阴谋分子和缴获的大批美制武器在群众大会上展示。1970 年 3 月 23 日，在美国的支持下，一股反政府武装分子占领了"刚果革命之声"电台，并发布了"政变公报"。刚果"（布）"人民军在民众的支持下，平息了政变并夺回被占领的电台。刚果"（布）"领导人和报刊多次谴责美国的侵略政策，恩古瓦比总统宣称："刚果人民共和国一如既往地最强烈谴责美国的罪恶行径，并郑重宣告它同英勇的越南、柬埔寨、老挝和朝鲜人民的团结战斗。"

雍比执政后，开始缓和与美国的关系。1977 年 6 月 7 日，两国恢复中断了 12 年之久的外交关系，并签订了勘探石油的协议。美国向刚果（布）政府提供 1200 万美元的贷款以用于发展刚果（布）的林业和农业。萨苏政府的全方位外交使两国关系进一步改善，双方领导人频繁互访，1981 年 4 月，美国国务卿贝克访问刚果；1986 年 10 月，萨苏正式访问美国，美国在刚果（布）投资开发石油，成为刚果（布）石油的主要出口国。然而，在政治上，刚果（布）仍不断谴责美国，如 1986 年 4 月 16 日，刚果（布）劳动党政治局发表声明谴责美国袭击利比亚，纵容以色列和南非种族隔离政策。1990 年 2 月，萨苏总统再次访美，两国签订了美国向刚果（布）出售农产品和美国公司勘探黑角油田两个协议及双边投资保护条约。

20 世纪 90 年代，美国支持刚果（布）的多党制民主化改革，新建立的各政党也积极寻求美国的援助。1991 年 12 月，过渡政府总理米隆戈刚从法国访问归来就立即赴美访问。利苏巴执政后几乎每年都派外长访美。萨苏再次上台后也是如此。美国对民主化后的刚果（布）也很有兴趣，加快了双方交往的步伐。1992 年 2 月和 6 月，美国主管非洲事务的助理国务卿科恩两次访问刚果（布）。1996 年 1 月、2 月、9 月，美国参议院非洲事务委员会主席卡斯鲍姆夫人、美国驻欧洲部队总司令迈逊、负责非洲事务的副国务卿乔治·穆斯先后访问刚果（布）。1997 年 4 月刚果（布）科研部长、9 月外交部长先后访问美国。1998 年 5 月，刚果（布）外长鲁道夫·阿达达访美；10 月，美国中部非洲经济委员会代表团访问刚果（布）。1999 年 7 月、9 月、11 月，美国安全问题协调办公室代表团、国务院负责中部非洲事务办公室主任、国防部中部非洲地区事务负责人先后访问刚果（布）。

2000 年 4 月、6 月，刚果（布）公职和妇女部长当本杰、财政部长德宗先后访问美国。9 月，萨苏总统在出席联合国千年首脑会议期间参加了克林顿的小范围集体会见。2002 年 9 月，布什总统集体会见包括萨苏在内的中部非洲 9 国元首，讨论地区和平、能源合作和环境保护等问题。

2006 年 6 月，萨苏总统对美进行工作访问，与布什总统会谈。2014 年 8 月，萨苏总统出席在华盛顿举行的首届美非峰会。2016 年 12 月，萨苏赴美与美方就利比亚问题交换意见，未能与特朗普会面。2017 年 2 月，美众议院代表团访问刚果（布）。

刚果（布）与美国的经济贸易往来不断增加。1990 年美国对刚果（布）贸易额分别占其进、出口总额的 14% 和 37%；1996 年分别占 4.9% 和 20%，居第三位。美国对刚果（布）的官方援助发展缓慢，1990 年仅为 300 万美元，但它鼓励私人投资，已有数家公司投资于刚果（布）石油勘探与开采、金融与银行、林业与木材、农业等领域，双方签订了一批合资、合作经营等项目的协议。1993 年 5 月，刚果（布）政府决定从当年起，在 5 年内向美国再额外分期出售 7500 桶原油，美国西方石油公司为此提前支付 1.5 亿美元。1997 年美国与刚果（布）的贸易分别占刚果（布）进出口总额的 25.7% 和 10.3%。

2000 年刚果（布）被美国列为"非洲增长与贸易法案"的惠及国。2001 年美国成为继法国之后对刚果（布）第二大援助国。美国在刚果（布）重点投资石油开发，成为刚果（布）石油主要进口国。美国雪佛龙公司收购了刚果（布）石油公司 25% 的股份，还获得了安哥拉与刚果（布）边境海上油田的开采权。2004 年 7 月，美刚签署双边债务协议，对刚 253.3 亿中非法郎债务做出安排，其中减免债务 134 亿中非法郎，其余延期偿还。2009 年 6 月，美国免除刚果（布）全部共计 70 亿中非法郎的债务，9 月萨苏赴美国出席美非商务峰会。

美国与刚果（布）合作多是通过多边合作框架实施的，如前文提到的美国"非洲增长与贸易法案"、抗疟计划、"刚果盆地森林伙伴"等框架下的合作，以及通过资助一些非政府组织进行的援助合作。刚果（布）与美国双边合作不多，项目也不大，领域主要在军事、海运安全规则等。

二 与刚果（金）的关系

刚果（金）同刚果（布）的边界线总长 2410 公里。两国不仅国名相似，首都也隔河相望，且官方语言同为法语。刚果（布）于 1960 年 8 月

15 日独立，比刚果（金）晚独立一个多月。但是，这样两个在地缘政治和文化等方面具有高度关联性的国家，它们的外交关系却是时好时坏，起伏较大。总体而言，两国保持睦邻友好关系。

刚果（布）独立之初，尤卢政府不支持刚果（金）卢蒙巴领导的民族解放运动，与反政府势力交往颇多，支持卡萨武布—阿杜拉集团，甚至盛大欢迎冲伯到访。1963 年"八月革命"之后，新政府对刚果（金）的态度大为转变，坚决支持继承卢蒙巴事业的刚果（金）非洲团结党和全国解放委员会的革命斗争。1964 年 7 月，作为新老殖民主义代理人的冲伯被扶上台，于是两国关系交恶，冲伯政府宣布同刚果（布）断绝外交关系，封锁两国边界，并将刚果（布）在刚果（金）的两万侨民驱逐出境，同时策划对刚果（布）政府的颠覆活动。

1965 年蒙博托夺取刚果（金）政权后，改国名为扎伊尔，与刚果（布）恢复外交关系，但是到 1968 年 10 月，因蒙博托政府处死得到刚果（布）同情的反政府武装力量领导人缪勒尔，两国断绝外交关系。1970 年 6 月，在中非国家元首等人的调停下，两国总统在刚果河上会谈并签署了和解宣言，从而恢复了两国的外交关系。1971 年，扎伊尔外交部发表声明，指责刚果（布）驻金沙萨大使馆临时代办一再干涉扎伊尔内政，宣布其为"不受欢迎的人"，但两国仍保持外交关系。1975 年后，恩古瓦比政权做了许多改善两国关系的工作。

雍比执政后，积极推行睦邻友好政策，两国关系大为改善，双方政府级代表团经常互访，贸易额不断增长，在共同开发和利用刚果河方面配合较好。刚果（布）还积极努力促进扎伊尔各派政治势力的和解。萨苏执政之后，同扎伊尔关系更加友好。1984 年 6 月，扎伊尔总统蒙博托对刚果（布）进行友好访问；11 月，萨苏总统参加扎伊尔第二共和国成立 20 周年庆典活动；12 月，萨苏赴金沙萨参加蒙博托总统宣誓就职典礼。1988 年两国总统互访。1990 年，扎伊尔总理布鲁鲁访问刚果（布）。1994 年，利苏巴总统访问扎伊尔。1998 年，两国高层互访频繁，3 月孔巴议长、5 月萨苏总统先后访问刚果（金）；9 月，萨苏赴加蓬参加刚果（金）问题小型首脑会议；12 月，卡拉比总统访问刚果（布），两国签订了《互不侵犯条约》，规定：刚果（布）在刚果（金）冲突问题上保持中立，主张和平解决刚果（金）的危机。1999 年 12 月和 2000 年 2 月，萨苏总统两次访问刚果（金）。2001 年初，两刚启动两国界河联合巡逻制度，6 月萨苏赴金沙萨出席刚果（金）独立 41 周年庆祝活动。

2008 年 1 月，刚果（布）与刚果（金）大混委会在金沙萨举行，双方签署了航空、农牧业、渔业、教育和技术等领域合作协议；11 月，刚果（金）总统卡比拉两次对刚果（布）进行工作访问，萨苏总统赴肯尼亚出席关于刚果（金）东部地区局势问题的国际会议。2009 年 8 月，卡比拉总统出席萨苏总统就职仪式和刚果（布）49 周年国庆阅兵式。2010 年 1 月，伊奎贝外长访问刚果（金）。

2011 年 2 月，卡比拉总统官邸遭武装分子袭击，刚果（金）怀疑是流亡在刚果（布）的反政府人士所为，两国关系一度紧张，刚果（金）政府召回驻刚果（布）大使。刚果（布）萨苏总统和伊奎贝外长分别访问刚果（金）做解释工作，此后两国关系逐步恢复正常。2011 年 12 月，刚果（布）国务部长姆武巴以总统特使身份出席刚果（金）总统卡比拉就职仪式。2012 年 3 月，刚果（布）首都布拉柴维尔发生军火库爆炸事件后，刚果（金）外长赴刚果（布）向萨苏总统面交了卡比拉总统的慰问信，并宣布向刚果（布）提供医疗物资援助；9 月，卡比拉总统访刚果（布）；11 月，萨苏总统赴刚果（金）会晤卡比拉总统，就刚果（布）与刚果（金）的关系、刚果（金）东部局势等问题交换意见。2013 年 1～7 月，卡比拉总统三度访问刚果（布）。2014 年 6 月，刚果（布）与刚果（金）第四次混委会会议在金沙萨召开。2015 年 9 月，刚果（布）与刚果（金）第五次防务与安全委员会会议在金沙萨举行；卡比拉赴刚果（布）出席第十一届非洲运动会开幕式。2016 年 2 月和 6 月，卡比拉总统两次访问刚果（布）。2017 年 12 月和 2018 年 2 月，萨苏总统、卡比拉总统和安哥拉总统洛伦索两次举行三国元首会谈。

三 与安哥拉的关系

刚果（布）与安哥拉的卡宾达省为邻，两国关系密切，长期支持安哥拉三派政治势力中的"安哥拉人民解放运动"党。1975 年 11 月，刚果（布）与安哥拉建立了外交关系。1981 年 3 月，萨苏总统访问安哥拉，两国签署了执政党合作总协议。1984 年 1 月，安哥拉外长保罗·特谢拉·劳热访问刚果（布）；12 月，萨苏总统出席"安哥拉人民解放运动"党代表大会。1997 年刚果（布）内战期间，安哥拉曾出兵支持萨苏，萨苏重新执政后，与安哥拉关系密切，两国签订军事协议，安哥拉在刚果（布）南部继续保留驻军。2000 年 4 月、2001 年 9 月萨苏赴安哥拉进行工作访问。2002 年 3 月，刚果（布）与安哥拉签署协议，共同开发该地区的海上石油和天然气，从而为解决长期有争议的海上边界问题开辟了道路。

近年来，刚果（布）与安哥拉继续保持密切关系。2006 年 7 月，萨苏总统访问安哥拉。2009 年 8 月，安哥拉多斯桑托斯总统出席萨苏总统的就职仪式。2010 年 6 月，刚果（布）萨苏总统赴南非参加世界杯开幕式期间同安哥拉总统举行会晤。2014 年 3 月，刚果（布）萨苏总统赴安哥拉出席大湖地区国家部长级会议开幕式，并对安哥拉进行工作访问。2015 年 3 月，刚果（布）萨苏总统对安哥拉进行工作访问；11 月，刚果（布）萨苏总统赴安哥拉出席安哥拉独立 40 周年庆祝活动。2016 年，刚果（布）萨苏总统赴安哥拉出席第六届大湖地区国际会议组织峰会。

四　与其他非洲国家的关系

刚果（布）通过参加各种非洲地区组织而发展同其他非洲国家的外交关系。刚果（布）参加法语非洲国家组成经济共同组织，1960 年 12 月，刚果（布）独立后仅 3 个月便在布拉柴维尔举行有非洲 12 个法语国家参加的首脑会议，组建布拉柴维尔集团。成员除中部非洲 5 国外，还有科特迪瓦、贝宁、布基纳法索、毛里塔尼亚、尼日尔、塞内加尔和马达加斯加，其目的是保持彼此间的密切联系和与法国的特殊关系。1961 年 9 月 12 日，为在国际问题上采取共同立场，刚果（布）促使 12 国在马达加斯加首都塔那那利佛建立了非洲—马尔加什联盟。1963 年 3 月和 7 月，卢旺达和多哥先后加盟。1965 年 2 月，决定更名为非洲—马尔加什共同组织，同年卢旺达、刚果（金）加入，1970年1月毛里求斯加入，后定名为非洲—马尔加什—毛里求斯共同组织。1974年马尔加什、喀麦隆、乍得退出，同年8月该组织在班吉举行会议，改名为非洲—毛里求斯共同组织，决定要非政治化，致力于经济技术合作和文化的发展。尽管20世纪80年代后期刚果（布）不再参加该组织活动，但是这种经济共同组织密切了它与非洲法语国家的关系。

刚果（布）发展同非洲法语国家以外国家的外交关系借助各种政府组织。1961年5月，刚果（布）与利比里亚、尼日利亚、利比亚、塞拉利昂、索马里、突尼斯、多哥、埃塞俄比亚等共20个国家组成蒙罗维亚集团。1962年1月，刚果（布）代表出席了拉各斯会议，支持埃塞俄比亚代表调解与卡萨布兰卡集团关系的倡议，该集团于1961年1月由加纳、几内亚、马里、埃及、摩洛哥、阿尔及利亚6国组成。两大集团联合后成立非洲统一组织，刚果（布）在1963年5月成为其创始会员国。尤卢总统参加首届会议，与所有独立的非洲国家建立了外交关系。

自从作为非洲统一组织成员后，刚果（布）对待非洲事务的态度与大多数非洲国家是一致的。支持尚未独立的地区获得解放，例如在关于南部非洲问题上，支持津巴布韦、纳米比亚和南非人民反对白人种族主义的斗争，强调安理会决议是解决纳米比亚问题的唯一基础；谴责南非的种族隔离制度和它对安哥拉等国的侵犯；主张维持边界的现状，强调协商、对话、和平解决争端，例如，在埃塞俄比亚和索马里冲突、利比亚和乍得冲突、西撒哈拉问题等方面都持此态度；坚决反对外来势力对非干涉，维护非洲国家主权、独立和领土完整，例如，1986年4月，刚果（布）等5国在安理会提出谴责美国袭击利比亚领土的提案。尽管当时刚果（布）正积极调整与美国关系，争取其援助，但执政的刚果（布）劳动党政治局仍发表声明谴责美国"野蛮侵略利比亚"。与此同时，刚果（布）认为，帝国主义竭力要把自己的一套办法强加于他国，致使该地区的和平受到威胁，故支持马达加斯加提出的"使印度洋变成和平区"的努力。

1986年7月28~30日，非洲统一组织在亚的斯亚贝巴举行第22届首脑会议，刚果（布）萨苏总统当选为执行主席，在他的主持下通过了

《关于南部非洲严重局势声明》，谴责南非种族主义当局镇压黑人群众，谴责美英拒绝对南非实行制裁，要求非洲国家中断与南非的海空联系，呼吁国际社会对南非实行全面和强制性制裁，会议还为加速纳米比亚独立问题的解决采取了措施，呼吁召开非洲债务问题国际会议，这些都反映了刚果（布）对非洲发展问题的态度。进入 20 世纪 90 年代，刚果（布）进一步调整和发展与非洲国家的关系，1993 年 3 月 25 日与新南非建交是突出的外交成就。

　　21 世纪以来，刚果（布）继续深化与非洲国家的友好合作关系。2001 年 3 月，刚果（布）支持利比亚领导人提出的建立非洲联盟的建议，并出席在该国苏尔特举行的会议，会议批准了《非洲联盟宪章》，取代《非洲统一组织宪章》，要为进一步加强非洲国家的合作与团结而努力，共同应对在经济全球化的新形势下所面临的诸多挑战。2009 年 1 月，中部非洲经济与货币共同体轮值主席、中非总统博齐泽访问刚果（布）；6 月，南非非国大代表团对刚果（布）进行工作访问。2010 年 2 月，布隆迪总统恩库伦齐扎访问刚果（布）；4 月，萨苏总统对南非进行国事访问；8 月，刚果（布）举行独立 50 周年庆祝活动，喀麦隆、乍得、刚果（金）、加蓬、安哥拉等 14 国总统，尼日利亚副总统，埃塞俄比亚、卢旺达、尼日利亚总理等多国政要出席；11 月，卢旺达总统卡加梅访问刚果（布）。2011 年 1 月，贝宁总统亚伊访问刚果（布）；5 月，萨苏总统分别出席科特迪瓦总统瓦塔拉和尼日利亚总统乔纳森的就职仪式；6 月，几内亚总统孔戴访问刚果（布）；7 月，萨苏总统访问毛里求斯；11 月，萨苏总统访问卢旺达。2012 年 10 月，圣多美和普林西比总统平托访问刚果（布）。2013 年 2 月，卢旺达总统卡加梅访问刚果（布）；5 月，南非总统祖马访问刚果（布）；7 月，几内亚总统孔戴、贝宁总统亚伊先后访问刚果（布），萨苏总统访问布隆迪；8 月，赤道几内亚、尼日尔总统，中非共和国过渡国家元首等出席刚果（布）独立 53 周年庆典。2014 年 5 月，尼日利亚总统乔纳森对刚果（布）进行工作访问；萨苏总统赴南非出席祖马总统连任就职典礼。2015 年，萨苏总统先后作为中非共同体特使和中非地区问题调停人，在地区反恐和调停问题上发挥重要作用。

五　与其他西方大国的关系

独立初期，尤卢政府的亲西方政策使刚果（布）很快就与英国、比利时、荷兰等国及西欧共同市场建立起外交关系，只有与葡萄牙的关系因支持安哥拉民族解放运动而较差。早在 1957 年，因刚果（布）是法国海外领地，被西欧共同市场列为联系国。1963 年 7 月，刚果（布）代表在喀麦隆首都签署了第一个《雅温得联系国协定》（简称《雅温得协定》），从而成为正式联系国。联系国与共同市场之间的经济交往彼此都享有免税等优惠待遇，如果与第三方国家贸易要事先与共同市场协商，可以享受"欧洲发展基金"的援助。

"八月革命"后，刚果（布）对西欧、美国的关系没有改变。1964 年 3 月，财政部长巴巴卡斯奉命访问英国、比利时等国，达成了一些协议，如：英国将派专家到刚果（布），刚果（布）的学生将到英国学习；比利时愿意尽力援助刚果（布）。1969 年 7 月，《雅温得协定》5 年期满，刚果（布）签订了第二个《雅温得协定》。该协议虽然贯彻贸易平等的原则，但是在双方经济实力不对等的情况下，这种平等实际上是共同市场国家受益。它使刚果（布）的进出口贸易不仅受控于法国垄断资本，而且也受控于其他共同市场国家。20 世纪 70 年代初，随着欧洲共同体的扩大，刚果（布）等联系国扩大为非洲、加勒比和太平洋地区发展中国家的国际组织（简称"非加太国家集团"），共 46 个国家与欧洲共同体 9 国谈判。1975 年 2 月签订第一个《洛美协议》，为期 5 年。后又于 1979 年 10 月、1984 年 12 月、1989 年 12 月签订了第二、第三、第四个《洛美协议》，有效期至 2000 年。这些协议的基本内容相同，所不同的是欧洲共同体的援助规模逐步扩大，贸易优惠逐步增加，《洛美协议》取消了《雅温得协定》的贸易互惠制。欧洲共同体向非加太国家集团出口商品只要求享有最惠国待遇，不要求全免关税，取消了带有从属意义的"联系国"名称，诸如此类的规定使双方的合作互利关系有所发展。20 世纪 70 年代中期后的刚果（布）历届政府都谋求扩大与欧洲共同体的经济技术合作。

1982 年 5 月，欧洲经济共同体委员会代表团访问刚果（布）；7 月，萨苏总统访问西班牙，双方就加强刚西经济、贸易关系问题交换了意见，签署了关于森林开发方面的技术合作等协议。1983年西班牙国王卡洛斯和王后访问刚果（布）。20世纪80年代初，欧洲共同体以各种名义向刚果（布）提供援助，成为向刚果（布）提供国际援助的第二大来源。1979年，联邦德国给刚果（布）的财政援助达2300万马克，用于技术和其他项目的援助达2000万马克。刚果（布）从联邦德国的进口额为3900万马克，1980年增加到4300万马克。20世纪80～90年代，欧洲共同体成员一直是刚果（布）的主要援助国和主要贸易伙伴之一，萨苏总统在2000年发表施政纲领时，再次强调了要发展与欧洲共同体的贸易往来和经济合作关系。2000年2月22日，刚果（布）与爱尔兰建交。

进入21世纪以来，刚果（布）与欧盟加强合作关系。欧盟在欧洲发展基金框架下，向刚果（布）提供融资与贷款援助。2009年6月，在欧盟与刚果（布）合作框架下，欧盟将保证与刚果（布）合作的3个项目资金，这3个项目分别是奥加拉公园、国家保护地区管理局、禁止与欧盟国家非法木材交易。2012年6月，欧盟出资2820万欧元支持刚果（布）开展一系列发展项目，即道路交通发展管理、内河运输发展、加强医疗人力资源培训、加强技术合作力度等4个社会经济发展项目。2014年5月，欧盟向刚果（布）提供30亿中非法郎，用以实施8个新项目，其中6个将由刚果（布）政府实施，剩余2个将由欧洲的非政府组织统筹负责，完成期限为3～4年。上述项目涉及多领域，包括农村发展（农业、水利、医疗卫生）、教育、青少年就业引导和社会扶持及森林执法、施政和贸易行动计划框架下森林资源的承包经营及管理等。目前，欧盟已成为刚果（布）的重要援助方之一，也是刚果（布）非国家行为体和地方机构进行运作的主要资金来源。据统计，欧盟2007～2013年已向刚果（布）非国家行为体和地方机构提供了2000万欧元（约合130亿中非法郎）的资金，并将在2014～2020年继续向刚果（布）非国家行为体和地方机构提供资金支持。[①]

① 中国驻刚果（布）大使馆经济商务参赞处：《欧盟将向刚果提供30亿非郎实施8个项目》，2014－05－09，http：//cg.mofcom.gov.cn/article/jmxw/201405/20140500580646.shtml.

六　与苏联（俄罗斯）和东欧国家的关系

刚果（布）与苏联、东欧国家建立外交关系是从 1963 年"八月革命"后才开始的。1964 年，刚果（布）与苏联建交，不久与捷克斯洛伐克、南斯拉夫也达成了建交协议，并分别与三国签订了科学技术和文化合作协议。1965 年 8 月，马桑巴 - 代巴总统访问了苏联，称苏联是刚果（布）的忠实朋友。20 世纪 60 年代后期的苏联大肆推行霸权主义，与美国的争霸也波及非洲。苏联对一党制的恩古瓦比政权宣称走"非资本主义道路"很有兴趣，不只两国关系迅速升温，两执政党的交往也十分密切，特别是 20 世纪 70 年代初苏联插手安哥拉事务后，就更加重视与刚果（布）的关系。恩古瓦比政府和继任者一贯支持安哥拉人民解放运动，与苏联的立场一致，双方领导人互访频繁，1966 年 8 月，刚果（布）劳动党前身"全国革命运动委员会"的代表团被苏共邀请参加苏共二十三大。1968 年，政治局委员恩泽率领刚果（布）政府代表团访问苏联。1969 年底，刚果（布）劳动党成立后不久即与苏联共产党建立了党际关系。1970 年 1 月 5 日，恩古瓦比致电勃列日涅夫等，表示希望与苏联发展"友好合作关系"。1970 年 6 月，劳动党第一书记恩达拉率领刚果（布）党政代表团访苏。1971 年 4 月，恩达拉率领刚果（布）劳动党代表团参加苏共二十四大。1973 年 4 月，刚果（布）劳动党政治局委员恩戈托率领党的代表团访问苏联；5 月，苏共监察委员会副主席率领党的代表团访问刚果（布）；8 月，苏联最高苏维埃副主席率领代表团参加刚果"八月革命"十周年庆典。1974 年 6 月，刚果（布）劳动党监察委员会副主席冈加·赞祖率领党中央代表团访苏；12 月，苏共监察委员会副主席率领党的代表团出席刚果（布）劳动党的二大。1975 年 3 月，恩古瓦比总统对苏联进行国事访问。1976 年 2 月，刚果（布）劳动党派代表团参加苏共二十五大。1977 年 10 月，军委第一副主席萨苏 - 恩格索访问苏联，并参加了十月革命 60 周年的庆祝活动。

在经济合作方面，1969 年 5 月苏联援建的戈梅兹产科医院落成，11 月莫斯科与布拉柴维尔之间的航线通航。1970 年 8 月，两国签订了由苏联向刚果（布）提供教师、医生的协议。1977 年，刚果（布）在苏联的留学生达 900 多人，苏联在刚果（布）的教员有 100 多人。不过刚果（布）领导人仍感不足，他们希望扩大经济合作。据统计，在 1979 年刚果（布）的进出口贸易中，苏联占进口国家的第 16 位，占出口国家的第 19 位。

萨苏上台后奉行全方位外交，进一步加强与苏联的外交关系。在阿富汗问题上，他认为苏联出兵"有法律根据"，但是在联合国表决时刚果（布）投了弃权票，不得罪美国。在柬埔寨问题上，刚果（布）政府 1979 年 3 月承认韩桑林政权。在第 34 ~ 38 届联合国大会表决要求越南从柬埔寨撤军时均投反对票。20 世纪 80 年代，刚果（布）与苏联官方和民间往来频繁。1981 年，萨苏总统访问苏联，签订了友好合作条约和两党合作总协议。1982 年，萨苏总统参加了勃列日涅夫葬礼。1984 年，恩泽外长参加安德罗波夫葬礼。1985 年，刚果（布）恩丁加外长参加契尔年科葬礼和苏联反法西斯战争胜利 40 周年的纪念活动。1986 年 2 月，刚果（布）劳动党书记处常务书记卡米耶·邦古出席了苏共二十七大；8 月，刚果（布）国会议长访问苏联。到 1986 年底，据苏联官方公布的材料，苏联向刚果（布）提供的无偿援助为 101 亿中非法郎，经援贷款 348 亿中非法郎，贸易贷款 43 亿中非法郎。1986 年以来，两国先后签订了在教育培训、卫生、体育等领域的合作协议。苏联还向刚果（布）提供了一批坦克、大炮、飞机等重型武器和装备。1985 年，苏联对刚果（布）的贸易额分别占刚进出口额的 10.64% 和 0.14%。

苏联解体后，原来的苏联驻刚果（布）使馆改为俄罗斯大使馆，同时关闭了在黑角的总领馆，两国间无重要来往和新的合作项目。1992 年 3 月 24 日，刚果（布）政府决定承认波罗的海三国及独联体各成员国，俄罗斯与刚果（布）恢复交往。1994 年，俄罗斯在刚果（布）工作的有医生 17 人、军事专家 7 人、教师 16 人，有 2500 名刚果（布）留学生仍在独联体国家学习。1994 年 12 月 30 日，双方签署了关于俄罗斯高等学院帮助刚果（布）培训专门人才的合作议定书。1995 年 5 月，俄罗斯安全理事会秘书长列勃夫访问刚果（布），利苏巴总统和雍比总理分别会见。

1996 年 2 月 6 日，俄罗斯红十字会专家代表团访问刚果（布）。1997 年刚果（布）内战爆发后，两国军事合作中断，萨苏总统重新执政后，俄罗斯同意减免刚果（布）部分债务，1999 年俄罗斯向刚果（布）提供了 35 个奖学金名额。

2002 年 12 月，俄罗斯外交部派团访问刚果（布），与刚果（布）外交部举行政治磋商，并宣布减免刚果（布）3 亿美元债务，减债幅度为 70%。2011 年，双方签署了在油气领域和文化艺术领域的合作备忘录。2012 年 11 月，萨苏总统访问俄罗斯，并与俄罗斯总统普京举行单独会谈，双方表示将致力于将两国关系建立在更紧密、更务实的经济合作基础之上，双方签署了多项协议，包括建造连接黑角、布拉柴维尔和韦索的输油管道，设立非洲飞机维护中心及促进两国媒体信息的交流，在刚果（布）建造输气管道的意向备忘录等。

刚果（布）与东欧国家的关系与苏联相同，许多访问苏联的刚果（布）代表团均顺访一些东欧国家，如 1975 年，恩古瓦比访问苏联时也访问了罗马尼亚、保加利亚和匈牙利。南斯拉夫是不结盟运动的发起国，故刚果（布）一直对其保持友好的态度，东欧诸国发生剧变后，刚果（布）与之外交关系没有大的变化。

七　与亚洲、拉美及第三世界国家的关系

刚果（布）独立初期，尤卢政府对待欧美以外诸国的态度基本是追随美、英、法等国。例如在中东地区，面对以色列与阿拉伯国家的对立，尤卢政府与以色列建交并在访以时受到隆重的欢迎。在远东地区，尤卢政府反对社会主义国家朝鲜而亲近美国支持的韩国政权。1962 年 6 月，刚果（布）外交部长斯特凡·契切勒同韩国特使李寿荣在布拉柴维尔发表联合公报，声称"共同努力进行反共斗争"，双方建立外交关系。1963 年"八月革命"后，刚果（布）与第三世界国家的关系发生了根本转折，尤其是在 20 世纪 70～80 年代，刚果（布）在国际事务中一直与坚决反霸、反帝、反殖的国家站在一起。在拉丁美洲，刚果（布）与坚决反美的古巴建立密切的联系。1964 年 5 月 8 日，刚果（布）外长加纳奥同古巴驻

加纳大使签署了建立大使级外交关系的联合公报，两国正式建交，此后双方领导人互访频繁。1982 年 7 月，萨苏总统访问古巴；12 月，古巴代表团在古共政治局委员、监委主席、国务委员会副主席阿尔梅达的率领下访问刚果（布）。刚果（布）在东亚与韩国终止外交关系，改为与朝鲜建交。1973 年 7 月，恩古瓦比访问朝鲜民主主义人民共和国，同意要求美军撤出韩国的主张。刚果（布）在东南亚支持印支三国人民的抗美救国战争。1969 年 8 月，刚果（布）与越南南方共和国临时革命政府建立了外交关系。1970 年 5 月，刚果（布）承认以西哈努克为首的柬埔寨王国民族团结政府。1973 年，恩古瓦比访问越南民主共和国。在西亚地区，1972 年，刚果（布）为支持巴勒斯坦人民的斗争而与以色列断交。刚果（布）是七十七国集团和不结盟运动的成员国，积极维护发展中国家的权益，为建立国际经济新秩序而努力。1983 年 3 月，萨苏总统参加新德里第七届不结盟运动国家首脑会议，赞成发展南南合作。

20 世纪 90 年代，刚果（布）在侧重发展与西方国家关系的同时，也积极在其他地区寻求新的合作伙伴，强调与拉美和亚洲国家的交往，1990 年 6 月，刚果（布）与韩国复交。1991 年 7 月 14 日，刚果（布）恢复与以色列外交关系。1992 年 7 月 12 日，刚果（布）与马耳他建交。1993 年 4 ~ 10 月，刚果（布）外长邦雅曼·本库先后访问了黎巴嫩、日本、韩国等亚洲国家。1994 年 5 月，利苏巴总统访问以色列。1995 年 9 月，刚果（布）经济和财政部长恩吉拉·蒙贡加·孔博访问日本和韩国。1998 年 4 月，伊朗副外长访问刚果（布）；6 月，刚果（布）重建和城市发展国务部长莱昆祖·伊蒂希·奥塞通巴访问日本；10 月，刚果（布）外长鲁道夫·阿达达赴日本参加在东京召开的关于非洲发展战略的国际会议。1999 年 2 月，刚果（布）与沙特建交。

21 世纪以来，刚果（布）继续重视与第三世界国家的联系。2000 年 1 月 19 日，刚果（布）与菲律宾建交；4 月 24 日，与卡塔尔建交；5 月 15 日，与文莱建交；10 月 31 日，与科威特建交。2002 年 10 月，越南国家主席陈德良访问刚果（布），双方签署了在体育、医疗、科研、贸易、农业等领域的合作议定书，越南决定向刚果（布）派遣 16 名农业专家。

2009 年 5 月，刚果（布）与澳大利亚正式建立外交关系；11 月，刚果（布）巴西第三届混委会在布拉柴维尔召开。2010 年 3 月，卡塔尔埃米尔对刚果（布）进行为期两天的友好访问。此外，刚果（布）还与印度、古巴、马来西亚等国签署了涉及抗疟、棕榈种植等领域的合作协议。2011年 7 月，刚果（布）萨苏总统访问新加坡。2012 年 6 月，萨苏总统赴巴西里约热内卢出席联合国可持续发展大会并访问巴西；11 月，萨苏总统访问土耳其。

第五节　与国际组织的关系

一　与中部非洲发展共同体的关系

加蓬、喀麦隆、中非共和国及乍得原是法属殖民地，也是刚果（布）的邻国。历史上，刚果（布）曾是法属赤道非洲的中心，刚果（布）独立后与这些中部非洲国家的关系在其对外关系中具有十分重要的地位。早在自治共和国时期，1959 年 1 月 17 日，赤道非洲四国首脑签署了关税同盟公约，决定统一关税和捐税条例，统一土产品的价格和关税，并强调在政治上协调一致。此外，有关邮政、可航河道、交通运输等公共事务由统一管理的公用事务局负责。1960 年 5 月 17 日，刚果（布）、中非共和国、乍得三国订立中部非洲共和国同盟，谋求有关外交和国防的一致，但没有实施。加蓬因怕锰矿区被刚果（布）控制，表现出一定的离心力，拒绝参加此同盟。1964 年 12 月，刚果（布）、加蓬、喀麦隆、乍得、中非共和国 5 国首脑在布拉柴维尔签署协议，决定建立中部非洲关税和经济联盟，以代替赤道关税同盟，1966 年 1 月 1 日联盟正式成立。这是一个关税整体，联盟内互免进口税，对外实行统一税率和共同的投资法，每年召开一次首脑或其代表会议，修订和补充联盟内容，如 1972 年规定成员国人员可自由享有移居权和开业权。1976 年，联盟建立中非国家银行，负责地区发展项目投资，总部设在喀麦隆的首都雅温得。除在金融方面合作外，它发行中部非洲的金融合作法郎，简称"中非法郎"。1968 年 12 月，乍得和中非共和国两国与扎伊尔另组联盟而一度退出；1975 年 12 月，再度申请加入。

1981 年 12 月，中部非洲关税和经济联盟第 17 次首脑会议在利伯维尔举行，邀请了中部非洲其他 7 国代表参加。会议认为，该联盟与大湖国家的经济共同体（1976 年扎伊尔、卢旺达、布隆迪组成）及其他中部非洲国家在经济、文化、语言方面有许多相似之处，应加强合作。1983 年 10 月 17～18 日，刚果（布）与喀麦隆、乍得、中非共和国、加蓬 4 国以外的中非国家——扎伊尔、布隆迪、卢旺达、赤道几内亚、圣多美和普林西比、安哥拉（起初为观察员）共 11 个国家在利伯维尔签署条约，成立中部非洲国家经济共同体，目标是取消成员国之间关税，实行共同对外贸易关税率，逐步消除成员国在人员、财产、劳务、资本等方面自由活动的障碍。该组织也关注地区和平和安全，必要时举行特别首脑会议。1983 年 12 月，赤道几内亚加入中部非洲关税和经济联盟。1999 年 6 月 25 日，刚果（布）与赤道几内亚、加蓬、喀麦隆、乍得、中非共和国等 6 国与赤道几内亚组成中部非洲经济和货币共同体，不仅成员国增加了，而且合作内容也更广泛。

刚果（布）积极参与地区和平与安全事务，在中部非洲经济和货币共同体中扮演重要角色。从 1979 年起，乍得政局持续动荡，刚果（布）和中非诸国努力进行调解，主张乍得国内各派和解，由乍得人民自己解决乍得问题，反对外来势力干涉。刚果（布）总统萨苏受非洲统一组织的委托多次派特使同乍得各派接触，在其推动之下，1984 年 10 月，第一次乍得民族和解会议在布拉柴维尔召开。此后经过刚果（布）等国的努力，终于在 20 世纪 80 年代末促使乍得问题和解。1997 年，刚果（布）的内战引起其他中部非洲国家的关心，尤其一向关系密切的加蓬更加重视。加蓬总统邦戈积极调解刚果（布）各派之间的矛盾和冲突，促成刚果（布）政府与反政府各派签署和平协议。1998 年萨苏总统赴加蓬出席第 33 届中非关税和经济联盟首脑会议。2000 年 1 月，萨苏总统再赴加蓬参加非洲脱贫和经济增长首脑会议；2 月，赴赤道几内亚出席中部非洲地区和平与安全特别首脑会议；6 月，加蓬总统邦戈对刚果（布）进行了访问；同月，萨苏总统赴加蓬出席中部非洲国家经济共同体和中部非洲经济和货币共同体双重首脑会议。2001 年 3~4 月间，加蓬总统邦戈参加并主持了刚果（布）非排他性全国对话；7 月，萨苏赴加蓬进行访问。上述事例反映了刚果（布）政府加强与中非诸盟国之间外交关系的努力。

2002 年 1 月 16 日，中部非洲经济和货币共同体特别会议在布拉柴维尔举行，6 月萨苏出任该共同体主席。2005 年 6 月 7~8 日，中部非洲经济和货币共同体第 12 次峰会在刚果（布）首都布拉柴维尔举行。会议重点讨论了地区和平、稳定与安全、千年发展计划、非洲发展新伙伴关系计划及一体化建设和经济发展与行政、财政和预算等问题，发表最后公报和声明，强调要切实执行 2004~2008 年度实现中部非洲自由贸易区计划，敦促有关国家尽快签署中部非洲经济共同体一体化税费协议，就非洲发展新伙伴计划优先项目达成一致并决定成立优先项目后续委员会。2009 年 10 月 24 日，中部非洲经济和货币共同体第 14 次峰会在金沙萨举行，强调要加快落实在刚果（布）的黑角建立中部非洲地区海事安全中心的经费，组织成立地区海事大会。2016 年 6 月，中部非洲经济和货币共同体商讨在共同体内建立自贸区的操作方案，决定 2017 年 1 月正式启动该自贸区的各项机制。

二 与非洲联盟的关系

非洲联盟的前身是成立于 1963 年 5 月 25 日的非洲统一组织。1999 年 9 月 9 日，非统第四届特别首脑会议通过《锡尔特宣言》，决定成立非洲联盟。2002 年 7 月，非洲联盟正式取代非洲统一组织，共有 54 个成员国。刚果（布）是非洲联盟和平与安全理事会 15 个理事国之一。2009 年 9 月，萨苏总统赴美国出席第 64 届联大、联合国气候变化峰会，并在气候变化峰会上代表非洲联盟发言。

刚果（布）在非洲联盟框架下加强经济改革与发展。2017 年 3 月 21 日，在卢旺达首都基加利举行的非洲联盟峰会上，来自 44 个非洲国家的元首及首脑签署了建立自由贸易区的协议。萨苏总统代表刚果（布）签署了该自贸协议，成为非洲自由贸易区的首批成员。首批签署该自贸协议

的国家还有南非、埃及、肯尼亚、摩洛哥、阿尔及利亚等非洲主要经济体，尼日利亚、纳米比亚等国尚未签署该协议。

三　与联合国的关系

联合国是最具普遍性、权威性和代表性的政府间国际组织。刚果（布）采取和联合国统一行动的做法，双方就治理、教育、水和污水处理、营养与食品安全、社会保障、环境和可持续发展等问题进行协调工作。联合国系统以刚果（布）国家发展计划为基础，已经完成了几个项目，例如：为青年公民电台提供设备和帮助电台制作和平价值与共同生活节目；在利夸拉省为原住民儿童建立学校食堂；为小学、中学和大学教师提供信息和电信技术培训；为执行改善小学教师状况路线图和出版教育统计年鉴提供支持。同时，联合国机构还帮助刚方进行农业普查，并公布初步统计结果；进行健康调查，目的是抗传染病、保护母婴健康、抗各种疾病和提供社区医疗服务。① 此外，联合国机构在刚果（布）战后过渡期及"三·四"军火库爆炸事件中向刚果（布）提供了巨大的人道主义援助及发展援助。

21 世纪以来，联合国粮农组织、联合国儿童基金会、联合国人口基金、联合国教科文组织、联合国世界粮食计划署和联合国难民署等机构加强了与刚果（布）政府的合作。2010 年 2 月，刚果（布）政府与联合国开发计划署签署年度工作计划，后者向刚果（布）政府提供 83 万美元的资金援助以支持其环境保护和可持续发展。2011 年 1 月，联合国教科文组织总干事博科娃访问刚果（布）。2012 年 6 月，萨苏总统赴里约热内卢出席联合国可持续发展大会。2013 年 12 月 24 日，刚果（布）与联合国临时常驻协调机构在布拉柴维尔签署了 2014～2018 年新一期联合国对刚果（布）援助发展框架计划，该计划共涉及 5 个方面，较好地结合了刚果（布）国家 2012～2016 年增长、减贫、就业战略文件规定的 3 个优先发展领域，即加强行政能力、强化人力资源及实现社会协调发展。

---

① 中国驻刚果（布）大使馆经济商务参赞处，《联合国机构要求刚果（布）加快实施发展援助框架计划》，http://cg.mofcom.gov.cn/article/gjhz/201703/20170302529262.shtml。

大事纪年

公元前 3000 年前	刚果地区出现打磨石器。
公元前 3000 ~ 公元前 2000 年	刚果地区出现陶器。
公元前 1000 年	刚果河河口地区出现了农业活动。
公元前 400 年	刚果地区开始发展冶铁工业。
公元 1 世纪起	班图－尼格罗人陆续迁入刚果地区。
公元 10 ~ 11 世纪	刚果河河口地区出现了早期的农业部落。
公元 13 ~ 16 世纪	刚果王国兴盛。
1483 年	航海家迪亚戈·加奥率领一支葡萄牙船队到达刚果河河口。
1514 年	葡萄牙人开始到刚果腹地掠买奴隶。
1665 年 10 月 29 日	刚果王国的军队与葡萄牙军队交战。
1874 年	布拉柴率领探险队前往刚果河中上游。
1879 年 12 月	布拉柴第二次探险刚果河。
1880 年 9 月 10 日	布拉柴同安济科国王马科科签订友好条约。
1882 年 12 月 17 日	法国政府颁布法令，设立法属刚果殖民地。
1883 年 2 月	布拉柴第三次探险刚果河。
1883 年 2 月 2 日	布拉柴担任法属刚果殖民地特派员。
1884 年 11 月至 1885 年 2 月	柏林会议召开，列强对刚果河流域进行瓜分。

1886 年 2 月 27 日	法国将刚果与加蓬分为两个领地。
1903 年 12 月 29 日	法国将刚果改名为中央刚果。
1910 年 1 月 15 日	殖民政府将法属刚果正式改名为法属赤道非洲。
1911 年 11 月 4 日	法国从中央刚果割让给德属喀麦隆两块土地。
1914 年 8 月 8 日和 25 日	法军从刚果和乍得进攻喀麦隆的德军。
1921 年	刚果恩古扎教运动（又称"基班古运动"）兴起。
1934 年	刚果大洋铁路建成。
1939 年	刚果卡其教兴起。
1940 年 8 月 27 日	法属刚果当局宣布脱离法国维希政府。
1941 年 11 月 8 日	法属赤道非洲总督颁布《法属赤道非洲新土著政策》。
1944 年 1 月 30 日至 2 月 8 日	戴高乐的"自由法国"政府在布拉柴维尔举行殖民地政策会议，标志着法属非洲政治体制改革的开始。
1956 年 5 月 27 日	刚果保卫非洲利益民主联盟成立。
1957 年 3 月	中央刚果举行有史以来第一次大规模选举，雍比－奥庞戈出任政府副总理，组成联合政府，在总督领导下执政。
1958 年 8 月 21～23 日	法属赤道非洲的领导人在布拉柴维尔举行会议。
1958 年 9 月 28 日	刚果举行了关于是否参加"法兰西共同体"的公民投票。
1958 年 9 月	中央刚果成为"法兰西共同体"内的"自治共和国"。
1958 年 11 月 25 日	决定国家新体制的刚果议会会议召开。
1959 年 2 月 20 日	刚果议会通过了关于立法议会、共和国

	政府及政权机关之间关系的第四、第五、第六和第七号宪法法规。
1960 年 6 月 25 日	刚果（布）政府电台——刚果电台正式开播。
1960 年 8 月 15 日	刚果共和国独立，也称为刚果（布）。
1960 年 9 月 20 日	刚果（布）成为联合国的成员国。
1961 年 1 月 11 日	尤卢改组政府。
1961 年 3 月 2 日	国民议会通过独立后的第一部共和国宪法。
1961 年 3 月 26 日	刚果（布）根据宪法首次举行总统选举，尤卢当选。
1963 年 4 月 16 日	尤卢强迫国民议会通过单一政党法。
1963 年 8 月 13 ~ 15 日	刚果（布）爆发"八月革命"或"光荣的三天"。
1963 年 8 月 15 日	阿方斯·马桑巴 – 代巴组成刚果（布）临时政府。
1963 年 12 月 8 日	刚果（布）举行新宪法公民投票，通过共和国第二部宪法。
1964 年 2 月 22 日	刚果（布）同中华人民共和国建立外交关系。
1964 年 10 月 28 日	阿方斯·马桑巴 – 代巴政府部分改组。
1965 年 7 月 18 ~ 26 日	第一届非洲运动会在布拉柴维尔举办。
1968 年 7 月 31 日	马利安·恩古瓦比发动军事政变，史称"七·三一运动"。
1969 年 12 月 31 日	国名由刚果共和国改为刚果人民共和国。
1969 年 12 月 31 日	刚果（布）劳动党成立，马利安·恩古瓦比出任党的主席。党的大会制定了共和国第三部宪法——《1969 年宪法》。
1973 年 7 月 12 日	刚果（布）通过了第四部宪法——《1973

	年宪法》。
1974 年 1 月 12 日	刚果（布）议会宣布取消 8 家外国石油公司在国内的业务。
1974 年 1 月 31 日	布拉柴维尔市人民委员会的执行委员会正式成立，这被称为"第一个地方人民政权"。
1975 年 12 月 12 日	刚果（布）劳动党进行"彻底化运动"。
1977 年 3 月 18 日	恩古瓦比总统遇刺身亡。
1977 年 4 月 4 日	雍比 - 奥庞戈被任命为刚果（布）国家元首。
1977 年 4 月 5 日	刚果（布）军事委员会颁布《基本法》，废除了《1973 年宪法》。
1979 年 2 月 8 日	刚果（布）劳动党任命德尼·萨苏 - 恩格索为刚果共和国总统。
1979 年 7 月 8 日	全国公民投票通过了第五部宪法——《1979 年宪法》。
1980 年 12 月 27 日	萨苏任命刚果（布）新一届政府。
1985 年 12 月 7 日	萨苏任命刚果（布）新一届政府。
1986 年 7 月 28 ~ 30 日	非洲统一组织在亚的斯亚贝巴举行第 22 届首脑会议，萨苏当选执行主席。
1988 年 7 月 30 日	刚果（布）政府改组。
1990 年 7 月 4 日	刚果（布）劳动党中央委员会宣布愿意限期实现多党制。
1991 年 2 月 25 日	刚果（布）全国协商会议如期在布拉柴维尔召开。
1992 年 3 月 15 日	刚果（布）进行新宪法全民公投，《1992 年宪法》顺利通过。国名由刚果人民共和国重新更改为刚果共和国。
1992 年 8 月 31 日	帕斯卡尔·利苏巴在大选中获胜，当选

总统。

1992 年 11 月 17 日	利苏巴被迫宣布解散议会,再次举行立法机构选举。
1992 年 12 月 25 日	刚果(布)新政府内阁组成,主要负责组织立法选举和处理政府日常事务。
1993 年 5 月 2 日和 6 月 6 日	两轮立法选举后,利苏巴仍任总统。
1993 年 12 月 19 ~ 23 日	总统利苏巴为了求得与反对派的和解,主持召开了"和平论坛"会议。
1995 年 1 月 25 日	利苏巴成立新政府。
1997 年 6 月 5 日	刚果(布)内战爆发,并持续 4 个月。
1997 年 10 月 25 日	萨苏宣誓重新就任刚果共和国总统。
1999 年 1 月 12 日	萨苏组成新政府以稳定局势。
1999 年 11 月 16 日	刚果(布)政府与反对萨苏政权的反叛武装在黑角签署结束敌对状态的协议。
2001 年 3 月 17 日至 4 月 14 日	刚果(布)举行不排除任何一方的全国对话。
2002 年 1 月 20 日	刚果(布)举行全民宪法公投,刚果(布)历史上的第八部宪法获得通过。
2002 年 3 月 10 日	刚果(布)根据新宪法举行总统选举,萨苏再次当选。
2002 年 8 月 18 日	萨苏总统组成新政府。
2005 年 1 月 7 日	刚果(布)改组政府,新增设总理和 4 名国务部长职位。
2006 年 8 月 21 日	萨苏总统签署颁布刚果(布)国民议会和参议院通过的《政党法》。
2009 年 7 月 12 日	刚果(布)举行内战后的第二次总统选举,萨苏再次当选。
2012 年 9 月	中刚友谊小学正式投入使用。
2015 年 9 月 4 ~ 17 日	刚果(布)举办第十一届非洲运动会。

2015 年 10 月 25 日	刚果（布）举行全民公决，通过了第九部宪法。
2016 年 3 月 20 日	刚果（布）举行总统大选，萨苏获得连任。
2016 年 4 月 17 日	刚果（布）总统萨苏宣誓就职。
2016 年 4 月 23 日	萨苏总统任命克莱芒·穆昂巴为总理，并由其组建新内阁。
2016 年 11 月 21 日	中国政府援助刚果（布）恩古瓦比大学扩建项目正式移交。2017 年 3 月 21 日，在卢旺达首都基加利举行的非洲联盟峰会上，萨苏总统代表刚果（布）签署建立非洲自由贸易区的协议。
2017 年 8 月 14 日	萨苏总统在对全国发表讲话时宣布计划组建新政府。
2017 年 8 月 22 日	刚果（布）总统府公布新一届政府名单。

索　引

G

H

J

Z

参考文献

一 外文文献（按首字母排序）

1. Annick Judicaëlle Imbou-Ngalamou, *Les Organisations paysannes en République du Congo*, Connaissances & savoirs, 2016.

2. Armand Brice Dzatini Ecko, *Analyse spatiale de la superposition des concessions（Forêts et Mines）: Cas de Mayoko, au Sud de la République du Congo*, Éditions Universitaires Européennes, 2016.

3. Bienvenu Okiemy, *De la novation politique en République du Congo*, Editions L'Harmattan, 2016.

4. Claude-Ernest Kiamba, *Politiques de l'éducation, formation des compétences et construction de l'État en république du Congo de 1911 à 1997: Une contribution à l'analyse de ...publique en Afrique Noire*, Editions L'Harmattan, 2016.

5. Claude-Richard M'bissa, *L'élection du président de la République du Congo（juillet 2009）: Analyse des résultats et problématiques*, Editions L'Harmattan, 2013.

6. Danièle Sassou Nguesso, *Genre et déveoppement en République du Congo: Promouvoir l'égalité homme-femme au profit de la croissance*, Editions L'Harmattan, 2016.

7. Digne Elvis Tsalissan Okombi, *Guide des relations gouvernement – Parlement en République du Congo*, Editions L'Harmattan, 2017.

8. Gustave Makaya, *Les enjeux de la nouvelle évangélisation en République du*

Congo, Editions L'Harmattan, 2015.

9. Guy Jean Clément Mebiama, *Le régime politique de la République du Congo après la Constitution du 20 janvier 2002*, Editions L'Harmattan, 2005.

10. Hervé Brisset – Guibert, *Histoire de Brazzaville, identité coloniale identité nationale, Maîtrise*, Université de Poitiers, 1988.

11. Itmb Canada, *Central African Republic (Republique Centrafricaine) & Congo 1: 2 000 000 Travel Map*, ITMB Map – Folded Map, 2012.

12. Lassy Mbouity, *Histoire de la République du Congo (Volume 1)*, Éditions Édilivre, 2016.

13. Lassy Mbouity, *Mon projet de société pour la République du Congo: Un Congo uni dans la diversité*, Éditions Édilivre, 2018.

14. Léon – Alfred Opimbat, *Sports et éducation physique en République du Congo: Mon témoignage pour bâtir*, Editions L'Harmattan, 2018.

15. Marceleau Burnel Biankola – Biankola, *Contribution à l'amélioration du cadre organisationnel: de la coopération décentralisée de la Ville de Pointe – Noire en République du Congo*, Éditions Universitaires Européenes, 2013.

16. Marcel Soret, *Histoire du Congo – Brazzaville*, Berger – Levrault, 1978.

17. Michel Innoncent Peya, *L'unité de commandement dans les organisations civiles et militaires au Congo – Brazzaville*, L'Harmattan, 2015.

18. Parisse Akouango, *Politiques agricoles durables en République du Congo: Diagnostic et perspectives*, Editions L'Harmattan, Jun 22, 2018.

19. Philippe Moukoko, *Dictionnaire général du Congo – Brazzaville*, L'Harmattan, 1999.

20. Rémy Bazanguissa – Ganga, *Les voies du politique au Congo*, Paris, 1997.

21. Roger Yenga, *La fonction publique territoriale de la République du Congo*, Éditions Universitaires Européennes, 2016.

22. Sébastien Batangouna Banzouzi, *Optimisation de la gestion des déchets d'une industrie: Cas de la SN PLASCO à Pointe – Noire en République du Congo*, Éditions Universitaires Européennes, 2018.

23. Théophile Obenga, *La Cuvette Congolaise: Les hommes et les structures*, *Contribution à l'histoire traditionnelle de l'Afrique centrale Broché*, Editions Présence Africaine, 11 juillet 2000.

24. Théophile Obenga et Jack Howlett, *Stèles pour l'avenir: Précédés d'un hommage par Jacques Howlett*, Editions Présence Africaine, 11 juillet 2000.

25. Théophile Obenga, "Les Peuples bantu: Migrations, expansion et identité culturelle", *actes du colloque international*, Libreville 1 – 6, avril 1985, L'Harmattan, 3 mai 2000.

26. Théophile Obenga, *Sur le chemin des hommes: Essai sur la poésie négro – africaine*, Editions Présence Africaine, 5 novembre 2001.

27. Théophile Obenga, *Le sens de la lutte contre l'africanisme eurocentriste*, Editions L'Harmattan, 1 février 2001.

28. Théophile Obenga, *Appel à la jeunesse africaine: Contrat Social Africain Pour le 21ème siècle*, Editions Ccinia communication, 27 juillet 2007.

29. Théophile Obenga, *Histoire Générale du Congo des origines à nos jours: Tome 1*, *Méthodologie historique Genèse du Congo*, L'Harmattan, 30 juillet 2010.

30. Théophile Obenga, *Histoire Générale du Congo des origines a nos jours: Tome 2, Le Congo modern*, L'Harmattan , 19 octobre 2010.

31. Théophile Obenga, *Histoire Generale du Congo des origines a nos jours: Tome 3, Le Congo au Xxe Siecle*, L'Harmattan, 29 décembre 2010.

32. Théophile Obenga, *Histoire Generale du Congo des origines a nos jours: Tome 4, Le Congo et Son Avenir*, L'Harmattan, 16 mars 2011.

33. Théophile Obenga, *Etat federal d'afrique noire: la seule issue*, L'Harmattan, 29 février 2012.

二 中文文献

1. 〔法〕安德烈·纪德:《刚果之行》,李玉民、由权译,上海三联书店,

2016。

2. 〔法〕让－米歇尔·瓦格雷：《刚果共和国（布）历史·政治·社会》，史陵山译，商务印书馆，1973。

3. 〔法〕韦内提埃：《刚果（布）地理》，中国科学院地理研究所法文翻译组译，商务出版社，1976。

4. 〔法〕让·徐雷·卡纳尔：《黑非洲》，世界知识出版社，1960。

5. 〔英〕伦纳德·S. 克莱因主编《20 世纪非洲文学》，李永彩译，北京语言学院出版社，1991。

6. 安春英：《非洲的贫困与反贫困问题研究》，中国社会科学出版社，2010。

7. 丹林：《非洲大事表》，知识出版社，1986。

8. 非洲教育概况编写组编《非洲教育概况》，中国旅游出版社，1997。

9. 葛佶主编《简明非洲百科全书（撒哈拉以南)》，中国社会科学出版社，2000。

10. 《各国首脑人物大辞典》编委会：《各国首脑人物大辞典》，中国社会出版社，1991。

11. 黄玉沛、段文奇编著《中国民营企业投资非洲宝典》，中国商务出版社，2016。

12. 军事科学院《世界军事年鉴》编辑部：《世界军事年鉴 2013》，解放军出版社，2014。

13. 联合国教科文组织：《非洲通史》（第 1～7 卷），中国对外翻译出版公司，1985。

14. 林毅夫：《新结构经济学：反思经济发展与政策的理论框架》，苏剑译，北京大学出版社，2012。

15. 刘鸿武、黄海波：《中国对外援助与国际责任的战略研究》，中国社会科学出版社，2013。

16. 陆庭恩：《非洲与帝国主义（1914～1939 年)》，北京大学出版社，1987。

17. 陆庭恩、宁骚、赵淑慧：《非洲的过去与现在》，北京师范学院出版社，1989。

18. 陆庭恩、艾周昌：《非洲史教程》，华东师范大学出版社，1990。

19. 《世界政治家大辞典》编委会：《世界政治家大辞典》（上册），人民日报出版社，1992。

20. 舒运国：《泛非主义史：1900～2002 年》，商务印书馆，2014。

21. 舒运国：《失败的改革——20 世纪末撒哈拉以南非洲国家结构调整评述》，吉林人民出版社，2004。

22. 舒运国、刘伟才：《20 世纪非洲经济史》，浙江人民出版社，2013。

23. 苏联科学院非洲研究所编《非洲史（1800～1918 年）》，上海新闻出版系统"五·七"干校翻译组译，上海人民出版社，1977。

24. 吴秉真、高晋元：《非洲民族独立简史》，世界知识出版社，1993。

25. 杨人楩：《非洲通史简编：从远古到 1918 年》，人民出版社，1984。

26. 杨双主编《各国事变大史典——世界政变兵变总览》（下卷），安徽人民出版社，2003。

27. 袁辉：《刚果（布）　加蓬》，世界知识出版社，1964。

28. 张宏明：《多维视野中的非洲政治发展》，社会科学文献出版社，2007。

29. 张象、车效梅主编《列国志·刚果》，社会科学文献出版社，2005。

30. 中国非洲史研究会：《非洲通史》，北京师范大学出版社，1984。

31. 中国社科院西亚非洲研究所：《非洲概况》，世界知识出版社，1981。

32. 中华人民共和国商务部：《对外投资合作国别（地区）指南——刚果共和国》，中国商务出版社，2014。

33. 中华人民共和国商务部：《对外投资合作国别（地区）指南——刚果共和国》，中国商务出版社，2015。

34. 中华人民共和国商务部：《对外投资合作国别（地区）指南——刚果共和国》，中国商务出版社，2016。

35. 中华人民共和国商务部：《对外投资合作国别（地区）指南——刚果共和国》，中国商务出版社，2017。

36. 张忠祥：《中非合作论坛研究》，世界知识出版社，2012。

三　重要网站

1. BBC Arica, http：//www. bbc. com/news/world/africa/

2. CNN Africa, http：//www. cnn. com/AFRICA/

3. 法语非洲资讯, http：//www. rfi. fr/afrique/

4. 非洲开发银行, http：//www. afdb. org/en/

5. 非洲联盟, http：//www. au. int/

6. 非洲大学协会, http：//www. aau. org/

7. 非洲社会科学发展委员会, http：//www. codesria. org/

8. 非洲投资论坛, http：//africainvestmentforum. net/

9. 非洲投资集团, http：//afrigsa. com/

10. 非洲视界, http：//www. africareview. com/

11. 非洲二十四小时新闻, http：//www. news24. com/Africa

12. 刚果共和国总统办公室, http：//www. presidence. cg/accueil/

13. 刚果共和国国家统计局, http：//www. cnsee. org/.

14. 刚果共和国马利安·恩古瓦比大学, https：//www. umng. cg.

15. 刚果共和国商业在线, http：//www. adiac－congo. com

16. 更安全世界组织, http：//www. saferworld. org. uk/

17. 国际货币基金组织, http：//www. imf. org/external/index. htm

18. 国际足联, http：//www. fifa. com

19. 教育政策和数据中心, http：//www. epdc. org/

20. 联合国非洲经济委员会, http：//www. uneca. org/

21. 联合国教科文组织, http：//en. unesco. org/

22. 联合国难民署, http：//www. unhcr. org/cgi－bin/texis/vtx/home

23. 路透社非洲, http：//www. trust. org/humanitarian/

24. 伦敦大学亚非学院, http：//www. soas. ac. uk/

25. 美国中央情报局有关刚果共和国的在线数据库, https：//www. cia. gov/library/publications/the－world－factbook/geos/mp. html

26. 欧盟, http：//europa. eu/european－union/

27. 全非网——刚果（布），http：//allafrica. com/congo_ brazzaville/

28. 牛津大学非洲经济研究中心，http：//www. csae. ox. ac. uk/

29. 世界黄金协会，http：//www. gold. org/

30. 世界银行有关刚果共和国的在线数据库，https：//data. worldbank. org/country/congo – rep

31. 世界卫生组织，http：//www. who. int/en/

32. 斯德哥尔摩国际和平研究所，https：//www. sipri. org/

33. 维基百科与刚果共和国有关的词条，https：//fr. wikipedia. org/wiki/République_ du_ Congo

34. 中部非洲国家经济共同体，http：//www. ceeac – eccas. org/index. php/fr/

35. 中非合作论坛，http：//www. focac. org/chn/

36. 中非联合研究交流计划信息网，http：//pdas. zjnu. edu. cn/

37. 中华人民共和国商务部，http：//www. mofcom. gov. cn/

38. 中华人民共和国外交部，http：//www. mfa. gov. cn/

39. 中华人民共和国驻刚果共和国大使馆，http：//cg. china – embassy. org/chn/

40. 中华人民共和国驻刚果共和国大使馆经济商务参赞处，http：//cg. mofcom. gov. cn/

新版《列国志》总书目

非洲

阿尔及利亚

埃及

埃塞俄比亚

安哥拉

贝宁

博茨瓦纳

布基纳法索

布隆迪

赤道几内亚

多哥

厄立特里亚

佛得角

冈比亚

刚果共和国

刚果民主共和国

吉布提

几内亚

几内亚比绍

加纳

加蓬

津巴布韦

喀麦隆

科摩罗

科特迪瓦

肯尼亚

莱索托

利比里亚

利比亚

卢旺达

马达加斯加

马拉维

马里

毛里求斯

毛里塔尼亚

摩洛哥

莫桑比克

纳米比亚

南非

南苏丹

尼日尔

尼日利亚

塞拉利昂

塞内加尔

塞舌尔

圣多美和普林西比

斯威士兰

苏丹

索马里

坦桑尼亚

突尼斯

乌干达

赞比亚

乍得

中非

欧洲

阿尔巴尼亚

爱尔兰

爱沙尼亚

安道尔

奥地利

白俄罗斯

保加利亚

北马其顿

比利时

冰岛

波黑

波兰

丹麦

德国

俄罗斯

法国

梵蒂冈

芬兰

荷兰

黑山

捷克

克罗地亚

拉脱维亚

立陶宛

列支敦士登

卢森堡

罗马尼亚

马耳他

摩尔多瓦

摩纳哥

挪威

葡萄牙

瑞典

瑞士

塞尔维亚

塞浦路斯

圣马力诺

斯洛伐克

斯洛文尼亚

乌克兰

西班牙

希腊

匈牙利

意大利

英国

美洲

阿根廷

安提瓜和巴布达

巴巴多斯

巴哈马

巴拉圭

巴拿马

巴西

玻利维亚

伯利兹

多米尼加

多米尼克

厄瓜多尔

哥伦比亚

哥斯达黎加

格林纳达

古巴

圭亚那

海地

洪都拉斯

加拿大

美国

秘鲁

墨西哥

尼加拉瓜

萨尔瓦多

圣基茨和尼维斯

圣卢西亚

圣文森特和格林纳丁斯

苏里南

特立尼达和多巴哥

危地马拉

委内瑞拉

乌拉圭

牙买加

智利

大洋洲

澳大利亚

巴布亚新几内亚

斐济

基里巴斯

库克群岛

马绍尔群岛

密克罗尼西亚

纽埃

萨摩亚

所罗门群岛

汤加

图瓦卢

瓦努阿图

新西兰

当代世界发展问题研究的权威基础资料库和学术研究成果库

国别国际问题研究资讯平台

列国志数据库 www.lieguozhi.com

列国志数据库是以"十二五"国家重点图书出版规划项目、中国社会科学院创新工程学术出版资助项目《列国志》丛书为基础，全面整合国别国际问题核心研究资源、研究机构、学术动态、文献综述、时政评论以及档案资料汇编等构建而成的数字产品，是目前国内唯一的国别国际类学术研究必备专业数据库、首要研究支持平台、权威知识服务平台和前沿原创学术成果推广平台。

从国别研究和国际问题研究角度出发，列国志数据库包括国家库、国际组织库、世界专题库和特色专题库4大系列，共175个子库。除了图书篇章资源和集刊论文资源外，列国志数据库还包括知识点、文献资料、图片、图表、音视频和新闻资讯等资源类型。特别设计的大事纪年以时间轴的方式呈现某一国家发展的历史脉络，聚焦该国特定时间特定领域的大事。

列国志数据库支持全文检索、高级检索、专业检索和对比检索，可将检索结果按照资源类型、学科、地区、年代、作者等条件自动分组，实现进一步筛选和排序，快速定位到所需的文献。

列国志数据库应用范围广泛，既是学习研究的基础资料库，又是专家学者成果发布平台，其搭建学术交流圈，方便学者学术交流，促进学术繁荣；为各级政府部门国际事务决策提供理论基础、研究报告和资讯参考；是我国外交外事工作者、国际经贸企业及日渐增多的广大出国公民和旅游者接轨国际必备的桥梁和工具。

数据库体验卡服务指南

※100元数据库体验卡目前只能在列国志数据库中充值和使用。

充值卡使用说明：

第1步 刮开附赠充值卡的涂层；

第2步 登录列国志数据库网站（www.lieguozhi.com），注册账号；

第3步 登录并进入"会员中心"→"在线充值"→"充值卡充值"，充值成功后即可使用。

声明

最终解释权归社会科学文献出版社所有。

数据库服务热线：400-008-6695

数据库服务QQ：2475522410

数据库服务邮箱：database@ssap.cn

欢迎登录社会科学文献出版社官网（www.ssap.com.cn）

和列国志数据库（www.lieguozhi.com）了解更多信息

图书在版编目（CIP）数据

刚果共和国 / 黄玉沛，王永康编著 . -- 北京：社
会科学文献出版社，2019. 12
（列国志：新版）
ISBN 978 - 7 - 5201 - 4473 - 5

Ⅰ. ①刚… Ⅱ. ①黄… ②王… Ⅲ. ①刚果 - 概况
Ⅳ. ①K946. 4

中国版本图书馆 CIP 数据核字（2019）第 047390 号

· 列国志（新版）·

刚果共和国（Republic of the Congo）

编 著 / 黄玉沛 王永康

出 版 人 / 谢寿光
组稿编辑 / 高明秀
责任编辑 / 葛 军

出 版 / 社会科学文献出版社·当代世界出版分社（010）59367004
地址：北京市北三环中路甲 29 号院华龙大厦 邮编：100029
网址：www. ssap. com. cn
发 行 / 市场营销中心（010）59367081 59367083
印 装 / 三河市尚艺印装有限公司

规 格 / 开 本：787mm × 1092mm 1/16
印 张：23.25 插 页：1 字 数：345 千字
版 次 / 2019 年 12 月第 1 版 2019 年 12 月第 1 次印刷
书 号 / ISBN 978 - 7 - 5201 - 4473 - 5
定 价 / 98.00 元